선택과 집중의 리더십

이병철

UUP

선택과 집중의 리더십

■

2009년 12월 23일 **초판 인쇄** ▪ 2009년 12월 30일 **초판 발행** ▪ **지은이** 이병철 ▪ **펴낸이** 김도연
▪ **펴낸곳** UUP(울산대학교출판부) 680-749 울산광역시 남구 대학로 93(무거동) 울산대학교 출판부
▪ 전화 (052)259-2488 팩스 (052)277-3011 ▪ **홈페이지** http://uup.ulsan.ac.kr
▪ 출판등록 제370-1996-000001호(1996.3.13)
▪ ₩ 13,000

ISBN 978.89.7868.218.3 (03300)

머리말

삶의 목적은 행복이라고 고대 희랍의 철학자 아리스토텔레스(Aristotle)는 일찍이 주장을 한 바 있다. 정말 우리 모두는 행복을 얻기 위해 이 삶을 모두 불태우고 있는지도 모른다. 열심히 배움에 임하는 것도 그리고 구슬 같은 땀을 흘려가며 일하는 것도 그리고 열정적으로 뜨거운 사랑을 하는 것도 모두 우리의 삶을 보다 행복으로 충만 되게 하기 위한 것이다.

이와 같이 삶의 목적이 행복이라면 우리는 이를 얻고 이루기 위해 최선을 다해야 할 것이다. 공부도 열심히 하고 돈도 많이 벌고 입신출세도 하고 멋진 사랑의 결실을 맺기 위해선 우리가 가지고 있는 역량과 잠재력을 모두 불사를 수 있는 마음의 자세와 이에 따른 행동이 요구된다. 그리고 이와 같이 우리가 가지고 있는 잠재역량을 극대화시키기 위해선 선택과 집중이 무엇보다 필요로 되는 것이다. 왜냐하면 선택과 집중이 한계자원의 제약 속에서 우리들에게 가장 많은 효용과 편익을 가져다줌으로써 잠재역량을 극대화시키는데 있어 가장 좋은 방법이기 때문이다.

우리가 살고 있는 21세기는 두말할 필요도 없이 변화의 시대이다. 구태여 허버트 스펜서(Herbert Spencer)나 찰스 다윈(Charles Darwin)의 주장을 빌리지 않더라도 변화에 적응하지 못하는 자는 바로 죽은 자이다. 이렇게 죽지 않고 살아서 삶을 보다 행복하게 만들어 나가기 위해선 우리 자신이 가지고 있는 잠재역량을 극대화하는 전략적 선택이 필요하며, 이러한 선택의 결과에 대해 혼신의 힘을 모두 경주하는 노력의 집중이 무엇보다 요구되는 것이다.

사실 선택과 집중은 어떻게 보면 변화가 필연적이고, 치열한 글로벌 경쟁이 당연시되고 또 치러지고 있는 이 시대에 가장 필요로 되는 것인지도 모른다. 마틴 부버(Martin Boober)는 "너의 마음이 어느 길로 가고자 하는지 잘 들어보아라. 그리고 온 힘을 다 해 그 길로 가거라."라고 말하였다. 아마도 선택과 집중을 이렇게 표현한 것이 아닌가 싶다. 선택은 어떻게 보면 미래적 행동이면서 결과를 낳는 중요한 행동이다. 선택을 잘하고 못하고에 따라 미래에 나타나는 그 결과는 천양지차(天壤之差)의 결과를 낳는다. 그래서 선택은 어렵고 그래서 신중할 수밖에 없는 것이다. 일단 선택이 이루어지면 그 다음으로 이 선택을 위해 최선을 다하는 집중의 노력이 필요로 된다. 아무리 훌륭하고 올바른 선택이 이루어졌다 하더라도 이를 성사시키고 결과하는 집중의 노력이 제대로 이루어지지 못한다면 그 결과는 참담할 수밖에 없게 되는 것이다. 따라서 선택과 집중은 하나의 동전의 양면과 같으며 불가분리의 관계를 가지고 있는 것이다.

이러한 선택과 집중이 가지는 중요한 의미와 이 두 개가 가지는 관계를 제대로 이해하는 연장선상에서 보다 올바르게 선택을 하고 집중을 하는 나름대로의 방법과 이와 관련된 마음가짐에 대해 논해보고자 하는 것이 이 책이 의도하고자 하는 집필의 목적이다.

이 책은 제1장에서 변화에 대한 보다 정확한 개념적 정의를 도출해 내보고자 하였다. 동서고금을 막론하고 많은 학자들이 변화에 대해 나름대로 개념적 정의를 하고 있는데 이 중 선택과 집중이라는 관점과 연계지어서 이에 가장 합당한 개념을 정립하고자 하였다. 그리고 정립된 변화의 개념적 맥락 속에서 선택과 집중 그리고 집중과 유사한 개념으로 받아들여지고 있는 몰입의 개념에 대해서도 정의를 시도하였다. 본 책에서 채택한 선택의 개념은 경제학적 관점에서 제시되는 선택의 개념을 주로 하고 부차적으로는 일반 사회에서 통용되는 선택의 개념까지 포괄적으로 적용하려고 하였다. 그리고 집중의 개념과 몰입의 개념을 유사성이 높은 같은 개념으로 이해하고 정의를 내렸다. 물론 논자에 따라서는 집중과 몰입을 구별하여 정의를 하고 있긴 하지만 여기에서는 차별을 두지 않고 같은 개념으로 사용을 하였다.

제2장에서는 선택(選擇)과 집중(集中)의 의미를 보다 구체적이고 심도 깊게 분석을 하였다. 우선 선택의 의미부터 살펴보면서 그 내용으로 선택의 여러 개념적 정의들을 살펴본 후 선택과 기회비용과의 관계를 살펴보고, 그 다음 선택과 합리성(rationality)과의 관계 역시 살펴보았다. 그리고 선택의 한 방법으로서 수지 웰치(Suzy Welch)가 제창한 '10-10-10의 법칙'을 예시하여 이에 관한 이해를 도왔다. 그 다음 선택에서 필연적으로 조우할 수밖에 없는 선택의 딜레마 문제를 고찰하였다. 선택의 딜레마가 가지는 의미를 살펴보고 선택의 딜레마와 관련 된 사례들과 이와 관련된 정책들을 살펴보았다. 그 다음 집중과 몰입의 의미를 보다 깊이 있게 고찰을 하였다. 이러한 각 용어들이 가지는 개념정의와 이와 관련된 여러 문제들 그리고 사례들을 살펴본 후 올바른 선택과 집중은 어떠해야 하는지에 대한 나름대로의 생각을 담아 보았다.

제3장에서는 선택과 집중을 해야 하는 이유에 대해 나름대로의 생각을 피력하여 보았다. 첫째 이유로 자원의 희소성을 들었다. 일반적으로 희소 자원으로는 시간과 돈과 인간의 지식역량을 들었다. 이러한 자원의 희소성이 선택과 집중을 강요한다는 사실을 이해가 쉽도록 설명을 하였다. 그리고 둘째 이유로는 집중도가 낳는 높은 생산성을 들었다. 소

련의 중화학공업중심의 경제개혁 사례와 히틀러(Adolf Hitler)의 경제개발계획과 군수산업발전 사례, 그리고 한국의 경제개발계획 사례를 통해 선택과 집중이 놀랄만한 생산성을 일구어내는 과정과 그 결과를 보여줌으로써 선택과 집중을 해야만 하는 이유를 보여주려고 하였다.

제4장에서는 선택과 집중을 해서 성공한 여러 사례들을 보여주는 반면 선택과 집중을 하지 않아서 실패한 여러 사례들을 제시하였다. 이러한 비교 사례를 통해 선택과 집중의 유용성과 중요성을 부각시키고 나아가 교훈을 얻어내려고 하였다. 우선 선택과 집중의 성공 사례들로는 제너럴 일렉트릭(GE)의 전 회장인 잭 웰치(Jack Welch) 사례, 자동차 하나만을 생각하고 비즈니스를 하는 도요타 자동차 사례, 삼성그룹의 시대 변화에 따른 선택과 집중 사례, 소프트뱅크 손정의(孫正義)의 몰입적 사고를 통한 사업 사례, 투자의 귀재 워렌 버핏(Warren Edward Buffett)의 사례, 마이크로소프트의 빌 게이츠(Bill Gates)의 사례로부터 한 고조 유방의 돌아갈 다리를 스스로 파괴한 사례, 한신(韓信)의 배수진 전법 사례, 동의보감(東醫寶鑑)을 쓴 허준(許浚) 사례까지 그리고 영화에서 나타나는 선택과 집중의 사례에 이르기까지 25가지의 성공사례를 소개하였다. 이와 대조적으로 선택과 집중의 실패 사례들로는 범려(范蠡)와 문종(文鐘)의 서로 다른 선택의 사례, 주유(周瑜)와 조조(曹操)의 적벽대전(赤壁大戰)의 사례, 범증(范增)과 한신(韓信)을 내치는 항우(項羽)의 사례로부터 IBM의 잘못된 선택의 사례에 이르기까지 9가지의 실패사례를 소개하였다.

제5장에서는 이러한 앞에서 제시된 성공한 사례와 실패한 사례를 통해 어떠한 방향으로 나가야 효율적인 선택과 집중이 이루어질 수 있을지에 대한 개괄적인 밑그림을 그려보았다. 그리고 제6장에서부터 제9장에 걸쳐 효율적이고 성공적인 선택과 집중을 이루기 위한 방법과 마음가짐을 제시하여 어떻게 리더십을 구축해 나가야 할 것인가에 대한 방

향키를 삼고자 하였다.

제6장에서는 효율적이고 성공적인 선택과 집중을 이루기 위해서는 먼저 원칙을 지키는 올바른 시스템을 갖추고, 뜨거운 열정을 가질 것을 주문하였으며, 제7장에서는 운영의 묘를 살리고, 생각하는 시간을 습관화하며, 경청(傾聽)할 것을 주문하였다.

제8장에서는 가장 많은 지면을 할애하여 긍정적 사고를 가질 것을 주문하였다. 올바르고 성공적이며 효율적인 선택과 집중을 이루기 위해서 가장 중요한 마음가짐이 바로 긍정적 사고이기 때문이다. 이를 주지시키기 위해 왜 우리가 긍정적 사고를 가져야 하는지에 대해 고민해 보았고 그 다음 긍정의 사고가 긍정의 결과를 낳는다는 사실을 보여주려고 하였다. 그리고 긍정의 사고를 격려하고 고양시키기 위해 위대성은 타고나는 것이 아니라 상황을 긍정으로 몰아가는데 있다는 점을 강조하였다. 또한 긍정의 마음은 내 마음먹기에 달려있다는 점도 분명히 하였다. 그리고 이를 실제로 보여주기 위해 긍정적 마인드를 갖지 못해 빚어진 비극적 사례와 긍정적 마인드를 통해 갖게 된 희망적 사례들을 제시했다. 그리고 미소와 칭찬, 감사하는 마음 그리고 발상의 전환이 긍정적 사고를 불러 온다는 명제 하에 웃음과 미소를 생활화 하자는 것과 칭찬과 감사하는 마음을 일상화 하자는 것 그리고 발상의 전환을 통해 긍정의 마인드를 키우자는 것을 주문하였다.

제9장에서는 올바른 선택을 하기 위해선 정직하고 진실해야 한다는 점을 강조하였고, 집중하기 위해서는 마음을 비우라는 주문을 하였다. 그리고 집중하기 위해서는 한 점에 온 힘을 모아야한다는 점을 강조하였다. 이러한 선택과 집중을 위한 마음가짐과 방법들을 적극적으로 활용할 수 있다면 분명코 성공적이고 올바르며 그리고 효율적인 선택과 집중을 자기의 것으로 만들 수 있음을 확신시켰다. 마지막으로 제10장에서는 이러한 선택과 집중을 위한 제언들을 정리하고 이를 통해 올바

르고 성공한 리더십을 성취할 수 있다는 점을 독자들에게 각인시키려고 하였다.

이제 2년여에 걸친 집필기간을 거쳐 탈고를 하면서도 항상 그러했듯이 마음 한 구석 어딘가에는 아쉬움이 없지 않다. 생각했던 것보다 많은 내용들을 담아 내지 못한 것이 아쉽고 많은 선학들의 이론과 주의 주장들을 제대로 왜곡 없이 소개하고 인용하였는지에 대한 걱정도 있다. 그리고 왠지 부족해 보이는 표현방식 등도 마음에 걸린다. 이러한 아쉬움과 독자들이 보기에 미흡하고 부족한 부분은 기회가 주어진다면 개정판에서 다시 손 볼 것을 기약하면서 마음의 위안을 삼아보려고 한다. 독자들의 많은 지도와 편달을 기대해 본다.

이 책을 출간하는데 많은 도움을 주신 분들에게 따뜻한 감사의 정을 전하고 싶다. 무엇보다 먼저 학문적 우인들에게 감사의 뜻을 전하고 싶다. 그리고 저자로 하여금 책을 집필하고 출간할 수 있도록 도와준 울산대학교 학교당국에 대해서도 감사를 드린다. 그리고 좋은 책을 만들기 위해 여러모로 노력을 아끼지 않으신 울산대학교 출판부 직원 여러분들과 보이지 않는 곳에서 관심을 가지고 보살펴 주시고 염려해 주신 많은 분들에게 진심어린 감사의 뜻을 드리고 싶다.

2009년 12월 20일
울산대학교 문수캠퍼스 연구실에서
이병철

차 례

제1장 변화 그리고 선택과 집중

현재 우리는 앨빈 토플러(Alvin Toffler)가 이야기하였듯이 변화[1])의 충격 속에서 살고 있다. 지금까지의 경험과 생각으로는 상상하기도 어려웠던 급격하게 변하는 시장의 힘에 기초한 경쟁과 선택을 요구하는 시대로 들어선 것이다. 어제의 상식은 이제 더 이상 오늘의 상식일 수 없다. 새로운 사고의 틀을 정립하고 마인드의 변화를 가져오는 새로운 패러다임이 요구된다. 경우에 따라서는 변화의 소용돌이 앞에서 기존의 내가 아는 모든 것, 더 나아가 나의 기득권까지 모두 내놓아야 할 지 모른다. 그래서 많은 사람들은 이렇게 무섭게 달려드는 변화의 물결에 당혹해하면서 두려워한다. 그러나 생각하기 따라서는 변화는 곧 기회이다. 빌 게이츠(Bill Gates)는 변화가 바로 기회임을 힘주어 강조하면서, 하나의 생각

1) 변화(變化)를 국어사전에서 찾아보면 '모양이나 성질이 바뀌어 달라지는 것.' 또는 '사물의 성질, 모양, 상태 따위가 바뀌어 달라지는 것.'을 의미한다. 백과사전에서는 '세상에 존재하는 물체의 형상, 성질 등의 특징이 달라지는 것을 말한다. 특징이 강해지거나 약해질 수도 있고, 새롭게 되는 것도 변화라고 한다.'고 설명하고 있다. http://kr.dic.yahoo.com/search/kor/result.html?pk=53218&p=%BA%AF%C8%AD&field=id&type=kor; http://kordic.empas.com/dicsearch/view.html?i=16744100; http://ko.wikipedia.org/wiki/%EB%B3%80%ED%99%94

만 바꿔도 변화를 기회로 승화시킬 수 있다고 보았다. 즉 변화(change)의 G를 C로 바꾸어보면 바로 기회(chance)가 됨을 알 수 있다고 하면서 이와 같이 변화 속에 반드시 기회가 숨어있다는 점을 분명히 하고 있다. 또한 그 역시 날마다 새롭게 변했으며 그것이 그를 성공으로 이끌었다고 회고하고 있다.

변화와 연관된 진리를 짧은 우화로 재치 있게 그려 책을 쓴 스펜서 존슨(Spencer Johnson)은 꼬마인간 '허'와 '햄'을 통해 변화에 대한 인식과 이에 따른 대응 그리고 그 결과의 차이를 통해 과연 어떠한 것이 변화를 위기가 아닌 기회로 탈바꿈 시킬 수 있는가 하는 것을 잘 표현하여 보여주고 있다.[2] 꼬마 인간 '허'는 변화를 인식하고 이러한 변화에서 살아 남기위해서는 새로운 삶의 방식이 필요하다는 생각을 가지며, 이런 새로운 삶을 가지기 위해선 마음과 생각의 변화가 전제되어야 한다는 점을 깨닫고 이를 실천해 나간다. 그는 결국 새로운 치즈를 얻는데 성공한다. 그러나 꼬마인간 '햄'은 이러한 변화를 인정하지 않고 기존의 삶의 방식만을 고집한다. 그에겐 변화란 두려운 존재이고 그것에 대한 도전은 결국 무위로 끝날 수밖에 없다는 생각을 하며 실의에 빠진다. 그 결과 그는 새로운 치즈를 얻지 못한다. 한마디로 이 우화가 우리에게 던지는 메시지를 압축해서 말하자면 허는 자기에게 주어진 변화라는 위기상황을 기회로 활용하였지만 햄은 그렇게 하지를 못했다는 것이다. 스펜서 존슨은 이 우화를 통해 이러한 메시지를 보내면서, 변화가 필연적이라면 이러한 변화를 당당히 맞아들이고 이를 즐기며 새로운 삶을

---

2) '스니프'와 '스커리'라는 작은 생쥐와 꼬마 인간 '햄'과 '허'가 이 이야기의 주인공들이다. 치즈가 가득 든 치즈창고에서 살던 그들은 갑자기 치즈가 하나도 없는 상황에 놓이게 되고 이들은 생존을 위해 각자의 방법으로 이러한 변화에 대처해나간다. 물론 여기에서 사용 된 치즈는 좋은 직업, 인간관계, 재물, 건강 혹은 영적인 평화와 같은 것들을 상징한다. 스펜서 존슨 지음, 이영진 옮김, 『누가 내 치즈를 옮겼을까?』(서울 : 진명출판사, 2008).

위한 기회로 활용하는 것이 올바른 적응의 한 방법이라는 것을 교훈으로 던져주고 있다.

꼬마 인간 '허'처럼 변화를 인식하고 이러한 변화에서 살아 남기위해서는 새로운 삶의 방식이 필요하다는 생각을 가지고 우리가 처한 위치에서 우리들만의 기술을 토대로 독특한 아이디어를 내서 고객을 리드할 수 있다면, 그리고 일상화된 관습에 도전할 준비만 되어 있다면, 우리는 우리의 시장 가치를 높일 수 있을 것이다.[3] 즉 변화에 따르는 위기를 기회로 바꿀 수 있는 경쟁력을 가진 우리를 만들어 낼 수 있게 된다는 말이다.

2001년 7월 필립스(Philips)와 브라운관 사업부문 합작 법인을 설립하여 탄생한 LG Philips LCD가 영업적자를 내기 시작하였다. 이를 견디다 못해 필립스가 자기지분을 매각하기 위해 내 놓았다. 이를 살 수 있는 역량이 있기로는 삼성전자를 생각해 볼 수 있겠지만 설혹 삼성전자가 이를 인수할 의향이 있다고 하더라도 독과점규제에 걸려 살수가 없는 형편이다. 물론 새롭게 뜨고 있는 신흥시장 중국의 전자메이커인 하이얼(海尔)[4]이 구매의사를 밝혔으나 성사되지는 않았다. 결국 필립스와 합작을 했던 LG가 인수할 수밖에 없었다. 사실 LG는 옛날의 LG가 아니었다. 이미 몇 년 전부터 그룹차원의 강도 높은 구조조정을 통해 힘을 비축해 놓은 상태였다. LG의 선택과 집중을 통한 경영의 과실에 힘입어 결국 필립스 지분은 LG가 떠안고 LG Philips LCD를 인수하였다. 그리고 LG Display로 이름을 바꾸고 새로운 창조적 경영을 향해 내달리기 시작을 하였다. 만약 LG가 그룹차원의 선택과 집중을 통해 버릴 것은 버리고

---

3) 김형섭, 『단 한 줄의 승리학』(서울: 밀리언 하우스, 2007).
4) 중국의 가전 회사이다. 현재 가전제품 제조회사 중 세계 3위에 올라있다. 본사는 칭다오에 있다. 주된 제품으로서 냉장고, 세탁기 등의 백색 가전, 텔레비전, 에어컨, 랩톱 컴퓨터 등을 세계 160개국 이상을 대상으로 생산·판매한다. http://ko.wikipedia.org/wiki/%ED%95 %98%EC%9D%B4%EC%96%BC

주워 담을 것은 확실히 주워 담아 핵심역량 부문을 집중적으로 육성하는 조치를 사전에 취하지 않았다면 LG는 이러한 위기를 효과적으로 넘기는 데 많은 어려움을 가졌을 것이다. LG 그룹의 혜안이 담긴 선택과 집중이 이러한 위기를 기회로 탈바꿈시키게 된 것으로 볼 수도 있을 것이다. 그리고 기존 사고의 틀을 깨는 도전을 통해 위기를 이러한 기회로 탈바꿈시킴으로써 LG Display의 시장 가치를 높일 수 있었던 것이다.

LG Display의 사례를 통해 선택과 집중이 가져다주는 효용에 대해 살펴보았다. 개인이나 기업 그리고 국가 모두 누구나 장점과 단점이 있으며 나름대로의 특기가 있다. 또한 위기가 있으면 반드시 기회도 있는 법이다. 이러한 장단점과 위기와 기회를 잘 분석해서 자신의 강점과 약점을 기회와 위협에 대처하는 'SWOT 전략'으로 발전시켜 나가야 할 것이다. 이것을 잘 해 나가느냐 그렇지 않으면 못 해나가느냐에 따라 몰락할 수도 있고, 한 단계 상승하여 승자로 거듭날 수도 있는 것이다. 자신의 강점과 단점을 냉철히 파악해서 강점과 경쟁우위 분야에 자신의 에너지와 자원을 집중하는 소위 선택과 집중의 논리를 통해서 치열한 경쟁사회에 대처해야 한다. 선택된 분야(20%)에 자원과 노력을 집중(80%)하는 20:80 법칙도 바로 선택과 집중의 효율성을 설명하는 전략이라고 할 수 있다.[5)]

사실 선택과 집중이라는 용어는 오랜 기간 기업경영의 핵심전략으로 사용되어왔으며, 실제로도 수많은 기업의 지속성장을 가능하게 한 검증된 경영전략으로 나름대로 자리매김을 해왔다. 개인이나 기업이나 국가나 따질 것 없이 모두 자신이 가진 강점을 찾아내고 이에 집중하는 것은 글로벌 경쟁 환경에서 필수적인 사항이 되어버렸다.

노벨문학상을 수상한 프랑스의 소설가이자 실존주의 철학자인 알베

---

5) http://blog.korea.kr/main/log.do?blogId=40000452&logId=40474501

르 카뮈(Albert Camus)는 다음과 같은 질문을 던졌다. "나는 스스로 목숨을 끊어야 하나, 아니면 커피를 마셔야 하나?" 비록 짧은 말이긴 하지만 이것은 삶의 모든 문제가 선택의 문제라는 뜻을 내포하고 있다. 이러한 선택의 문제를 보다 드라마틱하게 잘 극적으로 표현하고 있는 것이 영국의 유명한 극작가인 윌리엄 셰익스피어(William Shakespeare)가 쓴 4대 비극 가운데 하나인 고전 희곡 '햄릿'(Hamlet)이다. 소심하고 우유부단한 성격의 소유자인 덴마크의 왕자 햄릿이 자신의 아버지를 죽이고 어머니와 결혼한 클라우디우스(Claudius)에게 복수하는 과정에서 일어나는 햄릿의 고민을 비극적으로 잘 보여주고 있는 '죽느냐 사느냐 그것이 문제로다!'[6]라는 명대사가 바로 그것이다. 자신의 아버지인 선왕을 시해하고 자신의 어머니인 황후와 결혼한 클라우디우스에게 복수를 하여 국가질서의 회복을 꾀하지 않으면 안 되었던 햄릿 왕자의 죽느냐 그렇지 않으면 사느냐하는 극단적인 선택과 관련된 고뇌를 잘 표현해 주고 있기 때문이다.

우리 인생은 햄릿이 겪은 것처럼 죽느냐 사느냐 하는 경지에 까지 이르는 것은 아닐지 모르지만 매 순간이 바로 선택의 연속이다. '일어날까 말까?' '오늘은 무엇을 먹고, 어떤 옷을 입을까?' 등의 비교적 단순한 일상생활과 관련된 선택에서부터 '주식을 그대로 보유할까, 아니면 팔까?' '새로운 비즈니스에 투자해야 할까, 아니면 말아야 할까?' '결혼을 할까, 아니면 하지 말까?' '결혼을 한다면 A와 할까, 아니면 B와 할까?' 등 보다 복잡한 일상에 대한 일들까지 선택을 하여야 한다.

> 사실 대다수의 경우에 인생은 우리가 내리는 결정에 의해 만들어진다. 우리가 사는 세상이 속도는 너무 빠르고, 정보는 넘쳐흐르고, 선택의 여지는 너무 많아 헷갈리고, 세계경제는 불확실하고, 문화는 계속 탈바꿈을 하는 바람에, 우

---

6) 원어로는 'To be or not to be that is the question!'이다.

> 리가 내려야 하는 결정들은 말도 못하게 복잡하거나 짧은 시간에 너무 많이 강요받는다고 느낀다. 그래서 사람들은 결정을 하지 않음으로써 결정이 나버리게 방치하거나 본능적인 감에 의존해서 결정을 해버린다.......... 그러고는 막연히 잘되기를 바란다.7)

이러한 크고 작은 또는 단순하거나 복잡한 선택은 통상 이성에 근거한 합리적인 인간적 사고를 통해 이루어지고 있다. 자신의 선택을 수반하게 되는 모든 대상에 대해 그것이 얼마나한 가치가 있는지 계산을 하고 이에 반해 내가 지불해야 할 비용에 대해 합리적인 잣대를 들이밀며 계산을 한 다음 가장 자신에게 비용 대 가치가 큰 대상을 선택하는 과정을 거치는데 바로 이러한 과정을 지배하고 있는 것이 이성에 근거한 합리적인 인간적 사고라고 한다. 그러나 선택에는 이러한 이성에 근거한 합리적인 인간적 사고만이 작동하는 것이 아니라는 사실이다.

만약 선택에 있어 이성에 근거한 합리적인 인간적 사고만이 의미를 갖으려면 인간은 앨버트 아인슈타인(Albert Einstein)처럼 생각할 줄 알아야 하고 모한다스 간디(Mohandas Karamchand Gandhi)처럼 의지력이 뛰어나야 하며 컴퓨터처럼 기억용량이 커야 할 것이다. 다른 말로 풀어 쉽게 설명하자면 앨버트 아인슈타인처럼 명석한 두뇌를 통해 냉정한 이성에 입각하여 합리적인 결정이나 선택을 할 수 있어야하고, 이러한 선택에 따르는 결정에 대해 추호도 흔들리지 않고 내가 선택한 것이 가장 합리적이란 믿음을 마치 신앙의 믿음처럼 할 수 있는 모한다스 간디의 의지력을 가져야 하고, 모든 선택 대상이 되는 대상이나 사물에 대해 완벽한 정보와 정확한 계산을 해 낼 수 있는 컴퓨터와 같은 기억용량과 연산처리 능력을 갖추어야 한다는 의미를 갖는 것이다.

그러나 사실 이러한 선택은 이 세상에 존재하기 어렵다. 아니 존재하

---

7) 수지 웰치 지음, 배유정 옮김, 『텐 텐 텐 : 인생이 달라지는 선택의 법칙』(서울 : 북하우스, 2009), 12쪽.

기 어려운 것이 아니라 존재하지 않는다. 그런 연유로 인간은 항상 이성적이고 합리적인 선택만을 하는 것은 아니다. 경우에 따라서는 감정적이고 비합리적인 선택을 하는 경우도 비일비재하다. 그래서 선택은 더욱 더 어렵고 고통스런 과정이 되는 것이다.

인간이 감정적이고 비합리적인 선택을 하는 경우의 예를 살펴보면 우리 주변에 너무나 많다. 주식을 살 때 구매한 가격에 묶여서 주식을 제때에 팔지 못해 손해를 본 경험이 있을 것이다. 분명 이성적으로 합리적인 사고를 하는 사람이라면 자기가 구매한 가격보다 더 낮게 떨어지는 주식을 보면서 이를 매도하지 않고 움켜쥐고 있지는 않을 것이다. 또 와인의 가격이나 와인의 품질보다는 와인 병의 모양이나 디자인 혹은 와인 병에 붙어있는 예쁜 라벨을 보고 와인을 구매한 경험도 있을 것이다. 이성적이고 합리적인 사고를 하는 사람이라면 와인의 본질인 와인의 품질이나 적정한 가격이 책정되어진 것인지를 우선적으로 고려해서 선택을 했을 것이다. 그리고 결코 마음으로 느껴지는 감정에 따라 선택을 하지는 않을 것이다. 이와 유사한 예로 음식의 질이나 맛보다 겉으로 드러나는 화려하고 멋진 실내장식에 반해 음식점을 선택하는 경험도 했을 것이다. 또 같은 돈이라고 해도 힘들여 벌은 돈보다 손쉽게 벌어들인 공돈일 경우 훨씬 손쉽게 지갑에서 나가는 경험도 해보았을 것이다. 또한 현 상황에 대한 냉정하고 객관적인 분석보다는 지금까지 들인 시간이나 돈 그리고 노력 등이 아까워서 울며 겨자 먹기로 손해나는 일을 하는 경험도 해보았을 것이다.

또한 똑같은 상황임에도 불구하고 어떤 프레임을 통해 상황을 인식하느냐에 따라 사람들의 선택이 달라지는 행동패턴 역시 경험을 했을 것이다. 예를 들어 쓰레기통을 일반적으로 길거리에 놓았던 방식대로 놓으면 쓰레기통 주변이 마구 버려진 쓰레기로 더럽혀져 있겠지만, 농구골대의 바스켓처럼 해 놓으면 사람들은 그 바스켓 안에 쓰레기를 집어넣기 위해 안달을 한 결과 바깥으로 버려진 쓰레기는 그렇게 많지 않을 것이다. 이와 같은 생각을 실제로 적용해 본 것이 네덜란드 암스테르담에 있는 스키폴 공항(Amsterdam Airport Schiphol)이다. 상황인식에 대한 프레임이 바뀌기 전에는 이 공항의 남자화장실의 소변기이외의 주변이 남자들이 무심코 흘린 소변들로 더럽혀져 있었는데 이 문제를 해결하기 위해 소변기 안의 중심부분에 검정색 인조파리를 그려서 넣어놓으니 이 문제가 깨끗이 해결되었다고 한다.[8] 이와 같이 프레임을 바꾸면 상황에 대한 인식도 바뀌고 이로 인해 행태도 바뀌게 된다는 것을 우리는 많은 경험들을 통해 인식하게 되는 것이다.

이와 같이 선택은 이성에 근거한 합리적인 인간적 사고를 통해 이루어지기도 하고 감정적이고 비합리적인 인간적 사고를 통해서도 이루어지기도 하는 것이다. 바로 이러한 현상이 선택을 어렵고 또 고통스럽게 만드는 것이다. 그러나 이러한 선택이 아무리 어렵고 고통스럽다고 해도 우리의 삶에서 선택을 빼놓고 생각하고 행동할 수는 없는 것이다. 어떻게 보면 우리 자신이 불완전하며 만능이 아니라는 점이 우리에게 선택과 집중의 중요성을 더욱 부각시키는 결정적 요인이 되는 것일지도 모른다.

불완전하며 만능이 아닌 인간이기에 어느 누구에게나 약점은 있고 허점도 있게 마련이다. 이러한 부분을 주도면밀하게 선택해서 집중적으로 공략하면 그 어떤 자도 당해낼 재간이 없을 것이다. 집중력이 가지는 힘은 실로 대단하다. 물이 단단한 바위를 뚫는다. 그것은 물이 힘이 넘쳐서 단단한 바위를 뚫는 것은 아니다. 물은 정말로 약하기 그지없다. 오히려 약하다 못해 부드럽기까지 하다. 그러나 물은 분명히 단단한 바

8) 이 아이디어를 처음 생각해 낸 아드 키붐(Aad Kieboom)에 따르면 이 방법이 매우 경이로운 효과를 거두었다고 말을 하면서 이 파리 그림이 소변기 밖으로 튀는 소변의 양을 80%나 감소시켰다고 주장을 하였다. 리처드 탈러·캐스 선스타인 지음, 안진환 옮김, 『넛지』(서울 : 리더스북, 2009), 18쪽.

위를 뚫는다. 물의 힘이 커서가 아니라 물이 바위의 한 지점 위에 무수히 떨어져 내려 집중된 힘을 부여한 까닭으로 바위가 뚫리는 것이다.

앨버트 아인슈타인(Albert Einstein)이나 토머스 에디슨(Thomas Alva Edison) 모두 이와 같은 선택과 집중이 가져다주는 힘을 통해 위대한 발명을 해 낸 사람들이다. 앨버트 아인슈타인은 무수한 시행착오 끝에 상대성 이론(theory of relativity)을 집대성할 수 있었다. 그리고 토머스 에디슨 역시 전기를 발명하기 위해 무수한 시행착오와 실패를 거듭했었다. 그러나 그들의 올바른 선택과 그러한 선택에 집중한 노력의 결과가 바로 성공으로 연결이 되어졌던 것이다. 즉 선택을 했고 그 곳에 집중을 했으며 그 결과 인류역사상 위대한 발명으로 쾌거를 얻어낼 수 있었던 것이다. 마치 부드럽기 조차한 물이 단단한 바위를 결국에는 뚫어내듯이 말이다. 선택된 칠전팔기의 집념이 커다란 뜻을 이루어낸 것이다.

바실 리델 하트는 "전쟁의 원칙을 한마디로 요약한다면 바로 선택과 집중의 예술이다."라고 주장을 하였다.9) 전쟁이란 한 마디로 죽음과 삶, 그리고 몰락과 승리를 결과로 만들어 내는 극단적인 현상이다. 잘못되어진 선택은 바로 죽음을 그리고 몰락을 의미한다. 그리고 올바른 선택은 삶과 승리를 담보해 준다. 나아가 올바른 선택으로의 집중은 바로 삶과 승리를 가져다준다. 전쟁자체가 극단적인 현상이기에 선택과 집중에 따른 결과역시 극적이고 명쾌하다. 올바른 선택과 이에 대한 총력적인 집중의 결과가 그리고 더 나아가 선택과 집중의 멋들어지고 아름답게 펼쳐지는 조화롭고 절묘한 배합과 접목이 전쟁의 승패를 결정짓게 된다는 의미를 바실 리델 하트는 선택과 집중의 예술이라는 말로 승화시켜 표현을 한 것이다.

이상에서 살펴 본 것처럼 변화의 시대에 선택과 집중은 더욱 그 중요

---

9) 김현기, 『선택과 집중의 기술』(서울: 한스미디어, 2007), 38쪽에서 재인용.

성을 인정받고 있다. 변화에 따르는 위기를 기회로 바꿀 수 있는, 경쟁력을 가진 우리를 만들어 나가는데 있어 선택과 집중의 역할이 매우 중요하기 때문이다. 따라서 우리의 강점과 단점을 냉철히 파악해서 강점과 경쟁우위 분야에 자신의 에너지와 자원을 집중하는 소위 선택과 집중의 논리를 통해서 치열한 글로벌 경쟁사회가 가져오는 위기에 효율적으로 대처하여 이를 기회로 바꾸는 노력이 경주되어져야 하는 것이다.

제2장 선택(選澤)과 집중(集中)의 의미

1. 선택의 의미

1) 선택의 여러 개념적 정의

선택은 국어사전의 사전적 정의에 의하면 '여럿 가운데서 필요한 것을 골라 뽑는 것.'[10]을 뜻하기도 하고 '일반적으로 가장 적당한 것을 골라내는 것.'[11]을 의미하기도 한다.

이를 생물학적인 용어를 빌려서 설명을 하자면 적자생존(適者生存)의 원리에 의하여, 생물 가운데 환경이나 조건 따위에 맞는 것만이 살아남고 그렇지 않은 것은 죽어 없어지는 현상을 의미하며 이는 다시 자연선택과 인위 선택으로 나눌 수 있다. 자연의 순리에 따라 이루어지는 선택을 자연선택이라 칭할 수 있으며, 인간의 자의적인 생각과 행동에 따라 이루어지는 선택을 인위선택이라 칭할 수 있다.

그리고 심리학적인 용어로 설명을 하자면 문제를 해결하기 위한 몇 가지 수단을 의식하고, 그 가운데서 어느 것을 골라내는 작용을 뜻하기도

10) http://krdic.naver.com/search.nhn?query_euckr=%BC%B1%C5%C3

11) http://100.naver.com/100.nhn?docid=91149

한다.[12] 경제학적인 관점에서 이야기를 하자면 선택의 대가는 그것을 얻기 위해 포기한 그 무엇을 의미한다. 이것을 경제학에서는 기회비용(opportunity cost)이라고 하며, 어떤 물건의 기회비용은 그것을 얻기 위해 또는 선택을 하기 위해 포기해야 하는 모든 것을 뜻한다 하겠다.[13]

프랑스가 낳은 실존주의 철학자 장 폴 사르트르(Jean Paul Sartre)는 우리의 인생은 B와 D 사이의 C라고 말했다.[14] 이 말이 뜻하는 바는 인간은 태어나서 죽을 때까지 무언가 선택을 할 수 밖에 없는 삶을 살아간다는 의미를 담은 표현으로 생각이 된다. 이렇게 보면 태어나서 죽을 때까지 우리의 삶은 선택의 연속이며 이러한 선택이 없는 우리의 인생은 상상도 할 수 없게 된다. 스펜서 존슨(Spencer Johnson)은 '우리의 삶은 오늘을 사는 내가 선택하는 것에 달려있다.'고 주장을 한다.[15] 이 말이 뜻하는 바는 순간순간 우리가 내린 결정이 우리의 존재를 구성하는 중요한 요소이며, 좋은 씨앗이 좋은 열매를 맺듯이 좋은 결정, 더 나은 선택이 좋은 결과를 낳게 된다는 것이다.

> "그런데 왜 사람들이 시간을 갖고 미리 충분히 생각하지 않을까요?" "결정이 일시적인 거라고 생각하기 때문일 거예요. 하지만 사실은 그렇지 않죠. 우리의 삶은 우리가 순간순간 내리는 결정으로 이루어집니다. 결정이 그다지 중요하지 않다고 생각하는 경향이 있는데, 우리가 내리는 결정은 도미노 같다는 걸 알아야 해요. 하나의 결정이 다음 결정에 영향을 미친다는 거죠. 그것도 우리가 생각하는 것 이상으로 큰 영향을 미치죠.[16]

---

12) http://krdic.naver.com/search.nhn?query_euckr=%BC%B1%C5%C3
13) 맨큐(N. Gregory Mankiw) 지음, 김경환·김종석 옮김, 『맨큐의 경제학』(서울 : 교보문고, 2007), 313쪽.
14) 여기에서 B는 탄생(birth)을 의미하고 D는 죽음(death)을 뜻하고 C는 선택(choice)을 상징하고 있다.
15) 스펜서 존슨 지음, 형선호 옮김, 『선택』(서울 : 청림출판, 2005).
16) 『앞의 책』, 95-97쪽.

그는 여기에 그치지 아니하고 한 걸음 더 나아가서 '더 나은 선택을 하기 위해서, 그리고 더 좋은 결정을 내리기 위해 우리는 선택의 원칙을 가지고 있어야 한다.'고 주장을 한다.[17] 선택의 원칙을 지켜나갈 때 더 나은 선택과 더 좋은 결정을 할 수 있다는 의미로 받아들여진다. 또한 선택에 관한 원칙이 아예 없거나, 원칙이 있다 해도 이해관계나 여건, 상황 그리고 선호도나 선입견에 따라 흔들리거나, 더 나아가 균형과 형평을 유지하지 못하고 어느 한쪽으로 쏠리는 경향을 띤 편향적 선택을 하게 된다면 그 결과는 바람직한 것이 될 수 없음을 경계하는 의미도 가지고 있다고 하겠다. 그리고 그는 많은 사람들이 이러한 선택의 원칙이 중요하다는 것을 잘 알고 있으면서도 이러한 기본적인 원칙을 만들고 적용하고 지켜나가는 일을 종종 잊어버린다는 점을 강조한다.[18]

'지행합일'(知行合一)이라는 말도 있듯이 알고 있으면 행동을 해야 하는 것이다. 이것을 제대로 하지 못할 경우 행동하지 않는 지성으로 매도되기도 한다. 알고 있으면 그것을 실천하는 것이 무엇보다 중요하다. 선택의 원칙이 중요하고 이를 잘 알고 있다면 마땅히 실천을 하여 보다 올바른 선택을 할 수 있도록 하여야 할 것이다.

그리고 무엇보다 중요한 것은 모든 선택에는 반드시 대가(代價)가 있다는 점을 유념할 필요가 있다. 그리고 이러한 선택의 대가는 그것을 얻기 위해 포기한 그 무엇을 의미 한다[19]는 점도 잊어서는 안 된다. '무언가를 얻기 위해서는 다른 무언가를 내 놓아야 한다.'는 속담이 바로 이를 두고 말함이다. 이를 부연하여 좀 더 자세하게 설명을 하면 다음과 같다.

'세상에 공짜 점심은 없다.'는 속담과 같이 우리가 무엇을 얻고자 하

17) 『앞의 책』.
18) 『앞의 책』, 46쪽.
19) 맨큐(N. Gregory Mankiw) 지음, 김경환·김종석 옮김, 『앞의 책』, 5-7쪽.

면, 대개 그 대가로 우리가 가진 무엇인가를 포기하고 내 놓아야 한다는 것이다. 마치 우리가 손에 쥐고 있는 것을 계속 가지고 있으면서 새로운 것을 얻을 수 없는 것과 같은 이치라고 이해할 수 있다. 새로운 것을 얻기 위해선 내가 손에 꼭 쥐고 있는 것을 내려놓아야 빈손이 새로운 것을 얻을 수 있게 되는 것이다.

투자의 귀재인 미국의 워렌 버핏(Warren Buffett)은 "부자가 되기 위해선 부자에게 점심을 사라."는 유명한 이야기를 하였다.[20] 그의 생각은 부자가 오랜 시간 각고의 노력을 들여 쌓아올린 경험상으로 검증되고 농축되고 집적 된 부(富)를 일구어 내는 방법이나 그 노하우를 습득하는 것이니 만치 당연히 비싼 점심을 사는 게 이치에 맞는 이야기라는 의미를 담고 있다. 우리가 무언가를 얻고자 한다면 반드시 그 대가를 지불해야만 한다는 지극히 당연한 진리를 워렌 버핏은 이 한마디의 말로 대신한 것이라 사료 된다.

실제로 워렌 버핏과 점심 한 끼를 먹기 위해 211만100달러(우리나라 돈으로 22억 원)를 투자한 사람도 있었다. 이렇게 거금을 들여 그와 점심을 한 사람은 중국 '퓨어하트 차이나 그로스 인베스트먼트 펀드'의 자오 단양(Danyang)이었다.[21] 그가 워렌 버핏을 만나 점심을 들면서 얻은 부를 일구어내는 노하우가 그에게 비싼 점심값이상의 의미를 던져주었는지 여부는 알 수 없지만 역시 이러한 사실만 보아도 공짜점심은 확실히 없는 모양이다.

이렇게 공짜점심이 없기 때문에 사람들은 자신이 가지고 있는 것과

20) 혼다 켄은 일본에서 연 3천만 엔 이상의 수입을 올리고 있고, 자산 규모가 1억 엔 이상인 부자 1만2천 명에게 설문지를 발송하였으며 그 중 965명의 부자가 회답을 해주었다. 그리고 262명에게는 다시 세부 설문조사를 실시하였다. 여기서 한걸음 더 나아가 20명의 부자들을 혼다 켄이 직접 만나 심층 인터뷰를 하였다. 그 결과가 책으로 출간이 되었다. 혼다 켄 지음, 홍찬선 옮김, 『부자가 되려면 부자에게 점심을 사라』(서울 : 더난출판, 2004).

21) 『조선일보』, 2008.6.29. ; http://news.chosun.com/site/data/html_dir/2008/06/29/2008062900980.html

새로 얻을 것을 저울질하면서 심사숙고하는 것이다. '내가 가진 이것을 내 놓고 저것을 내가 취할 경우 내가 이익을 볼까 아니면 손해를 볼까?' 또는 '이익을 본다면 얼마만큼 이익을 보며 손해를 본다면 얼마만큼 손해를 볼 것인가?'를 열심히 저울질하면서 고민하는 것이다.

이렇게 고민을 하고 심사숙고하는 이유 중 하나는 인간이 가진 가용자원에는 한계가 있기 때문이다. 이러한 가용자원으로는 시간이나 돈이나 물질적인 것들이 있는데 이것은 모두 한계를 가지고 있으며, 그래서 이를 소비했을 경우 되찾을 수 없는 경우가 대부분이기 때문에 자원의 소비를 할 경우 가장 적은 비용으로 가장 많은 편익 또는 효용을 얻으려고 노력을 하는 것이다. 바로 이러한 노력의 과정을 우리는 선택이라고 설명할 수도 있다. 선택을 잘하게 되면 가장 적은 비용으로 가장 많은 편익 또는 효용을 얻게 되겠지만, 그렇지 않을 경우 정반대의 결과를 맛보아야 할 것이다. 그래서 사람들은 선택의 기로에 섰을 때 고민하고 번뇌하고 심사숙고하게 되는 것이다.

이와 관련된 이야기를 보다 깊이 있게 해보기로 하자. '어떤 학생이 자기의 가장 중요한 자원 중 하나인 시간을 어떻게 배분할지 궁리하고 있다고 가정을 해 보자. 그 학생은 자신의 모든 시간을 행정학을 공부하는 데 쓸 수도 있고, 경제학을 공부하는 데 쓸 수도 있다. 또는 시간을 두 과목에 쪼개어서 쓸 수도 있을 것이다. 분명한 것은 한 과목을 공부하기 위해 사용하는 시간은 다른 과목을 공부하는 데 사용할 수도 있거나, 공부를 하지 않고 낮잠을 자거나, 자전거를 타거나, TV를 보거나, 아니면 용돈을 벌기 위해 아르바이트를 할 수도 있는 시간이라는 사실이다.'22)

이 말을 좀 더 쉽게 표현을 해 보자면, 이 학생이 자기의 시간을 행정

---

22) 맨큐(N. Gregory Mankiw) 지음, 김경환·김종석 옮김, 『앞의 책』, 5쪽.

학을 공부하는데만 쓴다면 그는 경제학을 공부하거나, 낮잠을 자거나, 자전거를 타거나, TV를 보거나 아니면 아르바이트를 할 수 있는 시간을 희생할 수밖에 없다는 의미이기도 하다. 따라서 이 학생은 행정학을 공부해서 얻는 것이 있지만 이로 인해 그 나머지 것들을 포기해야한다는 의미를 내포하고 있는 것이다. 한마디로 표현하면 앞서 말했듯이 선택에 따른 대가라고 말할 수 있는 것이다.

위의 예는 한 개인을 상정을 해서 설명을 했지만 이것을 사회전체로 넓혀 생각해보면 사람들은 또 다른 차원의 선택을 해야 한다. 경제학 분야에서 잘 알려진 선택이 소위 '대포와 버터'의 선택이다. 대포를 더 많이 생산해 낼 것이냐 그렇지 않으면 버터를 더 많이 생산해 낼 것이냐 하는 선택의 문제인 것이다. 우리의 국토를 외부의 침략으로부터 지키기 위해 대포를 만드는데 더 많은 돈을 쓴다면 그만큼 우리의 생활수준을 높이기 위해 버터를 생산하는데 들어가는 돈은 줄어들 수밖에 없는 것이다.[23] 따라서 사회적으로 가용한 자원의 한계 내에서 얼마만큼의 대포를 만들고 또 어느 정도의 버터를 만들어낼 것인가에 대한 결정은 내려져야 한다. 이러한 결정이 내려지기 위해서는 사회적 합의가 이루어져야 할 것이며 만약 이러한 사회적 합의가 도출이 되어졌다면 사회적 선택이 이루어진 것이다.

여기서 하나 유념해야 할 것은 사람들이 항상 선택을 해야 한다는 사실 그 자체가 사람들이 어떤 의사결정을 내릴지 또는 어떤 결정을 내려야만 하는지를 말해주지는 않는다는 사실이다. 예를 들어 행정학 공부를 포기하면 경제학을 공부할 수 있는 시간이 더 늘어난다고 해서 행정학 공부를 포기해야만 한다는 뜻은 아니라는 것이다.

이를 사회전체로 넓혀 생각해보아도 마찬가지이다. 환경보호를 위한

23) 『앞의 책』, 5쪽.

정부규제가 우리의 물질적 생활수준을 낮춘다고 해서 환경보호를 하지 말아야 한다는 것은 더 더욱 아닌 것이다. 또한 가난한 사람을 도와주는 것이 그들보다 여유 있는 사람들의 일할 유인을 줄인다고 해서 이를 포기하라는 말도 아니다. 여기에서 강조하고자 하는 바는 모든 일에는 반드시 그에 따르는 대가가 있고 그에 따라 반드시 선택을 해야 한다는 사실을 이해하는 것이 중요하다는 점이다. 그래야만 사람들이 올바른 의사결정에 도달할 수 있기 때문이다.[24)]

2) 선택과 기회비용

지금까지 '선택의 대가는 그것을 얻기 위해 포기한 그 무엇이다.'라는 말을 했는데 이를 경제학적 용어로 표현을 하면 '기회비용'이라고 할 수 있다. 이를 좀 더 이해하기 쉽게 표현을 하자면, 기회비용이란 어떤 선택을 위해 포기했던 다른 선택을 통해 얻을 수 있는 이득이다. 더 쉽게 표현하자면 무엇을 얻기 위해 포기한 다른 어떤 것이다.[25)] 좀 더 이해의 편의를 위해 현재 세계에서 제일 부자인 빌 게이츠의 예를 들어 설명을 해 보기로 하자.

세계 최고의 부자인 빌 게이츠가 가지고 있는 재산을 추계해보면 약 1,120억 달러에 달한다고 한다. 이 돈은 이자수익을 무시한다 해도 매 초당 121달러, 이를 쉽게 이해를 하기 위해 원화로 환산한다면 13만 원 가량이 되는데 이런 돈이 가만히 있어도 빌 게이츠에게 저절로 굴러 들어온다는 것이다. 만약 빌 게이츠가 길을 가다 길에 떨어져 있는 돈 10만원을 보았을 때 이를 줍게 하는 것이 나을까 그렇지 않으면 무시하고 지나가라고 권유하는 것이 나을까 하는 질문을 던지면 기회비용의 개념

---

24) 『앞의 책』, 6쪽.
25) 『앞의 책』, 7쪽.

을 아는 사람들은 기꺼이 무시하고 지나가라고 권유하는 쪽으로 선택을 할 것이다. 왜냐하면 떨어진 돈을 줍는 시간보다 다른 행동을 하는 것이 보다 더 큰 이익을 빌 게이츠에게 갖다 줄 수 있기 때문이다. 이와 같이 기회비용이란 앞에서도 언급했듯이 무엇을 얻기 위해 포기한 다른 어떤 것이다.

세계 최대의 거부 마이크로 소프트의 빌 게이츠를 예로 들어보자. 그가 길을 가는데 10만 원이 떨어져 있었다. 이때 돈을 줍는 것이 현명한가? 그냥 지나치는 것이 현명한가? 창업한 지 30년이 되었을 때 그의 재산이 1,120억 달러라고 했으니, 이자수익을 무시하더라도 그는 매 초당 121달러, 즉 13만 원가량을 버는 셈이다. 기회비용을 이해한 사람이라면 그냥 지나치라고 권할 것이다. 행복하게도 그가 허리를 굽혀 돈을 줍는 시간의 기회비용이 줍는 돈보다 많기 때문이다.[26)]

이준구와 이창용은 '기회비용이란 실제로 지출하지 않았다 해도 비용의 성격을 갖고 있으면 모두 포함시키는 포괄적 비용의 개념으로서 어떤 행위의 기회비용이란 이를 선택함으로 인해 포기해야 하는 여러 행위 중 가장 큰 가치를 갖는 행위의 가치로 측정할 수 있다'고 주장을 한다.[27)] 예를 들어 독자가 지금 이 책을 읽기 위해 쓰고 있는 시간을 다른 데로 쓴다면 무엇을 할 수 있을까? 하는 것을 한번 상상해보자. 지금까지 오랫동안 미루어두었던 밀린 일을 할 수도 있겠고, TV를 볼 수도 있을 것이며, 읽다 만 소설을 계속 읽을 수도 있을 것이다. 결국 이 책을 읽기 위해 그런 일들을 하지 못했고, 따라서 그 일들에서 얻을 수 있는 가치를 포기한 셈이다.

이렇게 포기한 여러 가지 일 중 특히 TV를 보지 못한 것을 가장 아쉬워한다고 가정을 하자. 그리고 TV를 보면서 느꼈을 즐거움의 가치를

---

26) 정갑영, 『데메테르의 지혜로운 선택』(서울 : 삼성경제연구소, 2009), 67쪽.
27) 이준구·이창용, 『경제학원론』, 제3판 (서울 : 법문사, 2006), 9쪽.

돈으로 환산해 5만원에 해당한다고 가정을 하자. 그렇다면 이 책을 읽는데 드는 기회비용은 5만원이 된다는 것이다. 즉 이 책을 읽기 위해 포기해야 하는 행위 중 가장 가치 있는 행위인 TV 시청의 가치 5만원이 이 책을 읽는 데 드는 기회비용이 되는 것이다.[28)]

대학 진학이나 취업, 그리고 결혼의 예와 같이 어떤 중요한 의사결정을 할 때 올바른 결정을 내리기 위해서는, 모든 가능한 선택에 대한 기회비용을 정확하게 아는 것이 매우 중요하다. 사실 사람들은 대부분 부지불식간에 이미 그렇게 행동하고 있다고 할 수 있다. 대학에 갈 나이가 된 운동선수 중에 프로에 진출하여 높은 소득을 올릴 수 있는 선수들은 대학진학의 기회비용이 매우 크다는 것을 잘 알고 있을 것이다. 따라서 대학 진학의 비용이 프로에 진출하여 얻을 이득에 비해 크다고 판단하여 대학 진학을 스스로 포기하는 경우가 꽤 있는 것도 이러한 이유 때문이다.[29)]

3) 선택과 합리성(Rationality)

① 합리적 선택과 합리성

이와 같이 선택은 항상 우리에게 선택에 따른 대가를 요구하고 있다. 선택이 어려운 이유가 바로 여기에 있다. 그래서 많은 사람들이 가능하면 합리적인 선택을 하려고 노력을 한다. 여기에서 합리적 선택이란 합리성을 전제로 하는 선택을 의미한다. 합리성이란 수단의 합리성을 뜻하는 것이지 목표 그 자체의 합리성이나 윤리성과는 별 관련이 없는 것이다.[30)] 다시 말해 어떤 목표가 주어졌다고 할 때 어떻게 하면 이를 가

28) 『앞의 책』, 9쪽.
29) 맨큐(N. Gregory Mankiw) 지음, 김경환·김종석 옮김, 『앞의 책』, 7쪽.
30) 합리성은 보는 시각에 따라 이해를 달리하는데, 거시적이고 추상적인 입장에서 보면 가치(value)적인 면을 더욱 중시하게 되고 미시적이고 구체적인 입장에서 보면 사실

장 효율적으로 달성할 수 있는가와 관련된 합리성이라는 뜻이다.[31] 여기에서 효율적이란 일반적으로 효과성과 능률성을 의미한다. 효과성은 목적이나 목표의 달성여부와 관련성을 짓는다. 목적이나 목표를 달성했으면 효과적이라고 볼 수 있고 그렇지 않으면 비효과적이라고 판단하는 것이다. 그리고 능률성은 비용에 대한 편익이나 효용의 정도를 의미한다. 적은 비용으로 많은 편익이나 효용을 얻었다면 능률적이라고 볼 수 있고 그렇지 않으면 비능률적이라고 판단하는 것이다.

그러면 합리적 선택이 어떻게 이루어지는지 대학에 갈 것인지 말 것인지를 선택해야 하는 경우를 예로 들어 설명해 보기로 하자. 그는 우선 대학에 진학함으로써 얻을 수 있는 이득, 즉 편익(benefit)이 얼마인지 계산할 것이다. 대학을 졸업하면 얼마나 더 많은 소득을 얻게 되며, 사회적 지위는 어느 정도 올라갈지 등을 생각해 본다는 말이다. 다음에는 대학에 진학하는 데 드는 비용(cost)이 얼마인지 계산해 본다. 대학에 가기 위해 지출해야 하는 사교육비라든지, 입학금이라든지, 학기마다 내야하는 등록금이라든지 또는 교재비 등을 생각해 보는 것이다. 그리고 마지막으로 이 둘을 비교해 비용보다 편익이 더 크다고 판단하면 대학에 진학하기로 결정을 한다.[32] 그러나 만약 그렇지 않다고 판단이 되면

(fact)적인 면을 더욱 중시하게 된다. 전자와 같은 성격을 지니는 합리성을 가치적 합리성 또는 실질적 합리성 그리고 목적적 합리성이라고 표현을 하고 후자와 같은 성격을 지니는 합리성을 구체적 합리성 또는 경제적 합리성 그리고 수단적 합리성이라고 표현을 한다. 여기에서는 경제적 합리성 또는 수단적 합리성의 시각에서 보고 있다. 따라서 가치적인 면보다는 사실적인 면이 중시된다. 허버트 사이몬(Herbert A. Simon)과 같은 학자는 합리성의 기준에서 사실을 중시해서 구체적 합리성을 중요시하고 있다. 그는 가치적 합리성에 대해 커다란 의미를 부여하지 않고 있으며 행정현상에서 이렇게 가치와 사실을 구분할 수 있는 기준으로 합리성을 들고 있다. 합리성의 기준을 적용할 수 있는 것은 사실이고 그렇지 않은 것은 가치라고 규정하고 가치의 영역은 연구대상에서 배제를 하고 있다. Herbert A. Simon, *Administrative Behavior* (New York : The Free Press, 1945 & 1976).

31) 이준구·이창용, 『앞의 책』, 7쪽.

32) 이를 비용-편익분석(Cost-Benefit Analysis)이라고 한다.

즉, 비용보다 편익이 더 작다고 판단을 하면 대학에 진학하는 결정을 쉽게 내리기는 어려울 것이다. 사람들은 모든 선택의 상황에서 이와 비슷한 과정을 거쳐 최종 의사결정에 이르게 되는데 이러한 것이 합리적 선택의 좋은 예라고 할 수 있는 것이다.[33)]

물론 이러한 것이 여기에서 예를 들어 말한 것처럼 물이 흐르듯이 부드럽고 매끄럽게 처리가 된다면 더 이상 말을 할 필요가 없지만 실제로는 비용과 편익을 계산해 내기가 어려운 경우가 많이 있다. 또 계산을 해 낸다고 해도 정확하고 올바르게 계산을 해내기는 매우 어렵다. 그 이유는 인간이 전지전능한 신(神)이 아니기 때문이다.

앞에서 예를 들었지만 대학에 진학을 해서 장차 얻을 수 있는 편익으로 사회적 지위를 들었는데 실제 이것이 얼마의 편익으로 현실화 할지는 어느 누구도 쉽게 계산을 해내기가 쉽지 않은 일이다. 특히 사회적 지위는 실현이 되었다고 하더라도 그것을 가시적인 화폐적 가치로 치환을 하기가 매우 어렵기 때문이다. 사회적 지위를 획득함으로써 얻게 될 명예라든가 사회적 위엄이나 권위 그리고 안락함 등과 같은 무형적 가치를 가시적인 유형적 편익으로 계산해 내기란 그리 쉬운 일이 아닌 것이다. 여기에 덧붙여 인간의 얼굴이 모두 다르듯이 그가 가지고 있는 가치관 또한 다르다. 어떤 사람은 A라고 하는 가치에 대해 높은 편익을 부여하지만 다른 사람은 그 가치에 대해 낮은 편익을 부여할 수도 있는 것이다. 심지어 어떤 가치관은 자신의 목숨까지 담보로 하면서 지키려고도 한다. 고려시대 말기의 충신이었던 최영(崔瑩)이나 정몽주(鄭夢周), 그리고 조선시대 초기의 충신이었던 성삼문(成三問) 등은 불사이군(不事二君)이란 명분에 충실하여 자신의 목숨을 초개와 같이 여겼다. 그러나 이와 다르게 성삼문 등과 단종복위의 거사를 꾀하다가 자신의 신변에 대한 해악을 우

33) 이준구·이창용, 『앞의 책』, 7-8쪽.

려하여 동지들을 배반하고 세조에게 고변하여 사육신(死六臣) 사건을 일으킨 김질(金礩) 등은 자신의 목숨 앞에 비굴하였다. 자신의 목숨을 건 행위에 대한 가치관이 이렇게 달랐던 것이다. 따라서 가치가 개재된 현상을 단순하게 가시적인 화폐적 가치로 치환을 한다는 것은 여간 어려운 일이 아니다. 또한 인간은 신이 아니기 때문에 미래에 도래할 일에 대해 속단하기도 어렵다.

그리고 요즈음 행동경제학에서 나온 생각들은 인간을 합리적인 동물(homo economicus)로 보려는 전통경제학의 획일적 사고에 제동을 걸고 있다. 행동경제학의 내면에 흐르고 있는 핵심적 생각은 인간이 비용과 편익을 정확히 계산하고 선택을 하는 합리적 존재만은 아니라는 것이다.[34] 인간은 경험적으로 볼 때 선택을 하는데 있어 매우 비합리적인 결정을 하는 경우가 많다는 것이다. 주식가격이 폭락하고 있는데도 불구하고 살 때 가격이 닻이 되어 매도를 못해 큰 손해를 보는 경우도 실제로 비일비재하다. 그래서 주식투자를 잘하기 위해서는 주식을 잘 사는 것도 중요하지만 그것보다 더 중요한 것은 손절매[35]를 잘해야 한다는 말까지 나올 정도이다. 합리적인 결정을 하는 사람은 손해를 볼 것 같다고 생각하면 비용을 최소화하고 편익을 극대화하기 위해 빠르게 주식을

---

34) 요즈음 행동경제학과 관련된 책들이 많이 나오고 있다. 읽기 쉽고 행동경제학의 정수를 이해하기 쉽게 쓴 대중친화 적 책들도 많다. 그런 책들 중 대표적인 것으로는 다음과 같은 것이 있다. 리처드 탈러·캐스 선스타인 지음, 안진환 옮김, 『넛지』(서울 : 리더스북, 2009). ; 도모노 노리오 지음, 이명희 옮김, 『행동 경제학 : 경제를 움직이는 인간 심리의 모든 것』(서울 : 지형, 2007). ; 마이클 모부신 지음, 김정주 옮김, 『왜 똑똑한 사람이 어리석은 결정을 내릴까 : 의사결정에 관한 행동경제학의 놀라운 진실』(서울 : 청림출판, 2010). ; 이준구, 『36.5℃ 인간의 경제학』(서울 : 랜덤하우스코리아, 2009). ; 비키 쿤켈 지음, 박혜원 옮김, 『본능의 경제학 : 본능 속에 숨겨진 인간 행동과 경제학의 비밀』(서울 : 사이, 2009). ; 다치바나 아키라 지음, 김소영 옮김, 『골목에서 찾아낸 행동경제학』(서울 : 살림 Biz, 2009). ; 하노 벡 지음, 안성철 옮김, 『충동의 경제학 : 우리는 왜 어처구니 없는 경제적 선택을 하는가』(서울 : 비즈니스맵, 2009). ; 피터 우벨 지음, 김태훈 옮김, 『욕망의 경제학 : 인간은 왜 이성적인 경제활동을 할 수 없는가』(서울 : 김영사, 2009).

35) 주식시장에서 사용되는 용어로 '주식이 큰 폭으로 하락을 할 때 그 손해를 감수하더라도 판매를 한다'라는 뜻을 가지고 있다.

털어버리는 것이 맞다. 그러나 의외로 많은 사람들이 뻔히 손해를 볼 것을 알면서도 살 때 가격이 닻이 되어 주식을 팔지 못해 결국 깡통계좌를 차는 경우를 많이 보게 되는 것이다. 또한 예쁜 라벨을 붙인 와인에 매료되어 또는 백화점 쇼우 윈도우에 걸려 있는 예쁜 옷에 빠져들어 충동구매를 하고 뒤에 가서 후회를 하는 경우도 비일비재하다. 또한 공무원 시험을 10년 한 친구가 지금까지 공부한 게 아까워서 공무원 시험을 포기하지 못하는 것이나, 도박판에서 많은 돈을 잃은 친구가 본전생각이 굴뚝같아서 도박장을 박차고 나오지 못해 결국 패가망신을 하는 경우도 비일비재하다.

이러한 것을 보더라도 인간이 합리적이라고 강변하기는 어려운 것이다. 이러한 연유로 해서 인간은 합리적 사고를 하긴 하지만 매우 제한된 범위 내에서 그 의미를 갖게 될 뿐이라고 수정을 해서 말하는 것이 보다 정확한 표현이 될 것으로 사료가 되는 것이다.

② 역 선택과 정보의 비대칭

이러한 합리적 선택을 어렵게 하는 또 다른 것으로 '역 선택(adverse selection)[36]'이 존재한다. 정보의 비대칭(asymmetry of information)[37]으

36) 역 선택이란 의사결정에 필요한 정보가 충분하지 않아서, 불리한 선택을 하게 되는 것을 말한다. 이는 종종 '도덕적 해이'라는 개념과 혼동하는 경우가 있는데, 이와는 전혀 다른 개념이다. 대리인 문제에서의 역선택은 대리인의 능력에 관한 정보가 부족하여, 대리인의 능력에 비해 높은 보수를 지급하거나, 대리인을 선택함에 있어 능력이 부족한 쪽을 선택하는 것을 가리킨다. http://ko.wikipedia.org/wiki/%EC%97%AD%EC%84%A0%ED%83%9D

37) 금융 산업에서의 도덕적 해이는 정보가 이해관계자에게 균등하게 전달되지 않고, 한쪽으로만 집중되는 정보의 비대칭 때문에 발생을 한다. 예를 들어 금융기관에서 돈을 빌려가는 기업은 자신의 돈이 아니므로 위험하지만 투자수익이 높은 투자 안에 자금을 투입하고 싶어 하는 반면, 금융기관은 안전하게 원리금을 받고 싶어 하므로 양자의 유인(incentive, 경제적 보상이 수반되는 자극)이 다르다. 한마디로 도덕적 해이는 양자의 유인동기가 다르기 때문에 발생을 한다고 볼 수도 있다. 전유문, 『금융지식이 미래의 부를 결정한다』(서울: 원앤원 북스, 2006), 169쪽.

로 인해 정보를 갖지 못한 사람이 바람직하지 못한 선택을 하게 될 가능성이 높아지는 것을 의미한다.[38] 만일 보험회사가 보험가입자의 화재예방노력을 하나하나 모두 파악할 수 있다면 화재예방 노력에 따라 보험료를 다르게 적용하거나 보험가입 자체를 거부할 수 있겠지만 이러한 일은 현실적으로는 불가능한 일이다. 이렇게 보험회사가 보험가입자를 개별적으로 다 파악할 수 없는 이러한 상황을 정보의 비대칭이라고 하며, 이같이 어느 한쪽이 상대방을 충분히 파악할 수 없는 정보의 비대칭 상황 하에서는 항상 역 선택이나 도덕적 해이가 발생할 소지가 있다.[39]

이러한 역 선택과 연계된 정보의 비대칭은 중고차(中古車)를 사고 팔 때에도 발생을 한다. 중고차를 팔려고 하는 사람은 그 중고차를 사고자 하는 사람보다 매물로 나와 있는 중고차에 대해 더 많은 정보를 가지고 있다. 따라서 중고차를 사고자 하는 사람과 팔고자 하는 사람 간에는 자연스럽게 정보의 비대칭이 존재하게 되는 것이다. 이러한 관계로 해서 하자(瑕疵)가 있는 중고차를 구매한 사람이 손해를 보는 경우가 종종 있다.[40] 이러한 상거래의 불공정성을 시정하기 위해 중고차 품질 보증제도, 사망위험이 높은 사람에게 할증보험료 적용, 손실의 일부만 보상해주는 공동보험제도, 내부정보의 활용 등 여러 가지 제도적 장치를 강

---

38) 이러한 역선택으로 인한 문제를 해결하는 방법으로 선별(screening), 신호발송(signaling), 강제집행, 정보정책(information policy), 평판(reputation), 표준화(standardization), 그리고 할당(rationing) 등이 있다. 이상률, 『경제학의 유혹』(서울 : 네모북스, 2005), 170쪽.

39) 정보의 비대칭으로 인해 비롯되는 손해를 도덕적 해이로 이해하느냐 그렇지 않으면 역 선택으로 이해하느냐 하는데 대해 혼돈이 있다. 이를 구분하기 위한 방법으로 그 행위가 이루어진 시점을 기준으로 해서 시점 이전이면 역 선택, 이후이면 도덕적 해이로 이해를 해야 한다는 주장이 있다. 예를 들어 중고차를 사고 팔 때 중고차를 파는 사람이 정보의 비대칭을 악용하여 부당하게 이득을 취했을 경우 정보비대칭이 자동차 거래 전에 나타나서 거래에 영향을 미쳤으므로 이를 역 선택이라고 보는 것이며, 화재보험의 경우에는 보험가입이라는 거래 후에 보험가입자가 화재 예방 노력을 소홀히 하게 되는 것이므로 이를 도덕적 해이로 보아야 한다는 주장이다.

40) 팀 하포드 지음, 김명철 옮김, 『경제학 콘서트』(서울 : 웅진 지식하우스, 2006), 164-168쪽.

구하고 있긴 하지만 그럼에도 불구하고 이러한 정보의 비대칭성을 교묘하게 악용하는 사람들에 의해 여러 가지 폐단이 발생하고 있다.[41)]

③ 제한된 합리성과 만족모형

앞에서 살펴보았듯이 정보의 비대칭성이 존재하는 한 역 선택은 불가피하며 역 선택이 존재하는 한 합리적 의사결정은 어렵게 되는 것이다. 앞서 언급한 문제점과 이러한 역 선택의 문제들로 인해 합리적 의사결정이 이루어지기 어렵다는 점을 허버트 사이몬(Herbert A. Simon)은 정확히 간파하고 이를 지적 하고 있다. 그는 앞서 말한 이러한 이유로 해서 완전한 합리성에 입각한 의사결정은 어렵다고 이야기를 하면서 제한된 범위 내에서 의미를 갖는 합리성을 주장하고 있는 것이다. 그리고 이를 '제한된 합리성(bounded rationality)'이라고 명명을 하였다.

이를 좀 더 살펴보자면 다음과 같다. 허버트 사이몬에 따르자면 정보의 부재나 미흡, 그리고 인간의 합리적 사고의 한계 등 인간이 가진 여러 한계로 인해 최상의 의사결정(the best decision making)을 하기는 사실상 어렵다는 것이다. 그래서 인간은 자신의 한계 범위 내에서 최적의 의사결정(the optimal decision making)을 하는 것으로 만족을 하게 된다는 것이다. 이를 허버트 사이몬은 '만족모형(satisficing model)'이라 칭하고 있다. 만족모형에서 인간이 취하는 최적의 의사결정은 제한된 합리성의 범위 내에서 도출될 수 있는 의사결정을 의미하는 것이다. 따라서 선택은 제한된 합리성의 범위 내에서 제한될 수밖에 없는 것이다.

이러한 생각은 그가 주장한 '수용권의 범위(Zone of Acceptance)'라는 개념과 맞물려 있다. 허버트 사이몬의 수용권의 범위라는 사고의 기본

41) 상대적으로 정보를 많이 가진 사람이나 집단이 정보를 갖지 못한 사람이나 집단에 대해 정보의 왜곡이나 정보의 오류를 통해 부당이익을 취하는 행위로 인해 사회적으로 많은 문제를 던져주고 있다.

적인 틀은 체스터 바나드(Chester I. Barnard)가 제시한 '무차별권역'이라는 사고에 기반을 두고 있다. 사이몬에 따르자면 이러한 수용권의 범위 내에서 합리적 결정이 이루어지고 그 나름대로의 의미를 갖게 된다는 것이다.

우리가 하루하루 살아가는 일상사에서 선택과 집중은 피할 수 없는 것이지만 그 속에서 언제나 중요한 것은 바로 선택의 폭, 다른 말로 표현하자면 선택의 범위에 대한 것이다. 선택의 수가 적을수록 효과는 커지고, 선택의 수가 많아질수록 효과가 반감된다는 것은 합리적인 관점에서 볼 때 당연한 논리이다. 수용권의 범위의 제한을 받는 합리성 상황하에서 최선의 방법은 선택의 수를 가능한 줄이고, 가지고 있는 모든 것을 투자해 확실하게 하나씩 끝내고 다음 단계로 넘어가는 것이다. 선택과 집중의 의미가 바로 여기에 있지만, 언제나 버리기를 주저하며 선택과 집중의 의미에 역행하고 있는 것이 바로 많은 사람들이 오늘도 주저 없이 저지르고 있는 실책 들 중의 하나이다.[42)]

4) 선택과 수지 웰치(Suzy Welch)의 '10-10-10의 법칙'

수지 웰치가 제시하고 있는 '10-10-10의 법칙'[43)]은 어려운 선택을 보다 쉽게 해결할 수 있는 나름대로의 아이디어를 보여주고 있다. 이 법칙은 선택과 관련하여 아무리 고민해도 답이 안 나올 때 모든 문제에 해결책으로 의미를 지닐 수 있는 것이라 사료가 된다.

이 법칙의 내용을 살펴보면 첫 번째 단계로 고민덩어리를 의문문으로 만들어 스스로에게 질문을 던지는 것이다. 그 다음 두 번째 단계로

---

42) http://suddentime.egloos.com/1760089

43) 수지 웰츠는 이 법칙을 '인생을 관리하는 도구'로 부르기도 한다. 수지웰치(Suzy Welch) 지음, 배유정 옮김, 『10-10-10 (텐-텐-텐) : 인생이 달라지는 선택의 법칙』(서울 : 북하우스, 2009), 22쪽.

이 질문에 대해 10-10-10에 근거하여 솔직하게 답을 해보는 일이다. 여기에서 10-10-10이란 선택 한 뒤에 일어나는 결과를 10분 뒤, 10개월 뒤, 10년 뒤로 예측해 보는 것을 의미한다. 그런데 여기에서 유념해야 할 사실은 10이라는 숫자는 상징적 의미를 지닌다는 점이다.[44] 따라서 반드시 10분 뒤나 10개월 뒤를 의미하는 것은 아니다. 따라서 첫 번째 10은 '바로 지금', 두 번째 10은 예측 가능한 '가까운 미래', 세 번째 10은 아주 '먼 훗날'을 뜻할 수도 있는 것이다.

두 번째 단계를 통해 내린 답을 각자가 가지고 있는 믿음, 목표, 꿈, 그리고 필요와 같은 가치관과 비교해 보는 것이 마지막 단계이다.[45] 이렇게 단계별로 접근을 해보면 그렇게 복잡했던 고민은 가라앉고 명확한 답이 수면 위로 튀어 오른다는 것이 이러한 아이디어를 내 놓은 수지 웰치의 생각이다.[46] 그녀는 단기-중기-장기적 관점이라는 균형 잡힌 사고를 가능하게 하는 것이 10-10-10이라고 생각을 하고 있다. 그리고 코앞의 즐거움을 위해 미래를 방기하거나, 너무 먼 장래의 성공을 위해 지금의 행복을 희생하는 어리석음을 경계해야함을 일깨워주고 있는 것이다. 물론 10-10-10의 법칙이 '지금 당장'과 '먼 미래' 사이의 과정도 소중히 고려할 수 있게 해준다고 수지 웰치는 믿고 있다.[47]

> 내가 AP통신 보스턴 사무소에서 26세의 기자로 재직했던 1980년대 중반에 피트는 야간 편집장이었다. 당시 내가 피트를 만났을 때 나도 야간 담당 기자로서 자정에 출근해서 아침 여덟 시에 퇴근했는데....... 신체시계가 엉망으로 흐트러져 불편했지만 적어도 나는 아침식사와 저녁식사 때 친구와 가족을 볼 수 있었다. 그러나 피트는 오후 네 시에 출근해서 자정에 퇴근하므로 아무 것도 할

44) 수지 웰츠는 10이라는 숫자를 사전적으로 해석할 필요가 없다고 주장한다. 『앞의 책』, 23쪽.
45) 『앞의 책』, 24쪽.
46) 김승희, "선택의 순간, 10-10-10 법칙", 『행복한 동행』 9월호 (2009), 80쪽.
47) http://book.naver.com/bookdb/book_detail.php?bid=6033520

수 없었다. 아이들이 등교하고 부인이 출근할 시간에 잠을 자야 했고 가족들이 돌아와 식사를 할 시간에 회사로 출근해야 했다. 어느 날 나는 근무시간에 대해 불평불만을 늘어놓던 중에 나보다 스무 살 많은 피트에게 불쑥 말해버렸다. "어떻게 이런 근무시간에 견딜 수 있어요?"........ 그는 친근하고 선해 보이는 미소로 답했다. "수지, 당신도 나이가 들어 자기 살림도 하고 아이들도 키우게 되면 알게 될 거예요. 나는 이 시간대에 일하니까 돈을 더 받잖아요. 이대로 일하기만 하면 더 일찍 은퇴할 수 있고 은행대출을 받지 않고도 아이들을 대학에 보낼 수 있고 선착장이 딸린 호숫가의 집도 살 수 있거든요. 내가 이 직장에서 마지막으로 저 문을 나설 때면 내가 일한 모든 순간들이 의미가 있을 거예요." 내가 AP통신을 떠난 지 1년 뒤에 피트는 교통사고로 사망했다(그의 부인도 치명상을 입고 후에 사망했다). 나는 피트가 동기는 좋았지만 평생 인생을 제대로 즐기는 것을 미루다가 죽고 말았다는 생각을 떨칠 수 없다. 나는 요즘도 피트 생각을 하곤 한다. 그의 삶을 떠올릴 때마다 10-10-10 결정의 장기적인 영향을 고려하는 것이 중요하긴 하지만 그것이 단기적, 중기적 결과보다 '언제나' 더 중요한 것은 아니라는 생각이 든다.[48]

사실 우리는 어렵고 힘든 순간을 모면하기 위해 성급한 결정을 내릴 때가 많다. 그리고 이러한 경솔한 결정으로 뒤에 가서 후회를 하는 경우가 많다. 그러나 10분, 10개월, 10년 뒤를 내다보며 순차적이고 장기적인 안목을 가지고 결정한다면 후회할 일은 그만큼 줄어들 것이다.[49] 이러한 사고는 직감에 기대지 않고 사태를 충분히 숙고할 수 있는 기회를 줌으로써 인생에 대한 깊은 통찰이 습관으로 자리 잡게 해 주며, 어려운 선택에 직면하였을 때 이러한 상황을 쉽게 헤쳐 나갈 수 있는 나름대로의 해법을 제시해 줄 수 있다는 것이 이 법칙을 만들고 실행할 것을 주장하는 수지 웰치의 생각이다.

그러나 여기에서 분명히 해야 할 점은 허버트 사이몬의 제한된 합리

48) 수지 웰츠 지음, 배유정 옮김, 『앞의 책』, 39-40쪽.
49) 김승희, "앞의 글", 80쪽.

성이나 수지 웰치의 10-10-10의 법칙 등이 선택과 관련된 복잡하고 어려운 문제들을 모두 칼로 무를 자르는 것처럼 말끔하고 시원하게 해결을 할 수 있다는 의미는 결코 아니다. 상황이나 여건이 너무나 복잡하고 어렵게 난마처럼 얽혀있어서 이러한 것을 통해서도 해결하지 못하는 경우가 실제 삶 속에서는 비일비재한 것이다. 즉 이러한 상황에서 어떠한 선택이 올바른 것인지를 확신하기란 매우 어려운 일인 것이다. 이러한 선택의 어려운 상황이나 여건에 부닥치게 되는 경우를 선택의 딜레마라고 이야기 할 수 있을 것이다. 이에 대해 좀 더 구체적으로 살펴보기로 하자.

2. 선택의 딜레마

1) 선택의 딜레마의 의미

딜레마(dilemma)라는 말은 우리가 살아가는 일상생활에서도 많이 듣고 말하여지는 용어이다. 일반적으로 딜레마라는 말은 이러지도 저러지도 못하는 다시 말해 어떤 한 방향으로 결정을 내리기 어려운 상황을 지칭하는 것이다. 예부터 전해 내려오는 일화 중에 우산장사와 짚신장사를 슬하에 둔 어머니의 안타까운 심정을 표현한 이야기가 있다. 내용은 날씨가 화창하고 좋은 날은 우산을 파는 아들이 걱정이 되고 날씨가 짓궂고 비가 오면 짚신을 파는 아들이 걱정이 됨으로 해서 그들 어머니의 속은 한시도 편할 날이 없다는 것인데 이럴 경우 그 어머니의 마음을 딜레마 적 상태로 이해를 할 수 있을 것이다.

흔히 딜레마를 양도(兩刀)논법이라고도 한다. 이는 두 개의 판단 사이에 끼어 어느 쪽도 결정할 수 없는 상태에 빠져 있는 것을 말한다 해서 이렇게 표현을 한다.

딜레마는 원래 논리적 개념으로 통상 '두 가지 사안이나 행동 중에서 선택을 해야 하는데, 둘 다 마음에 들지 않는 상황'을 의미한다.[50] 어떠한 선택을 하여야 하는데 이렇게도 저렇게도 할 수 없는 그야말로 딱한 상황을 일컫는 말로 사용이 되며 진퇴양난(進退兩難), 진퇴유곡(進退維谷) 또는 낭패불감(狼狽不堪)이라는 말이 이러한 상황을 잘 묘사하고 있다고 볼 수 있다. 예를 들어 윤리적 딜레마라고 말할 때 두 개의 그럴 듯해 보이는 그러나 그것이 옳음이나 진실이라고 딱히 말하기 어려워 보이는 상황에서 서로 두 개의 것이 옳다고 주장을 하고 나설 때의 갈등적 상황으로 설명 할 수도 있을 것이다.[51]

또 다르게 표현을 해보자면 딜레마란 비교 불가능한 가치나 대안이 선택상황에 나타날 때, 한 가치의 선택으로 인해 다른 가치가 가져 올 기회손실(opportunity loss)이 크기 때문에 선택이 어려운 상황을 의미하기도 한다.[52]

해롤드 고트너(Harold F. Gortner)도 이러한 관점에서 윤리적 딜레마를 정의하고 있는데 그에 따르면 '딜레마는 독특한 개인적 경험으로써 두 개 이상의 서로 경합되는 가치들(competing values) 중 어느 것을 선택하기도 어려운 상황'을 의미한다고 한다. 왜냐하면 만약 어떠한 가치를 선택하면 또 다른 가치를 잃게 되기 때문이라고 한다.[53]

조엘 플래쉬맨(Joel L. Fleishman) 등에 의하면 윤리적 딜레마는 책임이 갈등을 유발 할 때나 자신이 떠맡아야 할 의무나 책임 혹은 규칙이 불분명할 때 그리고 자신의 개인적 욕망과 자신이 짊어져야 할 책임 중

---

50) The Hornby Dictionary, 1973 : 소영진, "딜레마 발생의 사회적 조건 : 위천공단 설치를 둘러싼 지역갈등을 중심으로", 『한국행정학보』, 제33권 제1호 (1999 봄), 186쪽에서 재인용.
51) William A. Smith, "Ethics and the Social Marketer : A Framework for Practitioners," in Alan R. Andreasen (ed.), *Ethics in Social Marketing* (Washington, D.C. : Georgetown University Press, 2001), p.2.
52) 박통희·김동환, "딜레마와 형식주의", 『한국행정학보』, 제25권 제4호 (1992), 48쪽.
53) Harold F. Gortner, *Ethics for Public Managers* (New York : Greenwood Press, 1991), p.14.

어느 것에 더 비중을 두고 이를 수행해 나가야 할지에 대한 명확한 확신이 서지 않을 때 발생한다고 주장하고 있다.[54)]

윤리적 딜레마와 관련되어 홀스트 리텔(Horst W. Rittel)과 멜빈 웨버(Melvin Webber)는 행정윤리문제를 두 가지로 나누어서 살펴보고 있다. 하나는 '사악한 문제(wicked problem)'이고 다른 하나는 '길들여져 유순한 문제(tame problem)'이다.[55)] 여기에서 길들여져 유순한 문제는 다른 기타의 문제들과 분리되어져 있을 뿐만 아니라 문제로써 정의가 되어 질 수 있으며 해결 또한 가능한 문제를 일컫는 반면, 사악한 문제란 일반적으로 수용할 수 있는 정의나 개념 틀이 형성되어 있지 않은 것을 의미한다.

정책 이슈나 환경자체가 너무 복잡해서 이러한 것을 발견하기가 불가능하거나 정책과정에서 서로 다른 이해집단들이나 정책행위자들에 의해 지지되는 정의들이 너무나 많기 때문에 이러한 일이 발생된다고 한다. 문제에 대한 정의가 불가능할 시엔 사실 문제의 해결이란 매우 난망 할 수밖에 없다. 마이클 하몬(Michael M. Harmon)과 리처드 메이어(Richard T. Mayer)는 실업문제를 대표적인 사악한 문제로 들고 있으며[56)] 해롤드 고트너는 마약문제를 들고 있다.[57)] 사악한 문제가 윤리적 딜레마의 문제를 많이 갖게 된다.

이러한 것에 부가하여 '비극적 선택(tragic choices)'이란 문제 역시 윤리적 딜레마를 낳게 만든다.[58)] 비극적 선택이란 희소재화를 사회에서 재분배해야 하는 결정을 할 때 나타나는 것이다. 예를 들면 신장투석기의 치

---

54) Joel L. Fleishman and Bruce L. Payne, *Ethical Dilemmas and the Education of Policy Makers* (New York : The Hastings Center, 1980), p.17.

55) Horst W. Rittel and Melvin Webber, "Dilemmas in a General Theory of Planning," *Policy Sciences*, Vol.4, (1973).

56) Michael M. Harmon and Richard T. Mayer, *Organization Theory for Public Administration* (Boston, Mass. : Little, Brown, 1986).

57) Harold F. Gortner, *op. cit.*, p.9.

58) Guido Calabresi and Philip Bobbitt, *Tragic Choice* (New York : W.W. Norton, 1978), p.18.

료를 받아야 할 환자의 수가 많은데 이에 반해 가용한 신장투석기의 수가 극히 제한적일 경우 과연 누가 이 투석기의 사용권한(어느 환자를 먼저, 그리고 누구를 투석기로 치료하고 어느 누구는 치료를 배제하고 하는 등의 사용과 관련된 권한)을 갖느냐하는 결정과 같은 것이다. 만약 정책결정의제가 사악한 문제를 가지면서 거기에 비극적 선택의 문제까지 갖게 된다면 이것은 매우 어렵고 심각한 윤리적 딜레마 문제가 되는 것이다. 사회의 모든 사람이 만족 할 수 있는 올바른 결정을 내리기가 매우 어려울 것이기 때문이다. 이런 문제를 '고디안 노트(Gordian Knot)'라고 표현을 하는데 이것은 너무 복잡하게 얽혀서 풀지를 못하는 매듭이라는 의미이다.59)

공공부문에서 윤리적 딜레마가 일어나기 위해선 첫째, 사람이나 정책에 있어 도덕적인 애매 모호성이 존재하며 둘째, 도덕적 우선순위에 영향을 주거나 조건을 지워주는 환경 적이거나 상황적인 힘이 존재하고 셋째, 절차의 모순이 존재해야 한다는 것이다.60)

현재의 세계적인 초우량기업인 도요타 자동차를 만들어 낸 도요타 에이지(豊田英二)는 도요타가 현재의 위치에 오르기까지 수많은 결단이 있었다고 술회를 한다.61) 많은 어려움도 있었고 좌절도 있었지만 이를 올바른 결단을 통해 헤쳐 나왔다는 것이다. 사실 결단에는 여러 가지 종류가 있다. 또한 완전히 상반되는 두 가지 방향을 놓고, 어느 쪽으로 가는 것이 좋을지 결정을 내려야 하는 경우도 있다. 그 결단은 결코 쉽게 회피할 수 있는 것이 아니다. 그러기에 선택에 따른 결단은 공공부문이나 민간부문이나 그 조직을 책임지고 있는 자들에겐 커다란 어려움이며 이들에게 힘겨운 딜레마적인 상황을 강요하는 경우도 비일비재하다. 그러나 최후의 순간에 결단을 내리는 것은 사람이라는 점을 도요타 에

59) Harold F. Gortner, *op. cit.*, p.19.
60) *Ibid.*, p.39.
61) 도요타 에이지 지음, 박정태 옮김,『도요타 에이지의 결단』(서울 : 굿모닝북스, 2004).

이지는 잊지 않았다. 선택의 결단은 바로 사람이 하는 것이기 때문이다.

2) 선택의 딜레마와 관련 된 사례들

이러한 선택의 딜레마를 잘 보여주고 있는 두 가지 사례가 있어 이해의 편의를 위해 여기에 소개하고자 한다.

① 일본의 사례

우선 첫 번째로 소개되는 이 사례는 일본의 한 공무원이 여러 가지 대안이 있음에도 불구하고 맹목적으로 하나의 원칙만을 준수하다가 한 시민에 대한 보호 의무를 포기하였던 실 예인데 내용은 이러하다.

남편이 남긴 소액의 연금과 정부 보조금에 의지한 채 고혈압을 앓으며 혼자 살던 79세의 할머니가 1994년 여름 오케가와 시의 한 사회복지 담당 직원이 정기방문 차 들렀다가 할머니 집에 설치된 에어컨을 발견하고 이를 즉시 철거하라는 것이 사건의 발단이 되었다. 에어컨은 중앙정부가 마련한 복지관련 지침에 따르면 사치품에 해당하는 것이었고 이런 행정 처분명령이 정당함을 확인 받기 위하여 해당 시청 복지과는 도쿄의 중앙정부에 문의하여 행정지침에 명시된 대로 시행하라는 시달까지 받았다. 결국 할머니는 정부보조금을 받지 못하게 될까봐 염려가 되어 문제가 된 에어컨을 처분하고 이를 전기 밥 솥으로 바꾸었다. 그러던 차에 폭염과 기온의 급상승으로 인하여 할머니는 탈진을 하였고 결국 병원에 입원도 하고 이웃의 뒤늦은 보살핌도 있었으나 숨을 거두었다.[62)]

이 예에서 공무원들은 단지 맹목적으로 규정을 해석하였다. 그녀의 죽음이 보도되었을 때 그 어느 누구도 그 사건에 대하여 책임지려 하지 않았으며 오히려 애매모호한 규정만을 탓하였다. 분명히 그들은 자율적

62) 전종섭 지음, 윤재풍·정희남 옮김, 『행정철학』(서울 : 대영문화사, 2001), 242쪽.

인 판단이나 비판적인 성찰을 하지 않았으며 한 인간이 갈망하는 욕구의 상황 위에서 그 규정들을 해석하려 하지 않았던 것이다.[63] 이와 같이 합리성이나 합법성을 절대시하는 행정규정과 한 인간의 인간으로서의 자격 혹은 생존간의 충돌 시 거대 조직의 공무원들은 깊은 생각 없이 규정을 기계적으로 적용하는 경우가 비일비재하다. 법 규정을 우선시해야 할 것인가 그렇지 않으면 인간적인 측면을 고려해야 할 것인가 하는 고민과 번뇌는 많은 공무원들로 하여금 가치판단에 있어서의 갈등을 자아낸다.

이와 연관하여 테리 쿠퍼(Terry Cooper)에 따르자면 공직자들은 두 가지 윤리적 책임성을 지닌다고 한다. 하나는 객관적 책임이고 다른 하나는 주관적 책임이다.[64] 객관적 책임이란 정치인, 관료, 상관, 시민 등의 기대와 책임을 내포하는 외적인 개념이며 주관적 책임은 개인적 느낌, 신념, 경험, 자신의 가치관 등과 같은 내적인 개념이다. 테리 쿠퍼는 이러한 객관적 책임과 주관적 책임이 서로 충돌할 때 공무원은 윤리적 딜레마에 봉착한다고 주장하였다.

이 실 예도 이러한 범주에 속하는 것으로 볼 수 있다. 규정에 따라 할머니 집에 설치된 에어컨을 떼어 내도록 하였으나 정작 할머니의 삶을 빼앗은 결과가 된 이 사건은 과연 공무원들이 기계적으로 법적 규정을 지켜야만 하는가 하는데 대해 어려운 질문을 던지고 있는 것이다.

② 미국의 사례

이와 관련되어 다른 사례 하나를 더 살펴보기로 하자. 이 것 역시 미

---

63) 『앞의 책』, 242-243쪽.

64) Carol W. Lewis and Bayard L. Catron, "Professional Standards and Ethics," In James L. Perry (ed.), *Handbook of Public Administration*, 2nd ed. (San Francisco, CA : Jossey-Bass Publishers, 1996), p.709.

국에서 실제로 일어났던 일로써 딜레마 적 상황을 잘 드러내어 주는 사례라 할 수 있다.

미국의 한 도시에서 고가의 미술품이 도난당하는 사건이 일어났다.[65] 이를 수사하던 연방수사국(FBI) 요원들이 수사의 한 방법으로 그 지역 도서관에 찾아가 도난당한 미술품에 대한 정보가 담긴 책자를 도서대출 해 갔던 자들의 이름과 주소 및 연락내역 등이 담긴 도서대출정보목록을 넘겨달라고 요구를 하였다. 그 당시 공교롭게도 도서관장이나 부관장이 모두 부재한 주말이어서 당번인 담당사서에게 불똥이 떨어지게 되었다. 담당사서는 이러한 요구가 미국 헌법 수정 제1조와 연관된 도서관 기록의 비밀에 관련된 사항을 위반하는 것이라며 거절했지만 결국 그는 연방수사국 요원들의 집요하고 끈질긴 설득과 압력에 굴하여 관련 정보를 넘겨주게 되는 것이다.

여기에서 담당사서는 관련 자료를 넘겨주기 전까지 매우 심각한 윤리적 딜레마를 겪게 되는 것이다. 그는 연방수사국의 요구라는 극심한 심리적 압력상황 속에서 도서관자료의 사용을 둘러싼 비밀유지에 대한 사서로써의 책임[66]과 시민으로서의 책임 간에 갈등을 일으킨 것이다. 사실상 그러한 상황 속에서 사서가 연방수사국 요원의 법적 지위에 맞서기는 매우 어려웠을 것이다. 이 요원들은 정부를 대표하며 그들은 법을 대표하고 집행하는 사람들이기 때문이다.

그러나 보다 냉정하고 엄밀하게 따져 본다면 사서는 윤리적 결정의

65) Michael Vocino and Gerry Tyler, "The Library and The F.B.I. : Ethical Decision Making Under Pressure," In Lynn Pasquerella, Alfred G. Killilea, and Michael Vocino (eds.), *Ethical Dilemmas in Public Administration* (Westport, Conn. : Praeger, 1996), pp.51-55.

66) '미국도서관협의회(American Library Association)'는 1981년에 '직업윤리강령'(Code of Professional Conduct)을 제정하였으며 이 내용 중에는 사서가 도서자료에 대한 검열을 획책하는 개인이나 집단이 기울이는 모든 노력을 거부해야 할 것과 도서자료와 관련된 상담, 대출, 회수 정보 등과 관련된 고객의 프라이버시를 지켜야 할 것을 분명히 명문화하고 있다. Anne P. Mintz, *Information Ethics : Concerns for Librarianship and the Information Industry* (London : McFarland, 1990).

우선순위를 고려 해 보았을 때 도서대출자의 비밀을 보장해 주는 것이 연방수사국을 위해 그 비밀을 넘겨주는 것보다 더 중요했다고 볼 수 있다.[67] 그러나 그는 자신의 목이 안 떨어져 나가기 위해 그리고 고압적이고 위협적인 요원들과의 갈등을 회피하기 위해 결과적으로 잘못된 선택을 하고 만 것이다.

사실 하루하루 이루어지고 있는 행정서비스에는 많은 가치들과 원리들이 내재되어 있을 뿐만 아니라 이것들 간에 상호모순성과 윤리적, 도덕적 딜레마가 산재되어있다고 해도 과언이 아니다. 따라서 이러한 딜레마 적 상황은 실제 우리 주변에서도 많이 발생하고 있고 앞으로도 근본적인 해결책이 강구되지 않는다면 계속 발생할 수 있는 일이기도 하다.

3) 선택의 딜레마와 관련된 정책들

이러한 행정윤리 적 차원에서 이쪽도 저쪽도 어느 것이 옳다고 말하기 어려운 딜레마 적 상황이 실제 우리의 현실 정책에서도 많이 나타나고 있다.

① 후천성면역결핍증(AIDS)에 대한 정책

이 정책도 행정적, 정책적 딜레마를 낳는 것 중에 하나라고 볼 수 있다. 에이즈는 성적 접촉이나 수혈 등을 통해 전염되는 질병으로 일단 걸리면 현대 의학으로는 치유하기가 매우 어려운 전염성 질병 중에 하나이다. 따라서 국가적 차원에서 이러한 질병의 전염을 예방하고 막기 위해 에이즈 바이러스(HIV)[68] 보균자나 환자로 판명난 자에 대해서는 법에 의해 특별 관리하도록 되어있다.[69]

---

67) Robert Hauptman, *Ethical Challenges in Librarianship* (Phoenix : Oryx Press, 1988) ; Herbert S. White, *Ethical Dilemmas in Libraries : A Collection of Case Studies* (New York : G. K. Hall, 1992) ; F. W. Lancaster, *Ethics and the Librarian* (Champaign-Urbana, Illinois : University of Illinois, 1991).
68) human immuno-deficiency virus의 약어이다.

그러나 실상 말이 특별 관리이지 보균자나 환자가 있는 관할 보건소에서 거주지와 연락처 등만을 파악하고 보균자나 환자가 치료를 요청하면 필요한 의료 적 조치만을 해주는 아주 형식적인 관리를 하고 있다. 따라서 보균자나 환자가 이러한 허술한 관리 망을 피해 다른 곳으로 이주를 하거나 행방불명이 되는 상황이 되어도 국가 관리기관은 이에 속수무책일 수밖에 없다. 실제로 에이즈에 감염된 여인이 관할 보건소의 관리 하에 있으면서도 불특정 다수인과 무수한 성관계를 맺었다는 사실[70]이 언론매체를 통해 유포되면서 많은 사회적 파란을 일으켰는데 이것도 바로 에이즈 예방 및 차단과 관련 된 국가 관리시스템의 허술함에 근거한다고 볼 수 있다.

그러나 정작 정책당국은 아무리 에이즈에 감염된 보균자나 환자라 하더라도 그들의 사생활 보호권 때문에 그들이 에이즈 보균자 내지는 환자라는 사실을 대외적으로 공표하지 못하도록 현행법 상 규정되어 있어[71] 그들을 은밀히 관리할 수밖에 없으며, 헌법상 거주 이전의 자유를

---

69) 에이즈의 예방과 그 감염자의 보호, 관리에 관하여 필요한 사항을 정함으로써 국민건강의 보호에 기여함을 목적으로 하는 '후천성면역결핍증예방법'이 1987년 11월 28일 법률 제3943호로 제정이 되고, 1999년 2월 8일 법률 제5840호로 일부 개정되어 오늘에 이르고 있다. 이 법에 따르면 보건복지부에 후천성면역결핍증 예방과 그 감염자의 보호, 관리 등에 관한 중요사항을 심의하기 위해 '후천성면역결핍증대책위원회'를 설치하도록 하였고(제4조), 의사 또는 의료기관 등이 감염자 발견 시 관할보건소장에게 신고토록 하고(제5조), 감염자 명부를 작성, 비치하고 보건복지부장관에게 보고토록 하였으며(제6조), 비밀누설금지를 명문화하고(제7조), 증명서를 발급하고(제12조), 전담진료기관을 설치하고(제13조), 치료를 지시하고(제14조), 이에 협조를 안 하거나 불응시 강제처분을 실시할 수 있게 하고(제15조), 요양시설 등을 설치, 운영하도록 하였으며(제16조), 감염자의 취업제한(제18조)과 전파매개행위의 금지(제19조)를 명시하고, 국가나 지방자치단체가 부양가족을 보호할 수 있도록 하고(제20조) 감염자의 진료나 치료 등과 관련된 비용을 부담(제22조) 해 줄 수 있도록 하는 등 이 전염성 질병에 대한 특별관리에 대해 명문화해 놓고 있다.

70) 후천성면역결핍증예방법은 제19조에 예방조치 없이 행하는 성행위나 혈액 또는 체액을 통하여 타인에게 전파할 수 있는 행위를 금지하고 있으며 이를 위반하였을 경우 3년 이하의 징역에 처하도록 되어있다. (제25조)

71) 후천성면역결핍증예방법은 국가 또는 지방자치단체에서 후천성면역결핍증 예방과 그 감염자의 보호, 관리에 관한 사무에 종사하고 있는 자, 감염자의 진단, 검안 및 간호에

제한 할 수 없기 때문에 이들의 거소를 한정할 수도 없다는 애로가 존재한다는 것이다.

더욱이 사회적으로 문제가 되거나 사안이 확대되어 이런 물의를 일으킨 이들이 에이즈 환자라는 것이 드러날 경우 관련 공무원들에게 문책이 돌아올 가능성이 농후하기 때문에 이들과의 접촉이나 관계를 회피하고자 하는 것이 관련 공무원들의 정서라 할 수 있다. 분명히 에이즈 환자라고 하더라도 하나의 독립된 인격으로써 대우를 받아야 함은 당연하며 그의 거소와 그의 사생활은 마땅히 보장되어야 한다.[72] 그러나 그가 처한 특수한 상황인 전염력이 강한 불치의 전염병을 갖고 있는 상황을 고려한다면 그에 대한 격리나 특별 수용과 같은 특단의 행정적 조치도 또한 필요한 것이라 사료가 된다.[73]

이와 같이 상호 모순되고 갈등적인 이러한 제도적 법 장치 하에서는 효율적인 에이즈 관리가 사실상 어려운 것이다. 전염성이 강하고 불치

참여한 자와 감염자에 관한 기록을 유지, 관리하는 자는 재직 중은 물론 퇴직 후에도 정당한 사유 없이 감염자에 관하여 업무상 알게 된 비밀을 누설하지 못하도록 하고 있다. (제7조)

72) 이와 관련되어 많은 논란이 제기되고 있다. 사실 선량한 제3자의 에이즈 오염을 막기 위해서 감염자가 에이즈 환자라는 정보를 폭로하는 것이 도덕적인가 그렇지 않은가 하는 문제는 윤리적 딜레마 상황을 재현시키는 중요한 이슈이다. 만약 허용이 된다면 예방에는 도움이 되겠지만 환자의 프라이버시, 환자에 대한 불공평한 차별, 육체적인 것만큼 정신적인 피해 등 개인의 권리는 침해받을 것이 분명하다. 이러한 이유로 인해 비밀보장의 원리는 의료계나 사회복지조직에선 전문직업적 윤리강령 내용으로 지켜지고 있다. 만약 이것을 지키지 않고 폭로를 하였을 경우는 법적 제재를 받게 된다. Francis Leazes and Sherry Campanelli, “My Sister's Keeper,” In Lynn Pasquerella, Alfred G. Killilea, and Michael Vocino (eds.), *Ethical Dilemmas in Public Administration* (Westport, Conn. : Praeger, 1996), p.39.

73) 후천성면역결핍증예방법은 강제격리나 특별수용 등은 없고 제8조의 규정에 의한 검진 또는 제10조의 규정에 의한 역학조사에 응하지 않을 경우, 그리고 제15조제1항의 규정에 의한 강제처분에 응하지 않을 경우(치료지시를 받은 감염자가 이에 응하지 않을 경우 보건복지부장관 또는 시·도지사는 소속 공무원으로 하여금 감염자가 있다고 인정되는 거소 기타 장소에 들어가 필요한 조사를 실시하고 감염자에 대하여 치료를 받게 할 수 있음), 제18조제1항의 규정에 위반하여 취업이 제한되는 업소에 종사한 자 또는 제18조제2항의 규정에 위반하여 검진을 받지 아니한 자를 당해 업소에 종사토록 한 자들만을 1년 이하의 징역 또는 300만 원 이하의 벌금에 처하도록 하고 있다.

의 병인 에이즈를 퇴치하기 위한 방편 중 하나는 이러한 행정적, 정책적 딜레마를 타개 해 줄 수 있는 제도적 장치의 변환과 올바른 정책 선택이 요구되는 것이나 여러 가지 현실적 여건으로 인하여 그렇게 하지 못하고 있음을 알 수 있다.

또한 요즈음 사회적 이슈가 되고 있는 부동산 정책을 둘러싼 정부의 딜레마도 이러한 경우에 속한다고 볼 수 있다.

분명히 투기자본을 비롯한 비윤리적 세력에 의한 부동산가격 폭등은 근절시켜야 하지만 이를 정책적으로 해결하기 위해 강도 높은 부동산대책을 펼치다가 선의의 부동산 소유자들에 대해 피해를 끼치거나 다른 부동산소유자들과의 형평성 시비에 휘말릴 수도 있고 부동산가격 폭등을 잡으려던 정책이 오히려 일반경제에 악영향을 끼칠 수도 있기 때문이다. 쉬운 말로 빈대 잡으려다가 초가삼간을 태우는 어리석음을 저지를 수도 있기 때문에 정책결정자의 딜레마와 정책적 고뇌가 내재하는 것이다.

② 생명공학적 복제에 대한 정책

전 세계적으로 생명공학이 새로운 학문적 연구 분야로 각광을 받고 있을 뿐만 아니라 이미 개가를 올린 연구의 일단이 상용화의 길을 걸어 인류가 꿈꿔온 이룰 수 없는 현실을 성취시켜 주고 있다. 세계의 매스컴의 관심을 집중시켰던 세계최초의 복제양 돌리, 그 뒤를 이은 여러 종류의 생명복제에 관련된 뉴스들이 이미 식상해진 느낌이 들 정도로 이 분야의 발전은 괄목하다 할 수 있다. 또한 이 부문은 바이오산업(bioin dustry)으로써 각광을 받고 있으며 이것이 가져다 줄 수 있는 연관효과 때문에 21세기 첨단산업부문의 핵심을 이루고 있고 나아가 국가경쟁력의 기반을 이루고 있다.

이와 같은 생명공학의 발전은 일견해 볼 땐 분명 바람직한 것이지만 이것이 가져올지도 모를 일련의 사태들을 고려해 본다면 반드시 그렇지만은 않다는 생각을 버릴 수 없는 것이다. 인간복제를 통해 새로운 인간을 만들어내고 이들을 통해 새로운 장기를 이식 받아 생명을 연장하고 이들을 통한 임상실험 등을 통해 새로운 약제나 의학기술을 진전시키고 더 나아가 위험하고 힘든 작업을 이들에게 전담케 함으로써 노동으로부터의 고통과 병마로부터의 고통을 덜어나가게 됨으로써 인류의 삶의 질을 높일 수 있을 것이라는 긍정적 생각들을 할 수 있겠지만 그 반대를 생각해 보지 않을 수 없는 것이다.

인간복제에 따르는 윤리적인 문제와 연관된 문제들로써 복제가 된 인간이라고 해도 이미 인간의 형체로 존재하는 한 그것도 하나의 인격체이며 그런 인격체에게 장기를 강제로 떼 내어 이식시킬 수 있는가 하는 문제에서부터 위험한 임상실험을 통한 새로운 약제나 의학기술의 진전도 이들의 인간으로서의 존엄성과 인격을 무시하고 마치 햄스터(hamster)나 모르모트(guinea pig)처럼 이들을 다룰 수 있을 때나 가능한 일일 것이며 위험하고 힘든 일을 이들에게 전담시키는 문제도 인권과 연관 지어 생각해 볼 문제인 것이다.

또한 아무리 숭고한 생명 공학적 이념으로 무장을 시킨다하여도 인간을 수단화하는 그 어떤 노력도 결코 윤리적 일 수 없다는 대명제에 부닥칠 수밖에 없다는 점을 유념한다면 이 또한 결코 가벼이 보아 넘길 수 없는 일인 것이다. 제2차 세계대전 당시 나치점령하의 유럽에서 자행되었던 생체실험이나 일본 군부에 의해 만주 하얼빈에 주둔한 이시이부대로 잘 알려져 있는 악명 높은 731부대에서 실시된 마루타에 대한 인체실험이 결코 정당화 될 수 없는 것도 바로 이러한 이유 때문인 것이다.

이러한 관점에서 볼 때 생명공학을 어느 선까지 인정할 것이며 그 내용을 어느 범위까지 인정할 것이냐 하는 문제는 매우 복잡하면서도 중요한 문제인 것이다. 무조건 금지만을 시킬 수는 없는 것이며 그렇다고 무작정 허용을 할 수도 없는 것이다. 바로 이것이 정부가 이와 관련된 정책을 결정하고 이를 집행하는데 있어서 부닥칠 수밖에 없는 행정 윤리적 딜레마인 것이다. 이것은 세계의 모든 국가들이 직면하는 윤리적 딜레마 문제이며 한국이라고 해서 결코 예외는 아닐 것이다.

③ 안락사(安樂死 : euthanasia)에 대한 정책

생명공학 적 복제와 비슷한 윤리적 딜레마 문제로 안락사를 들 수 있다. 죽음을 맞을 때 인간으로서의 존엄을 가질 수 있어야 할 것이라는 생각과 어떠한 명분도 죽음을 인위적으로 조정할 수 없다는 생각간의 도덕적, 법적 갈등을 갖는 것이 바로 안락사가 가지는 문제이다. 회생불능이면서도 엄청난 고통을 수반하는 질병, 예를 들면 말기 암(癌) 같은 것에 걸려 고통 받는 환자들에게 더 이상 고통을 주지 않고 그들의 소망에 따라 생명을 거두는 조치는 일면에서 보면 어차피 죽을 환자의 고통을 덜어준다는 면에서 인도주의적인 처사로 여겨질 수 있지만 또 다른 일면에서 보면 엄연히 살아있는 생명을 인위적으로 앗아가는 것으로 결코 정당화 될 수 없다는 것이다.

사실 이 문제는 우리나라보다는 선진 외국의 경우 더욱 논란이 가열되어지고 있는 사안이며 이에 대한 법정 판결들이 속출하고 있다. 인간으로서의 존엄을 지키며 고통에서 벗어나 편안하게 생을 마감하도록 도덕적으로 그리고 법적으로 돕느냐 그렇지 않으면 다른 형태의 살인행위를 도덕적으로 그리고 법적으로 제지하느냐 하는 매우 어려운 도덕적, 윤리적 딜레마의 문제를 제기시키는 뜨거운 이슈이다.

외국의 대표적인 안락사와 관련된 불법적 사례로는 안락사를 불법으로 규정하고 있는 스위스의 한 양로원에서 근무하던 남자 간호사가 지난 1995년부터 2001년 사이에 주로 치매를 앓고 있는 노인 24명을 약물을 과다 주입하거나 목을 조르는 방법으로 살해한 것을 들 수 있다. 그는 노인들의 처지를 동정해 범행을 저질렀다고 진술했다 한다. 또한 해롤드 십먼(Harold Shipman)이라는 사람은 의사로 활동하면서 215명의 환자를 살해한 사실이 사법당국에 의해 드러나 영국 전역을 경악케 하였다. 그 후 그는 교도소에서 자살을 하였다. 프랑스도 예외가 아니어서 어머니가 아들의 안락사를 시도해 죽음에 이르게 하였고 호주에서는 품위 있게 죽게 해달라는 호소가 거부된 85세의 한 말기 암환자가 휠체어를 몰고 바다로 돌진해 자살을 하였으며 미국에서도 지난 8년 동안 환자들의 요청에 따라 무려 1백20여건의 안락사에 참여해온 잭 케보키언(Jack Kevorkian) 박사의 안락사 관련 논쟁으로 사회 전체가 달구어졌던 바 있다.

우리나라에서도 이러한 안락사 관련 사례가 요즈음 들어 많이 나타나고 있다. 반(半)식물인간 상태로 불치의 병에 시달리던 딸을 간호해오던 아버지가 생활고를 이기지 못해 인공호흡기를 떼 내 결국 딸을 숨지게 한 사건 등이 그것이다. 이러한 안락사에 관련된 문제는 윤리적으로 많은 논란과 딜레마를 가지지만 현재 세계적으로 안락사를 합법화한 나라들은 그리 많지를 않다. 네덜란드나 벨기에 등을 제외한 대부분의 나라가 안락사를 불법화하고 있다.

세계 최초로 안락사를 합법화 한 나라는 네덜란드로서 고통을 겪고 있는 말기 상태 환자의 희망에 따라 의사가 안락사를 시술할 수 있도록 하는 법률을 2001년에 제정했다. 이는 환자 또는 가족의 동의가 있으면 의사가 시술을 통해 안락사를 돕도록 하는 '적극적' 안락사를 명문으로 인정한 것이다. 벨기에 하원도 상원의 뒤를 이어 말기 환자에게 제한된 조건 하에 죽을 권리를 인정하는 안락사 합법화 법안을 승인함으로써 네덜란드에 이어 유럽에서 안락사를 허용하는 두 번째 국가가 되었다.

미국에서는 오리건(Oregon) 주가 안락사를 합법화하는 최초이면서 유일한 주가 되었다. 미국 오리건 주의 최고법원은 의사가 말기 중증환자의 안락사를 도울 수 있도록 한 이 주의 안락사 법을 지지하는 판결을 내렸다. 이번 판결은 미국 법무부가 최근 안락사 법에 따라 말기 중증환자들에게 극약을 처방한 오리건 주의 의사들에 대해 약품 사용권 등록 취소결정을 내리자, 오리건 주가 부당하다며 소송을 낸데 대한 결정이다.[74]

그러나 아직 우리나라에서는 '소극적'안락사도 인정하지 않고 있다. 소극적 안락사란 환자나 가족의 치료중지 요청에 따라 시술을 중단할 수 있도록 하는 것이다. 이에 대해 반발하는 움직임이 없지 않다. 그러한 움직임 중에 하나로 '대한의사협회'가 소극적 안락사를 사실상 인정하고 낙태(落胎)와 대리모(代理母) 출산 등을 제한적으로 허용[75]하는 의사윤리지침을 선포한 것을 들 수 있다. 이 지침[76]은 현행 의료법과 형법에 명백히 배치되는 내용을 담고 있어서 생명윤리논쟁뿐만 아니라 실정법 위반에 따르는 파문도 일으켰다.

인간복제와 관련된 윤리적 딜레마 못지않게 인간의 존엄성 존중과 살인이라는 야누스적 양면성을 지닌 안락사와 관련된 윤리적 딜레마 그리고 우리의 사회를 윤리적 도덕적 측면에서뿐만 아니라 가치적 혼동

74) 미국에서 유일하게 안락사를 허용하는 주인 오리건 주는 1994년 '품위 있는 사망법'(Death with Dignity Act)을 통과시킨 후 정신이 온전한 환자들의 경우엔 의사에게 극약을 청구할 수 있도록 해 왔다. 그러자 안락사법을 반대하는 법무부는 주로 약물남용이나 불법 마약밀매 등을 단속하기 위한 연방법인 '의약품관리법'에 의거해 안락사를 도운 의사들의 약품사용권을 취소키로 하는 결정을 내렸었다.

75) 이 윤리지침에는 금전적 거래가 없는 대리모 출산을 인정하고, 장기이식 목적 외의 뇌사도 죽음으로 명시하는 등 일부 현행법과 배치되는 내용도 포함됐다.

76) 소극적 안락사와 관련해 윤리지침 30조(회복불능 환자의 진료중단)는"의학적으로 회생가능성이 없는 환자나 가족 등이 생명 유지를 위한 진료 중단이나 퇴원을 문서로 요구할 경우 의사가 받아들일 수 있다"고 규정했다.

속으로 몰아넣는 뇌사(腦死) 인정과 관련된 갈등, 그리고 장기(臟器) 이식, 대리모, 그리고 낙태[77] 등의 문제들은 정책적 측면에서 많은 딜레마를 낳고 있다. 특히 가장 존엄 시 되는 생명과 관련되어진 문제인 만큼 심도 깊게 생명윤리의 문제를 현실의 바탕 위에서 다시 생각하는 계기를 마련해 나가야 할 것이다.

앞에서 언급된 이러한 여러 딜레마는 정책선택을 매우 어렵게 하고 있다. 어느 것이 옳다고 딱 집어 말할 수가 없기 때문에 선택은 더욱 어려워지는 것이다. 앞에서 언급한 안락사의 문제만 본다하더라도 고통으로 죽어가고 있는 환자의 입장에서 볼 때에는 환자의 목숨을 고통 없이 거두어지는 것이 어떻게 보면 품위 있게 인간으로서의 생을 마감하게 해줄 수 있는 방편이 되는 것이다. 그러나 살아있는 생명을 인위적으로 죽게 만드는 것은 어떻게 보면 또 다른 형태의 살인으로도 볼 수 있는 것이다. 정말 이러지도 저러지도 못하는 딜레마 적인 상황이 펼쳐지고 있는 것이다. 어떠한 것을 지지하는 정책이든 이러한 딜레마적인 상황에서는 선택의 어려움은 필연적인 것이다. 안락사를 지지하는 정책을 선택할 것인지 그렇지 않으면 안락사를 부정하는 정책을 지지할 것인지 쉽게 답이 나오기 어려운 정책결정 상황을 맞이하게 되는 것이다. 이렇게 볼 때 분명한 점은 딜레마적인 상황이 분명 정책 선택을 아주 어렵게 만든다는 것이다.

3. 집중과 몰입(沒入)의 의미

1) 집중의 의미

77) 현행법은 유전성 질환이나 근친임신, 성폭력에 의한 임신 등을 제외하고는 낙태를 엄격히 금하고 있다.

집중은 국어사전의 사전적 정의에 의하면 '한곳을 중심으로 하여 모이거나 또는 그렇게 모으는 것.'이거나 '한 가지 일에 모든 힘을 쏟아부음.'을 뜻한다.[78] 여기에서는 후자의 정의가 더 적합하고 가까운 것이라 사료된다. 이를 다르게 표현하자면 '마음이나 주의를 집중할 수 있는 힘'으로도 정의할 수 있다.[79]

발타사르 그라시안은 "폭 넓은 관심을 가진 사람은 이것저것 손가락으로 찔러보지만 아무것도 얻지 못한다. 집중은 탁월성을 부여하고 최고의 영웅으로 부상하게 한다."[80]고 주장을 함으로써 집중이 가져다 줄 수 있는 상상 이상의 힘의 가치를 강조하고 있다. 예로부터 전해져 내려오는 속담 중에 "한 우물을 파라."는 이야기가 있는데 이것도 이와 맥을 같이 한다.

이러한 맥락에서 볼 때에도, 힘을 한 곳에 집중하지 않고 여러 목표들 사이에서 방황하거나 눈앞의 승리에 취해 목적의식이나 균형 감각을 상실해서는 안 된다. 집중되고 응집된 것이 힘을 가지며 흩어지고 분열되고 팽창한 것은 몰락하고 만다. 지나치게 팽창한 것일수록 강하게 추락한다.[81]

역사적인 실제 사례들을 고찰해 보아도 이러한 진실은 부인하기 어려운 사실이다. 기원전 6세기 초의 오나라가 그랬고 고대의 찬란한 문화를 자랑했던 아테네가 그러했으며[82] 대제국을 일구어냈던 로마가 또한 그러하였다[83]. 감당 못할 정도로 끝없는 야망에 집착했던 많은 제국

---

78) http://krdic.naver.com/search.nhn?query_euckr=%C1%FD%C1%DF
79) 매기 잭슨 지음, 왕수민 옮김, 『집중력의 탄생』(서울 : 다산초당, 2010).
80) 로버트 그린 지음, 안진환·이수경 옮김, 『권력의 법칙』(서울 : 웅진 지식하우스, 2009), 187쪽.
81) 『앞의 책』, 183쪽.
82) 아테네인들은 멀리 떨어진 시칠리아 섬을 과도하게 탐하다가 쇠락하기 시작하였다. 『앞의 책』, 182쪽.
83) 로마는 제국의 국경을 확장하여 광대한 영역을 집어삼켰지만 동시에 이로 인한 취약성을 드러내어 야만족의 침략을 받아 쇠락의 길로 내달리게 되었다. 『앞의 책』, 182쪽.

들이 이렇게 속절없이 붕괴되었다.

이러한 사실들은 한 대의 화살로 두 개의 표적을 동시에 명중시킬 수 없다는 이치와 일맥상통하는 것이다. 또한 두 마리의 토끼를 잡으려고 쫓다가 한 마리도 잡지 못하는 것과도 일맥상통하는 것이다. 생각의 갈피를 잡지 못할 경우, 그리고 마음의 동요가 일어날 경우 결코 적의 심장을 맞힐 수 없다. 정신과 화살이 하나가 돼야 한다. 그리고 정신력과 체력이 하나로 집중됐을 때만이 화살은 표적을 명중시키고 적의 심장까지 꿰뚫을 수 있는 것이다.[84]

만고의 최고 병법서로 널리 회자되는 『손자병법(孫子兵法)』을 집필한 손무(孫武)는 적의 병력은 분산시키고, 아군은 집중해서 싸우라고 주장한다. 예를 들면 아군의 병력은 하나인데 적군의 병력은 다섯이라고 가정하자. 그대로 1대 5의 싸움을 걸면 수적 열세에 의해 처음부터 고전을 면할 수 없다. 그래서 적군의 병력을 열로 분산시킨 후, 그 중 하나에 대해 공격을 가하면 하나의 병력으로 0.5의 적과 싸우게 되는 것이다. 그렇다면 유리하게 싸움을 이끌어갈 수 있다는 것이다.[85] 이 병법은 각개격파(divide and rule) 전술로 잘 알려져 널리 활용되고 있는 것으로써, 집중이 가지는 이점을 병법에 잘 활용을 한 것이라 사료된다.

사실 밀림의 왕자라 일컬어지는 사자도 힘없고 나약하기 그지없는 가젤(Gazelles)[86]이긴 하지만 이를 잡는데 있어서는 혼신의 힘을 다 쏟는다고 한다. 정신과 힘의 집중 없이는 하찮고 보잘 것 없는 가젤이지만 결코 잡을 수 없다는 것이 어떻게 보면 자연이 우리에게 보여주고 또한

84) 『앞의 책』, 187쪽.

85) 모리야 히로시 지음, 박연정 옮김, 『성공하는 리더를 위한 중국 고전 12편』(서울 : 예문, 2002), 19쪽.

86) 가젤종에 속하는 영양류의 일종이다. 가젤은 종종 잘 뛰는 동물로 잘 알려져 있으며, 사막이나 초지 아프리카 사바나 등지에서 주로살고 남서부나 중앙아시아, 인도에서도 무리를 지어 서식한다. http://animalsearch.naver.com/dbplus.naver?pkgid=200911161&query=%EA%B0%80%EC%A0%A4&id=000000041166

요구하는 법칙인지도 모른다. 사자가 가젤을 잡는 앞의 예는 바로 집중이 없이는 어떠한 것도 이룰 수 없음을 비유한 말인데 우리는 이와 같이 우리가 목적하고 있는 바를 얻거나 성취하기 위해서는 반드시 정신과 힘의 집중이 필요한 것이다.

만고의 진리로 받아들여지고 있는 '만유인력의 법칙'으로 세간에 알려져 있는 '중력(重力)의 법칙'(law of gravity)을 어떻게 발견했느냐는 질문에 대해 위대한 과학자인 이삭 뉴턴(Isaac Newton)은 "한 가지만을, 그것 한 가지만을 생각했다."고 대답했다 한다. 그의 놀라운 집중력을 읽을 수 있는 대목이다. 또한 '상대성이론'(相對性理論 : theory of relativity)을 제창하여 세계적인 물리학자가 된 앨버트 아인슈타인(Albert Einstein)은 "몇 달이고 몇 년이고 생각하고 또 생각했다. 그러다 보면 99번은 틀리고 100번째가 되어서야 비로소 맞는 답을 찾아낸다."고 이야기했다 한다.[87] 이런 면에서는 세계적 발명왕 토머스 에디슨(Thomas Alva Edison)도 빼놓을 수 없다. 그는 전기를 발명한 후 주위사람들로부터 그렇게 많은 실패를 딛고 어떻게 전기를 발명할 수 있었는가에 대한 질문을 받았을 때 "나는 실패한 적이 없다. 다만 일이 내가 원하는 대로 되지 않는 천 가지 방법을 발견했을 뿐이다"[88]라고 말했다 한다. 이 말을 통해서 알 수 있듯이 토머스 에디슨은 천 번이 넘는 좌절을 딛고 넘어선 하나의 뚜렷한 목적으로 점철된 집념으로 전기를 발명했던 것이다. 그리고 '전쟁과 평화'(Voina i mir) 등 세계적인 불후의 명작을 쓴 러시아 문학가인 레프 톨스토이(Lev Nikolaevich Tolstoi) 역시 이삭 뉴턴이나 앨버트 아인슈타인 그리고 토머스 에디슨과 마찬가지로 선택과 집중을 생활화한 사람으로 유명하다. 그는 평소에 "참으로 중요한 일에 종사하고 있는 사람은 그 생활이 단순하다. 그들은 쓸데없는 일에 마음을 쓸 겨를

---

87) 황농문, 『몰입』(서울 : 랜덤하우스, 2008), 6쪽.
88) 강인선, 『힐러리처럼 일하고 콘디처럼 승리하라』(서울 : 웅진 지식하우스, 2006), 32-33쪽.

이 없기 때문이다."[89]라는 말을 즐겨 사용하였다고 한다.

이러한 그들의 생각과 말을 통해서 우리가 알 수 있는 것은 그들이 세계적인 과학자나 문학가로 인정받을 수 있었던 것도 바로 이 집중을 생활 속에서 몸소 실천함에서 나왔다는 사실이다. 이삭 뉴턴이나 앨버트 아인슈타인, 토머스 에디슨 그리고 레프 톨스토이가 증명하듯이 집중은 우리의 잠재능력을 극대화하는데 매우 중요한 역할을 수행하고 있는 것이다.

스펜서 존슨(Spencer Johnson)도 '정말로 필요한 것만을 추구할 때, 더 나은 결정을 더 빨리 할 수 있다'[90]고 주장을 하고 있다. 집중이 왜 중요한지를 단적으로 잘 표현하고 있다고 생각이 든다. 그리고 그는 올바른 집중을 하기 위해서는 정말 필요한 것이 무엇인지 알고 이것에만 집중하면서 그 밖의 다른 것들은 미련을 두지 말고 가차 없이 버리라고 충고를 한다. 필요한 것이 아닌 것을 버리지 않으면 그것이 집중을 가로막는 걸림돌이 될 수 있음을 지적하고 있는 것이다. 또한 올바른 집중을 하기 위해서는 가능한 정보를 많이 모아 선택의 폭을 넓히며, 사전에 이에 대해 충분히 생각할 것을 충고하고 있다.

> "우리는 많은 것을 원하지만 우리에게 정말로 필요한 것은 사실 그렇게 많지 않다네. 필요한 것, 그러니까 우리에게 진정한 성취감을 주는 것에만 집중할 때 우리는 훨씬 더 쉽게 결정을 내릴 수 있지."[91]...... 이 결정에서 나를 위해 그리고 다른 사람들을 위해 정말 필요한 것은 무엇인가? 내가 그리는 그림은 정말 필요한 것에 초점을 맞추고 있는가? 나는 정말 필요한 것에만 집중하면서 그 밖의 다른 것들은 버리고 있는가? 나는 스스로 다음과 같은 질문을 던져 대답해 본다. '내게 정말로 필요한 것이 무엇인지 알고, 정보를 모아 선택의 폭을 넓히

89) 황농문, 『앞의 책』, 48쪽.
90) 스펜서 존슨 지음, 형선호 옮김, 『선택』(서울 : 청림출판, 2005), 52쪽.
91) 『앞의 책』, 53쪽.

며, 미리 충분히 생각하고 있는가?'[92]

역사적으로 볼 때 집중을 통해 성공한 사례들도 많이 있다. 그 중 하나로 로스차일드(Rothschild) 금융 가문의 예를 들 수 있다. 독일 프랑크푸르트(Frankfurt)의 게토에서 미천하게 출발을 한 로스차일드 금융 가문 역시 사업영역이 넓어지면서 분열과 불화로 인한 위험에 직면하였으나 과거의 게토 전략, 즉 외부인을 배제하고 그들의 힘을 집중하는 전술을 구사하여 위기를 극복하고 유럽의 재계와 정계에서 가장 강력한 세력을 구축할 수 있었다 한다.[93]

병법(兵法)하면 앞에서 언급한 손무 못지않은 존재로 카를 폰 클라우제비츠(Carl von Clausewitz)를 생각해 낼 수 있는데, 그 역시 자신이 집필한 『전쟁론』[94]에서 전력을 집중하는 것만큼 고차원적이고 단순한 전략적 법칙은 없다고 주장을 하였다. 그는 집중이 가지는 큰 힘을 알고 있었던 것이다. 그리고 크고 작은 수많은 전쟁을 통해 나폴레옹 제국을 일구어 낸 나폴레옹 보나파르트(Napoleon Bonaparte) 역시 자신의 병력을 적의 약점에 집중시키는 기동의 중요성을 알고 있었고 이를 실천에 옮겼다. 이것이 바로 그가 전장에서 승리할 수 있었던 비결이며 광대한 나폴레옹 제국을 일구어 낸 비법이었다.[95]

세계적인 호색한(好色漢)으로 널리 알려진 조반니 카사노바(Giovanni Giacomo Casanova) 역시 단일 목표에 집중하고 목표를 달성할 때까지 거기에만 몰두했다 한다. 그가 여자들을 유혹할 수 있었던 비결은 자신이

---

92) 『앞의 책』, 60쪽.

93) 로버트 그린 지음, 안진환·이수경 옮김, 『앞의 책』, 183-184쪽.

94) 카를 폰 클라우제비츠 지음, 정토웅 옮김, 『전쟁론』(서울 : 지만지고전천줄, 2008년). ; 카알 폰 클라우제비츠 지음, 김만수 옮김, 『전쟁론 1』(서울 : 갈무리, 2006년). ; Carl von Clausewitz, translated by J. J. Graham, *On War : A Modern Military Classic* (Wilder Publications, 2008). ; Carl von Clausewitz, translated by J. J. Graham, *On War* (bnpublishing.com, 2007).

95) 로버트 그린 지음, 안진환·이수경 옮김, 『앞의 책』, 185-186쪽.

원하는 여성에게만 집중하여 모든 것을 바쳤기 때문이라 한다. 그는 한 여성을 목표로 삼은 뒤에는 결코 다른 여자를 생각하지 않았다 한다.[96] 집중의 원칙을 철저하게 몸소 실천한 셈이다. 또한 카사노바는 베네치아 공작의 궁에 있는 감옥에 수감되었을 때는 오로지 탈옥이라는 단일 목표에만 정신을 집중했다 한다. 비록 감방이 바뀌는 바람에 몇 달간의 땅굴 작업이 수포로 돌아가는 불운을 겪기도 했지만, 그는 결코 좌절하지 않았다 한다. 그는 작업을 멈추지 않았고 결국 탈옥에 성공을 하였다.[97]

그는 훗날 이렇게 썼다 한다. "나는 항상 믿어왔다. 어떤 사람이 무엇인가를 하겠다는 생각을 머릿속에 품고 오로지 거기에만 헌신한다면 어떤 어려움에도 불구하고 반드시 성공한다. 그런 사람은 능히 총리나 교황도 될 수 있다."[98]

어떤 일이고 목적한 바를 이루어내는 사람은 항상 단일 목표, 그리고 단일 과업에 집중을 하는 자들이다. 그렇지 않고 어리석은 자들은 이 사람 저 사람 사이를 잠시 스쳐 지나다니며 교제 범위를 넓힘으로써 도움을 얻고자 한다. 하지만 집중의 원칙에 따르면, 한 사람의 적절한 권력의 원천에 기대는 것이 에너지를 아끼고 더 큰 힘을 얻는 방법이다. 역사적으로 살펴보면 이것이 옳음을 알 수 있다.

과학자인 니콜라 테슬라(Nikola Tesla)는 한 사람에게만 의존할 경우 독립성을 유지할 수 없을 것이라고 믿었기 때문에 안타깝게도 가난한 말년을 보내야 했다. 그는 심지어 그 당시 재계의 실력자였던 제이 피 모건(J. P. Morgan)이 상당한 이윤이 보장되는 계약을 제안했는데도 불구하고 이를 거부했다. 결국 테슬라는 독립성을 고집하다가 10여 명의

96) 『앞의 책』, 186쪽.
97) 『앞의 책』, 186쪽.
98) 『앞의 책』, 186쪽.

후원자에게 아첨을 해야만 했다. 말년에 가서야 이러한 자신의 처지에 대해 후회했지만 이미 늦은 때였다.[99)]

르네상스 시대의 미술가와 작가들도 이러한 점에서 결코 자유롭지 못했는데 16세기 작가 피에트로 아레티노(Pietro Aretino)도 그 중 한 명이었다. 그는 이곳저곳을 기웃거리며 공작들에게 아첨을 해야 했다. 그러다가 더 이상 참을 수 없게 된 그는 카를 5세 한 사람에게 의지하기로 생각을 바꾸어 가졌다. 그는 단 한 사람의 권력자에게 의탁함으로써 더욱 자유로워졌다.

이탈리아 피렌체의 위대한 조각가였던 미켈란젤로(Michelangelo di Lodovico Buonarroti Simoni) 역시 그런 자유를 교황 율리우스 2세(Julius II)에게서 찾았고, 명망 높은 과학자였던 갈릴레오(Galileo Galilei) 역시 로렌초 메디치(Lorenzo di Piero de' Medici) 가문에서 이를 발견했다. 단일 후원자에게 집중을 할 경우 후원자는 후원을 받는 사람의 충성심을 높이 평가하고 후원을 받는 사람의 봉사에 의존하게 된다. 장기적으로는 주인이 하인에게 봉사하게 되는 것이다.[100)]

우리가 매일 부닥치며 피부로 느끼는 현실적인 삶 역시도 이에 예외적일 수 없다. 지금 하는 일에 완전히 몰두하고 집중할 때 우리는 산만하지 않고 보다 더 행복해 질 수 있다.[101)] 그래서 바로 지금 일어나는 일에만 정신을 집중해야 하는 것이다.[102)] 사실 세상에서 가장 소중한 선물은 과거도 아니고 미래도 아니다. 과거는 이미 지나가 버렸고 미래는 불확실하다. 그래서 세상에서 가장 소중한 선물은 바로 현재의 순간인 것이다.[103)] 이것이 현재에 집중해야 하는 이유이기도 하다.

---

99) 『앞의 책』, 186쪽.

100) 『앞의 책』, 186-187쪽.

101) 스펜서 존슨 지음·형선호 옮김, 『선물』(서울 : 랜덤하우스, 2003 & 2007), 40쪽.

102) 『앞의 책』, 40쪽.

103) 『앞의 책』, 42쪽.

어떤 사람이 성자에게 물었다. “인생에서 가장 중요한 때는 언제이며, 가장 중요한 사람은 누구이며, 가장 중요한 일은 무엇입니까?” 이러한 질문에 대하여 성자는 다음과 같이 답변을 하였다. “가장 중요한 시간은 현재이다. 그것은 지금 이 순간만이 우리가 스스로를 통제하고 고쳐나갈 수 있기 때문이다. 둘째로 가장 중요한 사람은 지금 당신 앞에 있는 사람이다. 사람은 앞으로 어떤 사람과 관계를 맺을지 알 수 없기 때문에 현재 당신 앞에 있는 사람에게 충실해야 한다.”[104] 이러한 성자의 답변은 현재에 대한 선택과 집중의 중요성을 잘 지적하고 있는 말이라 사료된다.

현재 속에서 존재한다는 것은 바로 지금 일어나고 있는 것에 집중을 한다는 뜻이며 그것은 우리가 매일같이 받는 소중한 선물에 감사한다는 뜻이기도 하다.[105] 아무리 어려운 상황에 처해있어도 현재 이 순간 옳은 것에만 집중하면 우리는 더 행복해 질 수 있는 것이다. 그렇게 하면 활력과 자신감을 얻어 그른 것도 처리할 수 있기 때문이다.[106]

2) 몰입의 의미

집중과 유사한 개념으로 몰입을 들 수 있다. 몰입은 국어사전의 사전적 정의에 의하면 ‘깊이 파고들거나 빠지는 것.’을 뜻한다.[107] 황농문은 “몰입은 산만한 상태에서 높은 집중도로 가는 행위이다.”라고 주장을 한다.[108]

몰입이론을 창시한 미하이 칙센트미하이(Mihaly Csikszentmihalyi)는 몰입을 ‘플로우’(flow)라고 명명하였다. 삶이 고조되는 순간, 마치 자유롭

---

104) 이안 샌더스 지음, 구승준 옮김, 『저글링』(서울 : 한문화, 2010).
105) 스펜서 존슨 지음·형선호 옮김, 『앞의 책』, 43쪽.
106) 『앞의 책』, 49쪽.
107) http://krdic.naver.com/search.nhn?query_euckr=%B8%F4%C0%D4
108) 황농문, 『앞의 책』, 162쪽.

게 하늘을 날아가는 듯한 느낌이거나 물 흐르는 것처럼 편안하고 자연스럽게 행동이 나오는 상태에서 몰입이 이루어진다는 것이다.109) 그는 삶을 훌륭하게 가꾸어주는 것은 행복감이 아니라 깊이 빠져드는 몰입이라고 까지 서슴없이 단언을 한다.110)

미하이 칙센트미하이의 특징은 이런 창조가 지능이나 선천적인 것이라기보다는 자신의 믿음과 생각에서 많은 부분을 좌우한다고 믿고 있다는 데에 있다. 자신이 창조적이라고 믿으면, 창조성이 발휘되고, 그렇지 않다고 믿으면 자신의 창조성은 제어된다. 그리고 창조적인 사람의 세 가지 요건으로 그가 꼽은 것은 첫 번째가 전문지식, 두 번째가 창조적 사고, 세 번째가 몰입이다. 떨어지는 사과로 중력을 이끌어낸 이삭 뉴턴처럼 같은 사물을 다르게 보는 능력이 창조적 사고라고 보면서 이를 강조한다. 마지막으로 이 모든 것을 아우르는 일에 대한 몰입과 열정이 창조를 완성시킨다고 보고 있는 것이다.111)

칙센트미하이는 몰입을 보다 쉽게 하기 위해서는 첫째, 목표가 명확해야 하고 둘째, 일의 난이도가 적절하고 셋째, 결과의 피드백이 빨라야 한다고 주장을 하였다.112)

황농문은 인간이 할 수 있는 최대의 집중된 상태의 감정은 명상이나 선을 하는 사람들이 집중하는 대상에 대해 일체감을 느끼는 상태와 비슷하다고 보고 있다. 참선하는 사람들이 말하는 이른바 삼매와 비슷한 상태라는 것이다. 그리고 이처럼 최대로 집중된 상태는 개인의 문제해결능력을 최대화하는 효과가 있다고 주장을 한다.113) 그는 자신의 경험

---

109) 『앞의 책』, 30쪽. ; 미하이 칙센트미하이, 이희재 역, 『몰입의 즐거움 : Finding flow』 (서울 : 해냄출판사, 1999).

110) 황농문, 『앞의 책』, 31쪽.

111) 미하이 칙센트미하이, 이희재 역, 『앞의 책』 ; http://book.naver.com/bookdb/book_detail.php?bid=34057

112) 황농문,『앞의 책』, 33쪽.

113) 『앞의 책』, 139쪽.

을 통해 예전의 Work Hard 패러다임에서는 평생을 해도 얻을 수 없는 성과를 Think Hard 패러다임으로 불과 수개월 만에 얻을 수 있었다.114) 고 주장을 한다.

그는 아이디어가 떠오른 순간은 우연처럼 느껴지지만 몰입적인 사고를 한 사람에게만 일어나는 필연적인 결과라고 주장을 하고 있다.115) 그는 그러한 증거로 앨버트 아인슈타인의 상대성원리의 아이디어, 베르너 하이젠베르크(Werner Karl Heisenberg)의 양자역학의 핵심이론인 불확정원리의 발견, 제임스 와트(James Watt)가 최초로 증기기관을 개발한 아이디어, 토머스 에디슨(Thomas Alva Edison)의 전기 등을 포함한 많은 발명품에 대한 아이디어, 드미트리 멘델레예프(Dmitrii Ivanovich Mendeleev)의 원자들의 규칙성을 찾으려는 오랜 노력의 결실, 볼프강 아마데우스 모차르트(Wolfgang Amadeus Mozart)의 작곡, 요한 괴테(Johann Wolfgang von Goethe)의 시의 영감, 그리고 에드거 앨런 포우(Edgar Allan Poe)의 소설의 줄거리에 관한 아이디어 등을 열거하고 있다.116)

황농문은 몰입에 빠지게 되면 이때부터 진정한 의미에서 자신이 가지고 있는 모든 능력을 발휘하기 시작하고, 새로 발견한 생산적 목표를 향해 매진하게 된다고 주장을 한다.117) 예전에는 생산적인 목표와 관련 없는 많은 활동이나 목표에 자신의 관심과 에너지를 불필요하게 소모하는 일이 많았는데, 이제는 모든 관심과 에너지를 하나의 명확한 목표에 집중을 하게 된다는 것이다. 이 정도의 경지에 도달하게 되면 심지어 신문이나 TV를 보다가 흥분하는 에너지도 아깝다고 느낄 정도가 된다는 것이다.

한 마디로 자신이 가용할 수 있는 모든 에너지를 모아서 주어진 목

114) 『앞의 책』, 141쪽.
115) 『앞의 책』, 120쪽.
116) 『앞의 책』, 116-119쪽.
117) 『앞의 책』, 126쪽.

표를 향해 쏟아 붓는 것을 의미하는 것이다. 그 결과, 높은 성과를 낼 수 있을 뿐만 아니라 지고(至高)의 행복감까지 느끼게 된다고 주장을 하고 있다. 이러한 가치관의 변화는 일시적인 효과로 끝나지 않고 남은 인생을 보다 성공적이고 의미 있는 삶으로 이끈다는 것이 황농문의 몰입에 대한 생각이다.[118]

사실 옛날부터 전해 내려오는 말 중에 "호랑이에게 물려가도 정신만 차리면 살 수 있다."는 속담이나, "정신을 하나로 모으면 어떠한 일도 성취할 수 있다."(精神一到 何事不成)는 옛 말씀들은 모두 몰입이 나을 수 있는 기적과 같은 힘을 강조한 것으로 이해를 할 수 있는 것이다.

4. 올바른 선택과 집중의 의미

올바른 선택과 집중 또는 몰입이 가능 할 때 우리가 나름대로 기대하고 꿈꾸는 목표를 가장 효율적으로 달성할 수 있다. 앞에서도 살펴보았지만 선택의 과정은 어떻게 보면 너무나 힘든 과정이다. 여러 가능성을 열어 놓고 여기에서 기인되는 여러 요인들을 고려하고 상호 비교 등을 통해 목표를 성취할 수 있는 가장 효율적인 수단을 찾아내는 지난한 과정이기 때문이다.

앞서 허버트 사이몬도 주장했지만 인간이 가지는 합리성의 한계 때문에 가장 효율적인 수단을 찾아낸다는 것은 경우에 따라서는 사막 한 가운데서 잃어버린 바늘 하나를 찾는 것만큼이나 지난한 일인지도 모른다. 그러나 올바른 선택을 해야 목표를 성취할 가능성도 더욱 높아지고 나아가 그 수단의 효율성도 증대되어 한정된 자원을 절약할 수 있게 되는 것이다.

118) 『앞의 책』, 126쪽.

일단 이러한 복잡하고 어려운 지난한 과정을 통해 선택이 이루어지면 그 다음에는 그 선택에 따른 노력을 일관성 있게 지속적으로 추진시켜 나가야 하는데 그것이 바로 집중이라고 할 수 있다. 앞에서도 누차 강조했지만 집중이 가지는 힘은 다른 어느 경우의 힘보다 강하다. 따라서 가장 효율적인 목표 달성의 방법이 되어 줄 수 있는 것이다. 이러한 올바른 선택과 이를 효율적으로 실현하고자 하는 방법론으로서의 집중의 노력이 바로 우리가 꿈꾸는 목표를 달성하게 해 줄 수 있는 것이다.

요즈음 기업의 경영에 있어서 중요성이 더욱 더 부각되고 있는 마케팅 분야에서도 이러한 선택과 집중의 의미는 더욱 더 관심의 대상이 되고 있다.

일반적으로 볼 때 마케팅은 단순히 제품을 소비자에 판매만 하는 것이 아니다. 그렇기 때문에 소비자에 대한 지식과 정보를 정확하게 알고 그 소비자가 어떤 환경의 시장과 사회에 영향을 받았는지 등을 철저히 연구해야 한다. 이런 요소들은 수없이 많이 있는데 예를 들면 우선 소비자가 어떤 지식을 가지고 있는지, 과거 동일 제품의 구매 사실 혹은 사용경험은 있는지, 구매력은 있는지, 그리고 친분관계는 어떠한지 등이다. 그리고 시장 측면에서 보아도 해당 제품의 시장성, 예를 들면 과거의 시장성, 현재 및 미래의 가능성, 가격, 디자인, 판매원의 자질, 회사 차원의 지원 정도 등에 대한 철저한 요인 분석을 거쳐야 한다. 그리고 최종적으로 이런 많은 요인들 중에서 어떤 것을 선택해 중점적으로 밀고 나갈 것인가를 결정해야 하는데 이것이 바로 선택과 집중이다.[119)]

결정은 우리의 개인적인 삶뿐만 아니라 사회에도 중요한 영향을 끼친다. 우리가 내리는 하나하나의 결정이 쌓여 개인과 조직 그리고 전체 사회를 구성하는 것이기 때문이다.[120)] 따라서 결정을 하는데 있어 올바른 것을 선택하고 이에 집중을 해야 하는 이유도 바로 여기에 있다.

---

119) http://kr.ks.yahoo.com/service/ques_reply/ques_view.html?dnum=DAG&qnum=888354
120) 스펜서 존슨 지음, 형선호 옮김, 『선택』(서울 : 청림출판, 2005), 6쪽.

제3장 선택과 집중을 해야 하는 이유

선택과 집중을 해야 하는 이유로 첫째 자원의 희소성, 둘째 올바른 선택과 집중이 낳는 높은 생산성을 들 수 있다. 이를 차례대로 살펴보자면 다음과 같다.

1. 자원의 희소성

인간의 욕망은 무한한데 이를 충족시켜 주는 수단이나 자원이 제한되어 있기 때문에 선택의 문제에 직면하게 되는 것이다. 적절한 선택이 이루어져야만 물질적 욕망을 최대한으로 충족시킬 수 있기 때문이다. 따라서 우리 인간의 생활은 선택의 문제와 떼려야 뗄 수 없는 불가분리의 관계를 가지게 되는 것이다.[121)]

사실 우리가 가지고 있는 자원은 무한하지 않고 유한하다. 우리가 의존하고 살고 있는 자원인 지구는 하나뿐이다. 그런데 이 지구에 살고

---

121) 이준구·이창용, 『경제학원론』, 제3판 (서울: 법문사, 2006), 5쪽.

있는 사람들은 약 60억 명이 넘는다. 이 많은 사람들이 하나 뿐인 지구에서 자신의 욕망을 채워가면서 살아나가고 있는 것이다. 결국 지구가 가지고 있는 자원을 서로 나누어 가질 수밖에 없는 것이다. 그러기에 지구 자원의 희소성(稀少性 : scarcity)[122]은 존재 할 수밖에 없는 것이다. 그래서 많은 사람들은 이러한 희소자원을 얻기 위해 노력을 하는 일면 어렵사리 얻은 자원을 가능한 그리고 최대한 효율적으로 사용하려고 노력을 한다. 그렇게 하여야만 자신의 욕망의 가치 즉 효용(效用 : utility)[123]을 극대화 할 수 있기 때문이다. 이러한 효용의 극대화를 얻기 위해선 고통스럽긴 하지만 선택은 불가피 한 일이다.

인간의 욕망을 충족시켜 줄 수 있는 이러한 효용을 가져다주는 희소자원으로는 여러 가지를 들 수 있지만 논의의 편의를 위해 핵심적인 세 가지만 언급코자 한다. 첫째, 시간을 들 수 있고 둘째, 돈을 고려할 수 있으며 셋째, 인간의 지식역량을 들 수 있다.

1) 시간

요즈음 들어서 시간에 대한 생각들이 많이 바뀌고 있다. 이전까지는 시간이라는 개념이 별로 중요하게 받아들여지지 않았다. 끝도 없이 무한정 있는 것처럼 생각을 했고, 어느 누구에게나 공평하게 주어지는 것이 시간인 것으로 이해를 하고 있었고 시간은 힘들이지 않고 공짜로 얻는 것, 다른 말로 표현을 하자면 어떤 비용도 지불하지 않아도 누구에게나 주어지는 당연한 것으로 생각을 하였다.

그러나 최근에 들어서면서 이러한 생각들은 급격하게 바뀌고 있다.

---

122) 희소성(稀少性)이란 인간의 물질적 욕구에 비하여 그것을 충족시켜주는 물적 수단의 공급이 상대적으로 부족한 경우를 가리키는 말이다. ⓒ 두산백과사전 EnCyber & EnCyber.com ; http://100.naver.com/100.nhn?docid=175326

123) 효용(效用)이란 재화와 용역의 사용으로부터 얻을 수 있는 주관적인 만족을 측정하는 단위이다. http://ko.wikipedia.org/wiki/%ED%9A%A8%EC%9A%A9

시간이 모든 가치 중에 가장 중요한 가치라는 생각으로 바뀌고 있는 것이다. 그렇다면 이렇게 시간을 바라보는 생각의 눈이 달라진 이유는 무엇일까? 그 대답은 바로 시간을 이제 인적 자원(human resources)이나 물적 자원(material resources) 못지않은 중요한 자원으로 보게 되었기 때문이다. 어떻게 보면 이러한 인적, 물적 자원들보다 더욱 중요한 것이라는 생각들이 팽배되고 있는 것도 부인 할 수 없는 사실이 되었기 때문이다.

시간을 이렇게 중요하게 보는 이유는 우선 시간이라는 자원은 한번 잃어버리면 다시 되돌려 받을 수도 없고 찾을 수도 없다는 일회성의 특징을 가지는 가치라는 점이다. 쉽게 말하자면 재활용이 불가능한 것이 시간이라는 자원인 것이다. 사실 동서고금(東西古今)을 막론하고 많은 사람들이 중요하게 여기는 돈은 잃었다가도 다시 벌면 되고 또 없으면 옆 사람에게 빌릴 수도 있다. 그래서 자기의 것으로 다시 사용할 수도 있는 것이다. 그러나 시간은 절대로 그렇지 않다. 한번 지나간 시간, 아니 보다 올바른 표현으로 하자면 잃어버린 시간은 두 번 다시 자기 자신에게 되돌아오지 않는다. 그리고 자기에게 허용된 시간이 부족하다고 해서 다른 사람의 시간을 빌려서 사용할 수도 없다.

> 시간의 성질을 잘 알아야 한다. 시간은 사용하지 않으면 흘러가버리며, 한번 지나가면 다시 돌아오지 않는다. 시간은 남에게 주거나 팔수도 없다. 게다가 어떻게 쓰느냐에 따라 그 가치가 엄청나게 달라진다.[124)]

많은 사람들이 지금까지는 돈과 같은 물질적 자원을 아주 중요하게 여겼지만 지금에 와선 오히려 시간을 더욱 소중하게 여기는 이유가 바로 여기에 있는 것이다. 그래서 요즈음 '시(時) 테크'(time tech)라는 말이 아주 자연스럽게 많은 사람들의 입에서 회자(膾炙)가 되는 것이다. '재

---

124) 이내화, 『다 이룬 것처럼 살아라』(서울 : 좋은책만들기, 2010), 79쪽.

(財) 테크'(money tech)보다 어떻게 보면 더욱 중요한 것으로 이해를 하고 이를 통해 보다 많은 부(富)와 능력을 쌓으려고 하는 것이 바로 지금을 살아가는 깨어있는 사람들의 생각인 것이다.

이러한 관점에서 본다면 시간은 무한 한 것이 결코 아니다. 그리고 어떻게 보면 인적 자원이나 물적 자원보다 더욱 유한하고 소중한 것이다. 따라서 시간을 어떻게 효율적으로 활용할 것인가에 따라 많은 결과적 차이가 나타나게 되는 것이다. 시간을 효율적으로 적시성과 시의성에 맞도록 활용하는 사람이나 조직 그리고 국가는 앞서갈 수 있지만 그렇지 못한 개인이나 조직 그리고 국가는 낙오할 수밖에 없게 되는 것이다.

이러한 사실을 잘 알고 있는 일반적인 사람들은 자신들의 목적을 달성하기 위해 시간을 가능한 그리고 최대한 효율적으로 쓰려고 할 것이다. 그래서 선택은 불가피한 일이 되는 것이며 또한 선택되어진 것에 집중을 하게 되는 것이다. 시간이 무한하다면 구태여 선택의 어려움을 고통스럽게 강요받을 필요도 없을 것이다. 그리고 선택되어진 것에 집중을 할 필요도 없을 것이다. 그러나 현대의 삶은 남보다 늦으면 경쟁에서 낙오될 수밖에 없고 시간을 알차게 활용하지 못하면 경쟁에서 살아남을 수 없는 존재로 전락하고 마는 것이다. 이제 시간을 황금보다 더 소중하게 쓰기 위해선 지혜로운 선택과 집중을 하지 않으면 안 되는 시대를 살아가야 하는 것이다.

2) 돈

예전에도 그러했지만 현재의 자본주의 사회에서 돈만큼 중요한 것도 그리 흔하지 않다. 심지어 돈에 대한 중요성을 너무 강조하다보니 '돈이 최고'라고 하는 배금주의(拜金主義), 물질만능주의(物質萬能主義)가 판을 치는 그런 세상이 되기도 하였다. 돈이 가지는 절대적인 가치와 힘을 아무리 강조한다 해도 지나치지 않은 것이 현금(現今)의 우리네 사정이라 말 할 수 있다. 이것은 또한 개인의 문제로만 국한되는 것은 아니다. 기업들처럼 조직에서도 돈이 가지는 위력은 대단하며 한걸음 더 나아가 정부를 포함한 국가도 이러한 세태에서 예외적일 수는 없다.

오늘 날 새로운 세계질서의 패러다임으로 등장한 세계화(globalization)의 열풍 속에서 각 국가들이 경제력을 극대화시키기 위해 거국적으로 피나는 노력을 하는 것만 보아도 이러한 사정을 잘 알 수 있는 것이다. 미국 콜롬비아 대학교의 교수였던 리처드 로즈크레인스(Richard Rosecrance)는 과장스런 면이 없지는 않지만 이미 3차 세계대전이 일어났다고 주장을 하였다. 단지 3차 세계대전이 1차 세계대전이나 2차 세계대전처럼 대포알이나 총탄, 폭탄이 난무하는 그런 전쟁이 아니고 경제전쟁으로 대치되었을 뿐이라는 것이다. 대포알이나 총탄, 그리고 폭탄 대신 컴퓨터 네트워크를 통한 무수한 자료나 정보들이 경쟁하듯 난무하고 세계교역을 통해 각 국가의 경제력을 증대시키려는 노력을 극대화하고 있으므로 총칼만 없을 뿐 전쟁과 다름없는 상황이라는 것이 그의 생각인 것이다. 따라서 이전과는 달리 교역을 하는 국가들이 3차 대전의 새로운 승전국으로 부상을 하게 된다는 것이다.125)

어떻게 보면 그의 말이 정확하게 현재의 세계화의 양태와 그 개념 그리고 그 속내를 잘 드러내 보이고 있는 것일 수도 있다. 각 국가는 과거처럼 총칼과 대포 그리고 군화발로 다른 나라의 영토를 짓밟고 강점한 후 그 나라의 경제력을 착취해가는 그런 형태를 이제는 지양하고, 자유교역을 통해 다른 나라의 자원을 자국의 것으로 만들고(과거처럼 무력으로 침략을 하여 영토를 빼앗아 자원을 착취할 필요가 없어짐) 그 자원을 통해 부가가치가 높은 상품을 만들어 다시 내다 팔아버림으로써 경제적 부를

---

125) Richard Rosecrance, *The Rise of the Trading State : Commerce and Conquest in the Modern World* (New York : Basic Books, Inc., Publishers, 1986).

축적할 뿐만 아니라 자신의 기술력을 근간으로 하여 다른 나라를 기술적으로 예속시켜 경제적 부를 극대화시켜 나가는 방법을 쓰고 있는 것이다. 리처드 로즈크레인스가 경제를 통한 전쟁이라 말 할 수 있는 것도 바로 이러한 생각에 기인하는 것이다. 이러한 생각은 임마누엘 월러슈타인(Immanuel Maurice Wallerstein)의 현대세계체계(Modern World System) 모형과도 일맥상통하는 면이 있다.[126)]

매사추세츠 공과대학교(MIT)의 경제학 교수인 레스터 써로우(Lester Thurow)는 현재의 세계적 교역 상태를 덜 다듬어지고 까칠하고 거친 용어인 '육박전'(Head to Head)으로 표현을 하고 있다.[127)] 머리와 머리가 부딪치고, 몸과 몸이 맞부딪치며 살이 찢겨져나가고 피가 터져 나오는 몸싸움을 지금의 경제전쟁으로 비유한 것이다.

그리고 혹자는 이러한 상황을 피바다라는 의미를 가지는 '레드오션'(Red Ocean)[128)]이라는 표현으로 설명을 하고 있다. 어쨌든 세계의 모든 국가들은 자국의 국익을 극대화하고 자국의 경제력을 최대화하기 위해 오늘이 순간에도 최선의 선택과 그에 대한 집중을 하고 있는 것이다.

이에 대한 역사적인 사례는 우리에게 좋은 반면교사(反面敎師)의 한 단면을 제시해 준다. 남아메리카에 위치하고 있는 아르헨티나(Argentina)가 바로 그러한 경우가 되겠다. 아르헨티나는 유럽의 부호들이 자신의 몸종이나 노예들을 데리고 남미로 건너가 건국을 시킨 나라이다. 그래서 남미

---

126) Immanuel Maurice Wallerstein, *The Modern World-System I : Capitalist Agriculture and the Origins of the European World-Economy in the Sixteenth Century* (Studies in Social Discontinuity), Student Edition (New York : Academic Press, 1981). ; Immanuel Maurice Wallerstein, *The Modern World-System II : Capitalist Agriculture and the Origins of the European World-Economy in the Sixteenth Century* (Studies in Social Discontinuity), Student Edition (New York : Academic Press, 1980). ; Immanuel Maurice Wallerstein, *World-Systems Analysis : An Introduction* (Duke University Press, 2004).

127) Lester C. Thurow, *Head to Head : The Coming Economic Battle Among Japan, Europe, and America* (New York : Warner Books, Inc. 1993).

128) '레드오션'(Red Ocean)이란 붉은(red)피를 흘려야 하는 경쟁시장을 말한다. 블루오션과 반대의 개념이다.

의 대표적인 백인국가로 인정을 받고 있다. 그러한 연유로 인하여 지금도 콧대 높은 자존심 하나는 대단하다고 한다. 그들은 이곳으로 이민을 와서 기름지고 광활한 토지위에 일류 농업 국가를 건설하였다. 많은 곡류와 가축들이 넘쳐났고 이것은 바로 아르헨티나의 희망이고 나아가 국가적 역량이 되었다. 그들은 이러한 광활한 토지와 비옥한 토양 그리고 그에 걸맞는 기후조건을 고려하여 농업과 축산업을 중심으로 선택적 경제 전략을 짜 내고 이를 집중적으로 실천해 나갔던 것이다.

20세기 들어 올 때 그들의 농업과 축산업 역량은 세계적인 수준에 이미 도달해 있었던 것이다. 1차 대전이 일어났을 때 유럽의 많은 국가들과 연합국들이 부지런히 아르헨티나의 곡류와 축산물을 식량 즉 군량미로 사용코자 수입을 해 갔던 것이다. 아르헨티나는 방대한 규모의 곡류와 축산물의 수출을 통해 많은 부(富)를 거머쥘 수가 있었다. 아르헨티나는 이러한 부의 증식을 통해 20세기 초에 세계 7대 부국 중의 하나가 되었던 것이다. 이러한 넘쳐나는 부를 근간으로 하여 선진화된 유럽을 모방하였고, 그 결과 아르헨티나의 수도인 부에노스아이레스(Buenos Aires)는 남아메리카의 파리(Paris)로 발전을 시켜 나갔다. 이러한 성장과 발전을 통해 아르헨티나는 남미에서 어떤 나라에도 뒤지지 않는 그런 부국으로 자리매김을 할 수 있게 되었던 것이다.

그러나 이러한 선택과 집중이 다른 방향으로 바뀌면서 아르헨티나의 비극은 시작이 되는 것이다. 군인정치가인 후안 페론(Juan Domingo Perón)[129]과 그의 처인 에바 페론(María Eva Duarte de Perón)은 대중영합주의인 포퓰리즘(populism)에 빠져 종전까지의 선택과 집중에서 일탈하

---

129) 후안 도밍고 페론은 아르헨티나의 군인 출신 정치인으로, 1946년~1955년, 1973년~1974년 대통령을 지냈다. 이른바 페론주의 운동을 창시하였으며, 대중인기영합주의정책으로 비평을 받기도 하는, 아르헨티나 현대사에서 가장 큰 논란을 불러일으키는 인물이다. http://ko.wikipedia.org/wiki/%ED%9B%84%EC%95%88_%ED%8E%98%EB%A1%A0

게 된다. 그들은 성장보다는 분배를 더욱 중요시 여기고 국가의 부를 나누어 먹는데 더 열을 올리게 되는 것이다. 이렇게 되자 노동조합의 파워가 강해지고 노동자들의 권익이 크게 신장이 되고 가난한 자의 권리가 보호되고 옹호되었던 것이다. 대다수 빈곤에 허덕이는 국민들은 이러한 국가의 온정주의(paternalism)130)적 시혜정책에 환호를 하였다. 이러한 당시의 분위기를 루스 웨스트하이머(Ruth K. Westheimer)는 '페론이 에바에게 권력을 향한 길을 열어주었다면 그녀는 노동자와 빈민들을 본능적으로 이해하여 그에게 이익을 가져다주었다. 그녀의 충고에 따라 명백하게 대중을 위주로 하는 정책을 추구하자 대중들은 그를 사랑했다'라고 쓰고 있다.131) 그러나 이에 대한 반동적 움직임이 나타나게 되는 것이다. 즉 이러한 온정주의적 분배정책으로는 대다수 빈곤에 허덕이는 국민들의 근본적인 가난을 구제할 수가 없는 일이었다. 그들은 더욱 더 종속적이 되었고 피폐해져갔으며 그럴수록 그들은 더욱 더 많은 것을 요구했다. 그릇된 시혜적 분배정책으로 사회적 긴장은 고조될 수밖에 없었고 이로 인한 사회적 비용은 치솟을 수밖에 없었다.

이렇게 악순환으로 치닫는 대중영합 적 정책에 위기의식을 갖게 된 부자들이 자신의 재산을 해외로 빼돌리기 시작했고, 아르헨티나의 경제성을 높게 평가하여 들어 온 해외 투자 자본들이 현 정책에 실망을 하고 썰물처럼 빠져나감으로 해서 아르헨티나의 국부의 상당부분이 해외로 새어나갔을 뿐만 아니라, 기업에 대한 국가의 과도한 규제와 날로

130) 드워킨(Gerald Dworkin)에 따르면, 온정주의는 "어떤 사람의 행위의 자유에 대한 간섭이 전적으로 간섭당하는 당사자의 복지, 행복, 필요, 이해, 관심, 가치관과 관련되어 있다는 이유로 정당화되는 그런 식의 간섭"을 의미한다. Gerald Dworkin, *Paternalism, Morality and the Law*, in P. A. Wasserstro (ed.) (Wadsworth, 1971), pp.107-126 ; Gerald Dworkin, "Paternalism", in *The Monist : An International Quarterly Journal of General Philosophical Inquiry*, Vol.56 (1972), p.65 ; 김항규, 『행정철학』(서울 : 대영문화사, 2004), 106-107쪽에서 재인용.

131) 루스 웨스트하이머 · 스티븐 캐플란, 『간통에서 동성애까지 권력자들을 둘러싼 스캔들의 역사』(서울 : 이마고, 2005), 96-97쪽.

과중되는 조세부담, 그리고 국민들의 반 기업정서 등으로 인해 기업가들의 기업정신이 약화되고 사회기강이 무너지면서 아르헨티나는 서서히 자국의 경제력을 상실해가는 양상을 띠게 되는 것이다. 그들은 자신이 가지는 비교 및 경쟁우위를 기반으로 하는 산업육성전략에 대한 선택을 포기하고 그저 가지고 있는 것을 서로 뺏고 나누어 가지는 자기파괴 적인 달콤한 유혹에 빠져 들어갔던 것이다.

결국 아르헨티나는 국가파산의 상황에 직면을 하였고 넓고 비옥한 영토와 풍부한 자원을 가지고 있으면서 그리고 한 때 세계 7위안에 손꼽히던 부국이라는 명예에 걸맞지 않게 '국제통화기금'(International Monetary Fund : IMF)에 불명예스럽게도 두 손을 벌려야 하는 작고 초라한 모습으로 전락하고 만 것이다. 이러한 여파는 현재까지 지속되고 있으며 이전의 그 찬란했던 부와 경제력을 바탕으로 한 국가자존심은 찾아보기 어려운 지경에 처해지고 있는 것이다.

국가적 차원에서 아르헨티나를 통해 돈과 관련된 선택과 집중에 관한 사례를 들어보았지만 이것은 국가뿐만 아니라 기업, 개인에게도 그대로 적용 될 수 있는 것이라 생각할 수 있다. 돈이라는 것은 앞에서 말한 시간과 마찬가지로 결코 무한적일 수 없는 것이다. 한 마디로 말하자면 유한적인 것이다. 그리고 돈 놀이판에서는 철저하게 영화(零和)게임(zero sum game)의 논리가 판을 치고 있는 것이다. 따라서 돈을 벌거나 운영하는데 있어서 중요한 것은 돈의 한계를 이해하고 이것이 유한 자원이라는 것을 명심하고 돈을 가장 생산성 있고 효율성 있게 활용할 수 있는 것이 무엇인가를 찾아보고 그것을 찾았다면 선택을 하고 그에 집중하는 노력이 무엇보다 필요로 된다는 것이다. 이러한 선택과 집중이 잘못될 경우 아르헨티나와 같은 비극을 어느 누군가는 다시 되씹게 될 지도 모르는 것이다.

우리의 경우도 어떻게 보면 아르헨티나와 유사한 면이 있음을 부인

할 수 없다. 한국은 박정희, 전두환, 노태우로 이어지는 군부정권과 차별화하기 위해 이름 붙여진 문민정부라 칭해지는 김영삼 정부당시 일인당 국민소득이 1만 달러를 넘어선 상태였다. 그리고 선진국들로 구성되어있는 '경제협력개발기구'(OECD)에도 가입이 되었다. 장밋빛 미래가 열심히 그려지고 있었던 것이다.

그러나 1997년 11월 아시아경제위기의 여파로 닥쳐 온 일시적 외환유동성 부족으로 촉발된 외환위기를 맞이하면서 이에 제대로 대응하지 못하여 아르헨티나와 똑같은 꼴이 되어버렸던 것이다. 즉 국제통화기금에 두 손을 벌리고 구제 금융을 구걸한 것이다. 이로 인해 국가신용등급이 하락되었고 이의 여파로 경제는 어려움을 겪었으며 많은 기업들의 줄도산과 이로 인한 실업자 급증을 경험하게 되었다. 또한 금융권을 중심으로 한 사회 각계각층의 구조조정 여파가 사회적 긴장을 고조시켰으며 이로 인한 국가적 비용과 손실도 말로 형용키 어려운 지경에 처하여졌었다.

더욱 어려움을 가중 시킨 것은 구제금융 체제에서 벗어나기 위해 경기부양정책을 과도하게 사용함으로써 그 후유증이 엄청나게 우리의 경제를 주름살지게 만들었다는 사실이다. 그러한 가장 대표적인 경기부양정책 중 하나로 신용카드의 남발을 들 수 있다. 소비를 진작시켜 경기부양을 할 욕심으로 정부는 신용카드를 마구잡이로 남발을 하였고 경제적으로 어려움에 처한 사람들은 이렇게 남발된 카드를 가지고 책임질 수 없는 수준까지 카드사용을 하였으며 이로 인해 엄청난 후유증이 우리 사회를 할퀴었던 것이다. 설상가상으로 여기에 기름을 부은 것은 다름 아닌 정부의 채무탕감 정책이었다. 카드부채가 사회문제로 크게 대두되자 정책당국이 이들의 카드관련부채를 탕감해 주려는 움직임[132]을 보였

132) '자산관리공사'(KAMCO)와 산업은행, 국민은행 등 금융계에서 360만을 상회하는 신용불량자를 대상으로 잇따라 구제책을 내 놓은바 있다. 금융계에 따르면 자산관리공

고 이것이 도덕적 해이(moral hazard) 문제와 연계되어 사회적으로 뜨거운 이슈가 된 것이다.

신용불량자 사이에 '돈을 갚지 않으면 언젠가는 빚을 탕감해 주지 않겠느냐' 라는 식의 도덕적 해이가 널리 퍼지게 된 것이다.[133] 성실하게 돈을 갚아 나가는 선량한 신용불량자와 언젠가 부채를 탕감해 줄 것이라는 막연한 기대감에 상환을 버티는 불량한 신용불량자사이에서 불량한 신용불량자의 부채에 대한 탕감 정책은 도덕적 해이문제 뿐만 아니라 양자의 형평성문제까지 야기시키는 문제로 결코 가벼이 취급할 수 없는 사회적 이슈가 되었던 것이다. 정책당국도 신용불량자 구제의 당위성[134]과 도덕적 해이간의 딜레마로 골머리를 앓았다.

이러한 과정에서 정부는 국민으로부터 불신을 받았다. 일단 정부가 국민으로부터 신뢰를 상실하게 되면 공직자는 물론이고 일반 국민들에게까지 정부정책이 올바르게 그리고 제대로 영향력을 행사하기 어려워지게 된다. 이렇게 되면 정부의 신뢰[135]는 더욱 땅에 떨어지게 되는 악

사가 신용불량자 구제를 위해 부채를 총 70%까지 감면해주기로 했다는 보도가 나왔다 한다. 『디지털타임스』, 2003. 10. 20.

133) 실제로 자산관리공사가 대규모 채무재조정안을 공개한 이후 신용카드사들의 채권회수 실적이 40% 정도 급감할 정도로 연체 고객의 빚 안 갚기 현상이 두드러지게 나타난 것이 이를 입증하고 있다. 좀 더 살펴보자면 자산관리공사의 대규모 채무재조정안이 나온 10월 16일이 포함된 주(10월 13-18일)의 일주일 동안 카드사 채권 회수규모는 1701억4500만원으로 집계됐다. 이는 직전 주(10월 6-11일)의 채권 회수액 2670억9300만원에 비해 36.3%나 줄어든 것이다. 또 자산관리공사의 채무재조정안 발표 다음 주(10월 20-25일)의 채권회수액은 1558억3700만원에 그쳐 직전 주보다 무려 41.7% 감소했다. 자산관리공사의 신용불량자 구제를 위한 선의의 노력은 이해하지만 도덕적 해이를 부추길 수 있는 무책임한 채무재조정은 보다 신중하게 접근을 했어야 한다는 비판이 이에 근거하고 있음을 알 수 있다. 『조선일보』, 2003. 12. 24. B2쪽.

134) 신용불량자를 구제시킨다는 의미보다는 신용불량자를 정상인으로 회복시킨다는 의미로 해석을 하고 신용회복 지원 프로그램도 단기적으로 자금사정에 어려움이 있지만 빚을 갚으려고 하는 사람만을 대상으로 하기 때문에 모럴해저드와는 관계가 없다는 시각에서 출발을 하고 있다.

135) 서문기는 국민의 기대에 바탕을 둔 정부에 대한 긍정적 평가태도를 정부신뢰로 보고 있으며, 손호중과 채원호는 불확실한 상황 하에서 국민이 정부의 행동에 대하여 취하는 긍정적인 기대나 심리적 지지로 정의하고 있다. 서문기, "한국사회의 정부신뢰구

순환을 겪게 된다. 신뢰를 얻지 못한 정부로부터 국민은 멀어지게 되는 것이다.136)

오경민과 박홍식은 정부가 '집사직'(stewardship)을 넘는 행위를 하여 국민과 시민에게 피해를 주게 된다면 이는 '신탁적 신뢰'(fiduciary trust)137)의 기반을 상실하는 것을 의미하며, 이로 인해 정부 불신을 자초하게 된다고 주장을 하였다. 프랜시스 후쿠야마(Francis Fukuyama) 역시 한국사회를 문화적 차원에서 신뢰가 낮은 사회로 규정하고, 한국사회에 만연한 불신이 사회적 비효율성의 원인이 되고 있다고 주장을 하였는데138) 이러한 IMF 구제 금융을 둘러싼 정책의 실패와 그 책임소재와 이의 전가에 따른 문제들이 겹쳐져서 한국은 총체적인 정부 불신의 나락으로 떨어졌던 것이다. 분명 대한민국은 건국 이래 중대한 국가위기

조", 『한국사회학』, 35(5), 2001. ; 손호중·채원호, "정부신뢰의 영향요인에 관한 연구 : 부안군 원전수거물처리장 입지사례를 중심으로", 『한국행정학보』, 39(3), 2005. ; 김대욱·이승종, "정부신뢰의 참여에 대한 효과", 『한국사회와 행정연구』, 18(4), 2008, 45쪽에서 재인용.

136) 콕스(Cox)는 정부신뢰와 참여 간에 긍정적인 상관관계가 있다고 주장을 한다. 정부를 신뢰하므로 더욱 참여에 적극적이라 보는 것이다. 그러나 콕스의 주장과는 다르게 카스(Kasse)나 팀폰(Timpone) 그리고 장수찬은 정부신뢰와 참여 간에는 부정적인 상관관계가 있어 정부를 불신할수록 보다 적극적인 참여 경향을 보인다는 주장도 있다. 그리고 씨트린(Citrin)이나 맨검(Mangum), 그리고 이재철 등은 정부신뢰와 참여 간에는 유의미한 상관관계가 없다는 주장도 있다. Michaelene Cox, "When Trust Matters : Explaining Differences in Voter Turnout", *Journal of Common Market Studies*, 41(4), 2003 ; Max Kasse, "Interpersonal Trust, Political Trust and Non-institutional Political Participation in Western Europe", *West European Politics*, 22(3), 1999. ; Richard J. Timpone, "Structure, Behavior, and Voter Turnout in the United States", *American Political Science Review*, 92(1), 1998. ; 장수찬, "한국사회에 나타난 악순환의 사이클 : 결사체 참여, 사회자본, 그리고 정부신뢰", 『한국정치학회보』, 36(1), 2002. ; J. Citrin, "Comment : The Political Relevance of Political Trust", *American Political Science Review*, 68(3), 1974. ; Maurice Mangum, "Psychological Involvement and Black Voter Turnout", *Political Research Quarterly*, 56(1), 2003. ; 이재철, 정치문화와 투표행위 : 5·31지방선거에 나타난 인지적, 정서적, 평가적 정향과 투표참여",『한국과 국제정치』, 23(2), 2007. ; 김대욱·이승종, "정부신뢰의 참여에 대한 효과",『한국사회와 행정연구』, 18(4), 2008, 43-44쪽에서 재인용.

137) "앞의 논문", 89쪽.

138) Francis Fukuyama, *Trust : The Social Virtues and The Creation of Prosperity* (New York : Free Press, 1995). ; 손호중·채원호, "앞의 논문", 88쪽에서 재인용.

를 맞이하게 된 것이다.

다른 어느 나라보다도 빠른 성장을 하여 '한강의 기적'이라는 칭호를 받았고 많은 외국나라들에 의해 부러움을 한 몸에 받았던 것이 바로 어제인데 이제 국제통화기금의 구제 금융을 받지 않으면 나라가 부도가 나서 파산이 되어야 하는 국가적 난국에 처하게 되었던 것이다. 빠른 성장 또는 압축 성장을 통해 세계 10위권에 육박하는 경제력을 가지게 되고 OECD 회원국으로 가입이 되어 풍요와 번영의 미래를 눈앞에 둔 시점에서 한국 호는 예기치 않게 좌초하고 만 것이다.

5·16 군사혁명을 통해 정치권력을 장악한 박정희에 의해 1962년부터 경제개발 5개년 계획이 시작되어 한국의 경제가 선진국을 향해 닻을 올리고 출범을 시작했다고 하면, 국제통화기금에 구제 금융을 요청 한 것이 1997년 11월이니까 35년이란 세월이 흘렀다고 볼 수 있는 것이다. 이 35년이란 세월이 짧다면 짧지만 긴 세월이기도 하였다. 이 기간 동안 대학을 나온 많은 한국의 엘리트들이 이역만리 독일 땅에 가서 인생 막장이라고 칭해지는 광산의 광부로써 일을 하고, 60년대에는 월남전에 참전하여 피를 흘린 대가로 월남전 특수의 과실을 얻어낼 수 있었고, 70~80년대에는 중동 붐을 좇아 열사(熱砂)의 나라로 달려간 중동근로자들의 노력 등 너나 할 것 없이 국민이 혼연일체가 되어 잘 살아보겠다는 일념하나로 단단히 뭉쳐 한국경제의 기반을 하나하나 어렵사리 쌓아 나갔던 것인데, 그러한 국민적 피와 땀으로 이루어진 결실이 하루아침에 무너져 내렸던 것이다. 그야말로 공든 탑이 무너져 내린 것이다. 일인당 국민소득은 1만 달러에서 절반에 가까운 6천 달러로 맥없이 주저앉아 버렸고 우리가 혼연일체가 되어 피와 땀으로 어렵게 쌓아올린 국부는 절반가까이 허공으로 날아가게 되었던 것이다. 많은 사람들이 자신의 정든 직장을 잃고 실직이 되었고 많은 기업들과 공장들이 문을 닫았다. 참으로 기억하기도 싫은 암담하고 비참한 시절이었다.

앞서 언급한 아르헨티나와 다른 것이 하나있었다면 우리는 이러한 실패에 좌절하지 않고 불굴의 투지로 새로이 일어섰으며, 이러한 실패에서 뼈아픈 교훈을 얻었다는 것이다. 이러한 국난적 상황을 국민이 일치단결하여 협동을 통해 잘 이겨내고 다시 1만 달러의 시대를 넘어 2만 달러의 시대로 나아가고 있다는 것이다. 그런데 아쉬운 점은 1995년에 1만 달러 벽을 넘어섰는데 2010년인 지금까지 2만 달러 벽을 아직 넘어서지 못하고 있다는 것이다. 거의 15년이 넘게 1만 달러 벽 안에 묶여 버린 것이다. 여기에서 우리가 뼈저리게 느끼는 점은 개인이건 기업이건 그리고 국가이건 돈이라는 것이 그만큼 벌기 어렵다는 것이다. 잃기는 쉬워도 벌려면 너무나 많은 시간이 걸린다는 점이다. 그래서 경제는 기적이 없는 것 같다.

앞에서 살펴 본 아르헨티나의 사례나 우리의 뼈아픈 사례를 통해 이러한 진리가 국가뿐만 아니라 기업, 조직 그리고 개인에게도 모두 적용이 된다는 사실을 새삼 깨닫게 되는 것이다. 그래서 돈을 운영하는데 있어 신중성이 매우 중요한 이유가 여기에 있는 것이다. 이렇게 중요한 자원을 효율적이고 생산적으로 활용하고 가꾸어 나가기 위해선 무엇보다 지혜로운 선택과 집중이 이루어져야 한다. 돈이 가장 효율적이고 생산적으로 굴러갈 수 있도록 하는 혜안이 있어야 하고 이를 실천하려는 강한 의지가 있어야 하는 것이다.

거듭 말하지만 아르헨티나나 한국이나 이러한 사례를 통해 돈이 가지는 자원으로서의 중요성을 새삼 인식하게 되는 것이고 나아가 돈을 올바른 곳에 적절하게 잘 사용해야 한다는 교훈을 얻게 되는 것이다. 돈에 대한 선택과 집중이 필요한 이유가 바로 여기에 있는 것이다.

3) 인간의 지식역량의 한계

허버트 사이몬은 인간이 가지고 있는 지적 능력에는 한계가 있다고 보았다. 그래서 그는 제한된 합리성(bounded rationality)[139]이라는 개념을 들고 나온 것이다. 그는 이 개념을 빌어 의사결정이론과 접목시켜 만족모형(satisficing model)이라는 정책결정 모형을 제시하였다. 혹자에 따라서는 이모형을 '제한된 합리모형'이라고 부르기도 한다.

허버트 사이몬이 주장한 이모형은 현실적인 정책결정과정에서 대안들을 모두 탐색하거나 각 대안들이 가져올 모든 결과들을 추정하기에는 인간이 가지고 있는 지식학습능력, 기억능력, 계산능력, 정보의 활용과 관리능력 등의 제한이 따르기 때문에 정책결정자는 이상적이라고 말할 수 있는 최적의 대안(the best alternative)은 아니더라도 제약조건아래에서 만족할만한 정도의 대안을 찾으면 더 이상의 대안탐색을 중지하고 만족할 만한 정도의 대안을 의사결정의 대안으로 선택하게 된다는 것이다.

이모형은 현실적인 정책결정과정에 적합한 정책결정모형을 제시해준다는 측면에서 장점[140]을 가지기는 하지만 현실적 정책결정과정에서 만족할만한 대안을 찾은 다음에는 더 이상의 대안탐색을 스스로 중단함으로써 더 중요한 대안이 도출되어 질 수 있음에도 불구하고 이것을 탐색하지 않고 중도에 포기해 버리도록 하는 단점[141]도 가지고 있다. 어

---

139) 제한된 합리성이란 사이몬에 의해 제기된 개념으로서 인간은 합리적이려고 노력을 하지만 실제에 있어서는 완벽한 정보를 얻기 힘들고 미래의 결과에 대한 가치부여가 매우 불완전하고 현실의 상황에서 모든 가능한 대안들을 실질적으로 고려 할 수 없으며 인간의 의사결정에 중요한 역할을 하는 기억력과 주의력 등이 제한되어 있는 등 여러 가지 이유 때문에 전적으로 합리적일 수 없어서 부득이 대안의 선택을 제약조건 하에서 얻어진 정보를 사용하여 자신의 인지능력을 벗어나지 않는 범위 내에서 합리적으로 결정할 수밖에 없다는 의미를 담고 있다. 정철현, 『행정이론의 발전 : 베버에서 오스본까지』(서울 : 다산출판사, 2003), 152-153쪽.

140) 만족모형의 장점으로는 첫째, 더 이상의 대안탐색을 중지함으로써 정책결정에 소요되는 많은 비용을 절감할 수 있고 둘째, 현실세계의 정책결정을 가장 잘 설명해주고 있으며 셋째, 상위목표의 다양화를 추구하여 행정서비스의 확대에 기여할 수 있다는 점 등을 열거할 수 있다. 『앞의 책』, 153-154쪽.

141) 만족모형의 단점으로 첫째, 대안선택에 있어서 주관적 판단의 지배를 받기가 쉬우며 둘째, 정책결정자가 만족화의 기준에 의해 대안을 선택한다고 하더라도 이러한 대안은 다분히 현실 만족적이며 보수적인 나머지 혁신적이거나 창조적인 대안이나 최선의 대안발굴을 위한 노력을 쉽게 포기하는 경향이 있고 셋째, 이모형은 개인적이고

겠든 허버트 사이몬이 지적했듯이 인간이 가진 지식과 정보의 한계는 정책결정에도 영향을 끼치게 되는 것이다.

지식에 대한 생각이 21세기에 들어와서는 지난 과거 세기와는 좀 다른 양상을 보여주고 있다. 즉 새로운 지식을 개발하고 활용하는 것도 중요시되지만 이러한 새로운 지식에게 자리를 내어주기 위해 쓸모없어진 기존 지식을 빨리 없애는 것도 중요하다는 사실이다. 스티븐 코비(Stephen R. Covey)는 '우리가 힘들여 얻은 지식의 절반 정도가 매년 쓸모없는 지식이 된다.'고 주장한다. 과거와는 달리 현재의 변화가 너무나 빠르게 진행되기 때문에 새로운 변화에 맞는 지식체계가 되기 위해선 기존 지식은 너무나 진부하고 쓸모가 없어진다는 것이다. 빌 게이츠(Bill Gates)가 '변화의 속도가 생각의 속도만큼 빠르다.'고 이야기하는 것도 이와 맥을 같이 하는 것이다.142)

이렇게 생각처럼 빠르게 변하는 변화의 속도를 따라 잡기 위해서는 지식의 발전 속도가 엄청나게 빨라야 할 것이다. 그리고 이러한 발전 속도에 맞출 수 없는 많은 쓸모없는 지식들은 쓰레기가 되어 쌓여가기 때문에 이를 빨리 처리해야만 하는 것이다. 이렇게 쓰레기처럼 쓸모없어진 지식을 빨리 빨리 비워내고 그 공간에 새로운 지식을 채워나가야 하는 것이 바로 21세기를 사는 사람들의 지식 획득과 활용에 대한 지혜가 되는 것이다.

그러나 낡아 빠진 지식과 새로운 지식을 구별할 수 있어야 될 뿐만 아니라, 낡아 빠진 지식을 빨리 처리하고 새로운 지식을 채워 넣는 일이 그렇게 말처럼 쉬운 일은 아닐 것이다. 이것은 불완전한 존재인 인간인 이상 한계를 가질 수밖에 없기 때문이다. 그리고 인간이 21세기에 새롭

심리적인 차원의 모형이며 개인의 만족의 총합이 반드시 조직전체의 만족은 아니며 특정인의 만족은 타인의 불만을 가져 올 수도 있다는 점을 설명하지 못하고 있다는 점 등을 열거할 수 있다. 『앞의 책』, 154쪽.

142) 빌 게이츠 지음, 안진환 옮김, 『빌게이츠 @ 생각의 속도』(서울 : 청림출판, 2006).

게 가지게 된 지식의 개발과 습득 그리고 활용과 관련된 역량의 한계가 되는 것이다. 나아가 이를 얼마만큼 잘 극복해 낼 수 있느냐하는 것이 새로운 관건이 되는 것이다. 앞에서 언급한 시간과 돈이라는 자원처럼 새로운 자원으로 떠오르는 지식이라는 것도 인간이 가진 한계를 뛰어넘어 이들을 적용하고 활용할 수 있는 수준으로 올라가야 하는 것이다. 바로 이러한 노력에 필수적인 것이 지식에 대한 선택과 집중인 것이다. 많은 지식가운데 가장 적실성과 시의성을 지닌 지식을 선택하여 이를 현상 또는 문제해결을 위한 해법으로 사용하기 위해 온 힘을 경주해야 하는 것이다. 바로 집중을 의미한다.

특히 정보화 사회에서는 엄청나게 많은 지식과 정보들이 우리 주위를 범람하고 있다. 한번 컴퓨터 내의 사이버 공간인 인터넷 사이트(internet site)에 들어가 보라. 감히 수를 헤아리기 어려울 정도로 엄청난 천문학적 숫자의 웹사이트(web site)들이 우리의 방문을 기다리고 있다. 한마디로 표현하자면 웹이라고 하는 정보의 바다를 서핑(surfing)하거나 헤엄치고 있다고 비유를 하는 것이 적당한 비유일 것이다. 이런 광대한 정보와 지식의 바다에서 내가 이해하고 설명하고자 하는 바를 찾아내고, 내가 해결하고자 하는 문제를 풀 수 있는 해법을 찾아내는 것이 그리 쉬운 일은 아닐 것이다. 그러나 바로 그런 힘든 일을 해내는 것이 현대가 요구하는 지식의 올바른 탐색이며 적용이고 활용인 것이다.

정보나 지식은 산업시대의 돈과는 다른 의미를 가지고 있다. 돈은 지금 당장 쓸 필요가 없다면 불확실한 미래를 위해 저축을 해 놓을 수 있다. 그리고 필요할 때 저축해 둔 그 돈을 은행이건 어디건 돈을 맡겨 둔 곳에서 찾아 쓸 수 있다. 그러나 지식과 정보는 그런 일을 할 수 없다. 미래의 수요를 생각해서 아무리 쌓아 놓아도 정작 필요하여 사용을 하려고 할 때 그것에 딱 맞는 용처가 아니라면 무수하게 쌓아 놓은 정보가 그리고 지식이 있다고 해도 무용지물(無用之物)이 되는 것이다. 그래서 돈은 얼마든지 쌓아놓아도 언제라도 돈으로서의 가치가 있는 것이지만 지식과 정보는 그렇지 않은 것이다. 때를 놓치면 그리고 그 상황이나 필요로 하는 그 현상이 아니면 아무리 많은 정보나 지식이 있다 해도 의미가 없게 되는 것이다. 바로 이점이 산업시대의 중요가치였던 돈과 지적 정보화 사회에 있어서의 중요가치인 지식과 정보의 근본적인 차이인 것이다.

따라서 앞으로의 미래 지식은 그리고 정보는 때와 그 상황과 그 필요로 되는 현상이 모두 일치 할 때에만 의미를 갖기 때문에 이렇게 모든 조합을 충족시키는 지식과 정보를 생성하고 적용하고 적절하게 활용하는데 있어 인간적 한계를 가지게 되는 것이다. 이제 시의성과 적실성을 가지는 지식과 정보를 개발하고 얻어 그것을 자원화하는데 얼마만큼 이러한 인간의 지적 한계를 극복해 낼 수 있느냐 하는 것이 가장 중요한 관건이다. 따라서 인간은 이러한 한계를 조금이라도 더 극복하기 위해 가능성이 높은, 다른 말로 표현하면 가장 시의성과 적실성이 높은 지식과 정보로 추정되는 것을 얻어낼 수 있는 확률이 높은 것을 찾아내기 위해 여러 지식과 정보 중에서 현명한 선택을 하고 그런 후 선택되어진 지식과 정보로 문제해결을 위한 노력에 집중을 하게 되는 것이다.

2. 집중도가 낳는 높은 생산성

집중과 몰입이 낳는 생산성은 정말 대단하다. 한 가지 일에 집중을 하면 여러 가지 일에 정신을 분산하는 경우보다 훨씬 높은 생산성을 일구어 낼 수 있다. 그래서 많은 경우에 정신을 집중하여 한 가지 일에 몰두하도록 요구하는 경우가 많은 것이다.

이곳에서는 집중도를 높임으로써 놀라운 경제성장과 발전을 이룩한 세 가지 사례를 집중적으로 살펴봄으로써 집중이 얼마나 높은 생산성을 가져오는지를 알아보고자 한다.

우선 1917년 볼셰비키 혁명이후 공산국가를 곱지 않은 눈으로 지켜보는 이웃 국가들의 질시와 위협으로부터 자유롭기 위해 이들 국가들과 같은 수준의 군사력을 포함한 국력을 갖추기 위한 몸부림으로 이루어진 중화학공업으로의 집중적 노력에 의해 놀라운 경제성장을 이룩한 소련의 사례를 살펴보고, 그 다음 제1차 세계대전의 패전국으로서 철저하게 파괴된 독일이 히틀러의 2차례에 걸친 집중적인 경제발전 전략에 의해 국력을 회복하고 이를 발판으로 하여 다시 패권국가로 발돋음 하기 위해 제2차 세계대전을 발발시키는 히틀러의 나치정권의 사례를 살펴보고, 마지막으로 일본 식민지 강점기를 거쳐 국토분단의 아픔을 겪은 후 동족상잔의 처절한 전쟁의 참화 속에서 새로운 도약의 기틀을 마련하기 위해 군사혁명정부세력에 의해 실시된 집중적인 경제발전계획의 시행으로 인한 괄목할만한 경제성장을 일구어 낸 한국의 사례를 살펴 볼 것이다.

이러한 3개의 사례는 모두 최고지도자의 가장 우선적인 관심도와 지원 그리고 이에 따른 자원의 선택적 집중화를 통해 고도의 성장을 일구어낸 이야기들로 구성되어져 있다. 이들은 모두 정치, 경제, 사회, 교육, 문화 등 여러 부문들이 있지만 이 중 경제부문을 선택하였고 국가의 모든 관심과 자원을 이 부문에 집중을 하여 나갔다는 공통점을 가지고 있는 것이다.

이러한 불균형적 성장전략이 결국 소련을 중화학공업분야 그리고 이에 힘입어 군사부문, 우주 항공부문 등에서 그 당시 세계 최강을 자랑하던 미국과 어깨를 나란히 할 수 있게 하였던 것이다. 또한 나치 독일로 하여금 베르사유체제에서 강요된 고통을 끊고 유럽의 패권을 다시 장악하고 아리아인의 혈통적 우수성을 세계만방에 증명하기 위한 시도로 2

차 세계대전을 일으켜 유럽을 전쟁의 공포에 몰아넣을 수 있던 힘 역시 바로 경제와 중화학공업을 중심으로 하는 불균형적 성장전략의 산물이었던 것이다. 그리고 이러한 불균형 성장전략이 한국으로 하여금 5천년의 가난을 씻고 전쟁의 잿더미를 딛고 일어서 세계 10위권에 육박하는 경제대국으로 자리매김을 할 수 있게 만들었던 것이다.

참고적으로 불균형적 성장전략과 그 반대인 균형적 성장전략에 대해 잠시 살펴보면 다음과 같다. 우선 불균형적 성장전략이란 발전을 시켜야 할 여러 부문이 있을 때 모든 부문에 고르게 자원을 배분하여 발전을 시킬 경우 발전의 속도가 늦을 가능성이 높고 또 발전의 선도역할을 해야 할 부문을 무시하게 됨으로 인해 발생하는 문제가 있음을 간파하고, 전략적으로 중요성이 크거나 발전의 파급효과가 크거나 또는 선도역할을 해야 할 부문을 선택하여 이 부문을 중점적, 집중적으로 육성해 나가는 발전 및 성장전략을 의미한다.

통상적으로 많은 후진국들이 짧은 시간에 많은 성과를 거두기 위해 이 전략을 많이 선호해왔다. 특히 후진국 국민들의 선진국에 대한 동경과 하루 빨리 선진국과 같은 발전에 따른 풍요와 안정을 가지고 싶다는 국민적 열의는 이러한 선도적 역할을 할 수 있는 부문에 대한 선택과 이 부문에 대한 집중적 투자를 가능케 하는 국민적 합의를 도출할 수 있게 하였다. 주로 이러한 많은 국가들에서 선택이 되고 집중적으로 발전이 이루어진 부문은 경제부문이었다.143) 대부분의 신생독립국이나

143) 소련의 이러한 5개년 계획은 많은 개발도상 국가들에 의해 도입수정 되어 집행이 되었다. 한국을 비롯해 중국도 5개년 계획을 실시하고 있으며 특히 인도의 네루(Jawaharlal Nehru) 수상은 소련의 눈부신 산업성장에 감명을 깊이 받고 인도에도 이와 같은 방식의 경제계획을 도입 실시하였다. 인도는 기획위원회(Planning Commission)의 감독 하에 5개년 계획을 작성하여 집행해 나갔다. 그러나 엄밀한 의미에서 볼 때 할로우 퍼슨(Harlow S. Person)이 말한 것처럼 국가기획은 소련만이 수행하였다고 말할 수 있을 것이다. 그에 말처럼 이 나라만이 특수한 기능을 위하여 창조된 국가제도 적 의사에서 우러난 전망과 과정을 지닌 전국적 수준과 규모의 사회·경제계획을 소유하고 있었던 것이다. 따라서 엄밀하게 파고 들어가 보면 경제계획의 성격은 나라에 따라 다 상이하며 현재 지

후발국에서 너나 나나 가릴 것 없이 경제개발계획을 짜고 이를 집중적으로 발전시켜 나가는 경제성장 전략을 추구한 이유가 바로 여기에 있는 것이다. 이와는 반대로 모든 부문에 고르게 자원을 배분하여 발전을 시켜 나가는 성장전략을 균형성장 전략이라고 한다.

1) 소련의 중화학공업중심의 경제개혁 사례

1917년 볼셰비키 혁명(Bolshevik Revolution)을 통해 러시아 제정을 붕괴시키고 소련(USSR)을 세운 레닌(Vladimir Illyich Lenin)[144]은 공산주의로 국가체제를 바꾼 후 중화학 공업을 육성시키기 위해 혈안이 된다. 물론 그의 뒤를 이어받은 스탈린(Josef Vissarionovich Stalin)[145] 역시 중

구상에 소련 식 계획경제를 하는 나라는 거의 없다고 해도 과언이 아니다. Harlow S. Person, "Planned Execution : The Issue of Scientific Management", *Advanced Management*, Vol.10, (December 1945), pp.135-136. ; 권영찬, "기획에 관한 몇 가지 사적 고찰", 『한국행정학보』, 제1권. (1967), 147쪽에서 재인용.

144) 레닌은 볼셰비키 당(Bolshevik Party)의 지도자이었다. 볼가 강변의 심비르스크에서 교육자의 아들로 태어나, 1887년 황제 알렉산드르 3세의 암살계획에 참여하다 처형된 맏형 알렉산드르의 영향으로 혁명에 뜻을 두기 시작하였다. 카잔대학에서 법학을 공부하는 한편, 1870년대에는 러시아에 도입된 마르크스주의를 연구하여 마르크스주의자가 되었다. 이후 혁명운동에 투신하여 체포와 유형의 세월을 거친 뒤 1900년 국외로 망명, 1903년 브뤼셀과 런던에서 열린 러시아 사회민주당 제2차 대회에서 당원자격문제로 마르토프와 맞서 직업혁명가주의를 관철시킴으로써 볼셰비키(다수파)가 되었다. 1905년 제1차 러시아혁명 직후 일단 귀국하였으나, 1907년 다시 망명하여 주로 스위스에 머물면서 연구와 저술에 종사하다가, 1917년 2월 혁명 직후 독일이 제공한 봉인열차(封印列車)로 귀국하였다. 같은 해 11월 7일 무장봉기로 과도정부(過渡政府)를 전복하고 이른바 프롤레타리아 독재를 표방하는 혁명정권을 수립한 다음, 러시아의 공산정권을 지키기 위하여 1919년 제3인터내셔널인 공산주의자 인터내셔널(약칭 코민테른)을 결성하였다. 1922년 뇌일혈 발작으로 마지막 1년은 실어증(失語症)까지 겹쳐 병상에서 지내다가, 1924년 1월에 사망하였다.

145) 그루지야의 고리(Gori)에서 구두직공의 아들로 태어나, 어려서 아버지를 잃고 어머니 손에서 자랐다. 일찍이 비밀결사 '메사메 다시'(Mesame Dazi)에 가담하여 티플리스의 그리스도 정교회신학교에서 추방당하고, 1901년 직업적 혁명가가 되어 카프카스에서 지하활동을 하였다. 이후 10년간에 체포 7회, 유형 6회, 도망 5회의 고초를 겪었다. 1913년 체포되어 시베리아로 유형 되어, 그곳에서 2월 혁명(1917)을 맞고 페트로그라드로 돌아왔다. 4월 레닌이 망명에서 귀환하자 그의 '4월 테제'를 재빨리 지지하였고, 신정권의 민족인민위원이 되어 제(諸)민족 공화국의 공수동맹(攻守同盟)인 '소

화학 공업 쪽으로 모든 자원을 집중을 시킨다. 그들은 소련을 둘러싸고 있는 서구 열강의 국가들로부터 커다란 위협을 느끼고 있었던 것이다. 대부분의 서구 열강들은 제국을 형성하고 절대왕정체제를 유지하고 있었는데 그들은 소련의 공산주의 체제가 자국까지 번져 자신의 왕권을 위협할까 전전긍긍하였으며 그러한 체제불안의 화근을 없애기 위해 소련을 지구상에서 지워버리려는 생각을 행동으로 옮기려했던 것이다. 이러한 의도를 알고 있는 레닌이나 스탈린은 이에 맞설 군사력을 증강시킬 필요가 절실했으며 이러한 군사력을 증강시키는데 있어 가장 중요한 산업부문이 바로 중화학공업분야였던 것이다.146) 총을 만들고 대포를 제조하고 탱크와 전함을 만들고 전투기를 만들어내는데 있어 중화학공업의 육성은 절대적인 것이었다.

또한 레닌과 스탈린은 중화학공업을 집중적으로 육성을 함으로써 국력을 신장시키고 이를 바탕으로 하여 세계의 으뜸국가로 거듭나며 나아가 공산주의를 전 세계에 파급시키려 했던 것이다. 다른 말로 하자면 세계를 적화시키고자 하는 야욕의 이면에는 바로 국력의 신장이 필요했고 이를 뒷받침해 줄 수 있는 것이 중화학공업중심의 경제발전이라 생각을 했던 것이다.

국가적 차원에서 계획을 수립하고 이에 입각하여 모든 자원을 집중하여 중화학공업분야 쪽으로 밀어붙였으며 이러한 자원의 선택과 집중이 소련을 비약적으로 발전시켰다. 서구열강들이 볼 때 소련의 발전상은 그야말로 괄목할만한 것이었다. 혁명이 일어났을 때 제정 러시아는

연방'의 결성에 진력하였다. 1919-1922년 국가통제위원, 이어서 초대 당 서기장이 되어 죽을 때까지 그 자리를 유지하면서 반세기 동안 독재적으로 전(全) 소련을 통치하였다.1953년 뇌일혈로 급사하였다.

146) 스탈린이 행한 다음의 말에서도 이러한 그의 의지를 강하게 읽을 수 있다. "우리는 선진 국가들보다 50년에서 100년 뒤지고 있다. 우리는 10년 안에 이들을 따라 잡아야 한다. 우리들이 이렇게 하지 못하면 그들은 우리를 말살할 것이다."

정말 보잘 것 없는 나라였던 것이다. 산업혁명을 일으키고 부국강병의 길로 힘차게 나가고 있는 영국이나 프랑스 같은 나라들과 비교해 볼 때 낙후된 농업국이었으며 산업혁명도 지지부진한 빈곤한 국가였던 것이다. 그런 나라가 국가계획체제를 통해 중화학공업을 중심으로 높은 경제성장률을 기록하면서 매우 빠르게 성장을 해나가 강력한 산업국가로 웅비하고 있었던 것이다.

1930년대 미국이 경제공황의 소용돌이에 휘말려 혹독한 고통을 받고 있을 때 소련의 경제는 이를 비웃기라도 하듯이 자본주의 국가들이 겪는 경제 불황 없이 지속적인 성장을 구사하였다.[147] 이러한 상황을 지켜 본 프리드리히 하이에크(Friedrich A. Hayek)나 루드비히 미제스(Ludwig Von Mises) 등 지성인들 조차 소련의 계획경제시스템이 미국의 시장시스템보다 더 우월한 것이어서 혹시 미국이 소련식의 계획경제시스템으로 바뀌는 것이 아닌가 하는 우려[148]를 할 정도로 소련의 발전은 거침없을 정도로 가공한 면을 드러내었다.

그리고 1960년대에 와서는 우주항공분야에서 가장 앞서 있던 미국을 제치고 선두주자로 앞서게 되었다. 주지하다시피 소련은 세계 최고의 과학 기술력을 자랑하는 미국과 1945년 이후 1991년까지 서로 어깨를

147) 스탈린 적 사회주의체제는 산업화가 아직 본격적으로 이루어지지 않았지만 그것이 이루어질 수 있는 잠재력이 존재하고 인민들의 기술적, 문화적 수준이 아직 낮은 상태 속에서 풍부한 노동력과 생산자원들을 국가계획에 따라 최대한 투입할 수 있는 조건과 특히 당에 대한 노동대중들의 신뢰가 높았던 곳에서는 더욱 빠른 속도로 사회주의적 공업생산력을 발전시키는데 있어 매우 효율적이라는 사실을 역사적으로 입증하였다. 실제로 스탈린 체제하에서 소련은 매우 빠른 속도로 강력한 사회주의 공업국가로 탈바꿈을 하였다. 소련의 이러한 탈바꿈은 제1차 대전이후 경제 불황에 빠져있었던 미국, 영국 등으로 대변되는 자본주의경제의 침체상과는 극히 대조적인 것이다. 이러한 것이 대부분의 사회주의자들에게 있어서는 자본주의적 시장경제에 대한 사회주의 계획경제의 우위성이 역사적으로 증명된 것으로 간주되기도 하였다.

148) Friedrich A. Hayek, *The Road to Serfdom* (Sydney : Dymock's Book Arcade, 1944). ; Ludwig Von Mises, *Planning for Freedom, and Other Essays and Addresses*, 2nd ed. (South Holland, Ill. : Libertarian Press, 1962).

겨루고 국방과학 분야를 비롯하여 여러 과학부문에서 경쟁을 해 온 국가이며 특히 우주항공분야에서는 미국을 앞지른 적도 있었다.[149] 그 예로 소련은 1957년 10월 4일에 5개의 추진엔진으로 구성된 스푸트니크(Sputnik) 1호[150]라는 세계 최초의 인공위성을 지구 궤도에 쏘아 올렸을 뿐만 아니라 1961년 4월 12일에 유리 가가린(Yuri Gagarin)이라는 우주인을 우주선에 실어 우주궤도에 올려놓는 세계 최초의 유인우주선 발사 성공[151]이라는 위업을 달성하여 미국을 위시한 세계를 놀라게 하였고 기초과학분야에서도 괄목할 만한 성과를 내 놓은 국가였다. 더욱이 이러한 과학 기술력과 중화학공업분야의 발전에 힘입어 군사력부문이 괄목할 만하게 발전을 하여 미국을 위시한 서방진영을 긴장시켰다.

이러한 소련의 국가발전 사례는 효율성과 생산성의 증진을 꾀하는데 있어 선택과 집중이 얼마나 중요한 것인가를 일깨워주는 중요한 역사적 사례라 판단이 된다. 물론 이러한 자원에 대한 선택과 집중이 가져온 여러 가지 폐해, 예를 들자면 농업부문의 희생이나 경공업부문의 부실로 인한 국민의 삶의 질의 하락[152] 등이 없었던 것은 아니지만 소련이

149) 폴 케네디(Paul Michael Kennedy)는 "자본, 노동, 자원은 이제 정보, 지식, 기술로 대체되고 있다."고 예견하였다. Paul Kennedy, *Preparing for the Twenty-first Century* (New York : Random House, Inc., 1993) ; 폴 케네디 지음, 변도은 외 옮김, 『21세기 준비』(서울 : 한국경제신문사, 1993).

150) 무게가 83.5Kg이며 직경이 57Cm(22인치)이고 대기에 관한 데이터를 기록하고 전송할 수 있는 장치를 갖고 있는 둥근 금속구로서 고도 940Km에 로켓이 도달 한 후 시속 약 28,800Km로 지구 주위를 선회한 후 인공위성은 다 타버린 로켓을 분리시키고 지구상공 약 880Km 높이에 궤도를 만들었다. 약 한 달 후인 11월 3일 소련은 스푸트니크 2호를 발사했다. 무게가 500Kg인 이 인공위성은 스푸트니크 1호보다 여섯 배나 무거우며, 라이카란 이름의 개를 태우고 매 시간마다 지구궤도를 돌았다. 양동주, 『한 권으로 보는 20세기 대사건 79장면』(서울 : 가람기획, 1997), 238-239쪽.

151) 소련은 스푸트니크 위성 발사 후 4년 만인 1961년 4월 또 다시 세계최초로 유인 우주위성 발사에 성공했다. '보스토크'라는 이름의 이 인공위성은 무게가 4,715Kg으로 27세의 소련 공군대위인 유리 가가린을 태우고 지구궤도에 진입한 후 지구를 한 바퀴 도는데 89.1분이 소요된 것으로 알려졌다. 이후 가가린은 무사히 지구로 귀환하여 미국과 소련의 우주경쟁에서 소련에 승리를 안겨주었다. 『앞의 책』, 241쪽.

152) 중공업위주로 치닫는 경제의 심각한 불균형적 성격은 서방세계와 견주어 소비재가

란 정치 체제를 1917년부터 1991년까지 70여 년 동안 지구상에서 존재하게 했고, 나아가 세계 최강국이라는 미국을 위시한 서구진영과 중화학공업 분야, 군사 군수 부문, 우주항공부문에서 어깨를 필적하며 경쟁해 나갈 수 있는 힘을 제공해 주었던 것이다.

2) 히틀러(Adolf Hitler)의 경제개발계획과 군수산업발전 사례

히틀러의 경제개발계획과 군수산업발전 전략도 소련의 경우와 매우 유사하다고 말 할 수 있다.

독일은 1차 세계대전에서 패전을 하였으며 그 대가는 너무나 쓰라린 것이었다. 베르사유(Versailles) 조약에서 1,320억 마르크에 달하는 과중한 전쟁배상금이 요구되었던 것이다. 전후 패전으로 인한 피폐해진 경제력으로 이러한 전쟁배상금을 상환해 나간다는 것은 거의 불가능에 가까운 것이었다. 설상가상으로 피폐해진 독일 경제는 1922년에서 1923년 까지 초 악성 인플레이션으로 인해 질식 상태에 있었다. 이러한 것들로 인해 바이마르공화국(the Weimar Republic)은 약체정부로 전락할 수 밖에 없게 되었다.

대로마제국의 후예라는 자부심을 가지고 있었던 독일국민들로서는 국민적 자긍심이 무너져 내리는 아픔을 감내해야 되었던 것이다. 히틀러가 집권을 하여 새로운 독일의 탄생을 선언하며 콧대 높은 자존심을 마음껏 뽐낼 때 그들은 대로마 제국은 제1제국으로, 신성로마제국을 제2제국으로 표현을 하고 자신들의 나치정권을 제3제국으로 표현을 했던 그들이었다. 이들의 마음속에 깃든 강한 민족적 우월주의가 이러한 표

절대적으로 부족하고 열악하게 만들었다. 소련정책의 공언된 목표가 인민의 물질적 삶의 수준과 질을 높이는 것이었으나 이것을 서방진영과 비교할 때 그 목표를 달성하였다고 보기는 어렵다. 생산수단의 생산을 위한 중공업위주의 발전방식은 인민들의 소비재수준을 희생시켜 결과적으로 인민들의 삶의 질을 크게 떨어뜨리고 만 것이다.

현에서 그대로 묻어나고 있는 것이다.

그들은 나폴레옹 전쟁당시에 프랑스한테 당했던 설움을 제1차, 제2차 보불전쟁을 통해 되갚아 주었다고 생각하였고 유럽대륙에서 가장 강력한 국가라는 자부심을 가진 독일이었던 것이다. 그런 독일이 1차 대전에 패배하고 바이마르공화국 아래에서 피폐하고 굴욕적인 삶을 사는데 대해 많은 독일인들이 좌절감과 자괴감을 느꼈던 것이다. 이러한 민족적 정서를 이용하여 딛고 일어선 자가 바로 히틀러였다.

그는 아리아인종의 우수성을 내세우면서 베르사유 조약을 받아들이지 않고 전쟁배상금도 갚지 않겠다는 공약을 내세우고 독일인의 자부심을 크게 세워나가는 전략을 구사하였다. 독일국민들은 유약했던 바이마르 공화국의 위정자들에게서 느낄 수 없었던 민족적 우월성과 국가적 자긍심을 다시 느낄 수 있었고 그러한 위업을 일구어낸 히틀러가 위대하게 인식이 되었다. 독일국민들은 스스로 만들어 낸 허상에 스스로 도취가 되어갔는지도 모를 일이다. 어쨌든 이러한 히틀러의 인기는 결국 합법적인 선거를 통해 그를 수상으로 당선되게끔 만들었다.

그는 독일의 재기와 독일국민의 영광된 자부심을 일으켜 세우기 위해 위대한 제국을 만들기로 결심하였다. 독일국민을 한데 통합시키고 나아가 자신을 구심점으로 하는 새로운 독일제국을 세우려고 하였던 것이다. 이러한 대 위업을 현실화하기 위해서는 무엇보다 취약한 경제적 기반을 부흥시키는 일이었다. 제1차 세계대전으로 피폐해진 독일의 경제는 하루하루를 힘겹게 버텨나가는 상황이었던 것이다. 그는 이러한 현실을 직시하고 선택과 집중의 전략을 쓰기로 결심을 한다. 그래서 모든 가용자원을 국가가 관리해 나가면서 사용의 우선순위를 국가가 정하고 이를 국가기관이 집중적으로 관리해 나가 정책의 효율성과 생산성을 극대화 해 나가려고 했던 것이다.

그가 빼어들은 칼은 1차 세계대전으로 피폐해질 대로 피폐해진 경제

기반을 다시 추슬러 세우고 거세게 불어 닥친 경제공황을 타개하기 위한 목적으로 설정된 '제1차 4개년 계획'(The First 4 Year Plan)을 강도 높게 추진시켜 나가는 일이었다. 그리고 이를 바탕으로 강한 군대를 육성하고 국방력을 증대시키기 위해 '제2차 4개년 계획'(The Second 4 Year Plan)을 세워 나갔던 것이다.

앞서 말했듯이 1차 계획의 주된 목적은 경제공황으로 야기된 대량실업문제를 해결하는데 있었다.[153] 물론 이것 외에 농촌 구제와 관련된 사업[154], 경제부흥, 국제수지의 흑자전환[155], 그리고 사상재건 사업[156]들도 성취해야 할 주요한 목적들이었다. 이를 위해 국립은행 총재인 샤흐트(Hjalmar Schacht)를 경제부장관으로 임명하였다. 그는 주로 전대에서 구상했던 대규모 건설 사업을 주축으로 하는 공공사업계획을 단순반복적으로 시행하고 징병제를 도입하여 많은 젊은이들을 실업으로부터 구제를 하였다. 또한 당과 국가 관료기구의 급팽창으로 수천 명의 인력이 흡수되었으며 이러한 분위기는 활력소가 되어 민간경제부문도 활기를 되찾았고 폭넓은 세금감면은 새로운 시설투자를 촉진하였다.

1936년에 1차 계획의 성공에 힘입은 히틀러는 1936년 9월에 1937년부터 1940년까지를 계획기간으로 하는 '제2차 4개년 계획'을 수립하고

153) 1929년에 90만 명이던 실업자가 1932년에는 600만 명으로 크게 늘어났다.

154) 농촌구제는 농업관련 담당 장관의 책임 하에 진행되어 습지간척으로 25만 헥타르(hectare)의 경작지를 일구어내고 식림사업으로 13만5천 헥타르의 산림을 획득하였고 기타 하천개수, 산 개간, 증산장려에 의해서 1936년에는 농산물 증가액이 5천만 마르크에 도달하였다. 권영찬, "앞의 논문", 159쪽.

155) 수입을 감소시키고 수출을 증대하는 정책을 써나갔으며 외환취급은 국립은행에서 엄격히 통제하였고 수입 역시 정부가 일괄적으로 구입하여 필요에 따라 각 산업부문에 할당을 하였다. 이러한 노력에 힘입어 1934년 2억8천4백만 마르크의 국제수지상의 적자를 1936년에는 5억5천만마르크의 흑자로 바꾸어 놓았다. "앞의 논문", 159쪽.

156) 사상재건은 괴벨스(Goebbels) 선전상 지휘 하에 진행되었으며 계획목표는 독일민족사상 및 나치전체주의사상의 고취와 유태인 박해, 공산사상 및 소위 퇴폐적 문예의 배격에 두었다. 이를 위해 '히틀러 유겐트'(Hitlerjugend), '독일노동전선'(DAF) 등 수많은 나치 산하단체가 동원되었다. "앞의 논문", 160쪽.

그 책임자에 샤흐트 대신 괴링(Hermann Goering)을 임명하였다.[157] 히틀러가 샤흐트 대신 괴링을 2차 계획의 사령탑으로 앉힌 이유 중 하나는 경제를 전시체제로 개편하고 수입 원료에 대한 의존성을 감소시켜 자립경제를 일구어내는 것이 2차 계획의 목표였는데 이를 달성하는데 있어 샤흐트가 적임자가 아니라고 판단한데 기인된다.[158]

비밀리에 히틀러는 괴링에게 군대와 경제가 4년 이내 전쟁준비를 갖추도록 명령하였다. 이에 따라 괴링은 2차 계획의 골격을 히틀러의 뜻에 따라 크게 세 가지로 범주화하여 짜나갔다. 첫째, 샤흐트에 의해 정립되고 집행되어 온 경제골격은 지속적으로 유지해 나간다. 둘째, 재무장과 군비강화를 신속히 이루어 나간다. 셋째, 식량 및 사료, 공업제품, 원료, 기계생산 등에 있어 자급자족 체계를 달성한다는 것이었다. 그리고 이러한 계획 목표를 위해 민간산업분야를 이 계획에 따라 재조정시킨다는 것이다.

이러한 계획의 골격에 따라 괴링은 계획기구관료제를 통해 독일전역의 자원들을 통제하는 계획을 설정하였고 민간 기업들에겐 미리 책정된 책임과제를 할당하였으며 괴링이 관장하는 계획기구가 자본, 원료, 노동 등의 물적, 인적 자원배분에 대한 거의 완전한 권한을 가지게 하고 이를 충실히 이행하는 기업에 대해서는 그에 상응하는 이익을 보장해 주었다. 그러나 이와 반대로 만약 이러한 계획에 참여하지 않거나 이에 대해 저항하는 기업에 대해서는 그에 따르는 불이익이 주어졌다. 또한 농업부문에서도 자급자족정책과 나치의 인종주의적 정책덕분에 아리안

---

157) 뒤에 괴링을 뒤이어 알프레드 스피어(Alfred Speer)가 책임자로 임명이 되었다.

158) 샤흐트는 재무장과 군비증강 때문에 경제가 왜곡되는 것을 우려하였다. 그는 이로 인해 예산이 압박을 받고 무역균형이 적자로 반전될 것을 염려하였으며 이렇게 되지 않기 위해서는 수출을 증대시키고 군비지출을 최소한 억제하여야 한다고 생각했던 것이다. 이러한 샤흐트의 생각은 히틀러의 야망을 충족시키기엔 너무나 부족함이 많았던 것이다.

족의 후예로 인정된 농민들은 토지보유가 보장되고 대출편의가 제공되었으며 그들의 생산물은 높은 가격으로 판매되었다.

결국 이러한 방향으로의 선택과 선택된 부문에 대한 자원의 집중투여로 인해 독일은 선택되어 집중 육성된 경제와 군사력 부문에서 다시 강력한 국가로 부상을 하였다. 바이마르 공화국에서 만연되어있었던 그런 패배주의와 냉소주의, 그리고 허무주의는 사라지고 자신감과 패기로 가득 찬 새로운 강한 독일의 이미지가 서부유럽에 짙게 드리우게 되는 것이다. 그들은 결국 이러한 자신감과 패기로 그리고 그들이 일구어 낸 경제력과 이를 기반으로 하여 육성해낸 강력한 군사력으로 제2차 세계대전을 일으키게 되는 것이다. 이미 그들은 국가주도의 계획경제를 통해 그 시점에 있어서 패배와 폐허의 잿더미에서 새롭게 일어나 새로운 세계 대전을 일으킬만한 역량을 가진 국가로 부상을 했던 것이다.

국가 주도의 계획적인 가용자원의 배분에 있어 취해진 선택과 집중은 피폐해진 독일 경제를 일구어내는데 큰 역할을 수행하였고 이를 바탕으로 한 군사력의 증대는 독일을 다시 세계대전으로 끌어들일 수 있는 힘과 역량을 가진 국가로 만들었던 것이다. 전쟁이 장기전화 되고 전장이 확대되면서 한계에 부닥치긴 했지만 이러한 국력 신장의 배경에는 선택과 집중이라는 전략적 선택이 있었다는 것을 부인할 수 없는 것이다. 이러한 맥락에서 국가적 차원에서의 선택과 집중이 이러한 변화를 가져 올 수 있게 할 수 있다는 것을 눈으로 보여준 대표적 사례이기도 한 것이다.

3) 한국의 경제개발계획 사례

1948년 정부수립 당시의 경제적 수준은 아주 미약하기 그지없었다. 1950년대의 한국의 총 수출액은 3,500만 달러, 국민소득이 1인당 50-60

달러에 불과한 매우 빈곤한 후진개발도상국이었다. 따라서 개발계획이 필요로 되는 상황이었지만 이를 위한 토양은 매우 척박하기만 하였던 것이다. 이러한 난맥상을 타개하기 위해 1950년 2월 23일 '경제안정15원칙'[159]이 국무회의를 통과하여 경제안정과 사회 안정 그리고 인플레 수습을 위해 적용이 되었으나, 제대로 뜻도 펴보지 못하고 동년 6월 25일 한국전쟁 발발로 사문화되어 버렸다.

경제개발에 대한 의지는 전쟁의 포연 속에서도 꺾이지 않았다. 1952년 '유엔한국재건단'(UNKRA)[160]은 한국 경제의 재건방안을 모색하기 위해 로버트 네이산(Robert R. Nathan)에게 연구 용역을 맡겼고 그 결과가 1953년 3월에 나온 『네이산 보고서』로 알려진 '한국경제재건5개년계획'이었다.[161] 한편 1953년 7월 미국의 대한(對韓) 경제원조의 지침으로 한국정부에 8,300만 달러를 지원할 것을 계상한 '타스카3개년대한원조계획' 일명 『타스카 보고서』(Taska Report)[162]로 알려진 계획내용이 미국의 드와이트 아이젠하워(Dwight Eisenhower) 대통령에게 건의되기도 하였다. 헨리 타스카(Henry T. Tasca)는 이 보고서를 통해 원조의 실시에 있어서 사업 분야별로 우선순위를 책정하여 단계적으로 사업을 진행시켜야 한다는 점을 분명히 하였다. 선택과 집중의 철학이 묻어나오고 있음을 알 수 있다.

로버트 네이산과 헨리 타스카의 보고서에 의한 이 두 계획은 당시 한

---

159) 이 경제안정15원칙은 일본의 경제안정을 위해 시행 중이던 '닷지(J. M. Dodge) 플랜'과 '샤우프(C. S. Shoup)의 세제권고 안'을 참고한 것이었다. 닷지공사에 의해 제시된 닷지플랜과 샤우프의 세제 권고안은 이제까지의 보조금과 미국의 원조에 의한 경제에서 탈피하여 일본 스스로 자립경제체제로 가져가려고 하는 것이었다.

160) '유엔한국재건단'(UNKRA)의 원어명은 'the United Nations Korean Reconstruction Agency'이다.

161) 1953년부터 1957년까지를 계획기간으로 하고 있었다. 내용은 한국이 농업에 집중적으로 투자를 하여 농업생산성을 높이고 증산된 쌀을 수출해서 얻은 외화로 공업화 기반을 구축하자는 것이었다. 재건계획의 중심에는 농업이 있었음을 알 수 있다.

162) 신영길, "한강의 기적, 경제개발시대의 비화(8)",『한국법정』, 2010년 4월 16일. ; http://klpnews.com:8000/News/View.aspx?cSn=13&pSn=1029

국정부의 독자적인 경제개발계획은 아니었다. 다만 미국의 원조당국이 그들의 대한 원조정책의 일환으로 원조의 배분과 그 방식과 관련하여 한국경제전반에 대한 부흥방침을 세워 그에 따라 원조경제를 펴나간 지침의 성격을 띠었다.

한국정부의 독자적인 경제개발계획의 발단은 1955년 2월에 설치된 부흥부(Ministry of Reconstruction)에서 시작이 되었다. 부흥부는 기획과 조정을 주 기능으로 하였으며 원조업무로 많이 편중이 되어 있었다. 물론 예산편성권은 재무부 소관이었다. 이러한 기획과 예산의 이원성이 비효율성을 낳게 된다는 생각 하에 군사정부에 의해 기획과 예산을 일체화하는 기구가 탄생되는데 그것이 바로 '경제기획원'(Economic Planning Board)이다.

부흥부 산하에는 산업, 경제의 부흥에 관한 종합적인 계획을 심의하기 위한 '산업개발위원회'(Economic Development Committee)를 1958년에 두었으며[163], 여기서 한국 최초의 정부주도적인 경제개발을 이끌어 가기 위한 '경제개발 7개년 계획' 중 전반 3개년 계획을 작성[164]하여 1962년부터 1964년에 이르는 기간을 계획기간으로 하는 '제1차 경재개발3개년 계획'이 1960년 4월 15일에 국무회의를 통과하였다. 이 계획이 가지는 의미는 한국 경제에 있어 경제성장, 투자 및 생산, 고용 그리고 국제수지 전반에 걸친 계획목표와 방향을 제시하였다는 점에서 한국경제의 자립의지를 최초로 계획화하였다는 평가를 내릴 수 있는 것이다.

---

163) 박동묘, 주원, 이면석, 황병준, 안림 등 22명의 위원 외에 보좌요원, 촉탁, 고문 등 각계각층의 인재들과 외국 유학에서 돌아 온 인재들 그리고 미국 오리건 대학의 교수 다섯 명 등이 경제개발계획의 수립에 도움을 주었다.

164) 원래 7개년 계획을 예상하였으나 경제개발계획을 세워 본 경험도 없고, 미래예측지수도 불투명해서 중간에 목표를 수정하였다. 7개년 계획을 목표로 하되 우선 1단계를 3개년으로 하였고 2단계 작업을 그 이후 년도로 잡게 하였다. 즉 3개년 계획을 작성하고 그것을 시행해 나가는 과정에서 얻은 경험을 살려 통계미비에서 오는 오차를 고쳐나가면서 2단계 계획을 작성하고자 한 것이다.

그러나 이 계획이 통과된 지 나흘 후 '4·19 학생의거'가 터지는 바람에 이 계획은 실행이 되지 못하였다.

4·19 학생의거를 통해 새로이 들어선 민주당 장면정권은 그 해 9월에 제1차 경제개발5개년 계획을 정부시책으로 실시하겠다고 발표했다. 이 계획안은 자유당 시절 부흥부 산업개발위원회에서 수립한 1962년부터 1966년까지를 계획기간으로 가지는 '제1차 경제개발5개년 계획(시안)'이었다. 이것은 앞선 자유당정권에서 작성한 '경제개발3개년 계획안'을 비판적으로 검토한 뒤 새로 수정 작성한 것이었다. 계획안이 성안이 되자 장면정부는 이 경제개발계획을 추진하기 위한 재정지원을 미국 측에 요청하였으나 미국 정부 측의 반응은 냉담했다. 이러한 어려운 과정을 거쳐 탄생한 장면 정부의 경제개발 계획안은 1961년에 발발한 5·16 군사혁명으로 제대로 실행되지 못하였다. 그러다가 경제개발을 통해 정치적 정통성을 회복하려고 한 군부와 부흥부 출신 행정 관료들에 의해 1962년 군사정부에 의해 주도된 제1차 경제개발5개년 계획에서 빛을 보게 되었다.

박정희 정부는 경제개발계획기간 내내 민간 기업을 기반으로 하는 개발전략을 추구하였다. 즉 기업들에게 수출을 장려하기 위해 특혜시비도 일으키면서 강력한 정책적 인센티브를 부여해 주었다. 저금리의 은행융자지원, 수입특권부여, 외국자본 유치에 대한 각종특혜, 조세혜택 등이다. 이러한 기업들이 뒤에 재벌로 성장하여 한국 경제의 기본 틀로 자리를 잡게 된다. 또한 정경유착이라는 고질적인 병폐가 이때부터 발생되어 한국경제에 어두운 그늘을 지게 만든다. 어쨌든 이러한 흐름 속에서 성장을 가속화하기 위해 1961년과 1964년에 화폐개혁을 하고 원자재에 대한 수입 쿼터를 완화하는 조치를 취했다.

이러한 개발프로그램들은 엄청난 자본을 필요로 하였다. 정부는 미국의 지원만으로 만족할 수는 없었다. 그래서 1965년에 한국과 일본 간의 국교정상화가 이루어졌고 이를 계기로 일본은 한국에 대하여 일제강점 시기에 한 국민에게 고통을 강요한 것과 착취한 것에 대한 보상금과 차관을 한국 측에 제공하였다. 이외에 박정희 대통령은 1964년에 서독(the Federal Republic of Germany)을 방문하였다. 이 결과 서독정부의 재정지원과 상업차관을 들여 올 수 있었다. 이러한 가용재원과 수출증대를 통해 한국정부의 신용도는 상승하였고 이것이 국제금융시장에서 차관을 들여오는데 매우 긍정적인 영향을 끼쳤다. 그리고 월남전으로 인한 특수는 한국경제성장에 큰 도움이 되었다. 내적으로는 잘 교육받은 질 높은 노동력과 외적으로는 한국경제성장에 순기능적으로 작용했던 국제시장의 덕을 보았다.

그러나 이러한 경제성장의 이면에는 농업부문의 희생이 도사리고 있었다. 농업부문은 정부의 저곡가 정책으로 말미암아 피폐해져 있었다. 그러나 1971년에 들어서면서 정부는 고곡가 정책으로 정책방향을 선회하고 새마을운동을 추진시켜 나가기 시작했다. 새마을운동은 농촌 환경을 개선하고 농업생산성과 농가소득을 증대시키는데 목적을 두고 있었다. 공식적인 통계를 살펴보면 급속한 경제성장이 이루어졌음을 알 수가 있다.

1962년부터 1981년까지 4차에 걸쳐 경제개발계획이 실시되었으며 1982년부터는 계획명칭이 경제사회발전계획으로 바뀌어 실시되어 나감으로써 한국 경제의 고도성장이 이루어지게 되었다.[165] 그러나 계획기간이 1992년부터 1996년까지로 정해진 제7차 경제사회개발5개년 계획

165) 이를 좀 더 구체적으로 시기별로 살펴보면 '제1차 경제개발5개년 계획'이 1962년부터 시작이 되어 1966년에 종결되었고 뒤이어 '제2차 경제개발5개년 계획'이 1967년부터 시작이 되어 1971년에 종결이 되었고 '제3차'(1972년에서부터 1976년까지), '제4차 경제개발5개년 계획'(1977년부터 1981년까지), '제5차 경제사회개발5개년 계획'(1982년부터 1986년까지), '제6차 경제사회개발5개년 계획'(1987년부터 1991년까지), '제7차 경제사회개발5개년 계획'(1992년부터 1996년까지)이 추진이 되었다.

은 1993년 3월 김영삼 정부가 제7차 경제사회개발5개년 계획과는 별도로 '신경제 5개년계획'을 발표함으로써 이와 겹쳐 추진됨에 따라 1996년에 5개년 계획은 사실상 종료되었다고 볼 수 있다.

선택과 집중을 통한 생산성의 증대를 통해 빠른 경제성장을 이루고 이를 근간으로 하여 국가목적을 달성하려고 했다는 점에서 소련, 나치 정권, 그리고 한국의 사례는 공통된 점이 있다. 자원이 집중되어 투하될 부문을 선택하고 선택되어진 부문에 국가의 가용자원을 집중적으로 투하함으로써 높은 생산성을 가져와 선택된 부문의 발전을 가져왔고 그 부문의 성장을 기반으로 다른 부문까지 발전을 시키는 자원으로 활용한 것은 정치적 이념이나 정치적 의도와는 별개로 선택과 집중이 가지는 효율성과 생산성을 잘 보여주는 사례로 평가를 할 수 있는 것이다.

지금까지 살펴 본 세 나라를 중심으로 한 사례분석을 통해 잘 알 수 있듯이 선택과 집중은 분명히 효율적이고 생산적이다. 특히 집중과 몰입이 낳는 기적 같은 생산성의 증대는 앞서 소개한 국가적 사례에서 뿐만 아니라 우리 주변의 일상에서도 얼마든지 관찰할 수 있고 경험할 수 있는 것이다.

제4장 선택과 집중의 여러 사례들

1. 선택과 집중의 성공 사례들

1) 제너럴 일렉트릭(GE)의 전 회장인 잭 웰치(Jack Welch) 사례

잭 웰치는 '제너럴 일렉트릭'(GE)의 임원진들에게 회사 전체 중 세계 1, 2위 분야만 남기고 그렇지 못한 사업 부문을 모두 정리하라고 지시했다. 기업의 비전이 기업의 미래가치라고 생각한 사람이 바로 잭 웰치였다. 잭 웰치는 제너럴 일렉트릭의 가치를 새로이 창조해 내고자 하였다.[166] 그는 일반적인 사람들이 볼 때 잘 나가는 기업조차 매각을 하려고 하였다. 분명히 흑자를 내는 기업도 매각을 하려고 하였던 것이다. 많은 사람들이 이러한 잭 웰치의 결정에 대해 의아해하면서 고개를 갸우뚱 거렸다. 잘 나가지 못하거나 적자를 내고 있는 기업을 그가 매각을 하려고 했다면 많은 사람들은 자연스럽게 수긍을 하였을 것이다. 그러나 그는 그렇지 않았다. 이러한 생각의 차이는 그가 일반 사람들과는 달리 과거와 현재를 본 것이 아니라 미래를 보았기 때문이다.

166) B. 조셉 화이트 지음, 김정한 옮김, 『파충류처럼 냉정하고 포유류처럼 긍정하라』(서울 : 홍익출판사, 2007), 187쪽.

잭 웰치의 리더십의 요체는 아주 간결하다. 미국 내에서 1, 2등 하는 기업은 살리고 3, 4등하는 기업은 신속히 매각하는 것이다. 많은 사람들이 왜 3, 4등하는 기업을 매각하느냐고 그에게 반문을 하였다. 그는 3, 4등할 때 매각을 하여야 더 나은 조건에서 매각을 할 수 있기 때문이라고 대답을 하였다. 3, 4등이라는 것에 미련을 두고 그냥 붙들고 있을 경우 필연적으로 3, 4등 기업은 미래의 어느 날 망할 수밖에 없고 그때서야 현실을 직시하고 이 기업들을 매각하려고 해도 이미 때가 늦는다는 것이다. 이렇게 때를 놓치게 될 경우 헐값으로 매각을 하려고 해도 매각이 제대로 이루어지지도 않을 뿐만 아니라 매각을 한다 해도 엄청난 손해를 보고 매각을 할 수 밖에 없게 된다는 것이다. 그러기 전에 1, 2등은 못하지만 그런대로 잘나가고 흑자를 보고 있는 이런 기업들을 미리 앞당겨서 매각하는 것이 최고의 선택이라고 잭 웰치는 본 것이다.

이러한 그의 획기적 결정의 일면을 볼 때 그는 철저하게 미래에 살았던 것이다. 그는 3, 4등 하는 기업을 매각하고 이것을 1, 2등 하는 기업에 집중적으로 투자할 때 얼마나 많은 이익이 GE에게 주어 질 것인가를 조직 성원들에게 비전으로 보여주었다. 잭 웰치의 이러한 비전은 조직 성원들에게 꿈을 주었고 이를 실천하고자 하는 강한 동기와 힘을 주었던 것이다. 잭 웰치는 이러한 비전을 통해 GE의 새로운 역사를 힘차게 써 내려갔던 것이다.

김현기도 핵심역량이 아닌 비핵심적인 부분은 과감히 포기할 수 있는 결단이 필요하다고 주장하고 있는데 이것 역시 잭 웰치의 생각과 맥을 같이 하는 것으로 이해할 수 있다.

> 기업과 마찬가지로 당신이 지닌 자원도 한정되어 있다. 당신의 시간, 재정적 여유 등 지나친 과욕으로 이것저것 다 잘해보려는 것은 당연히 효과가 없게 된다. 가장 강점으로 키울 수 있는 부분에 집중하고 나머지는 과감히 포기하는 것

이 필요하다. 이를 위해서는 무엇을 버려야 할지 냉철히 판단하고 그 신념을 믿고 따르는 용기가 필요하다.[167]

이러한 잭 웰치의 성공사례를 한국에서 벤치마킹을 하여 성공한 사례가 있다. 바로 '두산(斗山)그룹'이다. 박용성(朴容晟) 두산그룹 전 회장은 '동양맥주'(OB)를 매각하는 어려운 결정을 하였다. 사실 두산그룹의 모태(母胎)는 바로 이 동양맥주였기 때문이다. 자신의 뿌리를 다른 기업에게 매각을 한다는 것이 그리 쉬운 일은 아니었을 것이다. 그러기에 조직 내부에서조차 이러한 박용성의 결단에 이의(異議)를 제기하는 목소리가 적지 않았다. 그러나 박용성은 잭 웰치와 같은 생각을 가지고 있었다. 그는 미리 미래를 내다보고 회사가 그래도 온전한 값을 받을 수 있을 때 매각하는 것이 최상의 방책이라 생각을 한 것이다.

그래서 그는 두산그룹의 모태가 되었던 동양맥주를 인터브루[168]라는 맥주회사에 매각하고 대신 장래성이 좋은 '한국중공업'을 사들였다. 그리고 한국중공업을 견실한 기업으로 업그레이드를 시켰다. 이것이 지금의 두산중공업(斗山重工業)[169]이다. 두산중공업은 한국을 대표하는 기업 중 하나가 되었고 이를 통해 두산그룹은 성장해 나갔으며 그 여력으로 육영사업 부문에도 뛰어들어 명문사학 중 하나인 중앙대학교를 인수하였다.

박용성이 그때 동양맥주의 시의 적절한 매각결정을 내리지 않았다면

---

167) 김현기, 『선택과 집중의 기술』(서울 : 한스미디어, 2007), 108쪽.

168) 1366년 창업 이래 유럽과 남·북아메리카, 아시아에 걸친 21개 국가에 200여 개의 맥주 브랜드를 갖고 있다. 인터브루는 매출의 50%를 유럽에서, 30%는 미국에서, 나머지 20%는 이머징마켓(Emerging Market : 신흥시장)에서 올리고 있으며 2003년 2월에 존 브록이 최고경영자로 취임한 이후에 이머징마켓을 집중 공략해 왔다. 공병호, 『공병호의 10년 후, 세계』(서울 : 해냄, 2005), 75쪽.

169) 발전설비와 담수플랜트, 산업설비, 전기계장, 주단조, 운반설비, 건설업 등을 주요 사업으로 하는 한국의 대표적인 중공업 회사이다. http://100.naver.com/100.nhn?docid=186091

지금과 같은 두산그룹의 실체를 접하기 어려웠을지도 모른다. 박용성은 잭 웰치와 같은 생각을 하였고 그것을 실천에 옮겼기에 기업도 살고 기업인도 사는 상생의 결과를 거두어들일 수 있었던 것이다.

다시 본론으로 되돌아와서, 잭 웰치는 여러 난관을 극복하면서 이러한 3, 4등 하는 기업들을 잘라내는 작업에 성공을 하였고 이와 병행하여 조직을 슬림(slim)화하려는 구조조정에서 직원들 중 하위 10%를 잘라내는데 성공을 하였다.

그는 방대해진 비효율적이고 비생산적인 조직구조를 재조정을 해야 한다고 생각했다. 현재의 이런 조직구조와 인적 자원으로 GE의 밝은 미래를 만들어나갈 수 없다고 생각을 했던 것이다. 그는 자발적이고 적극적이고 능동적으로 조직을 이끌어 나가고 운영하는 핵심 상위계층을 20%로 보았다. 그리고 이러한 핵심 상위계층의 이끌림에 성실하고 착실하게 따라가는 중간층을 70%로 보았다. 그리고 조직에 도움이 되지 않고 오히려 조직의 전진과 발전에 걸림돌이 되고 해악을 주는 하위 층이 10% 된다고 생각을 하였다. '2대 7대 1'이라는 등식으로 잘 알려진 그의 조직구성에 대한 리더십 그리고 경영철학의 요체가 바로 이것이다.

그는 매년 하위 층 10%를 가차 없이 잘라냈다. 이에 대해 처음에 반발이 없었던 것이 아니다. 강력하고 조직적인 반발에 그는 부딪쳤다. 그가 이러한 구조조정 정책을 시작했을 때 노동조합을 비롯해 이러한 정책에 이해관계를 달리하는 그의 반대자들이 여러 가지 형태의 수단을 강구해서 그에게 심한 압박을 가하였다. 심지어 그를 살해하겠다는 협박도 있었고, 이러한 협박은 엄포로 끝나지 않고 실제로 그의 집에 폭발물이 포장이 되어 배달이 되기도 하였다. 그러나 그는 이러한 여러 종류의 압박에 결코 굴하지 않았다. 그는 어렵긴 하지만 이러한 조치가 이루어지지 않으면 GE의 밝은 미래는 없다고 생각을 한 것이다. 그는 또 다른 결심을 하였다. 조직 성원들을 직접 만나 대화를 통해 그들을 설득해야 한다고 생각을 한 것이다. 그는 전국을 누비며 GE부서의 구조조정 대상이 된 사람들에게 설득을 위한 노력을 필사적으로 기울였다.

그의 설득의 논리는 다음과 같은 것이었다. 여러분들이 GE에 신입사원으로 들어올 수 있었던 것은 여러분들이 그 당시 매우 유능한 인재들이었기 때문이라는 것이다. 여러분들은 미국의 굴지의 기업인 GE에 들어와 일반적인 남과는 차별되는 출세의 길을 고속으로 걸어가려고 왔다는 것이다. 승진도 빠르게 하고 소득도 남과 다르게 높게 벌어들이고 그리고 많은 명예와 부(富)를 가지기 위해 어려운 공부와 과정을 통해 GE에 들어오게 되었다는 것이다. 그런데 여러분들은 지금 구조조정의 대상이 되었다는 것이다.

많은 사람들이 일반적으로 생각할 땐 구조조정의 대상이 되었다는 사실 하나만으로 여러분들이 무능력하고 무책임해서 그렇게 된 것으로 여기지만, 잭 웰치인 자신은 그렇게 생각하지 않는다는 것이다. 분명히 말해 그것은 여러분의 책임이 아니라는 것이다. 여러분의 그러한 높은 잠재력을 제대로 인정하지 못하고 또 그러한 잠재력을 일깨우지 못하고 잠재우게 한 것은 바로 회사의 잘못이라는 것이다. 회사가 여러분의 높은 잠재력을 충분히 인지하고 이를 개발하려는 노력을 경주하고 여러분들을 그에 따라 승진시키고 소득을 높여 주어 사기를 진작시키고 동기화를 낳도록 해주었어야 한다는 것이다. 그것을 회사는 해주지 않았다는 것이다.

여러분들은 충분히 높은 잠재력이 있고 또 능력을 갖춘 사람들이기에 여러분들의 그러한 장점을 몰라준 회사에 계속 있어서는 안 된다는 것이다. 또한 여러분 정도의 능력과 잠재력을 가진 사람이라면 여러분의 역량을 충분히 인정해 줄 수 있는 회사로 옮기는 것이 여러분의 미래를 위해 훨씬 나은 선택이라는 점을 잭 웰치는 분명히 주지시켜 주었던 것이다.

한마디로 유능한 여러분의 능력을 못 알아준 회사인 GE를 떠나 여러분의 역량을 인정해주고 그 것을 지속적으로 키워 줄 수 있는 회사를 찾아가는 것이 남은 여러분의 시간을 가장 효율적으로 사용하는 선택이라는 점을 분명히 하였던 것이다. 더욱이 그의 설득이 주효했던 것은 그가 행한 이러한 설득이 말로만 이루어지지 않았다는 점이다. 그는 실제로 회사를 떠나는 사람들에게 새로운 일자리로 전업을 하기 위해 필요한 모든 지원을 아끼지 않았다. 그들을 위해 그들에게 가장 알맞은 새로운 회사를 소개시켜주고 또 그들의 적성과 능력에 따라 그들에게 맞는 회사로 옮겨가기 위해 필요한 제반 정보 그리고 교육과 훈련 등을 지원하였던 것이다. 이러한 명실상부한 그리고 말과 행동이 일치하는 설득이 이들의 마음을 움직이게 만든 것이다.

많은 구조조정 대상자들이 이러한 그의 이야기를 듣고 그리고 그의 후속적인 실천적 행동을 보고 수긍을 하기 시작하였다. 그들은 떠날 짐을 자발적으로 챙겼다. 그리고 보란 듯이 회사를 떠났다. 여기에서보다 더 자기를 필요로 하고 인정을 하는 회사로 가서 보란 듯이 성공하겠다는 믿음과 신념을 가지고 말이다. 결과적으로 그의 설득은 주효했던 것이다.

그는 구조조정 대상자를 결코 조직의 실패자로 보지 않았다. 오히려 그들을 미래의 성공자가 될 수 있는 잠재력을 가지고 있는 사람들로 이해를 해주었다. GE에서의 실패는 새로운 미래에 있어서의 새로운 삶을 가능케 해줄 수 있는 발판으로 생각하게 만들었다. 조직 성원들은 모멸감과 배신감 그리고 분노를 가지고 억지로 떠밀려서 회사를 떠난 것이 아니라 희망과 자긍심을 가지고 스스로 회사를 떠난 것이다. 그들에겐 과거의 어두움보단 미래의 밝은 희망이 가슴 깊이 용틀임치고 있었던 것이다.

이러한 면에서 볼 때 잭 웰치의 설득은 조직 성원들에게 새로운 희망과 꿈을 실천하고 이룰 수 있는 비전으로 와 닿았던 것이다. 그리고 이러한 잭 웰치의 혜안이 담긴 비전은 GE를 새로운 지평의 장으로 이끌어 갔던 것이다. 남은 자와 떠난 자 모두 상생을 하는 그런 비전을 제시할 수 있었던 것이다.

남은 자들 역시 해가 바뀌자 1년 동안의 성과를 가지고 또 평가를 받았다. 그리고 하위 10%는 예외 없이 또 잘라져 나갔다. 이러한 것이 반복되자 정예중의 정예만이 GE에 남게 된 것이다. 그래서 항상 최고의 정예들만을 대상으로 한 인간경영을 가능케 했던 것이며, 선택된 자들에 대한 보다 집중적인 지원도 가능하고 나아가 선택과 집중에 따른 높은 효과를 볼 수 있었던 것이다.

모든 조직성원이 함께 이길 수 있는 상생의 경영이 가능했던 것은 잭 웰치의 미래를 내다보는 혜안과 이것에 기반을 둔 모든 조직성원들이 공유할 수 있는 확실하고 명료한 미래비전을 제시해 줄 수 있었기 때문이며, 나아가 선택된 정예들을 대상으로 확실하고 구체적인 지원이 집중적으로 이루어질 수 있었기 때문이다.

만약 잭 웰치가 이러한 혜안을 가지지 못하고, 또 가지고 있다 해도 이를 실천하지 못했다면 결코 정예중의 정예를 선택하지도 못했을 것이고 이것이 실패로 끝난 이상 한정된 자원의 집중적 지원도 불가능하였을 것이다. 3등, 4등 하는 기업을 매각하고 1등, 2등 하는 기업을 선택하여 집중적으로 지원을 하고, 매년 10%씩 조직에 불필요한 사람들을 잘라내는 선택을 통해 조직에 꼭 필요한 사람들을 조직에 남게 하고 이들에게 그들의 잠재력을 극대화시킬 수 있도록 집중적으로 지원을 가능케 하는 전략을 구사함으로써 그는 선택과 집중을 통해 발전하고 성장하는 GE의 미래를 일구어 내었던 것이다. 그의 성공은 시의성과 적실성을 제대로 만족시킨 바로 선택과 집중에 기반을 두고 있었던 것이다.

2) 자동차 하나만을 생각하고 비즈니스를 하는 도요타 자동차 사례

2006년도 자동차 생산국을 순위별로 살펴보면 일본이 11,484,000대로 1위이고 미국이 11,264,000대로 2위이며 한국은 3,840,000대로 6위권에 머물러 있다. 그리고 국가별 자동차 내수규모 순위를 살펴보면 미국이 1,705만대로 1위이고 중국이 772만대로 2위이며 일본이 574만대로 3위이고 독일이 377만대로 4위이며 한국이 121만대로 13위에 머물러 있다. 그리고 자동차 한 대 생산하는데 걸리는 시간에 있어서는 도요타 자동차가 21.3시간, GM자동차가 22.7시간, 한국의 현대자동차가 32시간이다.[170] 그리고 2006년도 자동차 판매 상승률을 살펴보면 도요타 자동차가 10.9% 상승한 반면 GM 자동차는 6.3% 감소를 하였다.[171]

이러한 통계자료에서도 알 수 있듯이 미국의 자존심이라고 불리던 GM 자동차는 일본의 도요타 자동차에 뒤지고 있었던 것이다. 이렇게 된 이유는 여러 가지가 있지만 그 중 하나로 GM이 선택과 집중의 비전을 제대로 제시하지 못했다는 것을 들 수 있다. 이에 반해 도요타는 2005년에 야심찬 10개년 계획을 발표하였다. 첫째, 2015년까지 한 번 기름 주유로 미국 대륙을 횡단할 수 있는 차를 만들겠다는 것이었고 둘째, 세계 자동차 판매시장의 15%를 점유하겠다는 선언이었다.

이렇게 야심차면서도 명료한 비전을 제시하고 조직성원을 하나로 모아 거친 경쟁의 세계를 헤쳐 나가는 도요타 자동차와 비교하여 볼 때, GM 자동차는 너무나 안이한 사고의 틀 속에서 미래를 위한 준비를 제대로 하지 않았던 것이다.

GM의 최고경영자와 그를 위요한 경영진은 노동조합의 요구에 밀려 임금, 연금, 의료 혜택을 끊임없이 올리기만 했다. 그리고 노동조합과의

---

170) 『조선일보』, 2007년 3월 9일.
171) 『조선일보』, 2007년 3월 9일.

잘못된 협의에 의해 공장가동률을 80% 이하로 내릴 수가 없었다. 그리고 공장을 닫거나 직원을 해고하면 회사는 그에 상응한 패널티를 물어야만 되었다. 일거리가 없어서 조립 라인이 멈추어 서도 일시 해고된 근로자에게 나가는 비용은 결코 줄지 않았다. 그리고 노동자들의 평균 연령이 51세에 달하여 생산성 증대에 커다란 부담을 주고 있었다. 그리고 연간 의료비 부담이 60억 달러를 육박하였다. 그 중 3분의 2 가량은 퇴직자들에게 들어갔다. 현직 근로자 1명이 퇴임직원 2.5명의 의료비를 부담하는 셈이었다. 그래서 자동차 1대 당 생산비용이 1,500달러에 달하였으나 도요타는 미국 생산의 경우는 201달러였고 일본 생산의 경우는 97달러였다. 이런 면에서도 GM과 도요타는 경쟁이 되지를 않았던 것이다.

그리고 한 술 더 떠, 도요타는 1962년에 '노사선언'을 채택한 이후 56년간 무분규를 일구어 내었다. 경영자는 투명한 윤리경영을 한 것이고 노동자들은 협력적 노동운동을 펼친 결과였다. 그러한 노력에 힘입어 2001년에는 1조 엔의 이윤을 창출해 내었다. 그런데 주목해 보아야 할 점은 이러한 이윤에서 나오는 이익금을 연구개발(R&D)과 생산라인 증설에 우선적으로 투입하는 것에 회사 구성원 모두가 합의를 했다는 것이다.

이러한 결정에 있어 노동조합 역시 예외는 아니었다. 보다 중요한 것은 노동조합이 이러한 움직임에 앞장을 섰다는 것이다. 노동조합은 이러한 우선적 투자 이후에 남는 이익금을 자신들의 성과에 따라 실적급으로 배분해 줄 것을 요구했던 것이다. 더 나아가 그들은 회사에 부담을 덜어주기 위해 임금 역시 동결을 선언했던 것이다. GM이 이루지 못한 것을 도요타는 하나하나 일구어 나갔던 것이다.

또한 GM 자동차의 최고경영자와 경영진들은 미래를 위한 신차 개발에 소홀하였다. 도요타는 89년에 렉서스(Lexus)를 생산하여 미국 시장의

25%를 점유하였다. 그리고 97년에 하이브리드카를 생산하여 1리터 당 35.5km를 주행하였으며 이러한 연비도 2003년에 업그레이드를 통해 더욱 개선을 시켰다. 그리고 끊임없는 기술개발과 품질 향상을 위한 개선(카이젠) 운동을 펼쳐 나갔다. 연간 30만에서 35만 건에 이르는 아이디어를 창출해 내었고 이를 기업을 개선시켜 나가고 기술을 개발시키고 품질을 향상시키는데 반영을 해나갔던 것이다.

그러나 GM 자동차는 차가 안 팔리니까 디자인과 품질 개선보다는 염가 판매 마케팅에 주력을 하였다. 그리고 5개 공장을 문 닫고 3만 명을 해고하고자 시도를 하며 닛산, 르노와 합작을 모색하고 있지만 주변에서의 이러한 노력에 대한 평은 '돼지 입술에 립스틱 바른다.'고 달라질게 있느냐는 반응을 보이고 있는 것이다. 오죽했으면 미국 경영학의 아버지라고 불리어지는 피터 드럭커(Peter Drucker)가 "내 책은 미국 기업, 공공기관, 정부에 즉각적인 영향을 주었지만 막상 GM 에서는 통하지 않았다."고 말을 하였겠는가.

결국 미래를 위한 준비인 신차개발이나 노동생산성 증대 계획, 그리고 판매전략, 그리고 노사관계 전략 등 모든 부문에서 도요타를 압도하지 못했던 것이다. 미래를 준비하지 못한 기업의 미래는 몰락의 길로 접어 들 수밖에 없는 것이다.

비전 제시에서 GM 자동차는 도요타에 뒤졌고 그 결과는 참담한 패배였다. 결국 GM 자동차는 지금까지 누려왔던 자동차 업계순위 1위의 자리를 일본의 도요타 자동차에게 내주어야 하는 아픔을 갖게 되었던 것이다. 그리고 2005년 부도위기를 맞았을 때 도요타에서 GM의 주식을 사주어 유동자금을 돌게 해주어 GM을 위기에서 구제를 해주었던 것이다. 도요타의 정서는 "이미 게임은 끝났다. 반 도요타 정서를 잠재우기 위해 주식을 사주었을 뿐이다."라는 것이었다.

그러나 해가 거듭될수록 앞에서 언급한 문제들이 상승작용을 일으키면서 GM의 부실로 인한 회사경영의 위기가 빠르게 진행이 되었다. 이러한 위기적 상황은 2008년 들어 GM의 사정을 더욱 악화시켰다. 2007년 여름에 뜨겁게 불어 닥친 '서브프라임 모기지'(sub-prime mortgage) 파동을 계기로 촉발된 미국의 금융 불안과 경기침체는 급기야 GM의 목줄을 조이는 상황이 되었다.

GM은 이를 감당하기 어려워 결국 연방정부에 구제금융 신청을 하였고 연방정부는 GM의 몰락이 미국경제에 가져다 줄 역풍을 고려하여 134억 달러의 구제금융을 허용하였다. 그러나 이미 쌓일 데로 쌓여버린 GM의 고질병은 이러한 천문학적 숫자의 돈으로도 해결의 기미가 보이지 않자 연방정부는 GM의 경영진과 그 당시 최고경영자(CEO)로 있던 릭 왜고너 회장의 퇴진과 구조조정에 대한 약속을 전제로 하여 구제금융에 대한 허용 여부를 저울질 하였다. GM에서 요구한 추가 구제금융 액수는 166억 달러에 달하였다. 그 당시 절박하게 추락하는 GM의 자화상을 잘 묘사한 글이 있어 소개하면 다음과 같다.

> 월스트리트저널(WSJ) 등 미국 언론에 따르면, 미국 정부는 릭 왜고너 제너럴모터스(GM) 회장에게 경영 실패에 대한 책임을 물어 사임을 요구했으며, 왜고너 회장이 이 같은 요구를 받아들여 사임하기로 합의했다고 보도했다. 지난 8년 동안 GM을 이끌어온 왜고너 CEO는 이달 중순까지만 해도 CEO에서 물러날 뜻이 없다는 입장을 밝혔었다. 하지만 미 정부가 지난달 GM이 제출한 구조조정 계획이 미진하다며 구제금융 지원에 앞서 획기적인 조치를 요구하면서, 결국 CEO 교체로까지 이어진 것으로 알려졌다. GM은 지금까지 정부로부터 134억 달러에 달하는 구제금융을 받았으나 지난달 추가로 166억 달러를 요구한 상태다.[172)]

1970년대까지만 해도 세계 최대의 회사이면서 미국 자동차 시장을 50% 이상 점유를 하고 고급 승용차하면 '캐딜락'(Cadillac)을 떠 올리게

172) 『조선일보』, 2009년 3월 30일. ; http://news.chosun.com/site/data/html_dir/2009/03/30/

했던 미국의 자랑이며 상징이었던 GM은 이렇게 몰락하고 있는 것이다.

만약 GM 자동차의 최고경영자가 도요타 자동차처럼 명료하고 그러면서 야심찬 비전을 제시했다면 그리고 엄한 과정을 통해 선택된 비전을 하나하나 집중적으로 추진시켜 나갔다면 현재의 상황과는 다른 양태를 나타냈을지도 모른다. 허황된 꿈이 아닌 엄하게 선택된 꿈과 이러한 꿈을 집중적으로 실현시켜 나가고자 하는 의지와 행동이 없는 조직은 결코 앞으로 나아갈 수 없다는 평범한 진리를 우리는 GM 자동차의 몰락과 도요타의 약진에서 다시 확인할 수 있는 것이다.

또한 도요타가 보여준 선택과 집중의 리더십, 즉 야심차면서도 명료한 비전을 제시하고 이러한 비전을 공유하면서 이를 실현시키려는데 모든 조직의 힘을 한군데로 모으고 이를 지속적으로 그리고 집중적으로 이끌어나가는 리더십의 구현이 도요타를 세계의 자동차 기업으로 자리매김할 수 있게 하는데 커다란 기여를 했다는 점을 새삼 확인시켜 주었던 것이다.

3) 삼성그룹의 시대 변화에 따른 선택과 집중 사례

삼성(三星)그룹의 모태를 마련한 기업인이면서 최고경영자였던 이병철(李秉喆)과 그의 셋째 아들로 아버지의 가업을 승계하여 이를 번창시킨 최고경영자 이건희(李健熙) 역시 여러 가지 미래비전 중 가장 그 시대적 요구에 부응하는 비전을 선택하고 이를 집중적으로 실천해나가는데 성공한 기업인이었다고 평가 할 수 있다. 이들은 시대적 변화를 감지하고 이에 적극적이고 능동적으로 적응하면서 앞으로 다가올 미래적 상황에 맞는 비전을 선택하여 이를 사업 아이템과 연결지우면서 미래를 개척하고 이에 맞는 기업 경영적 패러다임을 집중적으로 만들어 나가 오늘의 세계굴지 기업 삼성을 만들어 낸 것이다.

기업인 이병철은 1950년대 60년대에는 백색가루를 통해 삼성을 이끌어 나갔다. 그 당시는 시대적 상황이 배고픔을 극복하는 것이 가장 중요한 일이었던 것이다. 이러한 시대적 상황에 신속히 적응을 하여 3가지 백색가루 산업을 삼성의 발전 원동력으로 선택하고 이를 집중적으로 이끌어 나가서 성공을 한 것이다. 세 가지 백색가루산업이란 밀가루, 설탕, 그리고 조미료였다.

그러나 그는 이러한 현실적 적응에만 얽매이지는 않았다. 새로이 도래할 환경을 미리 내다보고 이에 대한 준비를 한 것이다. 그는 배고픔이 해결되면 그 다음에는 헐벗음을 해결하려는 욕구가 나타날 것으로 내다보고 의류업으로 사업 아이템의 전환을 꾀하게 되는 것이다. 사업의 목적과 방향을 의류 및 섬유업으로 전환하면서 미래의 새로운 비전으로 제시하고 이에 매진토록 독려해 나간 것이다. 즉 새로운 발전 패러다임으로 의류 및 섬유업을 선택하고 이에 집중한 것이다.

1960년대와 70년대에는 이병철이 예견했듯이 경제발전을 통해 배고픔을 웬만큼 해결하게 되었다. 그리고 이러한 배고픔의 해결은 헐벗음의 욕구로 전환이 되었고 이로 인해 의류에 대한 수요변화가 나타나기 시작하였다. 그는 이러한 시장의 변화를 신속히 간파하고 의류 및 섬유산업에 뛰어들게 된 것이다. 이러한 이병철의 기업철학과 사고를 뒷받침해 준 것이 바로 제일모직과 제일합섬이다. 시대와 시장의 변화를 읽고 식품에서 의류 및 섬유 쪽으로 미래의 비전을 제시하고 이에 맞도록 변신을 해나간 것이다.

1970년대와 1980년대에는 의식주에 대한 문제들이 대부분 해결이 이루어지자 시대와 시장의 변화는 냉장고, 텔레비전, 세탁기 등 백색가전 쪽으로 바뀌게 된다. 이러한 변화를 감지하고 재빠른 변화를 모색하게 된다. 삼성은 이 분야에서 두각을 나타내면서 괄목할 만한 기업신장을 꾀해 나간다. 그의 미래비전의 제시가 정확했고 이러한 비전에 맞추어 사업을 구상하고 추진시켜 나감으로써 한 치의 오차 없이 성공의 반열을 달려 나가게 되는 것이다. 한편 이병철의 타계에 이어 이건희의 사업계승이 이루어진다. 새로이 삼성 호에 선장이 된 이건희는 백색가전이 막차를 타게 될 것으로 생각을 하였다. 그래서 사업이 더 이상 악화되기 전에 새로운 미래 아이템이 필요하다고 생각을 하고 새로운 미래 아이템에 대한 미래적 구상을 하게 된다.

실제로 1990년대와 2000년대에는 백색가전이 중국과 같은 신흥 개도국들에 의해 도전을 받게 된다. 이렇게 되자 이건희의 새로운 미래적 사고에 의해 삼성은 반도체 쪽으로 눈을 돌린다. 시대와 시장의 변화를 정확히 읽고 이에 적극적이고 능동적으로 변화를 스스로 유도해 나가는 것이다. 삼성은 반도체분야에 막대한 자금을 투자하고 기술력을 증진시켜 나간다. 그 결과 선두그룹이었던 일본 등을 제치고 반도체분야의 맹주로 군림을 하게 된다.

그러나 2000년대 들어서면서 새로운 도전이 삼성의 앞을 가로막고 나섰다. 즉 세계적으로 반도체 생산이 과잉에 이르고 치열한 경쟁에 의해 이윤창출이 어렵게 되었다. 삼성의 이건희는 시장의 변화를 재빨리 읽고 LCD, PDP, LED 등을 생산하는 분야로 방향을 선회하여 높은 첨단기술력을 바탕으로 시장을 주도해 나가는 노력을 경주하였다.

그러나 최근에 이러한 분야 역시 후발국의 맹렬한 추격과 반도체, LCD, PDP, LED 등의 수요 둔화 그리고 세계경제 침체 등에 의해 어려움에 처하게 된다. 삼성은 새로운 아이템 개발과 또 하나의 신화를 이루어 나가야 할 미래적 비전이 필요로 되는 시점에 서있는 것이다. 다른 말로 표현을 하자면 새로운 선택이 요구되고 있다고 볼 수 있는 것이다.

이건희는 자신의 글에서 앞으로 10년 후 삼성이 어떠한 것을 가지고 먹고살아야 할지 생각을 한다면 자다가도 벌떡 일어나게 된다는 말을 하였다. 그는 이러한 도전에 대응해 나가기 위해선 또 다른 미래비전과 선택이 필요하다는 것을 인지하고 이에 대한 해결책을 요구하고 있는 것이다. 그는 자신이 쓴 글에서 이러한 도전에 대응하기 위해서는 두 가지만 빼고 모두 바꾸어야 한다고 말하였다. 여기에서 두 가지란 자기의 부인과 자식들을 의미한다. 한 마디로 기존의 모든 것을 다 바꾸어야 한다는 것이다.

이러한 삼성의 변화에 대한 신속하고 올바른 변화에 대한 적응은 삼성을 반도체와 LCD, 핸드폰 등 분야에서 세계최고의 기업으로 올려놓게 되는 기반을 제공하게 된다.

변화되는 시대와 시장의 변화를 신속히 꿰뚫고 이에 능동적으로 적응을 하고 필요하다면 변화를 유도해 내는 적극적 변화 전략을 통해 그리고 이러한 것을 미래적 비전으로 제시를 하고 이를 선택하여 집중적으로 실천해 나갈 수 있었던 노력과 가능성을 만들어 나가는 것이 삼성을 이제 세계적 기업으로 거듭나게 만들어왔고 만들어 나가게 하는 것이다.

4) 소프트뱅크 손정의(孫正義)[173]의 몰입적 사고를 통한 사업 사례

손정의는 대학 재학 중 1년에 250여 건의 발명품을 만들었고, 일본어를 영어로 번역해주는 번역 장치를 개발하여 100만 달러에 팔기도 하였다. 이러한 천재성을 기반으로 1981년 자본금 1억 엔에 직원 2명으로 소프트웨어 유통업체이자 정보기술(IT) 투자업체인 '소프트뱅크'(Softbank)

---

173) 일본 이름은 손 마사요시(Masayoshi Son)이며, 1957년 8월 11일 일본 규슈(九州)에서 재일교포 2세의 아들로 태어났다. 맥도널드 일본지사 경영자 덴 후지타(Den Fujita)의 조언으로 유학을 준비했으며, 16세가 되던 해에 캘리포니아 고등학교에서 미국유학을 시작했다. 이때부터 일본 성을 버리고 한국 성인 손을 사용하였다. 2주일 만에 고등학교 3년 과정을 마치고, 1979년 캘리포니아대학교 버클리캠퍼스(University of California, Berkeley) 경제학부를 졸업하였다. http://ko.wikipedia.org/wiki/%EC%86%90%EC%A0%95%EC%9D%98 ; 두산백과사전 EnCyber & EnCyber.com;http://100.n aver.com/100.nhn?docid=777197

를 설립하였다. 이후 1998년까지 미국 지프-데이비스 전시회·출판 부문, 인터페이스그룹, 킹스톤 테크놀러지(Kingston Technology)를 인수하였고, 야후와 TV아사히 지분을 인수하였다.[174)]

1996년 위성방송회사 J스카이B를 설립한 뒤, 1998년 1월 일본 최초로 장외시장에서 2부를 거치지 않고 도쿄증권거래소 제1부에 주식을 상장하였다. 같은 해 인터넷 증권업 등 인터넷 관련 사업을 확장하고, 2000년 6월 6억 엔을 투자해 전미증권업협회(NASD)와 합작으로 벤처기업 전용 주식시장인 나스닥재팬을 설립하였다.[175)]

2000년에는 한국의 4개 인터넷업체에 109억 원을 투자하였고, 같은 해 6월 일본채권신용은행을 인수하였는데, 이는 일본 은행 사상 다른 업종이 은행업에 진출한 첫 사례이다. 나스닥재팬은 2002년 말 폐업하였고, 2004년에는 중국의 전자상거래 사이트에 6000만 달러를 투자하였다.[176)] 인터넷이 널리 사용될 것을 내다본 손정의는 포털사이트 야후의 출자율을 5퍼센트에서 35퍼센트로 올려 야후의 최대주주가 되었다.[177)]

1999년 『포브스』가 발표한 세계 200대 부호 가운데 53위(64억 달러)에 올랐고, 같은 해 『비즈니스위크』의 아시아 스타 50인, 인터넷 시대를 주도하는 25인에 선정되었다. 2000년에는 『포브스』의 올해의 비즈니스맨으로 선정되었는데, 2003년 말 현재 총재산은 11억 달러이다.[178)]

이러한 그의 성공은 놀라울 정도의 몰입적 사고를 통하여 수많은 사업 아이디어를 얻었고 이를 실천하였기 때문에 가능하였다. 그는 한 번도 외도 없이 단 하나의 외길을 홀로 몰입하여 살았다. 그가 걸어 간 길은 소프트웨어 관련 정보기술 분야였다. 그는 처음 사업을 시작하면

174) 두산백과사전 EnCyber & EnCyber.com ; http://100.naver.com/100.nhn?docid=777197
175) 두산백과사전 EnCyber & EnCyber.com ; http://100.naver.com/100.nhn?docid=777197
176) 두산백과사전 EnCyber & EnCyber.com ; http://100.naver.com/100.nhn?docid=777197
177) http://ko.wikipedia.org/wiki/%EC%86%90%EC%A0%95%EC%9D%98
178) 두산백과사전 EnCyber & EnCyber.com ; http://100.naver.com/100.nhn?docid=777197

서 직원들을 모아놓고 자신의 꿈을 소신 있게 제시하였다. 어떻게 보면 그 꿈은 전혀 실현가능성이 없는 듯 보이기도 하였다. 직원들은 그의 꿈의 실현에 대해 회의적이었다. 그래서 그들은 그와 꿈의 실현을 위해 노력하기보다는 다른 직장을 찾아 모두 떠나버렸다.

> 일본 최고의 갑부인 일본소프트뱅크 손정의 회장이 24세라는 젊은 나이에 창업을 할 때 허름한 창고에 직원 두 명을 채용해 놓고 "우리 회사는 5년 이내에 백억 엔, 10년 후에는 5백억 엔, 언젠가는 1조 엔대의 기업이 될 것이다"라고 말했다. 그 두 직원은 지금 무엇이 되어 있을까? 아마 '창업공신이니 그룹계열사 사장이나 회장 비서실장, 아니면 간부사원이 되어 있겠지'라고 생각할 것이다. 그런데 아니다! 그들이 지금 무엇이 되어 있는지는 아무도 모른다. 왜냐하면 손 회장이 열변을 토한 바로 다음날 "우리 사장, 이상한 사람이네" 하고 회사를 그만두었기 때문이다. 역사는, 그리고 대중은 포기한 사람을 기억하지 않는다.[179)]

그의 꿈은 일반적인 사람들이 볼 때에는 황당무계한 것일 수도 있었고 모험으로 가득한 것일 수도 있었다. 그러나 그는 모험 뒤에는 언제나 위기와 실패가 따르게 마련이지만 '누가 이기나 해보자'는 배짱과 오기를 가지고 있으면 이루지 못할 일은 없다는 자신감을 가지고 있었다. 열정을 다해 자신이 꿈꾸는 일에 온몸을 던질 때 그 꿈은 저절로 이루어진다는 굳은 믿음을 그는 가지고 있었던 것이다. 그래서 그는 한 번도 자신이 시작한 꿈을 이루는 길에서 외도를 한 적이 없으며 자신의 모든 열정을 이 꿈의 길에 쏟아 부었던 것이다. 즉, 그는 한 우물을 파면서 오로지 소프트웨어 관련 정보기술과 관련된 사업 아이디어 개발에 집중하였고 이를 통해 그는 성공을 거두었던 것이다. 한마디로 올바른 선택

---

179) http://www.kyobobook.co.kr/product/detailViewKor.laf?mallGb=KOR&ejkGb=KOR&linkClass=&barcode=9788992538299&orderClick=JAG ; 이내화, 『다 이룬 것처럼 살아라』 (서울 : 좋은책만들기, 2010).

과 집중을 통한 쾌거였던 것이다.

5) 혼다 창업자 혼다 소이치로(本田宗一郎) 사례

혼다[180]하면 자동차보다는 오토바이로 먼저 다가올 만큼 오토바이의 대명사로 불리어진 회사이다. 오토바이 시장에서 혼다의 명성은 대단하였다. 이러한 명성은 한국이라고 해서 예외는 아니었다. 특히 60, 70년대 자동차가 아직 일반화, 대중화되지 못한 시대에 누구나 혼다 오토바이 한 대를 가지는 것이 꿈일 정도로 혼다 오토바이에 대한 인기는 절정을 이루었다. 국내외적으로 이렇게 오토바이로 명성을 날린, 물론 뒤에는 자동차로 또 한 번 세상을 뒤흔들어 놓은 혼다의 창업자인 혼다 소이치로의 꿈과 이러한 꿈을 일구어내려는 기술에 대한 몰입적 사고는 아주 유명한 일화가 되고 있다. 이러한 혼다의 외길인생과 자신이 선택한 길에 대한 집중과 몰입이 오늘의 혼다를 있게 만든 원동력이 되었던 것이다. 그는 그러한 몰입적 사고로 저공해 CVCC 엔진 개발에 성공하였고 명실상부한 세계적 자동차 제조사로서의 자리를 굳혀 나갈 수 있었던 것이다.[181]

현재의 혼다는 창업자인 혼다 소이치로의 능력과 집념이 이루어낸 성과다. 소이치로는 일본 재계의 천재라고 불리어질 만큼 일본인들이 가장 존경하고, 본받고 싶어 하는 신화적인 인물이기도 하다. 소이치로는 1906년 시즈오카 현의 작은 마을에서 대장장이의 아들로 태어났다. 그는 경주차를 만들고 싶었던 꿈을 이루기 위해 포드엔진에 수퍼 차저(super charger)를 단 독창적인 레이싱카를 제작해 트랙레이스에 참가하

180) 정식명칭은 '혼다기연공업'(本田技研工業)이다. 1946년 내연기관과 차량의 연구·제작을 목적으로 창업한 '혼다기술연구소'(本田技術研究所)가 그 전신이다. http://100.naver.com/100.nhn?docid=171792

181) 혼다 소이치로 지음, 이수진 옮김, 『좋아하는 일에 미쳐라 : 혼다 꿈의 이력서』(서울 : 부표, 2006).

기도 했다.[182)]

1948년에 혼다기술 연구소를 설립해 모터사이클을 만들기 시작했다. 당시 대부분의 메이커가 외국회사와 합작으로 자동차, 모터사이클을 만들고 있었으나 소이치로는 독자기술을 고집했다. 그는 기술자를 단순한 기능공정도로 생각하지 않고 예기가 넘치는 예술가로 생각을 하였을 뿐만 아니라 기술자의 인격은 기술 그 자체라고 생각을 하였다.[183)] 기술을 예술의 경지로까지 승격시키기 위한 부단한 노력을 기울였던 것도 바로 그였고, 기술자의 인격과 능력은 바로 그가 만들어내고 실천해내는 기술 그 자체에 있음을 강조한 것도 바로 그였다. 이런 배경을 바탕으로 하기에 혼다는 기술에 앞선 예술적 메이커라는 평판을 얻을 수 있었다. 혼다가 자동차 만들기에 첫발을 내딛은 것은 다른 메이커에 비해 늦은 1962년이었다. 소형 스포츠카 S500과 S360이 혼다자동차의 시작이었다.[184)] 그리고 솔라카, RV등 새로운 분야에 진출할 때도 혼다는 항상 독자기술을 이용하였다. '기술이 최고'라고 여겼던 혼다 소이치로의 철학이 아직도 살아 숨 쉬고 있다는 증거다.[185)]

또 다른 소이치로의 철학은 좋아하는 일이라면 어떤 상황이어도 끝까지 열중하고 그 일에 몰두해야 한다는 것이다.[186)] 이 철학을 뒤집어 보면 끝까지 열중하고 그 일에 집중하고 몰두하게 만들기 위해선 일이

182) http://kin.naver.com/open100/detail.nhn?d1id=11&dirId=11&docId=48740&qb=7Zi864ukIOyGjOydtOy5mOuhnA==&enc=utf8&section=kin&rank=5&sort=0&spq=0&pid=f01GLdoi5UdsscPRAalsss--511751&sid=S01p5C1iTUsAAC0kDoc

183) 혼다 소이치로 지음, 이수진 옮김, 『앞의 책』.

184) http://kin.naver.com/open100/detail.nhn?d1id=11&dirId=11&docId=48740&qb=7Zi864ukIOyGjOydtOy5mOuhnA==&enc=utf8&section=kin&rank=5&sort=0&spq=0&pid=f01GLdoi5UdsscPRAalsss--511751&sid=S01p5C1iTUsAAC0kDoc

185) http://kin.naver.com/open100/detail.nhn?d1id=11&dirId=11&docId=48740&qb=7Zi864ukIOyGjOydtOy5mOuhnA==&enc=utf8&section=kin&rank=5&sort=0&spq=0&pid=f01GLdoi5UdsscPRAalsss--511751&sid=S01p5C1iTUsAAC0kDoc

186) http://www.kyobobook.co.kr/product/detailViewKor.laf?ejkGb=KOR&mallGb=KOR&barcode=9788995758335&orderClick=LAG

재미있고 좋아할 수 있어야 한다는 것이다.[187] 이것이 바로 혼다의 삶을 관통하는 날실이 되며 최고의 기술을 향해서 끝없이 도전하는 혼다 이즘의 원점이 되는 것이다.

이러한 혼다의 철학을 『1년만 미쳐라』라는 원색적인 표제어로 톡톡 튀는 메시지를 전달하는 저서를 출간한 강상구의 표현을 빌린다면 좋아하는 일에 미쳐야 한다는 것이다. 미치지 않고서는 성공도 기약할 수 없고 또 뜻한 바도 일구어 낼 수 없다는 것이다.

> 미친다는 것은 '열정과 신념을 가지고 어떤 일을 꾸준히 하는 것'을 의미한다. 실제로 어떤 분야에서 성공한 이들을 보면 한결같이 자기 일에 열과 성을 다한 사람들이다. 그 일이 남들이 보기에는 하찮고 보잘것없어도 묵묵히 제 갈 길을 간 사람들만이 정상의 고지를 밟는다.[188]

혼다는 자신의 일을 즐겼고 이를 통해 자신의 뜻을 성공적으로 일구어내었다. 바로 이러한 성공의 이면에는 자신이 좋아하고 즐길 수 있는 일에 미쳤기 때문이다. 『1년만 확실히 미쳐라』라는 저서를 출간한 이철한 역시 지금과는 다른 미래를 만들어 내기 위해선 아주 특별한 집중력이 필요로 된다고 주장을 한다.

> 시간은 문제가 아니다, 집중력이 관건이다. 우리에게 가장 필요한 것이 시간인 듯 보이지만 실제로는 꼭 그렇지도 않다. 우리에게 정말 필요한 것은 집중력, 그것도 아주 특별한 집중력이다. 우리 모두에게 하루는 24시간이고 1시간은 60분이다. 똑같은 1시간 동안 무엇을 하고 어떻게 투자하느냐에 따라, 우리에게 주어진 '평생'이란 시간에서 끌어낼 수 있는 결과가 달라진다. 1시간에 쏟아 넣는 집중, 몰입, 무아지경, 이것이 다른 미래를 만들어낸다. 이제 미친 듯이 집중

187) 혼다 소이치로 지음, 이수진 옮김, 『앞의 책』.
188) 강상구, 『1년만 미쳐라』(서울 : 좋은책만들기, 2006), 5쪽.

하자. 하나의 과제를 끝낼 때까지 한 마음으로 완전히 몰두하는 능력, 딱 1시간만 미칠 줄 아는 능력이 비즈니스의 성공과 개인적 성장을 보장하는 중요한 열쇠다.[189]

자기가 좋아하고 심혈을 기울일 수 있는 그 어떤 한 가지에 미칠 수 있다는 것은 어떻게 보면 행복한 것이다. 세상의 모든 권세와 부귀공명도 어떻게 보면 이런 미칠 수 있음에는 다다를 수 없는 것인지도 모른다. 이와 관련된 것으로 조선시대 실학자였던 박지원(朴趾源)이가 쓴 『형언도필첩서』(炯言挑筆帖序)에 나오는 이야기는 우리에게 던지는 메시지가 자못 크다.

최흥효(崔興孝)라는 사람이 있었는데 그는 일찍이 과거에 나아가 답안지를 쓰는데, 한 글자가 왕희지의 글씨와 비슷하게 되었다 한다. 그는 앉아서 하루 종일 살펴보다가 차마 버릴 수가 없어 그 답안지를 품에 넣고 돌아왔다 한다. 웬만한 사람 같으면 그 한 글자보다 과거에 급제하는 것이 더 중하다고 생각을 했을 것이다. 그러나 그는 과거에 급제하는 일도, 또 과거에 급제하여 명성도 얻고 벼슬도 얻고 돈도 벌고 권력도 쥐는 그런 일에는 관심이 없었다. 자기가 가장 아끼고 사랑하는 글자에 대한 애착과 관심만이 그를 사로잡았다. 그는 세속의 모든 탐욕을 뒤로 하고 자신이 가장 아끼는 그 글씨를 품에 넣고 돌아옴으로써 얻고 잃음에 초연한 심정과 자신이 가장 애착을 느끼고 관심을 갖게 만드는 한 가지 것에 몰입하는 마음가짐을 꾸밈없이 그대로 드러내 주었다.

자기를 온전히 잊는 몰두(沒頭)가 없이 이룰 수 없는 일이란 아무것도 없다. 잊는다는 것은 따지지 않는다는 말이다. 이것을 해서 출세에 도움이 될지, 먹고 사는데 보탬이 될지 생각하지 않는다는 뜻이다. 그 자체로 좋아서, 하지 않고는

189) 이철한, 『1년만 확실히 미쳐라』(서울 : 포스트인하우스, 2009).

견딜 수가 없어서 한다는 말이다. 평소 수백 수천 번을 써도 흡족하게 써지지 않던 글자가 제가 봐도 왕희지의 글씨와 흡사하게 써진 것이 그만 놀랍고도 신통해서, 몇 년에 한 번 열리는 과거 시험장에서 차마 답안지를 제출 하지 못하고 품에 안고 나왔다. 그 마음이 있었기에 그는 명필이 되었다. 미치지 않고는 안 된다. 적당히 해서는 이룰 수가 없다. 남들 하는 대로 해서는 희망이 없다.[190)]

존 고든 역시 행복한 인생을 위해서는 에너지 버스를 올바른 방향으로 이끌어 나가야 한다고 이야기하면서 이러기 위해선 열망과 비전 그리고 집중이 필요하다고 주장을 하고 있다. 또한 에너지 버스에 타고 있는 동안 즐기라고 조언을 하고 있다.[191)] 혼다는 바로 이러한 삶을 살아나갔던 것이다.

그는 오토바이와 자동차라는 하나의 우물만 집중적으로 파내려갔다. 그에게는 외도(外道)란 있을 수 없었다. 오직 오토바이와 자동차가 인생의 전부였으며 그는 이것에 자신의 모든 것을 바쳤다. 그것이 바로 오늘의 혼다를 있게 만든 중요한 원천이 된 것이다.

6) 교세라 그룹의 창업자인 이나모리 가즈오(稻盛和夫) 사례

일본에서 가장 존경받는 경영자 중 한 사람으로 손꼽히는 이나모리 가즈오는 젊은 시절 자신이 다니던 쇼후공업이라는 회사에서 몰입적인 연구를 하였다. 전후 혼란이 계속되던 시절이어서 기업여건도 좋지 않았으며 이 회사도 망할 위기에 처해있었다. 많은 입사동기들조차 이 회사의 미래를 어둡게 보고 떠나기 시작했지만 그는 우직하게 홀로 남아서 파인세라믹스 연구에 몰두하였다.

열악한 상황에서 시작한 연구 활동이었지만, 그는 끝내 이 연구를 단

---

190) 정민, 『죽비소리』(서울 : 마음산책, 2005), 37쪽.
191) 존 고든 지음, 유영만·이수경 옮김, 『에너지 버스』(서울 : 쌤앤파커스, 2007).

념하지 않았다. 그는 자신의 연구에 몰두하였고 이러한 집중과 몰입의 연구생활은 그 자신의 생활리듬까지 바꾸어 놓았다. 나중에는 기숙사를 오가는 시간마저 아까워 기숙사에 있던 취사도구를 연구실에 갖다놓고 연구실에서 먹고 자며 연구에만 몰두하였다. 지성(至誠)이면 감천(感天)이라고 그러다보니 놀라운 성과들이 쏟아져 나오기 시작했다. 연구를 시작한 지 1년 반 뒤, 그는 '마그네슘 감람석'이라는 새로운 파인세라믹스 합성이라는 쾌거를 이뤄냈다. 이는 일본 최초이자 세계 두 번째의 신소재로, 업계의 기존 판도를 바꿔놓기에 충분한 것이었다.[192]

이러한 쾌거는 바로 목표가 된 어떤 하나를 이루어내려는 집중과 몰입이 만들어 낸 결과이다. 만약 이나모리 가즈오가 입사동기들과 똑같이 이 회사의 미래를 어둡게 보고 떠났다면, 그리고 우직하게 홀로 남아서 파인세라믹스 연구에 몰두하지 않았다면 이러한 쾌거는 결코 얻어낼 수 없었을 것이다. 한 우물을 파는 정신, 바로 그러한 집중과 몰입의 정신이 이러한 쾌거를 만들어 낼 수 있었던 것이다. 집중과 몰입은 마치 부드러운 물방울이 커다란 바위를 뚫어버리듯이 상상하기 어려운 결과를 도출해내고 마는 것이다. 바로 이것이 집중과 몰입의 힘인 것이다.

7) 소니(Sony)의 '불타는 집단'사례

한때 일본 최고의 전자메이커였던 소니에는 연구개발을 담당하고 있던 '불타는 집단'이라는 조직이 있었다. 이름부터가 특이한 이 조직은 많은 새로운 소니의 신화를 만들어 낸 것으로 유명하다. 소니의 전 수석 상무였던 텐게 시로는 이 불타는 집단에 대해 다음과 같이 설명하고 있다.

CD 개발 과정에서 디지털 오디오 기기 기술 규격에 관하여 유럽 기업과 격

192) 이나모리 가즈오 지음, 김형철 옮김, 『소호카의 꿈』(서울 : 선암사, 2004). ; 황농문, 『몰입』(서울 : 랜덤하우스, 2008), 183쪽에서 재인용.

렬하게 경쟁하고 있었을 때, 원래 3~4년 정도 걸리는 업무용 디지털 기기를 반 년 만에 만들어냈다. 당시 개발자들에게 무리한 스케줄을 강요하여 철야 개발이 이어졌는데, 그 과정에서 갑자기 스위치가 켜진 것같이 아이디어가 생기기 시작했으며 곤란한 문제에 직면해도 이에 굴하지 않고 문제를 해결했다."[193]

이 같은 현상은 워크스테이션이나 'NEWS' 개발 때에도 나타났다고 한다. 그리고 소니의 독창적인 제품들은 바로 이들 '불타는 집단'에 의해 잇달아 출시된 것이라 한다.

도저히 개발이 단기간에 어려운 것이라 해도 무리한 스케줄을 강요하며 철야개발로 밀어붙이자 새로운 아이디어가 줄을 이어 터져 나왔다는 과거 연구에 참여한 자들의 증언에서 알 수 있듯이 우리 두뇌도 하나의 목적을 선택하고 이를 이루기 위해 쥐어짜는 식으로 몰아붙이면 목적을 달성할 수 있는 그 어떤 것을 얻어내게 된다는 것을 알 수 있다. 소니의 이러한 신화의 이면에도 올바른 목표를 선택하고 이를 달성하기 위한 몰입적 집중이 있었음을 알 수 있는 것이다.

8) 미라이 공업의 야마다 아키오(山田昭男) 사례

미라이 공업의 야마다 아키오 사장은 긍정적인 사고가 회사를 발전시킨다고 주장을 한다.[194] 그래서 그는 회사가 잘되기 위해선 사장부터 말단 직원에 이르기까지 모두 긍정적인 사고를 가지고 변화에 적응을 해 나가야 된다고 주장을 하는 것이다. 미라이 공업 주식회사는 1965년 8월에 만들어졌다. 그리고 전기 설비 자재 생산 회사로 발전을 거듭하고 있다. 연간 매상이 약 2,500억 원에 달하고 계열회사만도 열두 곳으

---

193) 『문예춘추』, 2007년 1월호, 일본판. ; 황농문, 『앞의 책』, 182-183쪽에서 재인용.
194) 야마다 아키오 지음, 김현희 옮김, 『야마다 사장, 샐러리맨의 천국을 만들다』(서울 : 21세기북스, 2007), 6장.

로 늘어난 큰 회사로 성장을 한 것이다.[195)]

야마다 사장의 궁극적인 목표는 일본 대기업들에 맞서 전기설비분야에서 당당히 경쟁할 힘을 갖춘 중소기업을 일구어내는 것이다. 실제로 이 회사는 전기설계 업계의 세계적인 브랜드인 마쓰시타 전공을 이겼다. 그의 꿈이 이루어진 것이다. 이 회사는 경상 이익률이 연평균 15% 이상에다가 연말연시 휴가는 19일이며 야근도 없다. 또한 잔업도 없으며 일일 근로시간이 7시간 15분, 연간 140일 휴가, 그리고 육아휴직 3년을 보장하고 있다. 그럼에도 급여는 지역에서 으뜸이고, 전 직원 정규직 종신고용에 70세 정년이며, 정리해고가 없다. 그리고 5년마다 전 사원 해외여행을 실시하고 있다. 한 마디로 늘 사원들의 복지를 최우선으로 생각하고 있는 것이다.[196)]

중소기업 처지에 있는 회사로서 많은 돈을 주면서 대기업과 경쟁하여 우수한 인재를 확보할 수는 없는 것이다. 따라서 미라이 공업은 20%의 우수한 인재뿐만 아니라 80%의 평범한 직원들에게 집중함으로써 사원의 의욕과 동기유발을 불러일으키는 경영의 차별화로 경쟁 우위를 확보하는 전략을 구사하고 있다.[197)] 실재로 뛰어난 인재들을 열심히 일하도록 하려면 많은 돈이 필요하다. 하지만 급여를 높이는 것은 한계가 있으므로 사원의 의욕을 높여 스스로 일하고 싶은 환경을 만드는 것이 중요하다는 것을 미라이 공업의 야마다 사장은 알고 있는 것 같다.[198)] 그래서 돈과 사원의 의욕증진 방안 중 후자를 선택하고 이에 집중을 한 것이다. 그리고 그러한 선택과 집중은 성공이라는 결과로 화답을 해주었던 것이다. 이러한 미라이 공업의 사례에서도 성공을 위해서는 지혜로운 선택과 집중이 중요하다는 점을 잘 보여주고 있다.

---

195) 『앞의 책』, 26-27쪽.
196) 『앞의 책』, 255쪽.
197) 『앞의 책』, 11쪽.
198) 『앞의 책』, 12쪽.

9) 투자의 귀재 워렌 버핏(Warren Edward Buffett)의 사례

워렌 버핏도 몰입적 사고를 하기로 유명하다. 워렌 버핏은 미국의 기업인이자 투자가이며, 『포브스』지에 따르면 2008년 10월 기준 그의 재산은 약 580억 달러로 빌 게이츠를 제치고 세계 1위를 차지하고 있으며, 15년 친구인 빌 게이츠의 재단에 재산의 85%인 370억 달러를 기부하겠다고 밝힌 바 있다.[199)]

워렌 버핏의 이러한 성공은 하늘로부터 그냥 주어진 것이 아니다. 그의 꼼꼼하면서도 치밀한 노력의 결과였다. 수많은 일중에서 자신에게 필요한 일을 귀신처럼 찾아내고 일단 선택이 된 일에 쏟아 붓는 그의 집중된 노력이 오늘의 그를 만들어 낸 것이다.

그는 1960년대 중반 벤저민 그레이엄의 투자 전략을 재검토하여 어떤 회사가 최고의 투자 대상이고 지속적으로 가장 많은 돈을 벌어줄지를 알아내는 두 가지 방법을 발견했고 이를 통해 창조한 투자 전략은 놀라운 성과를 보여줬으며 그는 오마하의 현인으로까지 불리게 되었다. 하지만 그가 재무제표의 어떤 항목에 집중하고 어떤 의미를 부여해 기업을 평가하는지에 대해 스스로 밝힌 바가 없기에 그의 투자법은 여전히 풀리지 않는 수수께끼로 남아있다.[200)] 그러나 그의 투자법을 그와 같이 일했거나 또는 가족의 성원으로 그를 지켜보았던 사람들의 이야기를 통해 추론을 해 보면, 그는 장기적 경쟁우위를 지닌 기업의 주식에 관심을 갖고 그 기업의 대차대조표, 손익계산서, 현금흐름표 등 3대 재무제표에 나오는 각각의 계정항목을 꼼꼼히 그리고 집중적으로 살펴본 후에 투자에 대한 확신이 서면 그 기업에 주식을 사들인다는 것이다.[201)]

---

199) http://ko.wikipedia.org/wiki/%EC%9B%8C%EB%9F%B0_%EB%B2%84%ED%95%8F ; 『한겨레』 2006년 6월 27일.

200) 메리 버핏 · 데이비드 클라크 지음, 김상우 옮김,『워렌 버핏의 재무제표 활용법』(서울 : 부크홀릭, 2010). ; http://www.mt.co.kr/view/mtview.php?type=1&no=2010011310252383925&outlink=1

선택부터 그리고 집중적인 분석에 이르기까지 그는 다른 사람들과 비교해 보아 엄청나게 차별화된 투자를 하고 있음을 알 수 있다. 그냥 막연한 감으로 투자를 하는 그런 사람이 절대 아닌 것이다. 그는 이러한 올바른 선택과 집중을 통해 투자의 귀재로 군림하게 되었고, 세계 최대의 갑부가 된 것이다. "어떤 사람은 플레이보이를 읽지만 나는 재무제표를 읽는다. 투자자라면 수많은 기업의 사업보고서와 재무제표를 읽어야 한다."[202]는 그의 말에서 올바른 선택을 하고 집중적인 분석을 하는 노력하는 투자자의 바람직한 상을 느껴볼 수 있다.

10) 마이크로소프트의 빌 게이츠(Bill Gates)의 사례

빌 게이츠(Bill Gates)는 "Think Week"라는 사고 주간을 두어 일 년에 두 번, 인적 없는 외딴 별장에서 일주일씩 시간을 보낼 만큼 몰입적 사고를 중요하게 활용하고 있다. 마이크로소프트의 비전 중 상당수가 바로 이 사고 주간의 몰입적 사고에서 결정된 것으로 알려져 있다. 이들의 공통점은 모두 주어진 문제에 대하여 극한의 몰입을 지속함으로써 해결점을 찾아낸다는 것이다.[203]

사고 위주의 몰입 개념을 가장 잘 적용하고 있는 회사는 마이크로소프트다. 이 회사는 모든 연구원이 사무실을 혼자서 사용하도록 배려하는 세계 유일의 대기업이다. 일정한 근무 시간만 지키면 출퇴근도 자유롭다. 그 대신 팀장은 각자의 일을 정확하게 정의해준다. 자율성을 극대화하고 몰입할 수 있는 가장 이상적인 직장환경을 제공하는 것이다.

또 이 회사는 사내 인터넷에 임원 각자가 회사와 관련하여 해결해야

201) 『앞의 책』; http://www.mt.co.kr/view/mtview.php?type=1&no=2010011310252383925&outlink=1
202) 『앞의 책』; http://www.mt.co.kr/view/mtview.php?type=1&no=2010011310252383925&outlink=1
203) 황농문, 『앞의 책』, 7쪽, 240쪽.

할 중요한 문제들을 올려서 모두가 공유한다. 사고 주간(think week)에 들어갈 사람은 이 문제 중에 하나를 선택해서 사고 주간 동안 집중적으로 생각하는데, 그 기간 동안 생각한 결론을 다시 사내 인터넷에 올리면 빌 게이츠를 포함한 전체 임원들이 그것을 읽고 평가한다. 빌 게이츠와 마이크로소프트의 생각하는 습관이 오늘날 이 회사를 세계에서 손꼽히는 창조적 기업으로 만든 것이다.[204]

마이크로소프트사처럼 사우스웨스트 항공사(Southwest Airline)의 한 사업부도 일주일 중 하루를 생각하는 날로 정해서 하루 동안 사무실을 벗어나 호숫가를 거닌다거나 책을 읽을 수 있도록 배려하고 있다. 이를 통해 직원들은 삶의 에너지를 충전하기도 하고 자기가 하고 있는 업무에 대한 생각을 정리하기도 한다. 이 제도를 시행한 후 직원들은 오히려 효율적인 업무 수행으로 생산성이 높아졌다는 반응을 보이고 있다 한다.[205] 이것 역시 생각의 시간을 줌으로 해서 이 시간을 통해 보다 자신의 문제에 몰입하게 하고 이를 통해 문제해결의 키를 발견하게 하는 것이다. 생각하는 시간을 습관화하고 이에 몰입함으로써 생산성을 높여나간 마이크로소프트사의 사례와 매우 유사한 사례라 볼 수 있다.

11) 인텔 회장 앤드루 그로브(Andrew Grove)와 바둑 왕 이창호 사례

"오직 한 가지 일에 몰두하는 편집광만이 살아남는다."는 유명한 말을 한 인텔의 회장 앤드루 그로브는 유태인으로서 미국이라는 사회에 적응하기 위해 처절하게 몸부림친 사람이다. 경영자가 된 후 휴가를 떠났다가도 열 시간이 넘게 비행기를 타고 와서 회사를 둘러볼 정도로 일

204) 『앞의 책』, 7쪽, 240쪽.
205) 김현기, 『선택과 집중의 기술』(서울 : 한스미디어, 2007), 137쪽.

에 집착했던 그의 편집광적인 기질은 'Intel inside' 캠페인에서 빛을 발한다. 그는 경쟁사를 따돌리기 위해 소비자들에게 인텔 상품이 부착된 PC를 사도록 유도하는 전략에 연간 2천만 달러가 넘는 광고를 쏟아 부었다. 주위에서는 미친 짓이라고 했지만, 그 후 인텔의 전 세계 매출은 63퍼센트나 증가해 세계에서 '코카콜라'와 '말보로' 다음으로 가치 있는 브랜드로 선정되는 성과를 가져왔다. 그는 "경쟁자가 뒤쫓아 오고 있다면 그들을 앞질러야만 살아남을 수 있다. 그러기 위해서는 한 방향을 정하고 온힘을 다해 달려야 한다. 이쪽저쪽 헤매다간 힘만 분산될 뿐이다"라고 말했다.[206)]

우리나라에도 그로브 못지않은 편집광이 있다. 바로 바둑기사 이창호다. 그는 고려대와 경희대로부터 특기생 입학 제의를 받았지만 '바둑에 전념하기 위해' 거절했다. 고학력을 중시하는 한국사회에서 대학입학 제의라는 특전을 뿌리치기란 쉬운 일이 아니지만, 그가 그런 과감한 결단을 할 수 있었던 것은 오직 바둑에만 빠져 있었기 때문이다. '이창호는 프로바둑기사이다'라는 브랜드를 성공시킨 것은 결국 학벌도, 나이도, 가정도 아닌 바둑에 대한 열정과 집착이었던 것이다.

12) 얼라이드시그널(AlliedSignal)의 최고경영자 래리 보시디(Larry Bossidy) 사례

래리 보시디가 제너럴일렉트릭(GE)에서 34년을 재직한 후 얼라이드시그널(AlliedSignal)의 최고경영자로 부임할 때 그가 받은 얼라이드시스널회사의 현실은 너무나 그에게 충격적인 것이었다. 회사의 어려운 형편을 짐작하지 못한 바도 아니었고, 회사에 열심히 일하는 인재들이 없

206) http://www.kyobobook.co.kr/product/detailViewKor.laf?mallGb=KOR&ejkGb=KOR&linkClass=&barcode=9788992538299&orderClick=JAG ; 이내화, 『앞의 책』.

었던 것도 아니었지만 노력이 효율적이지 못하고 목표를 달성하는데 큰 가치를 두지 않은 탓으로 많은 어려움을 양산하고 있었던 것이다. 그는 동료에게 다음과 같은 말을 듣고 이 회사의 근본적이면서 내재적인 문제점을 간파할 수 있었다. "우리 회사에는 화학 사업부의 문화와 자동차 사업부의 문화, 항공우주 사업부의 문화가 공존합니다. 하지만 각 사업부의 조직문화가 서로 우호적인 편은 아닙니다." 그는 바로 이 말에 다음과 같이 대답을 했다. "투자자들이 사는 우리 회사의 주식은 한 가지뿐입니다. 우리에게 필요한 것은 하나의 브랜드이지요."207)

이 대답에서 래리 보시디의 목표를 향한 하나로의 통합과 그리고 통합된 회사 시스템을 통해 설정된 목표를 집중적으로 성취해나가는 실행력을 강조하고자 하는 단호한 생각을 읽을 수 있다. 그의 생각의 핵심은 바로 하나로의 선택과 이에 대한 집중의 실행이었던 것이다.

13) 한 고조 유방의 돌아갈 다리를 스스로 파괴한 사례

니콜로 마키아벨리(Niccolo Machiavelli)는 '고대의 군사지휘관들은 절박한 필요성의 강력한 힘과, 그것이 병사들로 하여금 필사적으로 용기를 발휘하게 한다는 것을 잘 알았기 때문에 부하들이 절박한 필요성을 느끼게 만드는 일을 우선적으로 행하였다.'208)고 주장을 하고 있다. 더 이상 물러설 것이 없다는 한계상황은 경우에 따라서는 인간에게 초능력을 낳게 만들기도 한다. 임진왜란 당시 이순신 장군의 "죽으려고 하는 자는 반드시 살 것이요, 살려고 하는 자는 반드시 죽을 것이다."(必死則生 必生則死)라는 결연한 사생관이 패배할 수밖에 없는 전쟁을 승리로 바

207) 래리 보시디, 램 차란 지음, 김광수 옮김, 『실행에 집중하라』(서울 : 21세기북스, 2004), 12-14쪽.

208) 로버트 그린 지음, 안진환·이수경 옮김, 『전쟁의 기술』(서울 : 웅진 지식하우스, 2007), 84쪽.

꾸어 놓았던 것이다. 결연한 의지로 정신을 집중할 때 초능력적 힘이 발휘가 되는 것이다. '정신일도 하사불성'(精神一到何事不成)이란 말도 이와 맥을 같이 하는 말이다.

이러한 결연한 집중력을 보여주는 좋은 사례로 기세등등한 항우에게 대적할 뜻이 없음을 보여주는 한편, 자기 부하들로 하여금 오로지 살 길은 하나임을 각성시키기 위한 조치로 한 고조 유방(劉邦)이 돌아갈 다리를 스스로 파괴한 사례를 들 수 있다. 이해의 편의를 위해 이를 간단히 요약하여 설명하면 다음과 같다.

유방이 파촉에 갓 부임하였을 때 유방의 책사인 장량(張良)[209]은 유방에게 "대왕께서는 이곳까지 오기 위해 골짜기에 가설한 잔도(棧道)를 불살라 버리십시오. 다시 관중으로 귀환할 마음이 없다는 걸 천하에 보여줄 필요가 있고, 그렇게 해야만 항우를 미혹할 수 있기 때문입니다." 라고 간하였다 한다. 유방은 그의 말을 받아들여 사람을 보내서 잔도를 몽땅 불살라버리도록 하였다. 이 일로 인해 초왕 항우는 유방을 다시는 의심하지 않게 되었다 한다.[210] 항우의 마음을 더욱 확실하게 굳히기 위해 장량은 항우에게 "한왕은 관중의 왕이란 자리를 잃고 이미 촉(蜀)에 부임하였습니다. 절대로 다른 마음이 없습니다."라는 내용이 담긴 편지를 보내기도 하였다 한다.[211]

장량과 유방은 이러한 책략을 통해 자신의 목을 향한 항우의 날카로운 예봉을 피하고 다른 한편으로는 부하장졸들에게 죽음을 다해 이 위기를 극복하지 않고서는 결코 살아남을 수 없다는 비장한 각오를 가지게 만들었던 것이다. 이러한 선택과 집중을 통해 유방은 항우로부터의 공격위기를 극복할 수 있었고 나아가 항우를 제압하고 중국천하를 평정

---

209) 장자방(張子房)이라고도 불렸다.
210) 렁청진 편저, 장연 옮김, 『지전(智典) 1 : 춘추전국시대 편』(서울 : 김영사, 2003), 193쪽.
211) 『앞의 책』, 194쪽.

할 수 있었으며 한나라를 건국할 수 있었던 것이다.

14) 한신(韓信)의 배수진 전법 사례

자신의 부하들에게 오로지 살길은 최선을 다해 죽기를 각오하고 싸울 수밖에 없다는 집중의 사고를 병법으로 시현시킨 사례가 바로 한신의 배수진 전법이라 할 수 있다. 불후의 명저 『사기(史記)』의 저자인 사마천(司馬遷)[212]도 『인상여열전(藺相如列傳)』에서 "무릇 죽음의 고비에 이른 사람이라면 반드시 용감해지게 마련이다."라고 말했는데 이러한 병사들의 심리를 한신은 꿰뚫어 보고 이를 승리를 위한 용병술로 활용을 하였던 것이다.[213] 이해의 편의를 위해 이를 간단히 요약하여 설명하면 다음과 같다.

대장군 한신(韓信)[214]이 조(趙)나라를 공격할 준비를 하였다. 이 소식

---

212) 사마천은 아버지 사마담(司馬談)의 유지를 받들어 『사기』저술에 착수하였다. 그러나 저술에 몰두한 그는 흉노의 포위 속에서 부득이 투항하지 않을 수 없었던 벗 이릉(李陵)장군을 변호하다가 황제의 노여움을 사서, 남자로서 가장 치욕스러운 궁형(宮刑)을 받았다. 그는 옥중에서도 저술을 계속하여 기원전 95년 황제의 신임을 회복하였고, 환관의 최고위직인 중서령(中書令)이 되었으며, 기원전 90년에는 마침내 『사기』를 완성하였다. 렁청진 편저, 장연 옮김, 『지전(智典) 2 : 전한·후한 편』(서울 : 김영사, 2003), 72쪽.

213) 렁청진 편저, 장연 옮김, 『지전(智典) 2 : 전한·후한 편』, 73쪽.

214) 진(秦)나라 말 난세에 한신(韓信)은 출사를 하여 초(楚)나라의 항우(項羽) 밑으로 들어가지만 볼품없는 외모 때문에 십년 가까운 세월을 하찮은 하급관리 벼슬을 하면서 보내지만 속으로는 천하를 측량하는 큰 뜻을 품고 있었다. 일찍이 항우의 군사 범증(范增)은 그의 큰 뜻을 알아보고 항우에게 여러 차례 죽이던지 등용 하라고 간언 했지만 항우는 한신의 용모가 대수롭지 않음을 들어 그때마다 거절 했다. 결국 항우에게 실망한 한신은 한고조(漢高祖) 유방(劉邦)을 찾아 가 그곳에서 자신의 큰 뜻과 비범한 사람됨을 알아 본 승상 소하(蕭何)의 추천으로 한의 대원수로 발탁 된다. 그리고 그는 연전연승을 한다. 마침내 초나라와 자웅을 겨루게 되고 급기야는 1백 30만에 달하는 군세로 '해하'(垓下)에서 초패왕 항우를 완벽하게 섬멸시켜 버림으로써 유방에게 천하를 안겨 준다. 그리고 그는 제나라의 제왕(齊王)에 이어 초나라의 초왕(楚王)으로 임명되었다. 그러나 한신의 힘이 지나치게 커지는 것을 은근히 경계하고 있었던 유방과 유방의 처 여황후가 결탁하여 한신을 모반 사건에 연루 시켜 결국에는 형장의 이슬로 사라지게 하였다. 이때 한신이 말한 '토사구팽'이란 말이 지금까지 전해 내려오면서 회자되고 있다. http://blog.naver.com/samshin0?Redire

을 들은 조나라 왕과 성안군(成安君) 진여(陳余)는 20만 대군을 정형(井陘) 입구에 집결시키고 전투태세에 들어갔다. 이때, 조나라 왕의 모사인 광무군(廣武君) 이좌거(李左車)가 성안군에게 건의하였다. "한신의 군대가 진을 구축하기 전에 정예부대 3만을 보내 그들의 보급로를 차단하고, 앞뒤에서 협공하는 것이 좋겠습니다. 그렇게 하면 장이(張耳)와 한신을 사로잡을 수 있습니다." 그러나 성안군은 공부만 해온 선비 출신이었기 때문에, 속임수나 떳떳하지 못한 계책을 쓰려하지 않았다.[215)]

한신은 첩자를 시켜 조나라 진영의 동정을 알아보게 한 후, 성안군이 광무군의 계책을 들어주지 않았다는 보고를 받고 크게 기뻐하였다. 한신은 조금도 거리끼지 않고 군사들을 이끌고 조나라 땅으로 들어가, 조나라 군대가 집결해 있는 정형에서 30리쯤 떨어진 곳에 진을 쳤다. 한밤이 되자, 한신은 출동 준비 명령을 내렸다. 이미 선발된 2천 명의 날렵한 무장 기병들에게 붉은 깃발 하나씩을 나누어 주고, 샛길을 따라 산으로 들어가 조나라 진영이 잘 보이는 곳에 숨어있으라고 작전 지시를 한 다음, 이렇게 당부하였다.[216)]

"조나라 군대는 우리들이 도망치는 것을 보면 성벽의 수비를 비워두고 우리를 추격할 것이다. 그러면 너희들은 신속하게 성벽에 침입하여 조나라 군대의 깃발을 뽑아 버리고 우리 한나라의 붉은 깃발로 바꿔 세우도록 하여라. 오늘 조나라를 쳐부순 후에 배부르게 먹어 보도록 하자." 이와 별도로 한신은 정예병 1만 명을 선발하여 먼저 정형의 입구에서 강을 등지고 진을 치게 하였다. 조나라 군사들은 멀리서 한신 군대의 이러한 진법을 바라보며 크게 웃었다.

---

ct=Log&logNo=100002156794

215) 링청진 편저, 장연 역,『지전(智典)』, 199쪽. ; 史記 ; 淮陰侯列傳 ; http://blog.naver.com/samshin0?Redirect=Log&logNo=100002156794

216) 사기(史記) ; 회음후열전(淮陰侯列傳) http://blog.naver.com/samshin0?Redirect=Log&logNo=100002156794

날이 밝을 무렵, 한신은 군사들을 이끌고 진격하였다. 쌍방 간에 치열한 격전이 벌어졌다. 잠시 후, 한나라 군사들이 패주를 가장하여 강가에 쳐놓은 진영으로 퇴각하자, 조나라 군사들은 기세가 올라 본진을 벗어나 한나라 군사들을 추격하기 시작하였다. 이때, 한신은 주력 부대의 출전을 명령하였고, 배수의 진을 친 병사들은 더 이상 도망할 곳이 없었기 때문에 맹렬하게 조나라 군사들과 싸웠다. 조나라 군사들은 다른 선택의 여지가 없어 필사적으로 저항하는 한나라 군사들을 물리치지 못하게 되자, 진영으로 돌아가려고 하였다. 그런데 뜻밖에도 성벽 위에는 온통 붉은 한나라 깃발들이 나부끼고 있었다. 이를 본 조나라 병사들은 혼란에 빠져 모두 도망하기 시작하였다.

승리는 한나라의 것이었다. 한나라 군사들은 성안군을 죽이고, 조나라 왕을 사로잡았다. 그리고 한신은 붙잡혀 끌려온 광무군을 풀어주고 그를 자신의 스승으로 모셨다. 전투가 끝난 후, 한신은 모든 장군들과 함께 승리를 축하하는 자리를 베풀었다. 어떤 장군이 한신에게 물었다. "병법에서 말하길, '진을 칠 때에는 산이나 언덕을 오른편에 두거나 뒤에 두어야 하고, 강과 연못은 앞이나 왼편에 두어야 한다.'라고 하였습니다. 그런데, 장군께서는 저희들에게 강물을 뒤에 두고 진을 치게 하셨으니, 이것은 무슨 전술입니까?"

한신은 웃으면서 이렇게 대답하였다. "장군들, 이것도 병법에 있는 것인데, 그대들이 주의해서 보지 않았던 것뿐이오. '사지에 몰아넣은 후에야 살게 되고, 망할 지경이 되어서야 존재하게 된다.'라고 병법에서 말하지 않았소? 이번 전투는 길거리에 있는 백성들을 몰아다가 싸우는 것과 같았기 때문에, 이런 형세에서는 그들을 사지에 몰아넣어 스스로 싸우게 하지 않고, 빠져나갈 수 있는 곳에 있게 하였다면 모두 달아나 버렸을 것이오."217)

병사들로 하여금 배수의 진을 치게 만들어 죽음이외에는 더 이상 출구가 없다는 한계상황을 인식케 하여, 살기위해서는 죽음을 각오하고 싸우지 않으면 안 된다는 전의를 가지게끔 만들고 이를 행동으로 옮길 수밖에 없게 했던 한신의 병법도 결국 선택과 집중에 충실한 리더십에서 비롯된 것이었다.

15) 놀라운 집중력으로 위대한 과학자가 된 사람들의 사례

① 이삭 뉴턴(Isaac Newton)

"어떻게 만유인력의 법칙을 발견했느냐"는 질문에 이삭 뉴턴이 "내내 그 생각만 하고 있었으니까"라고 간단히 대답할 수 있었던 것[218]도 바로 그의 집중력을 잘 대변해 주는 것이다. 그의 집중력은 대단한 것이었다. 일단 어떤 문제에 빠져들면 그는 밥 먹는 것도 잠자는 것도 잃어버렸다고 한다. 그리고 이러한 집중적 사고가 지배한 삶이 잠시가 아니라 심할 경우 몇 년이 걸리기도 했다한다. 시간이 얼마나 흐르건 간에 문제가 만족스럽게 풀릴 때까지 그의 생각은 그 문제에 집중되어져 있었던 것이다.

> 뉴턴(Isaac Newton)은 한 가지 문제를 붙잡으면 밥 먹는 것도, 잠자는 것도 잊어버렸다. 접시채로 내버려둔 음식 때문에 그의 고양이는 나날이 뚱뚱해졌고, 밤잠을 설치고도 뉴턴 자신은 밤을 새웠다는 것조차 몰랐다고 한다. .... 그를 식탁으로 불러들이려면 식사가 준비되기 30분 전부터 불러대야 했으며, 식탁에 앉아서도 책을 들여다보느라 음식에 손도 대지 않는 일이 허다했다. ...... 뉴턴의 몰입적 사고는 한 문제가 풀릴 때까지 몇 개월, 심지어 몇 년 동안이나 지속되었다. ...... 케임브리지 대학 루카스 석좌교수로 학교에서 연구하던 학기 중을 제외하면 그의 거의 모든 시간을 자기 방에 틀어박혀 연구하는 것으로 보냈다.[219]

---

217) 사기(史記) ; 회음후열전(淮陰侯列傳) http://blog.naver.com/samshin0?Redirect=Log&logNo=100002156794

218) 황농문, 『앞의 책』, 21쪽.

② 앨버트 아인슈타인(Albert Einstein)

이러한 집중력을 잘 보여주고 있는 또 다른 사람으로 앨버트 아인슈타인을 들 수 있다. 그 역시 “나는 몇 달이고 몇 년이고 생각하고 또 생각한다. 그러다 보면 99번은 틀리고 100번째가 되어서야 비로소 맞는 답을 얻어낸다.”고 말하였다.[220] 그 역시 생각의 집중을 통해 일반 사람이 도달할 수 없는 세계에 도달을 한 것이다. 실제로 앨버트 아인슈타인이 상대성이론을 완벽하게 증명하기까지는 10년 이상의 연구가 필요했다. 그의 위대함은 천재적 직관보다는 집요하게 매달린 그 실행력에 있다.[221] 어떤 한 연구주제를 선택하고 이에 집중하는 그 집요한 실행력이 그의 천재성을 더욱 부각시킨 결과라고 볼 수 있다. 결국 앨버트 아인슈타인의 천재성도 올바른 선택과 집중의 실행 결과임을 알 수 있는 것이다.

③ 리처드 파인만(Richard Phillips Feynman)과 폴 에어디시(Paul Erdos)

양자역학을 새로이 정립한 공로로 노벨 물리학상까지 수상한 과학자인 리처드 파인만은 잠에서 깨자마자 머릿속으로 미적분 문제들을 풀기 시작하고 차를 몰면서도, 거실에 앉아서도, 밤에 침대에 누워서도 미적분을 했다한다.[222]

그리고 ‘방랑 수학자’, ‘화성에서 온 수학자’ 등의 별명을 얻은 헝가리 출신의 전설적인 수학자인 폴 에어디시는 날마다 19시간씩 수학을 생각하고 저술하였으며 아내도, 아이도, 직업도, 취미도, 심지어 살 집도 없이 평생을 수학에 바친 덕으로 보통의 수학자가 평생에 한 편 쓸

---

219) 『앞의 책』, 22-23쪽.
220) 『앞의 책』, 35쪽., 136쪽.
221) 래리 보시디, 램 차란 지음, 김광수 옮김, 『앞의 책』, 57-58쪽.
222) 황농문, 『앞의 책』, 23-24쪽.

까 말까 한 수준 높은 논문을 1,500편[223)] 가까이 발표했다.[224)]

④ 데이비드 힐베르트(David Hilbert)

독일의 수학자인 데이비드 힐베르트 역시 집중의 중요성을 누구보다 잘 알고 있었고 또한 이를 실행한 사람이다. 그는 올바른 수학자가 되기 위해선 절대 결혼을 해선 안 된다고 주장을 하였다.[225)] 결혼을 하여 가정을 꾸리게 되면 아이들과 같이 뛰놀아야 되고 필요에 따라서는 아내랑 갈등을 겪고 씨름을 해야 되는데 그러면 집중력이 분산이 된다는 것이다. 오직 수학에 대해서만 하루 종일 생각해도 부족할 텐데 이렇게 에너지를 낭비하는 그런 환경을 만들지 말라는 뜻을 담고 있는 것이다.[226)]

⑤ 알렉산드르 류비셰프

알렉산드르 류비셰프는 러시아 과학자인데 그가 세상을 떠날 때까지 남긴 학술서적이 70여 권이고 연구논문이 1만 2500여 장이었다. 그리고 지인이나 논쟁의 대상자들에게 보낸 편지와 일기의 양이 실로 어마어마했다 한다. 또한 자신의 전공분야인 곤충학 이외에 철학이나 역사, 문학 등에 대해서도 매우 폭넓은 연구를 하였다. 그리고 연극, 영화, 음악 등 다양한 문화 활동을 좋아해서 한 해 평균 60여 차례 공연을 관람하고, 정기적으로 산책과 수영을 즐겼으며, 매일 8시간씩 숙면을 취했다 한

---

223) 정확하게는 1475편을 썼다고 한다.

224) 황농문, 『앞의 책』, 25쪽. ; http://en.wikipedia.org/wiki/Paul_Erdos

225) 데이비드 힐베르트는 '수학자는 결혼을 해서는 안 된다.'는 자신의 주장과는 달리 자기 자신은 결혼을 하였다. 그는 1892년 제로슈(Käthe Jerosch)라는 여인과 결혼을 하였고 슬하에 플란츠 힐베르트(Franz Hilbert)라는 아들을 두었다. http://en.wikiped ia.org/wiki/David_Hilbert

226) http://www.upkorea.net/news/articleView.html?idxno=9065

다.[227] 그의 이러한 엄청난 연구 활동과 풍요로운 여가활동은 그의 선택과 집중에 따른 생활의 자세에서 출발을 하였다고 볼 수 있다. 그는 24시간을 효율적으로 쪼개 철저히 일정관리를 하였는데 그 방식은 하루를 크게 3등분 하고 1시간을 여러 단위로 쪼갠 시간 관리법을 사용한 것이다. 그리고 장기적인 인생관리 계획도 100살까지 크게 5년 단위로 쪼개어 이를 세분화시켜 꼼꼼하게 작성을 하고 이를 실천했던 것이다.[228] 이러한 체계적이고 조직적인 시간의 선택과 이에 대한 집중이 한 사람으로는 도저히 이루기 힘든 위업을 달성할 수 있게 해 준 것이다.

16) 고슴도치같이 자신을 지켜 낸 스위스 사례

비록 사자나 호랑이처럼 힘이 없지만 몸에 돋아난 가시라는 선택에 집중함으로써 이들의 힘에 굴복하지 않을 수 있는 신체구조를 가진 것이 바로 고슴도치이다. 그러기에 고슴도치는 사자나 호랑이도 함부로 범할 수 없는 존재로 여겨진다.

2차 대전 당시 나치의 무력적 공갈과 협박을 이겨낸 스위스를 사자나 호랑이 앞에 선 고슴도치로 비유할 수 있을 것이다. 스위스는 2차 대전 당시 나치독일의 전쟁 상대가 될 수 없는 열악한 국력이었지만 고슴도치와 같이 전 국토를 요새화하고 무력저항전력을 공고히 확보하고 국민이 하나가 되어 전투의지를 극대화함으로써 나치의 스위스침공을 포기하게 만들었다.

나치 독일은 스위스의 이러한 저항의지와 능력을 확인한 후 스위스를 침공하지 않고 우회하여 남부전선으로 전장을 확대해 나갔다. 이러한 것은 스위스가 자신이 가지고 있는 자원이 나치 독일에 비해 턱없이

227) 김혜경, "지금, 틈 좀 있으세요?", 『행복한 동행』, 2010년 3월 호, 15쪽.
228) "앞의 글", 15쪽.

부족했지만 자신들이 동원할 수 있는 자원, 예를 들자면 알프스산맥이라는 천혜의 자원, 앞을 내다보고 준비 해둔 전 국토의 요새화, 짜임새 있고 고도로 잘 훈련된 예비군 등 무력저항전력의 확보, 그리고 무엇보다 중요한 것으로 국민이 하나가 된 전투의지 등을 잘 선택하고 이것에 집중하였기 때문에 나치 독일의 침공을 막아내고 전화(戰禍)의 비극으로부터 벗어 날 수 있었던 것이다.

17) 동의보감(東醫寶鑑)[229]을 쓴 허준(許浚)[230] 사례

허준을 모르는 사람은 거의 없을 것이다. 조선의 이름 난 명의(名醫)로 역사적으로 잘 알려진 허준은 집념의 사나이였다고 해도 과언이 아닐 정도로 자신이 하고자 하는 일은 만사를 제치고 해내고야 마는 사람으로 알려져 있다. 이와 관련된 좋은 사례가 있어 간단히 소개해보고자 한다.

그는 지금으로 말하자면 국가의사시험에 응시를 하고 합격하기 위해 한양으로 가는 길에 어느 마을을 지나다가 못된 병에 걸린 사람들을 치료하게 되었다. 갈 길이 멀고 시일도 촉박하지만 자신의 손길만을 기다리는 그들을 외면하지 못한 허준은 최선을 다해 그들을 치료하기 시작하였다. 받아 놓은 날은 빨리 지나가는 법인지 과거를 보는 날은 빨리 다가오고 이제 떠나지 않으면 시험조차 볼 수 없는 지경에 이르게 되었다.

웬만한 사람 같으면 이 정도했으면 의사로서의 최선은 다했다고 스스로 자위하면서 그 자리를 물러나 자신의 시험을 보러 올라갔을 텐데 그는 자신의 일인 과거시험 응시와 타인의 일인 병자치료하기 사이에서

---

229) 1610년(광해군 2) 허준(許浚)이 저술한 의학서적으로서 동아시아 의학을 집대성한 것으로 평가받는다. 2009년 7월 31일 세계기록유산으로 등재되었다. http://100.naver.com/100.nhn?docid=50390

230) 조선 중기의 의학자로 선조와 광해군의 어의를 지냈으며 1610년(광해군 2)에 조선 한방의학의 발전에 기여한 『동의보감』을 완성했다. http://100.naver.com/100.nhn?docid=188706

갈등을 하다가 병자를 치료하는 방향으로 결정을 내리고 과거시험도 뒤로 한 채 병자들의 치료에 전념을 기울였다. 그 결과 그 마을의 병자들은 몹쓸 병에서 회복을 하게 되지만 정작 허준이 목적하고 올라온 과거시험 응시는 물 건너가게 되는 것이다. 그는 그러나 이러한 자신의 결정을 후회하지 않고 오히려 의사로서 자신이 행한 행위를 자랑스럽게 생각하였다한다.

바로 여기에서 우리는 허준의 집념을 읽을 수 있다. 의사로서 자신의 본업이 무엇이며 할 바가 무엇인지를 정확히 알고 그를 위해 자신의 모든 것을 포기하고 의사로서의 본업을 위해 병자들을 돌보아 그들을 쾌차시킨 그의 의사로서의 집념은 시대를 달리하고 공간을 달리한다고 해도 달라질 바가 없을 것으로 사료되는 것이다.

18) 독일 나치군대의 마지노선 돌파 사례

자원의 한계를 극복하는 가장 좋은 방법이 선택과 집중이라고 말하였다. 여기에서는 그 예로 2차 대전 개전 초에 있었던 독일 나치군대의 마지노선 돌파를 위한 작전계획이 담고 있는 뜻을 분석해 보기로 하자.

독일군은 2차 대전 개전 초에 기계화사단을 이용한 전격전(Blitz Krieg)을 구사하여 유럽을 순식간에 손아귀에 거머쥐었다. 전격전이란 팬저(Panzer)와 같은 전차(戰車)를 중심으로 편성된 기계화병단을 공격의 주체로 삼고, 스튜카(Ju-87 Stuka)와 같은 급강하 폭격기와 낙하산 부대의 긴밀한 협조지원 하에 보병이 한 지점을 강타하여 돌파구를 형성하면 기계화병단이 그대로 그 돌파구를 이용하여 후방 깊숙이 돌진해 나가는 전법이다.[231]

프랑스 장군 샤를 드골(Charles De Gaulle)이 군 수뇌부를 향해 많은

---

231) 정우일, 『리더와 리더십』(서울 : 박영사, 2006), 97쪽.

경고를 하였음에도 불구하고 프랑스는 자칭 난공불락이라 부른 마지노선(Maginot Line)[232]에만 너무 지나치게 의존했다가 2차 대전 초기에 벨기에의 아르덴(Ardennes) 숲을 거쳐 스당(Sedan) 부근을 돌파한 독일군의 우회기동 전술에 속절없이 당해 통신과 지휘계통이 무너져 전투다운 전투라고는 해 보지도 못하고 독일 앞에 무릎을 꿇고 만 것이다.[233] 이러한 독일의 기동루트는 제1차 세계대전 때에 이용이 되어졌던 것과 유사한 것이다. 1914년 독일군은 벨기에를 통해 프랑스를 전격 공격했던 것이다. 프랑스는 역사의 쓰라린 교훈에서 제대로 배우지 못해 굴욕을 두 번이나 받게 되었던 것이다.

독일군은 프랑스가 자랑하는 난공불락의 마지노선의 허점을 잘 알고 있었고 이를 이용하여 마지노선이 아닌 벨기에의 아르덴 숲 등 특정한 공간을 선택하고 이를 전격전이라는 기동작전을 통해 집중적으로 공략함으로써 돌파구를 마련할 수 있었고 이를 통해 포위 위력공격을 감행함으로써 프랑스 지역에 길게 늘어서있던 마지노선을 쉽사리 붕괴시킬 수 있었던 것이다. 바로 선택과 집중을 통해 전투에서 기선을 잡고 이를 바탕으로 프랑스를 굴복시킬 수 있었던 것이다.

당시 프랑스 육군은 유럽 최강의 군대였다. 그러나 독일의 전격전과 마지노선을 돌아 우회 기동하는 전술에 밀려 속절없이 무너져 내렸던 것이다. 40만 명에 달하는 영국과 프랑스 연합군은 독일의 집중된 화력과 전력에 밀려 영국과 프랑스를 가로지르는 도버해협에 근접한 덩커크(Dunkerque) 해안 쪽으로 탈출을 시도하지 않을 수 없었으며 독일군의

---

232) 당시의 육군장관인 A.마지노의 이름을 따서 붙인 명칭으로, 총연장은 약 750km로서, 북서부 벨기에 국경에서 남동부 스위스의 국경까지 이르고, 중심부는 독일과 프랑스의 국경을 따라 이어진 영구 요새선이었다. 1927년에 착수하여 10년 뒤인 1936년에 완성하였는데, 총공사비는 160억 프랑이나 들었다. 두산백과사전 EnCyber & EnCyber.com ; http://100.naver.com/100.nhn?docid=59078

233) 정우일, 『앞의 책』, 97쪽.

빠른 진격과 포위는 영불연합군의 안위를 크게 위협하였다. 영불연합군은 영국 해군의 도움을 받아 덩커크에서 해상탈출을 시도하여 풍전등화(風前燈火)같은 위기를 겨우 모면할 수 있었다. 결국 6월 4일 영불연합군이 탈출한 덩커크는 독일군에 의해 함락이 되었다.

독일의 전격전을 중심으로 하는 선택과 집중의 공격 전략은 훨씬 병력, 화력 등 총체적 전력에서 독일을 압도하는 영불연합군을 무기력하게 만들었고 결국 승리를 거머쥘 수 있게 하였던 것이다. 개전 초기에 이러한 독일군의 선택과 집중의 전력운영은 지속되었으며 매우 빠른 속도로 남하하여 결국 프랑스의 수도인 파리(Paris)를 위협하였다. 당시 프랑스의 최고지도자였고 1차 세계대전의 영웅이었던 앙리 패탱(Henri Philippe Petain) 총리는 역사문화적 가치가 엄청난 파리를 온전하게 보존하기 위해 승산이 없는 싸움을 피하는 쪽으로 생각을 굳히고 파리를 독일군에게 저항 없이 넘겨주었다. 독일군에게 맹폭을 받아 도시 중심부 대부분이 잿더미로 변해버린 네덜란드의 로테르담(Rotterdam)의 참화를 겪지 않겠다는 것이 패탱 총리를 비롯한 프랑스 수뇌부의 판단이었던 것 같다.

결국 독일군은 6월 14일 파리로 무혈입성을 하였으며 6월 22일 아돌프 히틀러와 앙리 패탱 사이에 휴전협정이 체결되었으며 이로 인해 항복한 프랑스의 운명은 독일의 손에 넘어가게 되었다. 개전된 지 몇 주 사이에 프랑스의 수도는 독일군에 떨어졌고 프랑스 정부는 독일에게 항복하였으며, 프랑스군은 100만이 넘는 숫자의 병사들이 독일군의 포로가 되었고 10만 명 이상이 전사를 하였다. 선택과 집중의 전격전은 독일군에게 압도적인 승리를 안겨주었던 것이다.

방어를 하는 자는 공격을 해 오는 자가 어느 공간으로 그리고 어느 시점에 공격을 해 올 것인가를 가늠하기 어렵기 때문에 자신이 가지고 있는 전력을 전 전선에 분산을 시킬 수밖에 없고 24시간 경계를 게을리

할 수 없는 것이다. 공격을 하는 자는 방어를 하는 자의 바로 이러한 약점을 극대화하기 위해 통상적으로 자신이 결정한 공간과 시점을 통해 기습공격을 가하게 되는 것이다. 이럴 경우 방어를 하는 자가 받을 충격 효과가 크면 클수록 좋은 것이다. 그래서 기습을 하는 공간과 시점에 공격을 하는 자의 전력의 상당부분이 집중이 되는 것이다.

통상적으로 이러한 기습공격을 받았을 경우 방어를 하는 자는 공격을 하는 자 보다 병력이나 화력 면에서 뒤쳐질 수밖에 없고 기습을 당한다는 두려움 때문에 심리적 공황(恐慌)을 피할 수 없게 되는 것이다. 결국 이러한 선택과 집중에 바탕을 둔 기습공격은 적에게 막대한 피해를 입히고 난공불락과 같은 방어전선은 붕괴되고 마는 것이다. 마치 커다란 제방이 쥐구멍 하나에 의해 결국 붕괴되듯이 말이다.

일반적으로 이러한 선택과 집중에 근거한 기습공격은 공격자원이 상대적으로 취약하거나 또는 공격자원을 최소화하고자 원하는 공격자의 입장에서 자주 채택되는 전술이다. 비용 대 편익 혹은 효과 면에서 월등한 편익 혹은 효과가 있기 때문이다. 근대전쟁사에서 이러한 선택과 집중의 전술을 가지고 성공한 사례로는 앞에서 언급한 독일군의 프랑스 마지노선 돌파작전, 일본해군에 의한 진주만기습작전, 미국을 주축으로 한 연합군에 의한 노르망디 상륙작전, 그리고 한국전쟁 당시 맥아더 원수에 의한 인천상륙작전 등을 들 수 있다.

19) 일본제국해군에 의한 진주만공습(Attack on Pearl Harbor) 사례

1941년 12월 7일 아침에 야마모토 이소로쿠(Isoroku Yamamoto) 사령관과 나구모 주이치(Chūichi Nagumo) 부사령관의 지휘를 받은 일본 제국 해군이 하와이 (Hawaii)주 오아후(Oahu) 섬에 위치한 진주만(眞珠灣, Pearl Harbor)에 대한 기습공격을 가했다. 이 기습 공격의 대상은 진주만에 기지를 두고 있는 미국 태평양 함대와 이를 지키는 공군과 해병대였다. 이 공격으로 12척의 미 해군 함선이 피해를 입거나 침몰했고, 188대의 비행기가 격추되거나 손상을 입었으며 2,403명의 군인 사상자와 68명의 민간인 사망자가 나왔다.234)

일본은 1937년부터 중국과 전쟁을 하고 있었다. 중국 내에서의 일본군 세력의 확장을 경계하고 있던 미국과 영국은 1941년 일본에 무기 제조에 필요한 고철 수출을 금지했으며, 석유 수출 금지, 미국 내 일본 재산 동결, 일본 선박의 파나마 운하 통과 거부 등의 조치를 취해 일본과의 긴장이 고조되고 있었다. 1941년 11월 26일의 헐 통지문을 마지막으로 외교적 노력은 절정에 달했으며, 도조 히데키(Hideki Tōjō) 수상은 자신의 각료들에게 이것이 최후통첩이라고 설명했다.235) 특히 석유 봉쇄는 대부분의 석유를 미국과 인도에서 수입하던 일본에게는 치명적인 위협이었다. 이를 타개하기 위해 일본은 진주만 공격 카드를 꺼내 들게 된다. 진주만 기습공격을 통해 미국의 태평양에서의 해군력을 무력화하여 전면전이나 동시 다발적인 준비된 공격을 막고 이를 틈타 석유자원 등이 풍부한 동남아시아 지역을 점령해 나가겠다는 계산이 깔린 카드였다.

이들은 이러한 계산 하에 일본제국해군의 공격목표를 진주만으로 선택을 하고 전 전력을 진주만 기습공격에 집중시켰다. 총량적인 측면에서 미국과 일본의 국력은 현격한 차이가 났지만 일본의 이러한 선택과 집중은 진주만 기습공격의 성공이란 결과를 가져왔다.

또한 이러한 성공의 이면에는 미국의 선택과 집중의 실패에도 그 원인을 찾을 수 있다. 이 당시 일본군의 공격 임박설에 대한 사전 정보들이 많았다. 특히 1941년 1월 주일대사 조셉 그류(Joseph Grew)는 일본군

234) http://ko.wikipedia.org/wiki/%EC%A7%84%EC%A3%BC%EB%A7%8C_%EA%B3%B5%EC%8A%B5

235) http://ko.wikipedia.org/wiki/%EC%A7%84%EC%A3%BC%EB%A7%8C_%EA%B3%B5%EC%8A%B5

의 진주만 공격 계획 정보를 입수했으며 이를 본국에 송신하였으나, 유럽 내 전쟁 문제에 몰두하던 미국 정부는 그것을 묵살하였던 것이다.[236] 결정적인 정보가 제공되었음에도 불구하고 미국 정부는 유럽문제로 인해 일본의 침략의도를 제대로 파악하는 일에 집중을 할 수 없었던 것이다. 더 더욱이 한심한 일은 많은 미국 관리들은 일본군의 공격임박설을 알고 있었으나, 그 대상이 일본으로부터 5,000 마일 떨어진 진주만이 아닌 필리핀이라고 생각했던 것이다.

모든 것이 뒤틀어지고 꼬여진 상황이었던 것이 그 당시 미국의 정부 상황이었다. 정확한 선택과 그에 대한 집중은 실종되고 설마 일본이 거대한 미국을 감히 공격하지는 못할 것이란 안이한 생각과 유럽전선 쪽으로의 편향화 된 시각은 결국 진주만 기습공격이라는 화를 자초하게 만들었던 것이다. 얼마든지 예방하고 피할 수 있었던 전쟁의 참화를 자초하였던 것이다.

미국은 진주만 기습공격을 당한 후 상당 기간 해군력의 열세에 따른 작전 차질로 어려움을 겪었고 일본은 중일전쟁과 동남아시아 지역의 세력 확장에 박차를 가할 수 있었다. 초기의 미국과의 전쟁은 일본이 주도할 수 있는 계기를 마련해 주었던 것이다.

그러나 다행히 미국은 항공모함 전력에 커다란 손상을 입지 않았고 또한 침몰되거나 일부 부서진 전함들을 인양하여 수리를 함으로써 해군 전력을 재건하는데 성공을 하였으며 이러한 것에 힘입어 미드웨이 해전(Battle of Midway)[237]에서 일본제국해군의 무릎을 꿇게 하는데 성공을

236) http://ko.wikipedia.org/wiki/%EC%A7%84%EC%A3%BC%EB%A7%8C_%EA%B3%B5%EC%8A%B5

237) 1942년 6월 5일 태평양의 전략 요충지인 미드웨이 섬을 공격하려던 일본 제국 항모 전단이 미국의 공격을 받아 궤멸되어 태평양 전쟁의 판도를 바꾼 해전이다. http://ko.wikipedia.org/wiki/%EB%AF%B8%EB%93%9C%EC%9B%A8%EC%9D%B4_%ED%95%B4%EC%A0%84

하는 것이다. 더욱이 이 진주만 기습공격은 미국의 국론을 통일시켰을 뿐만 아니라, 나아가 미국의 참전을 불러일으켰다는 점에서 일본의 잘못된 무리수로 이해하는 입장도 적지 않다.

어떻게 이해를 하든지 분명한 점은 일본제국해군이 미국의 허점을 파고 들어가 미국 태평양 전력의 상당부분을 성공적으로 궤멸시켰다는 점이다. 그리고 이러한 성공의 이면에는 바로 일본제국해군의 선택과 집중 전략이 주효했다는 점이다.

20) 미국을 주축으로 한 연합군에 의한 노르망디 상륙작전(Invasion of Normandy) 사례

연합군은 독일군을 패퇴시키기 위해서는 상륙작전이 불가피하다는 인식을 가지고 있었다. 특히 강력한 저항을 하고 있는 독일군을 밀어붙이기 위해서는 전선을 이원화하는 것이 집중에서 나오는 힘을 분산시킨다는 생각을 가지고 있었다. 소련은 동부전선에서 독일군을 강타하고 미국과 영국을 위시한 연합군은 서부전선에서 독일군을 가격함으로써 독일군의 전력을 양분시키는 것이 전세역전을 위해 필요하다는 생각을 했으며 이러한 사고의 바탕위에 프랑스에 대한 상륙작전의 유용성이 크게 강조되기 시작하였다. 소련의 입장에서 볼 때에도 제2전선을 형성하여 독일군의 집중된 힘을 분산시키는 것이 소련군의 공세를 보다 원활하게 하는데 커다란 도움을 준다고 생각하고 있었던 것이다.

그래서 1942년부터 프랑스에 상륙하기 위한 작전을 계획하게 되었고, 몇 달간의 구상 끝에 1943년에 마침내 프랑스 북부 노르망디에 병력을 수송시켜 교두보를 확보하고 서부전선의 구심 축으로 삼기로 결정했다. 그리고 이 작전을 위해 연합군은 독일군을 속일 수 있는 온갖 방법을 동원했다. 속칭 양동작전(陽動作戰, feint operation)이라 불리는 것이었다. 손무(孫武)가 손자병법(孫子兵法)에서 말한 성동격서(聲東擊西)도 이러한 기만 양동전술의 하나라 할 수 있는 것이다. 이 당시 이러한 독일군에 대한 기만전술을 위한 작전이 이루어지고 있었는데 이것이 바로 그 유명한 포티튜드 작전(Operation Fortitude) 이었다.

노르망디 상륙 작전을 위해 미국 장군인 드와이트 아이젠하워(Dwight D. Eisenhower)가 연합군 총사령관에 취임했고, 그 외에도 수많은 연합군 장성들이 오버로드 작전(Operation Overlord)[238]을 성공시키기 위해 노력하였다.

1944년 6월 5일로 결정된 작전은 그 전날, 갑작스럽게 도버 해협에 태풍이 불면서 상황이 매우 심각해졌다. 그러나 6월 5일, 총사령관 드와이트 아이젠하워의 결단으로 상륙 작전이 강행되었고, 마침내 연합군은 6월 6일 새벽에 먼저 공수부대가 노르망디 일대에 공수 및 강하해 주요 교두보를 확보하는 것으로 오버로드 작전을 개시했다.

> 상륙은 원래 1944년 6월 5일 예정이었다. 그러나 6월 초, 3일 동안 좋았던 일기는 악화되기 시작했다. 해협에서는 보슬비가 차가운 장대비로 바뀌었다. 마지막 날씨 회의는 6월 4일 새벽 4시에 열렸다. 팀장 스태그(J. M. Stagg) 대위는 일기를 예측했다.......... 스태그는 한 달 동안 날마다 연합국 원정 부대 최고사령부(SHAEF)[239] 사령관과 함께 30분 이상을 지내면서 기상을 보고했다. 스태그는 6월 4일 회의에서 좋지 못한 뉴스를 보고했다. 저기압이 접근하고 있다는 것이었다. 6월 5일에는 구름이 덮이고 폭풍이 일 듯 했다. 아이젠하워는 상륙작전을 하루 연기하기로 결정했다.
>
> 6월 5일 이른 새벽, 비바람은 SHAEF 본부의 창문을 거세게 흔들어대고 있었다. 그때 스태그는 전사에서 가장 유명한 일기예보를 보고했다. 그는 그날 시

238) 노르망디 상륙 작전의 코드명이다.

239) ‘Supreme Headquarters Allied Expeditionary Force’의 약자이다. 스티븐 앰브로스 외 지음, 로버트 카울리 엮음, 이종인 옮김, 『만약에 : 제1권 군사역사편』(서울 : 세종연구원, 2003), 433쪽.

간이 지나면서 폭풍이 수그러들고 6월 6일 목요일까지는 날씨가 괜찮아질 것이라고 말했다. 덧붙여 맑은 날씨가 36시간 남짓 동안 계속될 것이라 예측했다. 아이젠하워는 확실한 다짐을 받으려고 했다. 스태그는 웃으면서 그런 건 불가능하다는 걸 장군도 알지 않느냐고 말했다. 이윽고 아이크가 결정을 내렸다. "좋아, 한 번 해보자."240)

결국 이 작전은 성공을 거두었다. 일종의 쐐기효과와 같은 성과를 거두어들인 것이다. 독일이 강건하게 방어하고 있는 서부전선의 핵심요충지에 연합군 전력을 찔러 넣어 교두보를 확보케 함으로써 독일군의 향후 전력운용을 어렵게 만들고 나아가 독일의 핵심부를 옥죄고 강타할 수 있는 발판을 만들어 낸 것이다. 드와이트 아이젠하워 장군을 위시한 군 최고 수뇌부들은 한정된 전력을 노르망디라고 하는 전략적 요충지를 선택하고 이곳에 집중적으로 이러한 제한된 전력을 쏟아 부음으로써 결국 독일군의 서부전선을 와해하게 만드는 결과를 낳게 만든 것이다. 이것 역시 이런 맥락에서 보면 선택과 집중의 성공적인 결과였다고 이해할 수 있는 것이다.

21) 한국전쟁 당시 맥아더(Douglas MacArthur) 원수에 의한 인천 상륙작전 사례

북의 남침으로 한국전쟁이 일어난 후 조선인민군은 파죽지세로 남진을 계속하였다. 한국군을 비롯한 미군은 제대로 이들을 저지하지 못하고 남쪽으로 계속 밀리고 있었다. 그나마 국제연합군의 참전으로 낙동강에서 교착상태를 맞게 되었다. 치열한 공방전이 양진영에서 이루어졌고 많은 사상자가 속출하였다. 대한민국이 절체절명의 위기에 빠진 상황이 되었다. 북쪽으로는 낙동강을 최후방어선으로 하여 사력을 다한

240) 『앞의 책』, 433-435쪽.

방어가 이루어졌고 서쪽으로는 마산, 하동 전선이 크게 위협을 받고 있었다.

낙동강이 무너지면 끝장이라는 절박한 심정이 장졸 간에 공감대를 형성했고 이 당시 낙동강전선 방어의 일익을 책임진 백선엽(白善燁) 장군은 불퇴의 의지를 장병들에게 각인시키기 위해 자신이 일선에 서서 싸우겠으며 만약 자신이 뒤로 물러서면 자기를 쏘라고 까지 말할 정도로 전세는 급박하였다.

> 낙동강까지 후퇴한 1사단은 한국군 부대 중에서 유일하게 미1군단에 배속되어 지원나온 미군 2개 연대와 함께 경북 칠곡의 다부동 전투를 치렀다. 전투 중 한국군 병력의 후퇴와 무단이탈이 심하자 함께 다부동을 지키던 미군 27연대장 마이켈리스(Michaelis) 대령이 "전선 좌측의 한국군 부대가 무단이탈하고 있다."며 다급하게 전황을 알려왔다. 그가 나가보니 한국군이 후퇴하고 있었고, 당시 병사들은 이틀을 굶은 상태였다 한다. 그는 후퇴하는 한국군을 막으며 "나라가 망하기 직전이다. 저 사람들(미군)이 싸우고 있는데 우리가 이럴 순 없다. 내가 앞장설 테니 나를 따르라. 내가 후퇴하면 나를 쏴도 좋다."며 싸울 것을 호소하였다.[241]

맥아더 장군을 비롯한 국제연합군은 이러한 피비린내는 밀고 밀리는 교착상태를 풀기위해서는 무언가 새로운 묘수가 있어야 함을 직감하였고 이러한 생각의 연장선상에서 나온 전략이 바로 적의 허를 찌르는 상륙작전이었다. 적이 방심한 곳을 선택하여 집중하여 가격함으로써 적의 전열을 흩뜨려 놓고 이를 틈타 적의 핵심역량을 무너뜨리는데 작전의 주된 목적이 있었다. 이러한 상륙작전은 조선인민군의 허리를 절단하여 섬멸함으로써 적의 전열을 이분시키고 낙동강과 인천 서울 선으로 차단된 적은 포위가 되는 형상이 되는 것이다. 그들의 탈출로는 태백산맥을

241) 『조선일보』, 2009년 3월 5일.

통한 월북이며 이러한 상황은 적으로 하여금 공포와 두려움을 느끼게 하여 전의를 꺾는 심리적 역할도 크게 할 것으로 기대되는 작전이었다.

물론 이러한 상륙작전에 대해 군 수뇌부들은 대체로 공감하면서도 어느 곳에 상륙을 하는 것이 가장 상륙효과를 극대화할 것인지를 놓고 고심을 하였다. 맥아더는 인천을 선택했다. 아마 그는 인천을 통해 대한민국의 수도 서울을 수복하는 것이 한국국민이나 군인들의 사기를 증대시키는데 커다란 역할을 할 것이라 생각을 했던 것 같다. 그리고 다른 한편으로는 북한 군 수뇌부들이 설마 서울의 외부 방어선인 인천에는 상륙을 하지 않을 것이란 생각의 허를 찌르려는 의도도 있었던 것 같다.

그러나 맥아더의 이런 속내를 읽지 못한 참모들은 맥아더의 이런 생각에 반대를 하였다. 그들의 반대의 논리는 첫째, 인천의 조석간만의 차이가 너무 크다는 것이다. 조석간만의 차이가 최고 7~8미터나 되는 해안에서 상륙작전을 펼친다는 것은 너무나 위험성이 크다는 것이다. 제한된 시간 내에 해안에 교두보를 확보하지 못할 경우 상륙부대와 장비들은 모두 적의 포위망 속으로 들어가 버리게 된다는 것이다. 그리고 둘째, 인천은 서울의 관문이기 때문에 방어가 철통같이 구축이 되어있을 것이란 추정이다. 따라서 상륙을 할 경우 엄청난 희생을 감내해야 될 것이란 생각이다. 그래서 그들이 내 놓은 대안은 인천이 아니라 원산이 어떻겠느냐 하는 것이다. 원산은 인천보다는 여러 가지 점에서 상륙하기에 이점이 더 많다는 것이다. 이들의 주장도 틀린 것은 아니었다. 당연히 그렇게 생각하는 것이 어떻게 보면 맞는 것인지도 모르는 일이었다.

맥아더는 이러한 참모들의 반대에 부닥쳤을 때 그들을 다음과 같은 생각으로 설득을 하였다. 조석간만의 차이가 심한 것은 사실이나 그렇기 때문에 적의 군 수뇌부도 감히 인천에 상륙을 할 것이라 생각하지 않을 것이라는 것이다. 여러분이 그렇게 생각하듯이 적의 군 수뇌부들도 그렇게 생각을 할 것이란 논리이다.

미 해군은 인천항의 간만의 차가 평균 7미터로, 항에 상륙하기 전에 월미도를 먼저 점령해야 하는데다 선단의 접안지역이 좁아 상륙 후 시가전이 불가피한 점 등의 이유로 상륙작전의 최악의 지형이라며 완강히 반대하였다. 해군 일부 인사들이 작전성공률이 5천대 1이라며 격심하게 반대하는 와중에, 맥아더는 이런 난점이 오히려 적의 허점을 찌르는 기습이 될 수 있다며 끝까지 인천상륙을 주장, 결국 8월 28일 미합참본부로부터 승인을 얻었다.[242)]

그리고 인천이 서울의 관문이긴 하지만 현재 조선인민군의 주력부대는 낙동강 전선에 집중적으로 투입되어있는 관계로 상대적으로 방비태세가 허술하다는 것이다. 또한 적의 병참선이 너무 길기에 서울에서 이를 신속히 차단할 수 있으며, 인천에 상륙하면 서울을 탈환하기까지 10만 명의 병사들 목숨을 덜 희생시켜도 된다는 점 등을 내세웠다.

이러한 논리를 통해 참모들과 미군 핵심수뇌부들을 설득시킨 맥아더는 마침내 1950년 8월 28일 미국 합참본부로부터 승인을 얻어 한국해병대와 미국 제7보병사단, 그리고 미국 제1해병사단을 주력으로 하여 서울의 관문인 인천에 상륙을 감행하였다. 물론 심리전도 가미가 되었다. 미군이 군산이나 삼척에 상륙할 것이란 생각을 북한군 수뇌부들이 갖도록 다양한 양동작전이 구사되었다.

상륙작전은 동해에서 미군함 미주리호로 삼척 근처에서 상륙작전준비로 오인시키기 위한 공습을 시작했고, 서해에서는 서해 최적의 상륙지점으로 간주된 군산시에서도 상륙작전과 비슷한 수준의 포격을 수차례 실시하는 등의 기만작전으로 시작되었다.[243)]

---

242) http://ko.wikipedia.org/wiki/%EC%9D%B8%EC%B2%9C_%EC%83%81%EB%A5%99_%EC%9E%91%EC%A0%84

243) http://ko.wikipedia.org/wiki/%EC%9D%B8%EC%B2%9C_%EC%83%81%EB%A5%99_%EC%9E%91%EC%A0%84

북한군은 허를 찔리고 만 것이다. 설마 인천에 상륙을 할 줄은 어느 누구도 예측하지 못했던 것이다. 커다란 저항도 없이 한국과 미국의 상륙군은 수도 서울로 입성할 수 있었고 드디어 26일 정오에는 중앙청에 한국 해병대가 태극기를 게양할 수가 있었다. 인천에 9월 15일 오전 6시에 상륙을 시작한 이후 11일 만에 수도 서울을 재탈환한 것이었다.

낙동강 전선에 집중투입 되어있었던 적은 혼비백산하였다. 반도의 한가운데가 동강이 남으로 해서 자신들의 퇴로가 차단당하게 된 것이다. 대부분의 병력은 낙동강 전선을 뒤로 하고 태백산맥 등을 통해 월북하기 시작했고 일부 부대는 잔류하여 지리산 등을 끼고 있는 소백산맥 등으로 들어가 남부군을 형성하고 공비가 되어 남한 후방을 교란하는 세력이 되었던 것이다. 어쨌든 이 한 번의 멋진 선택과 집중으로 낙동강 전선의 위태함이 물로 씻은 듯 사라졌고 북한군이 패주하게 됨으로써 한반도의 전세는 역전되는 역사적 드라마가 펼쳐졌던 것이다.

맥아더의 이러한 적의 허를 찌르는 발상전환적 사고가 결국 인천상륙작전의 성공이란 개가를 일구어내었고 결과적으로 한국전쟁의 승리를 통해 북한의 적화야욕을 분쇄시킬 수 있는 승기를 마련하게 된 것이다.

22) 아스텍(Aztec)을 정복한 에르난 코르테스(Hernán Cortés) 사례

스페인의 에르난 코르테스는 1518년 쿠바 총독 디에고 데 벨라스케스(Diego de Velazquez)에 의하여 멕시코 원정대 지휘관으로 임명이 되었다. 코르테스는 어릴 때부터의 꿈을 실현시킬 수 있는 이번 기회를 잃고 싶지 않았다. 그에게 맡겨진 임무는 먼저 떠난 탐험가들의 소식을 알아내고 금을 찾아내어 정복을 위한 토대를 마련하라는 것이었다. 그러나 벨라스케스 역시 정복의 야심이 있는 인물로서 정복사업의 완수는 자신이 직접 하기를 원했다. 그는 코르테스가 영민한 것을 눈치채고 자신의 결정을 재고하려고 했다. 이를 눈치 챈 코르테스는 한밤중에 열한 척의 선박을 이끌고 쿠바를 빠져나왔다. 해명은 나중의 일이었다.[244)]

이렇게 하여 원정대는 1519년 3월 멕시코 동부해안에 상륙했다. 그들은 베라크루스 마을을 건립하고 아스텍족과 사이가 좋지 않은 지방부족과 동맹을 결성하고 아스텍 황제와 최초의 접촉을 가졌다. 그러나 함께 온 500명의 병사들 중에는 벨라스케스가 첩자로 심어둔 자들이 있었다. 이들이 사사건건 코르테스가 하려는 일마다 딴죽을 걸었다. 코르테스는 이들을 회유하고 일부는 긴밀히 감시하면서 위기를 관리해나갔다. 7월 30일 밤 스페인 선원 하나가 코르테스의 잠을 깨우고는 자신이 음모에 가담했다고 용서를 빌면서 음모자들이 선박을 탈취해서 쿠바로 돌아가 코르테스의 배신행위를 벨라스케스에게 일러바치려 한다고 하였다.[245)]

코르테스는 이번이야말로 결정적인 순간임을 직감했다. 부하들은 거칠었고 금과 쿠바와 가족들에 생각뿐이었다. 그는 심사숙고를 한 후 신속하게 행동을 취했다. 음모자들을 붙잡아 주모자 둘을 교수형에 처했다. 다음으로 조타수들에게 뇌물을 주어서 모든 선박에 구멍을 뚫게 한 뒤, 선박의 갑판을 벌레가 쏠아버려서 항해 불가상태가 되었다고 공표하게 했다. 코르테스는 이 소식에 충격을 받은 척했고, 벌레들이 그럴싸한 구실이었기 때문에 병사들도 의심 없이 받아들였다. 하지만 조타수들이 구멍을 충분히 뚫지 않은 탓에 수장된 선박은 다섯 척에 불과했다. 며칠 후 오직 한 척만 남겨두고 나머지 배까지 모두 물속에 가라앉았다. 병사들은 그제야 모든 것이 코르테스가 꾸민 일임을 확신하게 되었다. 코르테스가 회의를 소집했을 때 그들은 반항적이고 살벌한 분위기였다.[246)]

코르테스는 그러한 부하들 앞에서 연설을 하였다. “본인이 이 재앙에

---

244) 로버트 그린 지음, 안진환· 이수경 옮김, 『전쟁의 기술』(서울 : 웅진 지식하우스, 2007), 80쪽.
245) 『앞의 책』, 80-81쪽.
246) 『앞의 책』, 81-82쪽.

책임이 있다. 자네들은 나를 목매달을 수 있지만 적의에 찬 인디언에 둘러싸여 있는데다가 돌아갈 선박마저 없다. 분열되고 지도자도 없다면 자네들은 비명횡사할 것이다. 유일한 대안은 나를 따라 테노치티틀란(Tenochtitlán)[247]으로 가는 것이다. 아스텍을 정복하고 멕시코의 지배자가 되어야만 살아서 쿠바로 돌아갈 수 있다. 우리는 이를 위해 맹렬하게 싸워야 하고 단결해야 한다. 상황이야 끔찍하지만 자네들이 필사적으로 싸워만 준다면 나 코르테스가 자네들을 승리로 이끌 것임을 약속한다. 우리 부대는 수적으로 적기 때문에 그만큼 거둬들일 영광과 재산은 더욱 커질 것이다. 이 도전을 감당 못할 겁쟁이들은 남아있는 선박을 타고 집으로 돌아가도 좋다."

아무도 그 제안을 받아들이지 않았고 마지막 선박까지 물속으로 가라 앉혔다. 이제 그들의 관심은 오직 제국의 심장, 테노치티틀란에 집중되었다. 불평불만과 이기심과 탐욕은 모두 사라졌다. 자신들이 처한 상황의 위험성을 이해한 정복자들은 무자비하게 싸웠다. 스페인 선박들이 침몰한 지 두 해가 지난 후, 인디언 동맹군의 도움을 받아 코르테스 부대는 테노치티틀란을 포위하고 아스텍 제국을 정복했다.[248]

500명의 병사로 50만 아스텍 인들을 대적할 수 있었던 것은 부하들을 절박한 상황에 밀어 넣음으로써 그들로 하여금 치열하게 싸우게 만든 것이다. 위기감은 힘을 배가시키고 강한 추진력을 부여한다. 항구에 정박한 선박들은 교통수단일 뿐만 아니라 쿠바와 언제든 떠날 수 있는 자유, 증원부대를 요청할 수 있는 능력 등 숱한 가능성을 가지고 있는 기댈 수 있는 버팀목이었다. 이러한 버팀목을 제거함으로서 그들은 오직 한 가지의 대안만 가지게 된 것이다.[249] 탈출구는 없으며 오직 싸워

247) 멕시코 중앙고원에 위치한 고대도시(古代都市) 아스텍 왕국의 수도이다.
248) 『앞의 책』, 82쪽.
249) 『앞의 책』, 83쪽.

서 살아남는 것뿐이었다. 결국 하나의 선택과 집중을 통해 그들은 초인적인 힘을 발휘할 수 있었던 것이다.

선택권이 있다고 생각하기 때문에 많은 사람들은 하나의 일을 철저히 완수할 만큼 열중하지도 않고 집중하지도 못하는 것이다. 그 결과 그들은 원하는 것을 제대로 얻을 수 없게 되는 것이다. 코르테스의 사례처럼 돌아갈 배를 수장시키고 불태워 성공하느냐 실패하느냐 하는 단 하나의 선택권만 남겨두어야 하고 이 선택권에 모든 것을 거는 집중이 이루어져야 한다.[250] 이럴 때 초인적인 힘이 나타나 기적을 일구어내는 것이다. 집중이 가지는 힘이 바로 이것이다.

23) 알렉산더 대왕의 사례

알렉산더 대왕의 페르시아와의 전쟁에서 그는 바로 이러한 선택과 집중을 통해 전쟁에서 승리 할 수 있었다. 그는 막강한 페르시아 해군과의 정면충돌은 승산이 없다고 생각을 하였다. 그래서 그는 페르시아 해군의 약점을 찾는데 집중을 하였다. 그 결과 그는 페르시아 해군의 약점이 바로 담수를 확보하는데 있다는 것을 알았다. 마실 물인 담수 확보 없이는 바다 위에서 오랜 기간 작전을 수행해 나간다는 것은 상상도 할 수 없는 일이었던 것이다. 그는 이러한 사실을 알아낸 후 바로 적의 담수원을 무력화시키는 방안에 집중을 하였다. 페르시아 해군이 가동할 수 있는 모든 담수원을 점령하고 불필요한 곳은 독약을 풀었다.

특히 페르시아 해군의 주 담수원인 티레 섬을 점령하여 무력화 시킬 필요가 있었다. 티레 섬은 풍부한 물을 돈을 받고 페르시아에게 팔고 있었다. 알렉산더는 티레 섬 당국자에게 물을 페르시아 해군에게 팔지 말 것을 권고하였으나 거절을 당하였다. 그는 넓이 100~200미터 그리

---

250) 『앞의 책』, 83쪽.

고 길이 1000미터의 제방을 쌓아 티레 섬을 육지와 연결시켰다. 인공제방을 쌓기 전까진 해군력에서 열세였던 알렉산더의 군대는 티레 섬의 해군에게 곤욕을 치르고 있었다. 이를 타개하기 위해 그는 기발한 아이디어를 낸 것이다. 해상에서의 열세를 육지의 전투를 통해 만회하려고 했던 것이다. 그는 7개월이나 걸리는 역사를 통해 인공 제방을 쌓아 티레 섬을 육지로 만들어 버린 것이다. 이 제방을 통해 알렉산더 군대는 티레 섬으로 쳐들어갔고 결국 약 2주 만에 티레 섬은 알렉산더의 손아귀에 떨어졌다. 결국 알렉산더는 페르시아해군을 격멸하고 페르시아를 점령한 후 이집트로 진군할 수 있었던 것이다.251)

그는 막강한 페르시아 해군의 약점을 찾는데 집중하였으며 그 결과 그 약점을 알아내었다. 그는 자신이 가진 전력을 이 약점에 집중하였다. 결국 알렉산더의 약점 선택과 이에 대한 집중은 어려운 난제를 풀어주는 열쇠를 제공해 주었던 것이다. 이러한 선택과 집중을 통해 아주 적은 비용과 희생으로 그는 페르시아를 넘어뜨릴 수 있었던 것이다.

알렉산더가 행했던 것처럼 적의 단점을 파악하고 이를 무력화시키기 위해 자신의 힘, 다른 말로 하자면 자신의 강점에 집중하는 것이 바로 승리의 관건이 되는 것이다. 그래서 전투에 임할 때 가장 우선적으로 강조되는 것이 자신의 힘을 집중하라는 것이다. 하나의 회초리를 꺾기는 쉽지만 두 개, 세 개, 네 개의 회초리가 모여지면 모여질수록 꺾기는 더욱 더 어렵듯이 밀집된 방패가 더욱 견고하기 때문이다.

24) 이순신 장군의 사례

이순신은 이러한 어떻게 보면 아주 평범한 진리를 깨우치고 있었고 이것을 전투에 응용을 하였던 것이다. 이순신은 12척의 남은 배를 가지

251) 정우일, 『앞의 책』, 114-115쪽.

고 100여 척이 넘는 적의 배를 대적하기 위한 술책으로 바로 이 집중의 원칙을 활용하였다. 그는 이를 위해 명량이라는 곳을 싸움 장으로 선택을 하였다. 그의 머릿속에는 명량을 선택한 명확한 이유들이 존재했던 것이다.

첫째, 물길이 좁아 아무리 적이 많이 몰려온다 해도 실제로 전투를 벌일 수 있는 적선은 10여 척 내외로 제한 될 것이라 판단 한 것이다. 둘째, 조류의 방향이 아군에게 유리해진다면 쉽게 적을 밀어 붙일 수 있을 것으로 생각을 한 것이다. 셋째, 적에게 포위 될 염려가 없다는 점을 염두에 둔 것이다. 좁은 물길 때문에 적은 오로지 정면에서만 접근해 올 것이다. 배후 걱정 없이 정면의 적만 상대하면 되었던 것이다. 그리고 넷째, 암초가 많은 지형이라 물길을 잘 아는 조선 수군이 유리하다고 판단한 것이다.

이와 같이 무엇보다 수적 열세의 아군 전력을 가장 잘 집중 할 수 있는 곳이었기에 이순신은 명량을 선택했던 것이다.[252] 집중을 통해 외형상 열세를 만회하고 이를 기회로 바꾼 것이 바로 명량대첩에서 승리를 거머쥔 이유가 되는 것이다.

25) 영화에서 나타나는 선택과 집중의 예

① 포레스트 검프(Forrest Gump)

로버트 저메키스(Robert Zemeckis)가 감독이고 톰 행크스(Tom Hanks)가 포레스트 검프 역을 맡아서 1994년 개봉을 하여 크게 흥행에 성공한 영화이다. 이 영화에서 우리는 포레스트 검프의 놀라운 선택과 집중력을 읽어 낼 수 가 있다. 이 영화의 내용은 다음과 같이 요약할 수 있다.

이 영화에 주인공으로 나오는 포레스트 검프는 아이큐가 75인 저능

252) 윤영수, 『불패의 리더 이순신, 그는 어떻게 이겼을까』(서울 : (주)웅진씽크빅, 2005), 234쪽.

아이다. 그러나 그의 어머니[253]는 다리마저 불편했던 포레스트에게 다른 아이들과 똑같은 교육의 기회를 주기위해 무엇이든 희생하는 남부의 여인이다. 어느 날 악동들의 장난을 피해 도망치던 포레스트는 바람처럼 달릴 수 있는 소질을 발견하게 된다. 그는 자신이 가지고 있는 이 소질을 살려서 비록 저능아이긴 했지만 고등학교도 미식축구 선수로 가게 되고 급기야 대학에까지 축구 선수로서 입학할 수 있게 된다.

이 후 청년이 된 포레스트는 대학 졸업 후 군에 입대하여 베트남에서 빠른 다리 덕분에 전우들을 구하는 공로까지 세우게 된다. 그 공로로 훈장까지 받고 제대한 포레스트는 전장에서 죽은 동료의 꿈을 잇기 위해 새우 잡이 어선의 선주가 되어 군대 상관이었던 댄(Dan Taylor) 중위[254]와 함께 새우를 잡아 큰돈을 모으게 되고 댄 중위의 판단아래 이 돈을 종자돈으로 하여 애플사(포레스트 자신은 과일 회사로 알고 있음)에 투자해 큰돈을 벌게 된다. 그리고 이 돈을 병원과 교회 그리고 죽은 전우의 유가족에게 돈을 나눠준다.[255]

이러한 영화내용에서 우리는 포레스트 검프가 저능아이긴 했지만 이러한 핸디캡에도 불구하고 아들의 보이지 않는 가능성을 찾고자 노력했던 포레스트의 어머니의 노력과정에서 우리는 선택의 일단을 발견할 수 있다. 그리고 우연히 자신에게 닥친 악동들의 괴롭힘 속에서 발견한 자신의 빠른 달리기 실력을 발판으로 고등학교와 대학을 입학하고 졸업을 하며 나아가 월남전에서 전공을 세워 훈장을 받는 과정에서 우리는 포레스트의 다른 사람과의 차별화 즉 선택의 일단을 발견할 수 있다. 그리고 그러한 선택을 초지일관 지속하는 그의 인생여정에서 놀라운 집중력을 발견할 수 있다.

---

253) 샐리 필드(Sally Field)가 이 배역을 맡았다.
254) 게리 시나이즈(Gary Sinise)가 이 배역을 맡았다.
255) http://movie.naver.com/movie/bi/mi/basic.nhn?code=17159

비록 그가 아이큐 75의 저능아이긴 하지만 그의 이러한 자기 잠재력 중 자신에게 맞는 능력을 발견하는 선택과 그리고 그렇게 선택된 능력을 통해 자신의 역량을 극대화하여 자신의 꿈을 일구어나가는 노력과정에서 집중을 찾아볼 수 있는 것이다.

김현기도 비록 가상의 인물이기는 하지만 포레스트 검프를 집중의 기술과 관련한 대표적인 인물로 간주하고 있음도 이와 생각을 하는 것이다. 그에 따르면 포레스트 검프는 바보지만 한번 선택한 길을 우직하게도 밀어붙여 많은 것을 이루어낸 집중의 표상으로 보고 있는 것이다.[256)]

② 아이언 맨(Iron Man)

집중의 예로 최근에 흥행에 성공한 '아이언 맨'(Iron Man)이란 영화를 들 수 있다. 이 영화는 존 파브로(Jon Favreau) 감독이 토니 스타크(Tony Stark) 역할을 한 로버트 다우니 주니어(Robert Downey Jr.)를 주연으로 하여 만들어 2008년에 개봉을 하였다.

이 영화는 무기업체의 CEO이자 천재 과학자인 토니 스타크가 아프가니스탄에서 신무기의 성공적인 발표를 마치고 돌아가던 중 갑작스런 게릴라들의 기습공격을 받고 생포가 되어 납치된 후 전 세계를 날릴 수 있는 강력한 무기를 개발하라는 명령을 게릴라 집단으로부터 받게 되는 내용을 담고 있다. 토니 스타크는 그들이 원하는 대로 강력한 무기를 개발하지 않으면 죽임을 당할 수밖에 없다는 사실과 더 나아가 그러한 무기를 그들이 원하는 대로 개발을 한다 해도 결국 죽임을 당할 수밖에 없다는 사실을 누구보다 명확하게 알고 있었다. 그는 무한정 개발기간을 허락받지 못하고 살해위협에 시시각각으로 시달리게 된다. 그는 게릴라집단이 요구하는 강력한 무기개발은 뒤로 미루어 놓고 탈출을 위해

256) 김현기, 『앞의 책』, 6-7쪽.

필요한 무기인 철갑 슈트 Mark1을 개발하기로 결심을 하고 전력을 쏟게 된다. 삶과 죽음의 갈림길에서 그의 개발노력은 처절하였고 결국 그는 강력한 철갑 슈트를 개발하는데 성공한다. 이를 통해 그는 탈출에 성공을 하고 결국 미국으로 돌아오게 된다.

바로 여기에서 토니 스타크로 하여금 열악한 환경과 조건 속에서 강력한 철갑 슈트를 개발할 수 있도록 한 것은 그의 삶을 담보로 한 집중력에 있었던 것이다. 삶을 담보로 한 놀라운 몰입과 집중력이 전제되지 않았다면 아마 철갑 슈트의 개발은 이루어지지 못했을지도 모르는 일이었다. 이처럼 최대로 집중된 상태는 개인의 문제해결능력을 최대화하는 효과가 있다. 영화이긴 하지만 우리는 이러한 내용에서 집중과 몰입의 중요성을 새삼 재인식하게 되는 것이다.

③ 주유소 습격사건

선택과 집중의 예로 '주유소 습격사건'이란 영화를 들 수 있다. 이 영화는 김상진 감독이 이성재, 유오성 등을 주연으로 하여 만들어 1999년에 개봉을 하였다.

성공하는 사람들은 누가 뭐라고 해도 한곳에만 집중한다. 남들이 가지 않는 험난한 길이라도 먼저 가서 열심히 길을 내고, 다듬고, 나아가 그 길을 넓혀가면서 자신만의 세계를 구축한다. '주유소 습격사건'이라는 영화를 보면 주인공 중 한 사람은 패싸움을 하면서 수적으로 불리해지자 기가 막힌 전략을 펼치는데, 그 전략이란 다름 아닌 "나는 한 놈만 팬다!"면서 한 사람을 골라 죽도록 패는 것이다. 처음엔 다른 사람들이 뜯어말리기도 하지만 끈질기게 한 놈만 패는 그에게 다들 질려버리고, 결국 주인공은 그 싸움에서 기선을 잡는다. 이처럼 성공하는 사람들은 한우물만 판다. 빛을 한곳으로 응집시켜 다이아몬드에

구멍을 내고 인체 내 암도 제거하는 레이저처럼 오직 한 가지 일에 자신의 운명을 건다.[257)]

2. 선택과 집중의 실패 사례 들

1) 범려(范蠡)와 문종(文鐘)의 서로 다른 선택의 사례

역사적으로 볼 때 선택의 실패사례들도 많다. 월왕 구천(句踐)을 둘러싼 범려(范蠡)와 문종(文鐘)의 선택을 보면 선택이 얼마나 중요한 것인가를 새삼 느끼게 해준다. 월왕 구천을 보좌하여 대업을 이룬 후 범려는 월왕의 곁을 떠난다. 잘나갈 때 스스로 자신의 거취를 접은 것이다. 전해 내려오는 이야기들에 의하면 범려는 당대 최고의 미인이던 서시(西施)[258)]와 함께 월왕의 곁을 떠남으로써 목숨도 구하고 결국 만년의 부귀영화를 모두 누리게 되었다고 한다.

그러나 범려와는 달리 문종은 충의를 중시 여겨 끝까지 월왕 곁에 있다가 억울한 죽음을 당했다. 물론 오왕 부차(夫差) 역시 미인계라는 간계에 빠져 당대 최고 미인 서시를 선택함으로써 잘나가던 패업을 접어야만 했다. 이 모든 것이 한 순간의 선택의 잘, 잘못으로 인해 운명이 엇갈

---

257) http://www.kyobobook.co.kr/product/detailViewKor.laf?mallGb=KOR&ejkGb=KOR&linkClass=&barcode=9788992538299&orderClick=JAG ; 이내화, 『다 이룬 것처럼 살아라』(서울 : 좋은책만들기, 2010).

258) '서시(西施)는 중국의 유명한 고대 중국 4대 미녀 중 하나로, 본명은 시이광(施夷光)이다. 춘추전국시대 말기인 기원전 5세기경 월왕 구천(句踐)이 오왕 부차(夫差)와의 전쟁에서 패배하자 월나라 구천의 참모 범려(范蠡)의 전략에 따라 패전의 처리에 대한 공물로 오나라 부차의 여인이 된다. 서시에게 빠진 부차는 월나라를 끝까지 없애야 한다고 주장하던 오자서를 죽이면서까지 월나라 경계에 소홀하게 되고, 결국 국력을 키운 월나라에 패망하게 된다. 오나라가 패망한 뒤의 서시의 생애는 불명하다. 전설에 따르면, 오나라가 멸망하는 날 범려는 서시를 찾아 황급히 태호로 도망을 가서 부귀영화를 버리고, 이름을 숨긴 채 그녀와 함께 운둔하였다고 한다.' http://ko.wikipedia.org/wiki/%EC%84%9C%EC%8B%9C

리는 냉혹한 현실을 잘 보여주는 역사적 사례라 할 수 있을 것이다. 이를 좀 더 자세히 살펴보면 다음과 같다.

오왕 부차(夫差)는 오자서의 도움을 받아 월나라에 대한 복수의 칼날을 간다. 오나라의 복수를 두려워한 월왕 구천은 범려의 만류에도 불구하고 오나라를 침략하다가 대패하고 만다. 월왕 구천은 부차에게 머리를 조아림으로서 신하를 자처하고, 문종은 부차의 측근인 재상 백비(伯嚭)에게 많은 뇌물을 주고 구천을 살리도록 설득했다. 이 때 오자서는 구천을 죽일 것을 적극 간하지만, 오왕 부차(夫差)는 서시(西施)와 같은 빼어난 미인까지 받친 월나라를 속국으로 삼는 선에서 끝내고 만다.[259)]

거짓된 충성심을 보여주고, 부차에게 감동을 주어 그의 손아귀에서 벗어나 월나라로 돌아온 구천은 망국의 치욕을 잊지 않기 위해서 문 입구에 쓸개를 달아놓고 매일 식사 전에 먼저 그것을 맛보았다.[260)] 그리고 국정을 범려에게 맡기려고 하지만 범려는 문종을 적극 추천한다. 구천은 범려와 문종의 보좌를 받아, 복수할 저력을 키우면서 밖으로는 부차에 순종적인 모습만 보여줘 방심을 유도 한다. 더욱이 범려는 백비에게 뇌물을 계속 보내어 그로 하여금 부차와 오자서 사이를 이간하도록 유도한다.

결국 부차는 오자서를 죽이게 되고, 월나라 군대는 부차가 출병한 틈을 타 오나라를 급습하여, 황태자를 죽이고 4년 후 부차를 궁지에 몰아넣어 결국 자살하게 만든다.[261)] 범려는 그 공로로 상장군으로 임명이 되었다. 그러나 대업이 달성되어 득의양양 해진 구천의 사람됨을 보고 범려는 월나라를 탈출하여 배를 타고 바다로 나가서 북쪽의 제나라에 은거 한 뒤에 상업에 종사해서 거부가 되었다 한다.[262)]

---

259) http://ko.wikipedia.org/wiki/%EB%B2%94%EB%A0%A4
260) 렁청진 편저, 장연 옮김, 『지전(智典) 1 : 춘추전국시대 편』, 629쪽.
261) http://ko.wikipedia.org/wiki/%EB%B2%94%EB%A0%A4
262) 렁청진 편저, 장연 옮김, 『지전(智典) 1 : 춘추전국시대 편』, 549쪽.

그 뒤 범려는 문종에게 편지를 보내, "새 사냥이 끝나면 활이 필요 없고, 교활한 토끼가 죽으면, 사냥개를 삶게 된다."[263]고 이야기를 하며, 월왕은 고난은 같이 할 수 있어도, 영광을 같이 누릴 수 없는 상이라고 이야기를 한다. 그러면서 병을 칭하고 은퇴를 하라고 권유한다. 그의 권유에 따라 조정에 출사를 하지 않자 문종은 반역을 의심받아 내쳐지게 되고 마침내 문종은 자살하게 된다.[264]

2) 주유(周瑜)와 조조(曹操)의 적벽대전(赤壁大戰)의 사례

또 다른 역사적 선택의 실패사례로 주유(周瑜)의 반간계에 놀아난 조조(曹操)의 적벽대전(赤壁大戰) 참패를 들 수 있다.

조조는 83만 군대를 거느리고 장강의 연안까지 밀고 내려왔으며, 형주(荊州)에서 조조에게 투항한 장수 채모(蔡瑁)와 장윤(張允)이 조조의 수군을 조련하였고 이들이 펼친 진세가 주유의 마음을 근심스럽게 만들었다. 그는 두 사람을 제거하지 않는다면 동오의 수군은 우세를 확보하기 힘들다고 여겼던 것이다.[265]

이러던 차에 조조진영에서 막료 장간이 조조를 찾아와 자기가 오나라의 도독 주유와 동창이라고 하면서 주유에게 투항을 권유하겠다고 자청을 했으며 조조는 이러한 제의를 기쁘게 받아들이고 그를 오나라로 보냈다. 주유는 이를 역으로 이용할 생각을 하였다. 주유는 장간을 의심하지 않는다는 걸 보여주기 위해서 아주 솔직한 모습으로 문무백관에게 일일이 그를 소개하면서 주안상을 차려 환영의식을 베풀었다. 주유가 매우 친절하게 굴었기 때문에 장간은 점차 불안에서 벗어났다.[266]

---

263) 여기에서 '토사구팽'의 고사가 나왔다.
264) http://ko.wikipedia.org/wiki/%EB%B2%94%EB%A0%A4
265) 렁청진 편저, 장연 옮김, 『지전(智典) 2 : 전한·후한 편』, 208-209쪽.
266) 렁청진 편저, 장연 옮김, 『지전(智典) 2 : 전한·후한 편』, 209-210쪽.

주유가 크게 웃으면서 말했다. “대장부가 세상에 태어나 마음을 알아주는 주인을 만났으니, 모름지기 자신의 계책을 잘 수용해주는 주인과 함께 화와 복을 누릴 수 있어야 한다. 설사 소진과 장의 같은 자가 다시 살아난다 할지라도 어찌 내 마음을 돌릴 수 있겠는가?” 주유의 말을 들은 장간은 그를 설득하려던 계획을 포기했다.267)

두 사람은 장막에 들어가서 다시 한참 동안 잔을 주고받았다. 급기야 주유는 장간에게 자신과 함께 자면서 옛 이야기를 나누자고 했다. 하지만 주유는 침대에 눕자마자 코를 골기 시작했으나 장간은 잠을 이루지를 못했다. 그는 일어나 주유의 책상에 있는 서류를 뒤적이다가 ‘채모, 장윤 올림’이라고 씌어 있는 봉투를 발견하고는 깜짝 놀라서 급히 그 내용을 살펴보았다. 그것은 조조의 수군 도독 채모와 장윤이 주유에게 보낸 편지였는데 수군을 잘 조련한 후에 조조의 수급을 바치겠다는 내용이었다.

> 우리 군대가 조조에게 항복한 것은 관직과 녹봉을 탐내서가 아니라, 형세의 핍박에 의한 부득이한 것이었습니다. 지금 이미 북군(北軍)의 발을 영채에 묶어 놓았으니, 기회를 틈타서 조조의 수급을 휘하에 바치도록 하겠습니다. 조만간 인편으로 다시 소식을 전할 것이니 의심하지 마십시오. 외람되지만 이렇게 연락드립니다.268)

장간은 그 내용을 보고 나서 놀랍기도 하고 흐뭇하기도 했다. 놀란 것은 두 사람이 모반했다는 사실 때문이고, 흐뭇한 것은 자기가 그 비밀을 알게 되어서 커다란 공을 세울 수 있었기 때문이다.269)

주유는 장간의 믿음을 더욱 강하게 만들기 위해 이미 잘 계획된 시나

---

267) 『앞의 책』, 211-212쪽.
268) 렁청진 편저, 장연 옮김, 『지전(智典) 1 : 춘추전국시대 편』, 406쪽.
269) 렁청진 편저, 장연 옮김, 『지전(智典) 2 : 전한·후한 편』, 212쪽.

리오대로 자기 부하로 하여금 자기를 깨우게 만들고 강북에서 사람이 왔다는 말을 하게 하였다. 그런 후 주유는 침대에서 일어나 장간이 잠이 들어있는지를 확인 한 후 은밀히 밖으로 나와 강북에서 왔다는 사람과 한참 동안 밀담을 나눈 후 다시 장간 곁으로 되돌아와 장간의 잠든 여부를 살핀 후 다시 코를 골기 시작했다. 장간의 믿음은, 자신이 잠든 것처럼 가장을 한 채 이러한 주유의 일거수일투족을 지켜보면서 더욱 강해졌다.[270]

그는 날이 밝으면 주유에게 편지를 훔친 것이 들킬까 두려워서 주유가 깊이 잠든 것을 보고 편지를 품에 넣은 뒤에 강북으로 도망을 친 후 그 편지를 조조에게 건넸다. 편지를 본 조조는 크게 화를 내면서 채모와 장윤을 불렀고 이윽고 조조 앞에 대령을 한 그들에게 공격명령을 내렸다. 아직 출전준비가 안 되어 있던 이 두 사람은 수군이 아직 조련되지 못한 상태라서 섣불리 공격하기 어렵다는 말을 조조에게 올렸다. 이 말이 조조의 의심을 더욱 강하게 만들었다. 그는 "네 놈들이 다 조련했을 때는 나의 모가지가 벌써 주유의 손에 들어갔을 것이다."라고 호통을 치면서 두 사람을 끌어내어 처형하라고 명했다. 두 사람을 죽인 후 노회한 조조는 자기가 주유의 계책에 빠진 것을 눈치 챘으나 이미 활은 활시위를 떠난 뒤였다.[271]

조조는 한마디로 잘못된 선택을 했던 것이다. 결국 수군의 전술에 능통한 두 장수를 스스로 제거하는 잘못된 선택으로 인하여 조조는 주유와 비교를 해 볼 때 압도적인 전력상 우위를 점했음에도 불구하고 적벽대전에서 대패를 하게 된 것이다.

3) 범증(范增)을 내치는 항우(項羽)의 사례

270) 렁청진 편저, 장연 옮김, 『앞의 책』, 212-213쪽.
271) 『앞의 책』, 213쪽.

또 다른 역사적 선택의 실패사례로 유방의 반간계에 빠져 자신의 책사이며 충신인 범증(范增)을 내치는 항우(項羽)의 그릇된 선택을 들 수 있다. 결국 이로 인해 유방에게 패배하고 자살을 하는 비참한 최후를 맞이하게 되었다. 이를 좀 더 자세히 살펴보면 다음과 같다.

한군과 초군은 형양에서 대치하게 되었다. 초군이 한군을 포위하였는데 한왕은 진평(陳平)의 반간계(反間計)를 채용하여 그 위기를 타개했다. 당시 한왕이 이 위기를 벗어나기 위해 진평에게 대책을 내놓을 것을 요구했다. 진평은 "항우의 수하에는 범증과 용장 종리매(鐘離昧) 말고는 능력 있는 대신들이 몇 명 없습니다. 대왕께서는 이간책을 쓰는 것이 좋습니다. 수만의 황금을 가지고 항우의 군신관계를 이간하고, 그 다음 내부분열의 기회를 이용해서 초나라를 공격하면 초는 반드시 패할 것입니다."라고 간하였다.272)

진평은 한왕이 주는 4만 근의 황금을 받아서 그 계책을 행하기 시작했다. 그는 초군 내에 사람을 보내서 다음과 같은 소문을 퍼뜨렸다. "종리매가 항우를 위해 큰 공을 세웠는데도 아무런 혜택을 얻지 못하자, 이미 모반할 마음을 품었다." 항우도 의심이 생겨 사신을 한군의 진영으로 보내서 염탐을 하도록 했다. 그러나 미리 준비가 되어있던 한군은 그 사신을 좋은 음식으로 대접하다가 짐짓 놀라는 척하면서 말했다. "아니, 우리는 또 아부(범증을 일컬음)가 보낸 사자인 줄 알았더니 항우가 보낸 사자였군요." 그러면서 성대하게 차려놓은 음식들을 모두 거두고 거친 음식으로 대접했다. 사신이 되돌아와서 항우에게 이러한 사실을 낱낱이 고하니, 항우도 범증에게 의심을 품고 한왕 유방을 공격하자는 그의 의견도 받아들이지 않았다.

범증은 항우가 자신을 의심하는 것을 보자 깊은 한숨을 내쉬며 말했

272) 링칭진 편저, 장연 옮김, 『지전(智典) 1 : 춘추전국시대 편』, 197쪽.

다. “천하대사는 이미 정해진 것입니다. 대왕께서는 조심스럽게 대처하시고 원컨대 신의 해골을 내려주시어 저를 고향으로 돌아가도록 허락해주십시오.” 결국 그는 항우의 허락을 얻었다.[273)]

항우는 진평의 반간계에 빠져 범증을 내치는 잘못된 선택을 한 것이다. 범증은 항우 곁을 떠났고 범증이 없는 항우는 마치 이빨 빠진 호랑이 신세가 되었다. 결국 그는 한신과 팽월이 출병하여 항우를 해하(해하)에서 격파하였으며, 기원전 202년 항우는 스스로 오강에서 자결하고 말았다.[274)]

4) 한신(韓信)을 내치는 항우(項羽)의 사례

또 다른 역사적 선택의 실패사례로 한신(韓信)을 중히 쓰지 못하고 외모만을 판단하여 그를 내치는 항우(項羽)의 그릇된 선택을 들 수 있다. 만약 한신을 중히 여겨 썼다면 유방을 멸하고 항우가 천하를 통일하였을지도 모른다. 그가 잘못된 판단으로 한신을 내침으로 해서 한신은 유방에게 붙었고 유방의 가신이 된 한신은 항우를 파멸의 길로 이끄는 핵심적인 역할을 하게 되었던 것이다. 사람을 중히 쓰느냐 그렇지 않고 내치느냐에 따라 국가존망이 결정되는 것을 볼 때 ‘인사(人事)가 만사(萬事)’라는 옛말이 예사롭게 들리지 않음을 실감할 수 있다.

항우는 한신의 외모만 보고 범증의 추천에도 불구하고 그를 높은 직위에 올려 높게 쓰지 않고 하급관료로 내치는 선택을 함으로써 한신의 마음을 얻지 못해 결국 그를 유방에게 뺏기는 결과를 만들었다. 이러한 잘못된 선택으로 인해 항우는 결국 한신이 이끄는 군대에 의해 해하에서 크게 패하고 결국 오강에서 비참하게 자결을 하게 되는 것이다.

---

273) 『앞의 책』, 197-198쪽.
274) 『앞의 책』, 205쪽.

항우는 여러 가지 면에서 유방보다 더 나은 입지를 가지고 있었다. 그러나 그는 단 한 가지 유방에 미치지 못하는 것이 있었다. 바로 인재를 알아보고 이를 활용할 줄 모른다는 것이었다. 그는 한신이 자신의 곁에 왔을 때 그를 홀대하여 결국 내치는 잘못된 선택을 하였다.

한신은 항우가 큰일을 할 사람이 아니라고 생각해서 항우의 진영을 탈출하여 한군(漢軍)을 따라서 파촉(巴蜀)으로 들어가 소하(蕭何)의 추천으로 유방의 사람이 되었던 것이다.[275]

> 항우와 비교할 때 유방에게는 '여섯 가지 부족한 점'이 있었다. 즉, 명성이 부족하고, 세력이 부족하고, 용맹이 부족하고, 인의가 부족하고, 신의가 부족하고, 군졸에 대한 사랑이 부족했다. 유방은 이러한 면에서 항우에 비해 매우 열세이지만, 다른 한편 항우가 따르지 못하는 한 가지 장점이 있었다. 그것은 인재를 등용할 줄 안다는 것인데, 그의 수하에는 유능한 장수들이 구름같이 모여 있었고, 모사들 또한 빽빽한 숲처럼 가득했다. 비록 항우에게는 범증(范增)이 있었지만 제 역할을 하도록 활용하지 못했기 때문에 그는 끝내 해하에서 대패하고는 오강(烏江)에서 자결했다.[276]

또한 항우에게는 충성스런 범증이 있었지만 그의 능력을 제대로 활용할 수 있도록 만들어주지 못하였을 뿐만 아니라 유방의 반간계에 빠져 범증을 내치는 그릇된 선택을 저지르고 마는 것이다.

5) 유방(劉邦)에게 죽임을 당하는 한신(韓信)의 사례

한고조 유방(劉邦)을 도와 명장으로써 백전백승을 하여 한나라를 세우는데 혁혁한 전공을 세웠던 한신(韓信) 역시 잘못된 선택으로 유방에게 죽임을 당하게 된다. 이 또한 또 다른 역사적 선택의 실패사례이다.

---

275) 『앞의 책』, 191쪽.
276) 렁청진 편저, 장연 옮김, 『지전(智典) 2 : 전한·후한 편』, 89쪽.

유방과 패권을 다투던 항우가 패배를 한 후 그의 부장인 종리매와 계포는 몸을 숨기기에 바빴다. 유방은 이들의 체포를 지시했고 종리매는 도망갈 곳이 없어서 고향 친구인 한신을 찾아갔다. 한신은 옛정을 생각해서 그를 숨겨주었는데 이 사실이 밀고를 통해 유방의 귀에 들어갔다. 한신을 경계하고 있던 유방은 그에게 모반의 마음이 있는 것이 아닐까 의심하게 되었다.277)

유방은 즉시 조서를 내려 종리매를 수도로 보내라고 한신에게 명했으나 한신은 차마 그를 그렇게 할 수 없어서 종리매가 이미 떠났다고 보고했다. 의심이 많은 유방은 한신의 말을 믿지 못해 염탐꾼을 한신에게 보냈고 그의 보고는 한신이 모반할 마음을 가진 것 같다는 것이었다. 유방은 한신의 모반에 대비한 대처방안을 강구하는 자리에서 진평(陳平)에게 어떻게 해야 할지를 물었다.278)

진평은 정면으로 한신과 대적하는 것은 어렵다고 보고 하나의 계책을 내놓았다. 그 내용은 유방이 운몽택이라는 유명한 명승지로 유행을 떠난다고 하고 천하 제후들을 한신이 지배하고 있는 초나라와 인접한 진(陳) 땅으로 불러들이게 하면 한신도 유방을 뵙기 위해 나올 수밖에 없으니 그때 무장한 복병을 매복해두었다가 한신을 잡도록 하자는 것이었다.279)

유방은 그의 계책을 따르기로 하고 즉시 이 사실을 한신을 포함해 각 제후들에게 통보를 하였다. 한신은 이러한 명을 받고 유방의 의도를 의심하였으나 안갈 수가 없는 입장이었다. 그래서 한신은 종리매를 죽인 후 그의 수급을 가지고 유방을 뵈러 갔다. 한신을 본 유방은 즉시 한신의 체포를 명하였다.280)

---

277) 『앞의 책』, 24-25쪽.
278) 『앞의 책』, 25쪽.
279) 『앞의 책』, 25-26쪽.
280) 『앞의 책』, 26-28쪽.

한신은 별로 놀라지 않은 표정으로 말했다. "과연 사람들의 말대로 토끼가 죽으면 사냥개를 삶고, 높이 나는 새가 보이지 않으면 활을 거두며, 적국을 격파 한 후에는 모신(謀臣)도 죽이는 격이로구나. 천하의 임자가 정해졌으니, 나도 마땅히 죽을 때가 되었다." 유방은 한신을 체포하자 곧바로 낙양으로 되돌아왔다. 낙양으로 되돌아온 유방은 한신에게 과오보다는 공로가 훨씬 많고 게다가 모반에 대한 명백한 증거도 없었기 때문에 그를 석방하였으나, 초왕에서 회음후로 지위를 낮추었다.[281]

그리고 그가 갖고 있는 권력의 대부분을 해제하면서 실제로 그를 도읍인 장안에 머물게 하여 연금했다. 얼마 후 유방의 아내 여치(呂雉)가 소하와 은밀히 모의하여 한신을 조정으로 유인한 후에 모반이란 죄명으로 그를 포박하고 나서 무사를 시켜 그를 죽였다.[282] 소하가 한신을 발탁해서 대장이 되도록 했고 또 계략으로 그를 체포해서 죽임을 당하게 하였다.[283]

과거 초나라와 한나라가 전쟁을 할 때 한신이 항우를 도왔더라면 항우가 천하를 통일하게 되고, 한신이 유방을 돕는다면 유방이 천하를 장악하게 되며, 만약 한신이 유방을 등지고 스스로 세력을 확장했다면 항우, 유방과 함께 삼국정립의 형세를 이루었을 것이다. 뿐만 아니라 한신에게는 당시 여러 차례 자립할 기회가 있었고, 주변의 사람들도 그에게 스스로 왕이 될 것을 권고했다. 하지만 그는 끝내 모든 기회를 놓치고 말았다.[284]

특히 한신의 모사인 괴통(蒯通)이 자신의 주군인 한신에게 올린 삼국정립의 시나리오를 한신이 받아들였다면 토사구팽의 비참한 최후를 맞지 않았을지도 모른다. 그러나 그는 한나라를 버리지 못하고 유방에

281) 『앞의 책』, 28쪽.
282) 『앞의 책』, 29쪽.
283) 『앞의 책』, 41쪽.
284) 『앞의 책』, 28쪽.

게 충성을 다 할 것을 결심함으로써 자신의 운명을 비극으로 마무리 짓게 하였다.

> 괴통은 한신을 큰 뜻을 품은 자로 여겼기 때문에 며칠 동안 조용히 기다렸다. 그러나 아무런 소식이 없자 다시 한신을 찾아가서 말했다. "장군께서 하루 속히 결정을 내리시기 바랍니다. 시기는 오래 가지 않고, 기회는 다시 오지 않습니다." 이때 한신은 이미 한왕을 등지지 않기로 결심하였으므로 그 자리에서 대답했다. "선생은 다시는 그러한 말을 하지 마오. 내 공로가 적지 않고 또 한왕에게 충성하고 있으니, 한왕은 반드시 나를 해치지 않을 것이오!" 이 말을 들은 괴통은 더 이상 권유해 보았자 소용이 없다는 걸 알고 물러났다. 한신과 작별한 괴통은 더 머물러 있다가는 화가 닥칠까 두려워서 미친 자로 가장하여 어디론가 가 버렸다........ 얼마 지나지 않아서 여후는 계책으로 한신을 붙잡아서 왕궁 옆에 딸린 종실(鍾室)에서 참수했다. 죽기 전에 한신은 하늘을 향해 길게 탄식하며 말했다. "내가 괴통의 말을 듣지 않다가 오히려 여자의 속임수에 떨어졌으니, 이 어찌 천명이 아니겠는가?"[285]

한신은 결단성이 부족하고 전체적인 국면을 총괄하지 못하여 그릇된 선택을 함으로써 천하를 얻지 못하고 장수의 재능으로 그쳐야만 했던 것이다.

6) 아돌프 히틀러(Adolf Hitler)와 바바로사 작전(Operation Barba-rossa : Unternehmen Barbarossa)의 사례

아돌프 히틀러의 소련 침공을 위한 바바로사 작전 역시 선택과 집중을 잘못함으로써 참담한 실패를 낳은 역사적 사례이다.

히틀러와 그를 추종하는 군 수뇌부들은 1812년 나폴레옹(Napoléon Bonaparte)이 러시아를 침공하다가 저지른 참담한 실수를 반복하지 않기

285) 『앞의 책』, 53-54쪽.

위해 이에 대한 치밀한 연구를 하였고, 이러한 연구에 기초하여 소련을 침공하는 계획을 세웠는데 그것이 바로 바바로사 작전이었다. 1941년 6월 22일부터 1941년 12월까지로 계획되어있었던 바바로사 작전은 소련을 침공하여 항복을 받아내려는 히틀러의 야심 가득 찬 전쟁 시나리오인데 히틀러는 북부, 중부, 남부 3개 방면으로 독일군을 진격하게 하였다.[286)]

그러나 이러한 각개 분산 전략은 오히려 독일군의 병력과 화력의 집중이라는 장점을 살려내는데 커다란 걸림돌이 되었고, 남부 전선이 교착상태에 빠지자 중부전선의 병력과 화력을 빼내어 이를 보충하는 과정에서 중부전선까지 집중에 따르는 비교우위를 차지하는데 어려움을 갖게 만들었다. 이러한 중부전선의 희생을 전제로 한 남부전선의 보완에도 불구하고 결국 남부전선은 지금의 볼고그라드인 스탈린그라드(Stalingrad)에서 치열하게 벌어진 전투에서 대패를 하고 엄청난 사상자를 남기고 전군이 항복을 하였다.

참고적으로 히틀러의 러시아 침공작전이 실패한 이유에 대한 또 다른 이유가 있어서 간단히 소개를 한다. 이미 역사적 결과를 알고 하는 이야기이긴 하지만 러시아 출정 당시 히틀러의 군사력이 크게 약화되었던 것은 프랑스와 발칸 반도에도 공격에 대비한 군대를 남겨두어야 했

---

286) 히틀러와 독일군지휘부는 3개의 집단군을 각각 소련의 특정지방에 있는 대도시를 공격하여 점령을 하는 것을 목표로 삼아 할당을 하였다. 빌헬름 폰 레프 원수가 이끄는 북부집단군(Army Group North)은 발트 해 연안에 있는 발트3국을 경유해 북 러시아에 침입하여 레닌그라드(Leningrad)의 점령 혹은 파괴를 목표로 했다. 페도르 폰 보크 원수의 중부집단군(Army Group Center)은 현재의 벨라루스(Belarus)를 통과하여 러시아의 중서부로 진군하여 모스크바를 직접 공격하여 점령하는 것이 목표였다. 게르트 폰 룬트슈테트 원수의 남부집단군(Army Group South)은 소련의 최대 곡창지대이며, 거대한 공업지대이고, 인구밀도도 높은 우크라이나(Ukraine) 지역을 공격하여 키에프(Kiev)를 공략한 후 남러시아의 초원을 넘어 동쪽의 볼가(Volga)강까지 진군한다는 계획을 세웠다. 최종적으로는 우랄산맥의 서쪽에 자리 잡고 있는 소련의 유럽부분까지 진출할 계획이었다. http://ko.wikipedia.org/wiki

기 때문이다. 사실 히틀러가 염려한 그러한 공격은 일어나지도 않았다.[287] 이러한 히틀러의 염려와 이에 근거한 전략은 자신이 가지고 있는 힘을 집중시키지 못하고 분산시키게 함으로써 러시아 출정을 결국 실패로 마무리 짓게 하는 커다란 원인이 되었던 것이다. 집중이란 매우 중요한 가치라는 것을 새삼 확인하게 되는 역사적 사실이다.

다시 본론으로 돌아와서 남부전선의 붕괴와 중부전선의 부진은 결국 독일의 소련 침공 작전의 본래 목적을 좌절시키는 결과를 낳게 만들었다. 그리고 더 나아가 소련 침공 작전의 실패는 히틀러의 전체 전쟁 작전에 차질이 생기게 만들었고 결국 나치 독일의 패망을 가져온 원인이 되었다. 이러한 사례는 히틀러의 잘못된 선택과 그릇된 집중을 잘 투영시켜주는 역사적 사실이 되었다.

7) 한국전쟁 초기단계의 한국군 수뇌부의 전쟁대응 사례

한국전쟁의 초기단계에 신성모(申性模) 국방부장관, 채병덕(蔡秉德) 육군참모총장[288] 등을 중심으로 하는 한국군 수뇌부가 북한군의 기습공격을 대응하는데 있어 축차적 병력 투입이라는 선택을 함으로써 과다한 인명손실과 효과적인 남침 저지를 하지 못하는 결과를 초래하였다는 주장이 있다. 선택과 집중이라는 원칙에 입각하여 북한군의 주력부대에 대응하는 선택을 하고 가용한 인적, 물적 자원을 시간적으로나 공간적으로 집중하여 투입하는 용병술을 사용하였다면 보다 효과적으로 북한군의 남침을 저지하거나 지연시킬 수 있었을 것이라는 주장이다.

이들의 주장이 어느 정도의 타당성은 있어 보인다. 아무리 북한군의

---

287) 로버트 그린 지음, 안진환·이수경 옮김, 『앞의 책』, 169쪽.

288) 한국전쟁 발발 직후인 1950년 6월 26일 오후 국무회의에서 서울 사수를 공언하였고 명령만 있으면 나흘 안에 평양을 점령할 수 있다고 호언장담하기도 했다. 강준만, 『한국현대사산책』, 1950년 대편 1권, 49쪽. ; http://ko.wikipedia.org/wiki/%EC%B1%84%EB%B3%91%EB%8D%95

기습공격이라고 해도, 또 남·북한군 간의 전력의 차이를 고려한다 해도, 많은 전방 사단의 병력이 일요일 외박과 휴가를 나갔다고 해도, 일부 한국 정부의 지도층 내에 용공세력이 있어 북한의 기습공격에 유리하도록 화답을 했다고 해도, 수도 서울이 불과 사흘 만에 함락되는 결과를 놓고 볼 때, 당시의 군 지휘부가 선택과 집중이라는 용병술을 제대로 발휘하지 못한 탓도 크지 않나 생각이 되는 것이다.

사실 한국전쟁 초기단계에 한국군 수뇌부가 북한군의 기습공격에 대해 시의성과 적실성을 지니는 초기대응조치를 잘했다면 전세를 뒤집기는 어려웠을지 모르지만 서울이 북한군의 공격을 받고 사흘 만에 속절없고 어이없이 무너져 내리는 모양새는 막을 수 있었을지도 모른다. 그들은 기습공격에 매우 당황하였던 같다. 그 결과 경황이 없었던지 무기체계나 병력에 있어 양과 질적인 면에서 비교가 안될 만큼 막강한 기습공격력을 지닌 북한군을 저지하기 위해, 가지나 양적 질적인 면에서 열세에 처해 있던 병력을 집중운영하지 못하고 차례차례 방어전선에 투입하는 그런 무모한 작전을 펼쳤던 것이 아닌가 싶다. 좀 심하게 표현을 한다면 병아리 모이 주듯이 아까운 병력을 적의 입에 밀어 넣어주는 격이 되어버린 것이다. 이러한 병력의 축차적인 투입으로 아까운 병력 손실을 가지게 되었고 집중이 줄 수 있는 병력운용의 이점을 확보하지 못했던 것이 아닌가 싶다. 이에 덧붙여 설상가상으로 경황 중에 북한군 탱크289)와 북한군이 벌써 서울 시내로 진주해 들어왔다는 잘못된 정보판단에 입각하여 한강 다리를 조기 폭파290)시킴으로써 많은 인명피해

289) 신성모 국방장관은 이승만 대통령 지시에 따라 1949년 9월 북한군을 막을 전차 189대 지원을 요청했지만, 미군 측 군사고문단은 "한국의 지형과 도로, 교량 등에 비춰 볼 때 전차는 적합하지 않다."고 판단하여 한국 측의 요청을 거절했다. 그래서 전차를 앞세운 북한군의 기습공격에 한국군은 처참하게 무너졌다. 남정옥, "국군의 방어계획", 『조선일보』, 2010년 3월 17일.

290) 1950년 6월 28일 새벽, 북한군이 서울에 진입했다는 소식을 접한 국군은 오전 2시 30분 한강다리를 폭파했다. 양영조, "북한군 최대 미스터리… 서울 점령 후 3일간 공

와 국민 그리고 군인들의 사기를 떨어트리고 나아가 한강 이북에 남겨진 병력과 물자들을 차후에 효율적으로 활용을 할 수 있는 기회조차 박탈을 해버렸던 것이다.

역사에 만약은 없지만 다시 가정을 해 본다면 병력을 축차적으로 투입하지 말고 북한군의 주 공격로를 선택하여 그 곳에 방어병력과 유관전력을 시간적으로나 공간적으로 밀도 높게 집중적으로 투입하였다면 아마 상황은 우리가 알고 있는 역사적 사실과는 사뭇 달라졌을지도 모르는 일이다. 북한군의 남침을 초기에 저지하지 못한 한국군 수뇌부들은 병력을 비롯한 전력운용에 있어서 선택과 집중을 제대로 해내지 못했으며 그 결과 자신들뿐만 아니라 무고한 인명과 재산을 희생시켰으며 국가를 백척간두에 서게 만들었던 것이다. 이것 역시 선택과 집중의 역사적 실패 사례 중 하나로 평가할 수 있는 것이다.

사실 이렇게 역사적으로 가정을 해 볼 수 있는 것은 같은 기습공격을 받고서도 동부전선의 사정은 서부전선의 상황과는 판이했기 때문이다. 서부전선이 축차적 전력운용으로 지리멸렬하면서 사흘 만에 수도 서울을 내주는 안타까운 모습을 보이는 동안 춘천을 중심으로 하는 동부전선은 오히려 북한군의 기습공격을 선택과 집중을 통해 효율적으로 막아내고 오히려 북한군을 밀어 올리는 전과까지 올렸던 것이다.

이렇게 할 수 있었던 것은 당시 6사단장이었던 김종오(金鍾五) 대령이 여러 가지 정황을 고려한 후 오히려 경계태세를 강화하고 전 장병의 외출을 금지시키고 북한과 대치하는 전 전선에 병력과 유관전력을 집중시켰기 때문이다. 그래서 북한군이 기습공격을 했지만 기습의 효과를 거두지 못했던 것이다. 물론 서부전선과의 전선균형을 위해 육군본부의 지시에 따라 춘천을 뒤로하고 작전상 후퇴를 하지만 동부전선의 개전

세 멈춰", 『조선일보』, 2010년 3월 24일.

초의 대응조치는 선택과 집중이라는 측면에서 볼 때 매우 바람직한 모습이었다고 평가할 수 있는 것이다.

> 김종오 대령은....... 1947년 제1연대장이 되었고, 한국전쟁 때는 6사단의 사단장이었다. 춘천에 주둔한 6사단 7연대는 1950년 6월 22일부터 경계태세를 강화하며 동시에 전 장병의 외출을 금지시켰다. 그 때문에 조선인민군 2만4천 명은 6월 25일 새벽 춘천을 기습 공격했지만 40% 이상의 전력을 상실한 채 실패하고 말았다. 6사단은 3일간 조선인민군과 대치하며 춘천을 확보했으나 육군본부 명령에 따라 충주로 철수하면서 조선인민군은 6월 27일 저녁 10시에 춘천을 점령했다.[291]

사실상 춘천 전선에서의 북한군의 패퇴는 당일 춘천을 점령한 뒤 수원으로 진출, 국군 후방을 치겠다는 북한군 작전을 헝클어버리기에 충분한 것이었다. 오죽이나 다급했으면 북한군은 인제-홍천 쪽으로 잘 나가던 12사단의 2개 연대를 되돌려 춘천지역 전선으로 투입을 시켰겠는가. 남침기습작전을 근본적으로 헝클어버린데 대해 분노한 김일성은 이러한 전투결과에 책임을 물어 제2군단장과 2사단장과 12사단장 모두를 해임해버렸다.[292] 만약 춘천 전선 역시 서부전선처럼 선택과 집중을 통한 방어가 제대로 이루어지지 않았다면 춘천전선을 공격한 북한군이 수원으로 진출하여 국군 후방을 공격했을 것이고 그렇게 되었다면 한국전의 양상은 한국군에게 매우 불리한 상황으로 전개가 되었을 것이다. 서울 전선에서 퇴각하여 내려오던 한국군의 상당한 병력과 전력이 손상을 입었을 것이고, 지리멸렬하게 해체된 전선을 전투대형으로 재구축하는 시간도 벌기 어려웠을 것이다.

참고적으로 북한군도 개전 초기에 한국군과 유사한 선택과 집중의 실

---

291) http://ko.wikipedia.org/wiki/%EA%B9%80%EC%A2%85%EC%98%A4
292) 최용호, “초기 전투 남북의 성공과 실패”, 『조선일보』, 2010년 3월 23일.

패를 맛본다. 북한군은 선택과 집중이라는 전략을 잘 활용한 기습공격을 통해 사흘 만에 수도 서울을 점령한다. 그런데 북한군은 사흘 동안 더 이상 남진을 하지 않고 수도 서울에 머무는 도저히 이해하기 어려운 어리석음을 저지르게 된다. 이러한 어리석음으로 인해 한국군은 전열을 재정비할 수 있는 시간을 벌게 되는 것이다. 북한군이 정작 선택과 집중 전략을 구사했다면 기회가 왔을 때 모든 군사적 역량을 집중하여 지리멸렬해진 적을 한강을 도하하여 추격하여 재기불능의 상태로 만들어 놓았어야 했다. 그런데 북한군은 그러하지 않은 것이다.

이에 대해 여러 가지 주장이 제기되었다. 서울 점령 북한군 3사단과 4사단에 한강을 건널 도하장비가 없었다는 주장과, 춘천 쪽에서 오는 2사단과 12사단을 기다렸다는 주장과, 일단 서울을 장악하면 남한 전체에서 남로당을 중심으로 인민 봉기가 일어나[293] 스스로 붕괴할 것으로 예상했다는 주장 등이다.[294] 이런 주장들이 맞을 수도 있고 틀릴 수도 있다. 그러나 분명한 것은 북한군이 서울을 점령한 뒤 우세를 확신했고 승리감에 도취해 우쭐했다는 점이다. 북한군 전차와 병력은 28일 오전 서울 시내를 행진하는 등 자신감을 내보였다. 이러한 북한군의 자만이 앞에서 이야기한 여러 주장들과 어우러져, 선택과 집중이 가져다주는 최대의 이점을 제대로 살리지 못하게 되는 결과를 가져오게 한 것으로 사료가 된다. 결국 한국군은 전열을 재정비하고 완강하게 북한군의 남진을 저지하였고 이러한 시간적 지연전술은 미군을 위시한 유엔군이 병력과 화력을 전개하고, 전투준비를 갖추게 하는데 결과적으로 일조를 하게 만들어 한국의 적화라는 꿈을 깨게 만들었던 것이다.

---

293) 김일성과 박헌영은 일단 무력남침이 시작되면 남한 내 군과 민간의 남로당 세력과 그 동조자들이 일제히 봉기, 북한군을 도울 것이라 생각했지만 이는 오판으로 결론이 났다. 남정옥, "앞의 글".

294) 양영조, "앞의 글".

8) 북한군을 과소평가한 미군 수뇌부 사례

더글러스 맥아더(Douglas MacArthur) 장군 등 미군 수뇌부의 북한군 전력의 과소평가 등 안이한 전세판단에 입각한 병력 운용 역시 위와 같은 실책을 저지르는 결과를 초래한 중대원인 중 하나로 판단이 되는 것이다. 미군은 북한군을 과소평가하고 일본에 주둔 중인 스미스 부대(Task Force Smith)를 한국으로 이동시켜 1950년 7월 5일 오산 전투(Battle of Osan)에 제대로 된 준비 없이 투입을 시켰던 것이다.[295)]

스미스 부대가 보유하고 있던 대전차 화력으로는 보병용의 2.36인치 바주카포와 포병 병과의 57mm 대전차포가 전부였다. 이 대전차 화력으로는 북한군의 T-34 탱크를 격파할 수 없었다. 미군 수뇌부는 이정도의 화력으로 충분하다고 생각을 했다. 그리고 개전 초기에 한국군이 속절없이 밀린 이유는 한국군의 훈련이 부족했기 때문이라고 생각을 했지, 무기체계의 열세 때문이라는 생각은 하지도 않았다. 그러나 스미스 부대가 치른 오산 전투의 참담한 결과를 보고 나서야 자신들이 크게 오판했음을 깨닫게 되었다.

T-34 탱크 등으로 중무장을 한 고도로 훈련된 북한군을 소총과 무반동총 등으로 경무장을 한 스미스부대가 저지를 한다는 것은 말도 안 되는 기적 같은 일을 기대했던 것이다. 결국 스미스부대는 북한군의 남침을 저지시키지 못하고 엄청난 사상자를 내면서 궤멸이 되어 버렸던 것이다.[296)]

---

295) 나중에 더글러스 맥아더의 뒤를 이어 유엔군을 지휘하게 되는 매슈 리지웨이는 그의 회고록에서 맥아더는 침공군의 세력을 잘못 판단했으며, 인민군 10개 정예사단 앞에 1개 대대를 투입한 것은 맥아더의 지나친 오만이라고 지적했다. 정일화, “40년 만에 다시 풀어보는 6 · 25의 수수께끼 : 4”, 『한국일보』, 1990년 6월 20일, 5쪽.

296) Roy E. Appleman, *South to the Naktong, North to the Yalu* (Office of the Chief of Military History, US Army, 1960). ; Clay Blair, *The Forgotten War : America in Korea, 1950-1953*, (Annapolis, MD : Naval Institute Press, 2003).

이러한 역사적 사실에서 우리가 알 수 있는 것은 안이하고 무책임한 전세판단으로 인해 북한군의 전력을 과소평가하였고, 이에 반해 스미스 부대의 전투역량은 지나치게 부풀려 생각함으로써 최악의 선택을 하게 되었다는 것이다. 북한군의 전력을 제대로 평가하는데 모든 첩보 및 정보망을 망라하여 집중을 했어야 하며, 이렇게 하여 수집된 첩보나 정보를 집중적으로 분석을 하고 이에 입각한 전력운용을 했어야 했던 것이다. 또한 스미스 부대의 전투력을 객관적이고 냉정하게 평가를 하여 북한군과의 전력 차이를 밝혀내고 이를 보완할 수 있는 치밀하면서도 세심한 준비에 집중을 했어야 하는 것이다. 이렇게 집중할 수 없었기 때문에 참담한 실패를 자초했던 것이다. 2차 세계대전의 승리자로 미군이 개입하기만 하면 북한군이 이것에 주눅이 들어 꼬리를 내릴 것으로 생각을 했다면[297] 그것은 엄청난 판단착오를 한 결과가 되는 것이다.

바로 이 사례도 선택과 집중을 제대로 하지 못해 초래하게 된 실패사례라고 말할 수 있을 것이다.

동서고금(東西古今)의 전투에서 힘을 집중하는 것은 바로 승부와 연결되었다. 아무리 많은 병력을 갖고 있어도 그 힘이 분산된다면 전력을 효과적으로 사용할 수 없다. 그래서 수많은 전쟁 영웅들이 적의 힘은 분산시키고 아군의 힘은 최대한 집중하기 위해 애를 썼던 것이다.

위대한 장수와 창의적인 전략가가 돋보이는 이유는 그들이 지식이 많아서가 아니라, 필요할 경우에는 선입견을 떨쳐버리고 당면한 순간에 온 신경을 집중하기 때문이다. 이것이 바로 창의력을 점화하고 행운을 거머쥐는 방법이다.[298]

9) IBM의 잘못된 선택의 사례

297) 전쟁기념사업회, 『한국전쟁사』, 1권 (서울 : 행림출판, 1992). 196~197쪽.
298) 로버트 그린 지음, 안진환·이수경 옮김, 『앞의 책』, 52쪽.

① 미래의 기업비전 취약으로 인해 잘못된 선택을 하게 되는 사례

IBM은 먼 미래를 바라보는 기업의 비전이 취약했기 때문에 실패를 자초하였던 것이다. 그 당시 IBM은 타이프라이터, 팩스 등 사무자동화 부문에서는 타의 추종을 불허하는 매우 독보적인 존재였다. IBM은 이러한 상황을 즐겼고 어떤 의미로는 안이하고 교만에 빠졌을지도 모른다. IBM은 당시 잘나가던 사무자동화부문에 매료되어 새롭게 떠오르는 컴퓨터부문을 가볍게 여겼다. 이러한 판단에 입각하여 당시로서는 물이 좋았던 사무자동화부문에 전념하기 위해 미래적 가치가 어마어마한 컴퓨터 부문을 소홀히 하였고 그래서 마이크로소프트(MS)사와 인텔(Intel)사에게 아웃소싱을 주는 결정을 하게 되는 것이다.

주지의 사실이듯 IBM의 아웃소싱 업체인 마이크로소프트와 인텔은 지금 컴퓨터업계의 총아로 가장 막강한 권력으로 군림을 하고 있다. IBM은 이런 뼈아픈 미래 판단의 실책으로 인해 영향력 있던 자리를 이들에게 빼앗기고 회사 존폐의 위기로까지 밀렸던 뼈아픈 경험을 하게 되었던 것이다.

최고경영자의 미래에 대한 판단부족과 비전의 부재는 바로 이와 같이 엄청난 영향력을 가진 기업이라 하더라도 정상의 자리를 지켜낼 수 없다는 교훈을 던져주고 있는 것이다.

② 빌 게이츠와의 컴퓨터 운영체계에 대한 협상에서 잘못된 선택을 하는 사례

MS사의 빌 게이츠와의 컴퓨터 운영체계에 대한 협상에서도 안이한 태도로 일관하다가 결국 잘못된 선택을 하여 불리한 입장으로 전락하게 되는 것이다.

세계적인 기업이었던 IBM을 딛고 세계 최강의 컴퓨터 운영체계를 구축한 빌 게이츠는 IBM과의 협상과정에서 보여준 미래를 내다보는 전략적 사고를 통해 우리에게 매우 유용한 교훈을 던져주고 있는 것이다. 마이크로 소프트(MS)사를 새로 차린 빌 게이츠와 그 당시 컴퓨터 업계의 최강자였던 IBM의 협상은 역사적으로도 회자되는 명 사건이었다. 이 일화를 간단히 소개하면 다음과 같다.

마이크로소프트사가 소프트웨어 사업을 막 시작하려던 단계에 IBM으로부터 컴퓨터 운영체계를 개발해 달라는 의뢰를 받게 된다. 빌 게이츠는 IBM이 주문한 컴퓨터 운영체계로 MS-DOS체계를 개발해 낸다. IBM측에서는 개발비용으로 100만 달러를 지불할 테니 MS-DOS체계에 대한 모든 권리를 IBM에게 양도하라는 조건을 내세운다. 웬만한 사람 같으면 이러한 IBM의 요구를 감사하게 생각하고 이를 선뜻 받아들였을 것이다. 왜냐하면 이 당시 100만 달러라고 하는 돈은 일반인으로서는 손대볼 수 없는 거액이었기 때문이다.

그러나 빌 게이츠는 이러한 IBM의 요구를 냉정하리만큼 차갑게 거절을 한다. 그리고 한 술 더 떠서 자신이 개발한 MS-DOS 프로그램을 IBM의 모든 컴퓨터에 탑재를 시키고, 이렇게 해서 자사의 제품 MS-DOS 소프트웨어를 사용하는 컴퓨터 사용에 대한 값을 직접 자신이 받을 것이며, 나아가 자신이 개발한 소프트웨어를 다른 회사들에게 팔아도 이의를 제기하지 않는다는 조건을 받아들일 것을 요구하였다. IBM으로서는 도저히 받아들이기 어려운 조건이었던 것이다. 그러나 IBM은 안이한 생각으로 빌 게이츠를 깔보고 정 그렇게 나온다면 다른 거래처를 통해 운영체계를 개발하여 사용하겠다고 협박을 했지만 그는 눈썹하나 흔들리지 않았다.

빌 게이츠가 이렇게 강한 요구조건을 가지고 이 당시 최고의 컴퓨터 업계 최강자였던 IBM을 몰아붙일 수 있었던 것은 미래의 세계에서는 자신이 개발한 MS-DOS 소프트웨어와 같은 소프트웨어들의 세상이 될 것이라는 강한 확신을 가지고 있었기 때문이다. 그는 먼 미래를 바라보는 혜안을 가졌을 뿐만 아니라 이를 실천할 수 있는 강한 의지를 가지고 있었던 것이다. 그리고 자기 자신 뿐만 아니라 자신이 경영하는 회사의 구성원들에게 이러한 꿈을 비전화하여 보여 줄 수 있었기 때문이다.

이러한 희망적인 미래적 비전을 투사할 수 있었기에 자기 자신은 물론이고 자신이 창립한 기업의 조직 구성원들을 이길 공산이 거의 없는 협상의 장에서 의연하게 행동하게 만들었던 것이며 IBM의 어떠한 협박에도 굴하지 않게 할 수 있는 강한 투지를 가질 수 있게 하였던 것이다. 결국 IBM은 빌 게이츠에게 굴복을 하고 빌게이츠가 요구한 조건을 수용하게 된다. 그 이후 IBM은 컴퓨터 업계의 최강의 자리를 내주어야 하는 비극을 자초하게 되는 것이다.

빌 게이츠의 미래를 내다보는 혜안과 이에 입각하여 멋진 비전을 창조해 냄으로써 그는 어려운 협상에서 승자가 될 수 있었던 것이다. 미래의 비전제시가 왜 지도자들에게 절대적으로 필요한 것인가를 잘 설명해주고 있는 교훈적인 사례라 판단된다.

제5장 효율적인 선택과 집중

무엇보다도 여러 가지 중에서 어느 하나를 고르는 선택이 어렵고 괴로운 것은 우리가 무엇인가 하나를 손에 쥐는 순간, 나머지 가능성은 다 버리는 포기라는 대가를 반드시 치러야 하기 때문이다. 선택만 생각하면 갖는 것 같아도 선택 뒤에는 불확실성에 가려진 수많은 포기가 있고 바로 그것이 우리를 불안하고 고통스럽게 하는 것이다. '내가 고른 이것이 정말 최상일까? 혹시 내가 고르지 않고 포기한 것이 더 나은 것이 아니었을까?' 혹은 '내가 고르지 않고 조금 전에 포기한 그것이 최상이지 않았을까? 하는 등의 의구심이 우리를 불안케 하고 심지어는 고통스럽게 하는 것이다. 그러니까 우리는 가진 것에서 기쁨을 얻기 보다는 포기한 것에 대해 고통을 느끼는 것이다.[299)]

그래서 선택은 어떤 것을 얻는다고 생각하기 보다는 결국 무엇인가를 포기한다는 뜻으로 받아들이는 게 더 나을지도 모른다. 따라서 이렇게 생각을 한다면 우리가 무엇인가를 포기하는 순간, 어쩌면 그 버린

299) 강인선, 『힐러리처럼 일하고 콘디처럼 승리하라』(서울 : 웅진 지식하우스, 2006), 255-256쪽.

선택이 더 좋은 것일 수도 있다는 미련이나, 내가 선택한 것이 별로였을 때, '아, 그때 다른 것을 택해야 했어'라는 후회 같은 이런 것들이 우리로 하여금 엄청나게 스트레스를 받게 만든다. 그리고 선택을 하는 과정 역시 경우에 따라서는 감당하기 어려운 스트레스를 주기도 한다. 가능한 모든 대안을 살펴보아야 한다는 강박관념부터 시작을 해서 그 각개의 대안들이 가져올 결과에 대한 예측까지 결코 긴장의 끈을 놓기 힘든 상황을 선택하는 자에게 요구를 한다. 또한 이 과정에서 각개의 대안이 요구하는 비용과 각 대안이 우리에게 줄 수 있는 효용이나 편익 등을 정확하게 계산해봐야 하는 엄청난 수고를 요구한다. 게다가 이 모든 시나리오가 던져주는 견적서는 불확실하기 짝이 없다.

이에 한 걸음 더 나아가 우리에게 더 아픈 상처를 줄 수 있는 것은 다른 사람이 한 선택과 나의 선택을 비교하기 시작했을 때이다.[300] 우리 옛 속담에 '비교는 불행의 씨앗이다'이라는 말이 있다. 누가 더 큰지 적은지 혹은 누가 더 예쁜지 미운지 또는 누가 더 많은지 적은지 등을 비교하기 시작할 때부터 불행은 싹트고 잉태된다고 보는 것이다. 요즈음 우리 삶의 한 단면을 지켜보아도 이 말이 정말 맞구나 하는 생각이 마음에 사실로 와 닿음을 느낄 수 있다. 우리는 아파트 이웃주민이 나보다 조금 더 나은 직장에 다니는 것 같으면 내 직장이 초라해 보이면서 내가 선택한 직장이 왠지 보기 싫어진다. 또 나의 이웃주민이 지금 보다 좀 더 넓은 평수의 새 아파트로 이사를 간다고 하면, 또는 이전 보다 나은 새로운 차를 산다고 하면, 나도 그러한 선택을 하지 못함에 대한 자괴감과 비애감, 그리고 이웃에 대한 질투심으로 배가 아프다. 우리 서로는 사실 엇비슷하게 살면서도 알량한 자존심과 질투심 때문에 도토리 키 재는 식으로 누가 더 잘나고 더 잘 사는지 그리고 누가 오늘의 결과

300) 『앞의 책』, 257-258쪽.

를 만들어 준 선택을 잘했는지 못했는지를 둘러싸고 까치발까지 곧추 세워가면서 비교하며 살아간다. 그리고 상대편은 물론이고 자기 자신의 마음까지 사정없이 커다란 상처를 내준다. 하루 이틀도 아니고 이러한 삶이 결코 행복할 수는 없는 것이다. 비교가 거듭 될수록 기쁘기 보다는 더욱 더 피곤하고 지칠 뿐이다. 그러나 자기 파괴적인 이러한 비교놀음은 끊임없이 지속되어 나간다.

이러한 병리적 현상의 깊은 내면을 꿰뚫어 보고 있기나 한 듯이 배리 슈워츠는 '선택의 자유가 곧 더 행복한 삶을 약속하는 것은 아니다'라고 주장을 하고 있다.[301] 그리고 그는 한 걸음 더 나아가서 '선택의 폭이 넓어지면 넓어질수록 만족도는 그만큼 떨어지는 삶을 살게 된다'고까지 주장을 하고 있다.[302]

> 사람들에게 선택권이 전혀 없을 때 삶은 거의 견디기 어렵다. 선택의 수가 (우리의 소비자 문화에서 그러듯이) 점점 더 늘어날 때, 그와 같은 다양성이 제공하는 자율, 통제, 그리고 해방은 강력하고 긍정적이다. 하지만 선택의 수가 계속해서 늘어나면, 다수의 대안에 따른 부정적 측면들이 나타나기 시작한다. 선택의 수가 한층 더 늘어나면, 부정적인 측면들이 점점 더 커지고, 우리는 결국 과부하를 안게 된다. 이 시점이 되면, 선택은 우리를 해방시키는 것이 아니라 무력화시킨다. 그것은 독재라고 얘기할 수 있을지도 모른다. … 선택의 과부하에는 비용이 따른다. 우리에게 허용된 그 모든 선택에 지나치게 집착하는 것은 나쁜 결정, 걱정, 스트레스, 불만, 나아가 우울증까지도 초래한다.[303]

배리 슈워츠는 이러한 나락에서 벗어나기 위해 올바르고 효율적인 선택을 하여야 하며 이를 위해 반드시 유념해야 할 몇 가지 사항을 제

---

301) 배리 슈워츠 지음, 형선호 옮김, 『선택의 패러독스』(서울 : 웅진닷컴, 2004) ; 강인선, 『앞의 책』, 256쪽.
302) 배리 슈워츠 지음, 형선호 옮김, 『앞의 책』. ; 강인선, 『앞의 책』, 257쪽.
303) 배리 슈워츠 지음, 형선호 옮김, 『앞의 책』, 9-10쪽.

시하고 있다. 첫째 사항으로 '객관적으로 가장 좋은 것을 고르려 들지 말고 주관적으로 선택하라'고 주문을 하고 있다. 한 마디로 말하자면 자기의 마음이 가장 끌리는 것을 선택하라는 것이다. 주위의 충고나 조언 그리고 객관적으로 드러나는 비교 우위를 점하는 선택이 있다고 하더라도 중요한 것은 자신의 마음이며 만족이라는 것이다. 따라서 남의 눈높이에서 혹은 남의 눈을 의식해서 선택을 하지 말고 자신의 주관적 감정에 충실하고 자기 눈높이에 맞게 선택을 하는 것이 가장 중요하다는 점을 강조하는 것이다. 둘째로 들고 있는 사항은 '이 정도면 됐다'고 만족하는 법을 배워야 한다는 것이다. 인간의 마음을 100퍼센트 완벽하게 충족시켜 주는 선택은 이 세상 어디에도 존재할 수 없다. 인간의 욕망은 끝이 없기 때문이다. 따라서 어느 선에서 만족하는 법을 배워야 한다는 것이다. 그러나 그 어느 선이 어디인지는 아무도 모른다. 오직 자신의 주관적 마음으로 결정할 일인 것이다.

사실 자신의 삶에 있어 선택에 대한 만족을 항상 완벽하게 충족시키려는 사람도 있을 것이고 어느 정도 선에서 만족하려는 사람도 있을 것이다. 완벽한 만족을 원하는 사람은 항상 2퍼센트의 부족으로 고통을 받게 될 것이다. 그런 면에서 보면 기대 수준을 약간 낮추더라도 자기 자신의 주관적 마음에 따라 어느 선에서 만족을 하는 그런 선택을 하는 사람이 더 행복한 삶을 사는 것인지도 모른다. 배리 슈워츠는 바로 이러한 관점에서 완벽한 만족의 추구보단 조금은 부족하지만 주관적으로 타협할 수 있는 만족의 추구를 선택할 것을 조언하는 것인지도 모른다. 그러나 말은 이렇게 쉽게 할 수 있을지 모르지만 그 어느 선을 주관적으로 결정을 한다는 것은 쉽지 않은 일이다. 강인선도 스스로 인정하였듯이 완벽한 만족을 추구하는 '맥시마이저'(maximizer)의 삶과 조금은 부족하지만 주관적으로 타협할 수 있는 만족을 추구하는 '새티스파이서'(satisficer)의 삶이 있는데 자신이 처한 상황에 따라 이 두 개를 조화롭게 접목시키며 사는 것이 그리 쉬운 일은 아닌 것 같다.

> 행복한 새티스파이서로 살자니 새로운 도전이 없는 지루한 인생이 될까 두렵고, 불행한 맥시마이저가 되자니 마음의 평화를 얻을 수 없을 것 같아 걱정이다. 맥시마이저냐 새티스파이서냐, 정말 어려운 선택이다.[304)]

그러나 인간의 무한욕망에 제동을 걸기 위해서라도 어느 선에서 만족하기위해선 새티스파이서의 삶이 조금 더 옳을 듯 하다는 생각이 든다. 셋째로 들고 있는 사항은 기회비용의 기회비용을 생각하라는 것이다. 다시 말해, 선택이 이미 이루어졌다면 자신이 선택한 것을 믿고 좋게 생각하는 것이 선택의 효용을 한껏 높이는 일이라는 것이다.[305)] 이왕지사 선택이 된 것 후회를 한들 소용이 없다는 것이다. 내가 선택한 것이 최상이라고 생각을 하자는 것이다. 넷째로 들고 있는 사항은 모든 결정과 선택은 뒤집을 수 없는 최종적인 것이라 생각을 하자는 것이다. 한 마디로 선택에 대한 미련을 더 이상 두지 말라는 것이다. 마지막으로 들고 있는 것은 한계를 사랑하는 법을 배우라는 것이다.[306)] 마음에 완벽하게 와 닿지는 않지만, 그리고 무언가 2퍼센트 부족한 감을 느끼긴 하지만 그것이 최선을 다해 선택되어진 것이라면 그 결과를 사랑하자는 것이다.

이상으로 배리 슈워츠가 올바르고 효율적인 선택을 하는데 있어 반드시 유념해야 할 사항들을 우리에게 조언을 해주긴 했지만 사실 이대로 실천을 하기는 그리 쉽지는 않을 것이다. 실천의 단계는 이러한 단계를 한 단계 더 뛰어넘는 것이기 때문이다. 그래서 올바르게 선택을 하고 이에 집중을 하기가 말처럼 쉬운 것이 아님을 실감하게 되는 것이다.

---

304) 강인선, 『앞의 책』, 183쪽.
305) 『앞의 책』, 258쪽.
306) 배리 슈워츠 지음, 형선호 옮김, 『앞의 책』. ; 강인선, 『앞의 책』, 258-259쪽.

앞서 논의를 하였듯이 올바르고 효율적인 선택을 하고 이에 집중하는 것이 그렇게 쉽지만은 않다는 사실을 우리는 1980년대의 미국 자동차 산업에서 읽을 수가 있다. 미국 자동차회사들은 유가(油價)가 오르고 환경에 대한 관심이 높아질수록 유류를 적게 사용하고 환경을 적게 오염시키는 소형차로의 선호도가 높아진다는 사실을 애써 외면하려 하였다. 이유는 두 가지로 집약할 수 있다. 하나는 그들에게 있어 돈벌이가 가장 우선되는 목적이었기 때문에 수익성이 떨어지는 소형차보다는 수익성이 상대적으로 높은 대형차를 선호하였다는 것이다. 또 다른 하나는 대형차 시장에서 큰 이익을 보고 있던 관계로 자신들이 소형차 시장에 참가할 경우 기존의 대형차 중심의 시장구조가 소형차 중심으로 변할 것을 두려워한 것이다.[307)]

이러한 이유로 인해 이들은 소형차 시장에 참여하는 것을 꺼리고 대형차 위주의 생산을 무리하게 지속시켜 나갔던 것이다. 그럼에도 불구하고 소형차시장에 대한 수요가 줄지 않고 오히려 점점 높아만 가고 수그러들 기미가 보이지 않자 이들은 궁여지책으로 일부러 형편없는 소형차들을 생산해 내었다. 이 당시 미국자동차 회사 경영진의 짧은 생각은 소형차를 선호는 해도 품질이 떨어지는 만치 보다 품질이 우수한 대형차를 선호하여 이를 많이 살 것으로 판단을 한 것이었다.

그러나 이러한 경영진의 생각과 판단은 실제 시장에선 커다란 착각임이 여지없이 드러났다.[308)] 시장은 경영진의 생각과 판단과는 정 반대되는 방향으로 움직여 나갔고 이로 인해 대형차의 수요는 점점 줄어들었으며 품질이 좋지 않은 소형차의 수요 역시 깊은 나락으로 빠져 들어갔다. 시장의 요구를 철저히 외면한 당연한 결과였던 것이다.

거기에다가 설상가상으로 일본 등 외국자동차회사들이 시장의 요구

---

307) 김현기, 『선택과 집중의 기술』(서울 : 한스미디어, 2007), 43쪽.
308) 스펜서 존슨 지음, 『선택』(서울 : 청림출판, 2008), 86쪽.

를 적극적으로 수용하여 품질 좋은 소형차를 시장에 마구 내놓기 시작한 것이다. 두말할 필요 없이 시장은 품질 좋은 소형차 쪽으로 움직이기 시작했고, 이로 인해 품질 좋은 소형차를 많이 만들어서 시장에 내놓은 일본 등 외국자동차회사들의 경영수익은 높아만 갔지만, 이에 비례하여 미국자동차회사들의 수익성은 이와 반대로 자꾸 낮아지기만 했고 이로 인해 많은 근로자들이 일자리를 잃는 결과를 낳았던 것이다.[309]

이러한 사례에서 얻을 수 있는 교훈은 여러 가지가 있을 수 있겠지만 일본을 위시한 외국자동차회사들이 시장의 선호와 흐름을 정확히 이해하고 시장의 요구에 맞추어 시의성과 적실성 있는 올바른 선택을 하고 이에 집중을 한 반면, 미국 자동차회사들은 판단착오를 일으켜 그릇된 선택을 함으로 인해 시장에서의 승패가 엇갈리는 결과를 가져오게 하였다는 것이다. 일본을 위시한 외국자동차 회사의 올바른 선택과 집중은 자동차의 원조라고 하는 미국의 높은 코를 납작하게 만들고 자동차시장의 역전을 가능케 하는 결과를 가져오게 한 것이다.

이와 관련하여 아무리 좋은 기회를 선택한다 해도 그 기회를 선택했다는 것만으로 꼭 성공이 보장되지 않는다는 점이다. 기업이 지닌 강점과 능력도 상당 부분 상대적이어서 어떻게 그 강점을 극대화 할 수 있도록 집중하느냐가 중요하다는 점이다. 실천을 전제로 하는 집중의 예를 하나 들어보자.

미국 자동차 회사 중 가장 규모가 작은 아메리칸 모터스는 GM, 포드, 크라이슬러 등과 같은 대형 자동차 제조 기업에 비해 대량생산 능력에 한계를 지녔다. 따라서 동등한 조건으로 같은 시장 내에서 비슷한 종류의 대형 자동차를 만들어 경쟁하면 낮은 시장점유율로 백전백패할 수밖에 없다. 아메리칸 모터스의 선택은 틈새시장(niche market)을 개척

309) 『앞의 책』, 87쪽.

하는 것이었다. 소비자의 기호를 대형 자동차에서 소형 자동차로 변화시키는 마케팅 활동을 벌이는 동시에 소형 자동차에 적합한 기술과 디자인 개발에 주력했다. 이에 따라 비록 자동차 1대 당 이익은 작지만, 시장점유율의 증대로 총이익의 증가를 가져왔다. 다행스럽게도 대형차 시장에서 큰 이익을 내던 GM 등은 자신이 소형차 시장에 참가할 경우 기존의 대형차 중심의 시장구조가 소형차 중심으로 변할 것을 두려워한 나머지 선뜻 소형차 시장에 참가하지 못했다. 결국 아메리칸 모터스는 소형차 시장에서 독점적인 위치를 차지하게 된 것이다. 만일 아메리칸 모터스가 다른 기업들처럼 대형 자동차 시장을 선택했다면 아무리 자신의 능력을 끌어올린다 해도 쉽게 성공을 맛볼 수 없었을 것이다. 마치 계란으로 바위를 치는 격이 되었을 것이기 때문이다. 사례에서 볼 수 있듯이 기업의 강점과 약점, 기회와 위협요인은 어느 정도 상대적인 개념이고 무엇을 선택하고, 어떻게 집중하느냐에 따라 그 결과는 달라질 수 있다. 이런 의미에서 선택과 집중은 전략의 본질이라 해도 무방할 것이다.[310)]

이와 유사한 사례로는 만도위니아의 김치 냉장고 '딤채'를 들 수 있다. 만도위니아의 경영진은 기존 냉장고 시장은 이미 삼성과 LG에 의해 양분되고 있다는 사실을 잘 알고 있었다. 또한 기라성 같은 외국의 유명 가전업체인 GE나 월폴 등조차 한국 냉장고 시장에서는 이 두 회사에 밀린다는 사실을 잘 알고 있었다. 이미 두 회사는 냉장고의 품질면에서나 애프터서비스 면에서 국내외의 여타의 냉장고 제조회사들에 대해 비교 및 경쟁우위를 확보하고 있었다. 그래서 만도위니아의 경영진은 정면공격으로는 공성(攻城)이 어렵다고 보고 이 두 회사의 틈새를 비집는 전략적 선택을 하기로 마음을 굳히게 되는 것이다.

310) 김현기, 『앞의 책』, 42-43쪽.

경영진은 우선 냉장고의 용도 면에서 틈새를 찾기 시작하였다. 활어를 즐겨먹는 우리와 달리 일본은 생선회를 숙성해 먹는 것이 일상화되어 있어서 이러한 생선회를 숙성시키는데 적합한 생선회냉장고를 가지고 있다는 점에 착안을 하였다. 또한 와인을 즐기는 프랑스는 입맛에 가장 알맞은 온도로 와인을 보관하기 위해 와인냉장고를 가지고 있다는 점도 이러한 생각을 확정짓는데 많은 도움이 되었다. 즉 용도에 딱 부합되는 그 나라 특유의 냉장고를 만든다면 승산이 있다고 판단을 내리게 되는 것이다. 일본이 생선회이고 프랑스가 와인이라면 한국에는 김치가 있다는 점에 착안을 한 것이다. 그래서 나온 선택이 바로 김치 냉장고인 것이다. 옛날에 김장을 담아 옹기항아리에 넣고 흙에 묻어두었다가 필요에 따라 꺼내 먹는 그 맛을 재현시키면 큰 대박을 터뜨릴 수 있을 거라고 생각을 한 것이다. 그래서 만도위니아는 김치냉장고를 만들었고 이것을 '딤채'라는 이름으로 팔기 시작하였다.

'딤채'는 전 세계에서 하나 밖에 없는 최초의 김치냉장고이었다. 요즈음은 최고도 중요하지만 그것보다 더 중요한 것이 최초이다. 기존의 냉장고 시장의 틈새를 비집고 들어가기 위한 선택을 하고 딤채라는 김치냉장고를 만드는데 집중을 한 결과 만도위니아라는 회사명은 모르더라도 김치냉장고의 대명사가 된 딤채 라는 브랜드 파워를 지닌 명품을 만들어 낼 수 있게 된 것이다. 만약 만도위니아 경영진이 기존의 냉장고 시장에 뛰어 들어 기라성 같은 국내외 냉장고 제조 회사들과 진검승부를 펼쳐 나갔다면 아마 지금처럼 성공하기는 어려웠을 것이다. 그들은 새로운 틈새시장을 발견하고 이를 선택하고 집중하는 혜안과 노력을 통해 오늘의 딤채 라는 새로운 아성을 구축할 수 있었던 것이다.

딤채의 사례에서 보듯이 지속적 경쟁우위를 갖기 위해선 기업이나 개인 모두에게 있어 효율성의 증대에 기여를 할 수 있는 가치 있는 것이어야 하며, 차별성을 확보하기 위해 희소적 가치를 창출할 수 있어야 하고, 이를 대체할 수 있는 자원이 없어야 하고, 그리고 다른 기업이나 사람들이 모방할 수 없거나 모방하더라도 완전히 모방할 수 없는 것이어야 하는 것이다.[311] 선택이나 집중이란 이와 같은 사례에서 보듯이 아주 중요한 의미를 내포하고 있다.

우리는 일반적으로 선택의 결과가 일시적일 거라고 생각하는 경향이 매우 짙다. 그러나 사실은 그렇지 않다는 것이다. 사실 우리의 삶은 우리가 순간순간 내리는 선택과 관련 된 결정에 의해 이루어진다. 선택과 관련 된 결정이 그다지 중요하지 않다고 생각을 할지모르지만 우리가 내리는 결정은 마치 도미노(dominoes) 같다는 것을 알아야 한다. 하나의 결정이 다음 결정에 영향을 미친다는 것이다. 그리고 이러한 영향은 우리가 생각하는 것 이상으로 크다는 점이다.[312] 하나의 잘못된 결정이나 선택이 결국 큰일을 망치게 할 수도 있다는 이야기이다.[313] 선택에 신중하고 많은 생각을 해야 하는 이유가 바로 여기에 있는 것이다.

김현기는 앨버트 아인슈타인과 같은 천재처럼 선택하고 가상인물이긴 하지만 포레스토 검프와 같은 바보처럼 집중하라는 캐치프레이즈를 내 걸고 선택과 집중의 중요성을 강조하면서 성공하는 선택과 집중을 위한 여섯 가지 단계를 제시하고 있다.[314]

첫 단계에서는 '나에게는 어떤 선택이 필요한가?'를 찾아보는 것이다. 다른 말로 하자면 만도위니아의 딤채가 그러했듯이 나만의 틈새시장, 블루오션(blue ocean)을 찾는 것이다.[315]

---

311) J. Barney, "Firm Resource and Sustained Competitive Advantage", *Journal of Management*, 1991. ; 김현기, 『앞의 책』, 44-45쪽에서 재인용.

312) 스펜서 존슨 지음, 『앞의 책』, 95쪽.

313) 김현기는 수많은 선택의 순간에 무엇을 선택하고 그 선택에 어떻게 집중하느냐에 따라 성공과 실패의 명암은 정반대로 갈리게 된다고 하면서 우리가 미처 알아채기도 전에 선택과 집중은 이미 커다란 힘을 발휘하고 있다고 주장을 하고 있다. 김현기, 『앞의 책』.

314) 김현기, 『앞의 책』, 85-261쪽.

315) 최고의 선택이 되기 위해서는 최초가 되어야 하며, 스스로의 핵심 역량을 점검하고

둘째 단계에서는 '선택을 위한 안목을 키우라는 것이다.' 이 말은 남들이 보지 못하는 것을 보라는 것을 의미한다. 남들이 보지 못하는 미래를 보는 혜안을 키우기 위해서는 남다른 상상력과 섬세한 감성이 필요하다.[316] 또한 생각하는 시간을 항상 습관화 할 필요가 있다.[317] 선택과 집중의 기술이 체화되기 위해서는 남들이 보지 못하는 것을 볼 수 있는 안목부터 갖추는 것이 무엇보다 중요하다.[318]

셋째 단계에서는 '그릇된 선택을 피하라'는 것이다. 다른 말로 하자면 심리적 함정을 주의하라는 것을 의미한다.[319] 존 하몬드는 이러한 심리적 함정에 빠지지 않기 위해[320] 첫째, 고정관념의 함정에 빠지지 말아야 하며 둘째, 선택적 지각의 오류에 빠지지 말고, 그래서 자기가 보고 싶은 것만 보지 말고 셋째, 지나친 자신감에서 비롯된 자기 확신에 빠지지 말고 넷째, 매몰비용(sunk cost)의 덫에 빠지지 말고 다섯째, 자신의 경험을 바탕으로 무엇이든지 패턴화하려는 오류에 빠지지 말고 여섯째, 대부분의 사람들이 현상을 유지하는 것에 만족하는 경향이 있지만 이러한 현상유지의 관성에 빠지지 말고 일곱째, 즉흥성과 무비판의 오류에 빠지지 말아야 한다고 주장을 한다.[321] 그리고 한 걸음 더 나아가 올바른 의사결정을 내리기 위해선 올바른 문제의식이 중요하다는 점과, 목표를 구체화할 필요가 있으며, 창의적인 대안을 제시하고, 결과를 예

그저 좋은 것이 아닌 정말 잘할 수 있고 열정을 가질 수 있는 일을 선택하고 집중해야 한다. 『앞의 책』, 85-110쪽.

316) 『앞의 책』, 125-134쪽.

317) 『앞의 책』, 136-141쪽.

318) 『앞의 책』, 111쪽.

319) 선택에도 법칙이 있다. 올바른 선택과 의사결정을 방해하는 여러 가지 개인적 오류의 함정을 살펴봄으로써 탁월한 선택을 위해 개인이 알아야 할 노하우를 습득하고 이를 통해 현명한 의사결정자로 거듭나라는 것이다. 『앞의 책』, 144-170쪽.

320) 존 하몬드는 올바른 의사결정을 가로막는 가장 큰 적은 내면에 숨어있는 심리적 함정이라고 주장을 한다. 존 하몬드 외 지음, 전기정 외 옮김, 『스마트 초이스』(서울 : 21세기북스, 2001). ; 김현기, 『앞의 책』, 146쪽에서 재인용.

321) 김현기, 『앞의 책』, 146-151쪽.

측하며, 여러 가지 목표들 간의 균형이 필요하며, 불확실성을 명확하게 고려하고, 적절한 위험감수는 독이 아니라 약이라는 사실을 명심하고, 연관된 의사결정에 미치는 효과를 감안하라는 점 등을 제시하고 있다.[322]

그리고 이와 곁들여 하나 더 언급하고자 하는 것은 존 하몬드가 올바른 의사결정을 내리기 위한 여러 요건들을 열거하면서 그 중 창의적인 대안을 제시해야 한다고 주장을 했는데 이에 대해 제임스 아더는 "훌륭한 리더들은 자신의 창조적인 상상력을 통해 성공을 거두었다."라고 주장하면서 "창의적인 능력은 자주 사용해야 그 진가를 보다 더 잘 발휘할 수 있다."고 주장하였는데 이것 역시 앞서 언급한 존 하몬드의 생각과 맥을 같이 하는 것으로 이해 할 수 있는 것이다.[323] 이와 더불어 남과 다르게 생각하는 것을 두려워하지 말아야 창의적인 능력을 키워 나갈 수 있다고 주장을 하는 것이다.[324] 남의 눈치나 보고 남이 하는 모양새를 흉내만 내는 것으로는 결코 창의성을 키워나갈 수 없다는 것이다. 나도 할 수 있다는 생각을 가지고 남과 다르게 생각할 수 있을 때 창의성은 배양될 수 있는 것이다. 테레사 애머바일이 어떤 환경에서 창의성이 가장 잘 발휘되는가에 대한 연구를 하였는데 그 결과에 따르자면 창의적인 유형의 사람이 따로 있어서 이런 사람들만 창의적인 생각을 할 수 있는 것은 아니라는 사실이다.[325] 누구나 동기만 부여되고 노력한다면 충분히 창의적 능력을 배양할 수 있다는 것이다.

넷째 단계에서는 '무엇에 집중할 것인지'를 고민해야 한다는 것이다.

---

322) 존 하몬드 외 지음, 전기정 외 옮김, 『앞의 책』. ; 김현기, 『앞의 책』, 156-160쪽에서 재인용.

323) James Authur Ray, *The Science of Sucess : How to Attract Prosperity and Create Harmonic Wealth Through Proven Principles* (New York : Wooden, 1999). ; 김현기, 『앞의 책』, 128쪽에서 재인용.

324) 강인선, 『앞의 책』, 48쪽과 52쪽.

325) 『앞의 책』, 49-51쪽.

다른 말로 하자면 나만의 경쟁력, 그 핵심역량(core competence)에 집중하라는 뜻이다.[326] 크리스 주크 역시 기업이 수익을 올리면서 지속적으로 성장하기 위해서는 핵심에 집중해야 한다고 주장하는데 이것도 이와 맥을 같이하는 것이다.[327]

다섯째 단계에서는 '어떻게 집중을 해서 이뤄낼 것인가?'에 초점을 맞추어야 한다는 것이다. 이 단계에서의 핵심적 화두는 축적하고 돌파하라는 것이다. 어떠한 선택이든지 그 선택이 성공으로 이어지기 위해 필요한 핵심적이고도 본질적인 실행과 집중의 문제를 다루어야 한다는 것이다.[328]

여섯째 단계에서는 '어떻게 지속할 것인가?'를 고민해야 한다는 것이다. 다른 말로 하자면 선순환의 고리를 완성하라는 의미이기도 하다. 모든 선택과 집중의 기술들이 실천되고 이를 가속화시킴으로써 진정한 성공으로 이어질 수 있는 개인 성공의 포인트들을 짚어나가 보라는 것이다.[329]

김현기가 앞서 제시하고 있는 선택과 집중을 위한 여섯 가지 단계는 효율적으로 일을 성사시키려는 사람이면 누구나 관심을 가지고 이를 실천해 나가야 할 지침으로 새겨들어야 할 것으로 생각이 드는 것이다.

지금까지 보다 성공적이고 효율적인 선택과 집중을 위한 다양한 사

326) 나의 강점은 무엇이고 무엇을 경쟁 무기로 활용할 수 있을지에 대한 집중의 기술이 강구되어져야 한다. 그저 일만 잘한다고 성과급을 많이 받는 것도 아니라는 것이다. 즉 무언가 하나로는 부족하다는 것이다. 그리고 당신의 핵심역량에 집중하여 한방으로 승부를 결정지으라는 것이다. 김현기, 『앞의 책』, 171-193쪽.

327) 크리스 주크 지음, 이근·김용열·진태홍·최경규 외 옮김, 『핵심에 집중하라』(서울 : 청림출판, 2002).

328) 이를 위해 작은 성공 체험으로부터 얻는 성취감, 실패로부터 배우는 지혜, 흡수능력, 포기하지 않는 불굴의 의지, 부드러움 속에서 강인함 키우기, 포기하지 않는 기다림의 미학 등에 대한 이해가 필요하다는 것이다. 김현기, 『앞의 책』, 194-224쪽.

329) 이를 위해 껍데기를 벗고 경쟁에서 승리를 하며, 누구 나와 함께 일하고 싶은 사람으로 거듭나야하고, 자기 자신부터 소중히 다루는 사람이 되어야 하고 명품 인재로 개인 브랜드를 꾸준히 구축해 나가야 한다는 점을 분명히 하고 있다. 『앞의 책』, 225-261쪽.

례들을 앞선 장에서 살펴보았다. 물론 실패한 선택과 집중의 다양한 사례들도 대비적인 관점에서 살펴보았다. 이러한 성공적이거나 실패의 쓴 맛을 본 사례들을 분석하고 여기에서 얻을 수 있는 교훈들을 중심으로 하여 어떻게 하면 올바르고 바람직하며 효율적인 선택과 집중을 할 수 있을 것인가에 대한 처방을 모색해 보는 것이 바로 다음 장들에서 얻어 내려고 하는 것이다.

제6장 원칙을 지키는 올바른 시스템과 뜨거운 열정을 가져라

1. 원칙을 지키는 올바른 시스템을 가져라

올바른 선택과 집중을 하기 위해선 원칙을 지키는 것이 무엇보다 중요하다. 원칙이란 어떠한 일을 생각하고 실행해 나가는데 있어 기준이며 이것이 미비하거나 제대로 지켜지지 않을 때 뜻한 바를 성취하기가 매우 어렵게 된다. 기준이 흔들리는데 다른 어떤 것이 가능하겠는가. 올바른 선택과 집중을 위한 원칙을 세우고 이에 충실해야 되는 이유가 여기에 있다.

그런데도 불구하고 우리가 살고 있는 세상을 둘러보면 원칙이 느슨하거나 경우에 따라서는 실종이 된 경우를 자주 접하게 된다. 자신의 입장에 따라서 또는 자기가 추구하는 이익에 따라서 원칙은 수시로 바뀌기도 하고 고무줄처럼 늘어났다가 줄어들었다가도 한다. 이러한 사회일 경우 올바른 선택과 집중은 이루어지기 매우 어렵다. 원칙이 제대로 살아있지 않고서는 그리고 제대로 서있지 않고서는 결코 우리가 바라는 그런 사회를 만들 수 없는 것이다.

물론 원칙도 타협이 필요할 경우도 있다. 무조건 원칙적으로 일을 밀어붙이는 것도 분명히 문제가 없는 것은 아니다. 그러나 이러한 상황논리에 밀려 원칙이 느슨해지거나 실종이 된다고 하면 결국 얻는 것보다 잃는 것이 더 많은 결과를 얻을 뿐이다. 원칙이 살아있어야 하는 이유가 바로 여기에 있다. 올바른 원칙이 있다면 선택은 보다 용이할 뿐만 아니라 제대로 된 선택을 할 수 있게 된다. 그리고 제대로 된 선택이 될 경우 집중은 보다 더 자연스럽게 이루어질 수 있다. 원칙에 부합됨으로써 선택의 명분을 가지게 되는 것이고 명분이 존재하기에 집중에 대한 정당성도 더욱 높아질 수 있는 것이다. 올바른 일을 하는 사람이 그렇지 않은 사람보다 더 큰 힘을 가질 수 있는 것은 바로 원칙에 부합되는 정당성이 이에 연유하기 때문이다.

스펜서 존슨(Spencer Johnson)은 선택과 집중을 다룬 결정의 원칙에 대한 글을 썼다. 그리고 그는 이러한 결정에 있어 빼놓아서는 안 되는 중요한 것으로 이성과 직관을 강조하였다. 그는 우리의 존재자체는 우리가 내리는 결정에 바탕을 두고 있다고 주장하였다. 그래서 올바른 결정을 내리기 위한 나름대로의 원칙을 가지는 것이 중요하다고 말하고 있다.[330] 이를 좀 더 풀어서 설명을 하자면 순간순간 사람들이 내린 결정이 자신의 존재를 구성하는 중요한 요소이며, 좋은 결정과 선택이 좋은 결과를 낳는다는 것이다. 그렇기 때문에 좋은 결정을 내리기 위해 사람들은 선택의 원칙을 가지고 있어야 한다는 것이다.[331] 그리고 그는 바른 결정은 개인들의 바른 삶과 전체사회의 바른 모습으로 이어진다고 주장하였다.[332]

다음으로 원칙을 올바르게 지탱해 줄 수 있는 올바른 시스템이 필요

---

330) 스펜서 존슨 지음, 『선택』(서울 : 청림출판, 2008), 214쪽.
331) 스펜서 존슨 지음·이지현 옮김, 『어린이를 위한 선택』(서울 : 청림아이, 2008).
332) 스펜서 존슨 지음, 『앞의 책』, 215쪽.

로 된다. 인간의 변덕이나 한계를 보완해 줄 수 있는 것이 바로 시스템이다. 그래서 많은 사람들이 조직은 사람에 의해 굴러가게 하지 말고 시스템으로 작동할 수 있도록 해야 한다고 말을 하는 것이다. 시스템이 제대로 갖추어져 있다면 비록 시스템 내의 사람이 부족한 점이 있다하더라도 시스템이 이를 보완하여 굴러가기 때문에 커다란 문제가 발생할 소지는 그만치 작아지는 것이다. 그래서 민간 기업조직이나 공공조직이나 시스템을 만들려고 하는 것이고 이 시스템의 틀 속에서 조직을 운영해나가려 하는 것이다. 올바른 시스템을 만들고 이것이 원칙을 어느 한 쪽으로 치우침 없이 운용이 될 수 있게 할 때 원칙과 시스템을 만든 근본적인 목적이 달성 될 수 있는 것이다.

참고적으로 스펜서 존슨은 이러한 올바른 결정을 내리기 위해 'Yes, No 시스템'을 사용할 것을 주장하고 있다. 이것을 사용할 경우 더 나은 결과를 얻을 수 있다는 것이다.[333] 실제로 그는 더 나은 결정을 위한 5분 점검표 등을 제시하고 있다.[334]

중요한 것은 어떤 결정을 내리더라도 반드시 확실한 시스템을 이용해야 한다는 것이다. 왜냐하면 때론 실수를 한다고 해도 시스템이 지속적으로 더 나은 결과를 만들어 주기 때문이다.[335] 일본의 경제번영에 중요한 구실을 했고 나아가 '전사적 품질관리'(TQM) 메커니즘을 통해 품질의 중요성을 강조했다는 에드워즈 데밍(William Edwards Deming)의 말에도 이러한 의미가 담겨져 있다. 데밍은 "모든 실패의 85%는 시스템 속에 있다."는 말을 하여 시스템을 통한 문제해결이 가장 성공에 이르는 좋은 방법임을 시사하고 있는 것이다.[336] 올바른 시스템을 만들고 필요에 따라 선택을 하며 일단 선택된 시스템에 집중하는 자세는 문제

333) 『앞의 책』, 209쪽.
334) 『앞의 책』, 28쪽.
335) 『앞의 책』, 35쪽.
336) 『앞의 책』, 35쪽.

해결에 이르는 가장 빠른 길이라는 사실을 주지시키는 것이다.

2. 뜨거운 열정을 가져라

이러한 원칙과 시스템에 몰입하여 이것이 가진 본질적 목적을 달성해 내고야 말겠다는 뜨거운 열정이 같이 자리를 하여야 한다. 이러한 뜨거운 열정이 없다면 원칙과 시스템의 존재는 더 큰 의미를 가질 수 없을 것이다. 원칙을 시스템을 통해 구현하려는 강한 열의와 집념이 부재하다면 아무리 좋은 원칙이 있고 시스템이 있다고 해도 본래의 궁극적 목적을 달성할 수 없을 것이기 때문이다.

존 고든은 당신의 에너지 버스를 올바른 방향으로 이끄는 것은 '열망', '비전', 그리고 '집중'이라고 주장을 하였다. 그리고 승객들이 당신의 에너지 버스에 타고 있는 동안, 그들을 매료시킬 열정과 에너지를 뿜으라고 주문하였다. 열망이나 열정이 없이는 에너지 버스가 결코 올바른 방향으로 나갈 수 없음을 분명히 하고 있는 것이다.[337]

스펜서 존슨 역시 올바른 결정을 내리기 위해서는 열정(enthusiasm)이 있어야 함을 강조하였다. 열정이란 원래 그리스어로 '내 안에 있는 하느님'이라는 뜻이다. 결정을 내릴 때 두려움을 느끼는지 그렇지 않으면 열정을 느끼는가에 따라 성패가 갈라진다는 것이다.[338] 이곳에서 두려움의 뜻은 하느님과 떨어져 있다는 느낌을 의미한다. 두려움을 느끼지 않고 자신 있게 열정적으로 선택을 하는 것이 바로 올바른 결정이라는 의미를 갖는 것이다.

공병호도 10년 후를 대비하여 우리가 살아남기 위하여 무엇을 준비해

337) 존 고든 지음, 유영만·이수경 옮김, 『에너지 버스』(서울 : 쌤앤파커스, 2007).
338) 스펜서 존슨 지음, 『앞의 책』, 163쪽.

야 하는가 하는 질문에 대하여 차별화를 위해 최선을 다할 것을 주문하고 있다.[339] 그는 이를 위해 '차별화를 위한 열정'(passion for difference)이 필요하다는 점을 분명히 하고 있다. 그리고 이에 그치지 않고 한 걸음 더 나아가 차별화를 향한 열정만으로는 부족하고 이를 낳기 위해 몰입하고 헌신하며 최선의 노력을 경주하지 않으면 안 된다는 점을 강하게 주장하고 있다.[340] 차별화라는 현명한 선택을 하고 이를 위해 집중과 몰입을 해나갈 것을 우리들에게 강하게 요구하고 있는 것이다.

짐 콜린스 역시 "앞으로 회사는 단순히 똑똑한 사람(best people)보다는 일에 열정을 갖춘 적합한 사람(right people)을 중시할 것이다."라고 주장을 하는 것도 이와 맥을 같이 하는 것이다.[341] 회사에 적합한 사람으로 열정을 갖춘 사람을 우선적으로 꼽고 있는 것이다.

김현기 역시 회사가 가장 필요로 하는 진짜 인재로 최고를 향한 열망(aspiration)이 높은 사람을 들고 있다.[342] 그는 GE를 비롯한 일류기업들이 인재가 갖추어야 할 최고의 덕목으로 열정(passion)을 강조하고 있다고 하면서 진짜 인재는 보수보다는 자신이 하고 싶은 일 자체에 대해서 열정을 가진 사람이라고 주장하고 있는 것이다.[343]

강헌구는 진정한 성공의 삶을 살기 위해서는 가슴 뛰는 삶을 살아나가야 된다고 강조를 한다. 정말로 자신이 하고 싶은 일을 하면서, 매일매일이 즐겁고 가슴 뛰며, 많은 이들의 사랑과 존경을 한 몸에 받는 삶, 그래서 종국엔 최고의 성취와 행복을 누리는 삶[344]을 가질 수 있어야

339) 공병호는 10년 후를 대비하여 우리가 살아남기 위하여 무엇을 준비해야 하는가 하는 질문에 대하여 첫째, 시대의 흐름을 읽어라 둘째, 현실을 냉철하게 직시하라 셋째, 의타심(依他心)을 버려라 넷째, 변화에 기꺼이 동참하라 다섯째, 차별화를 위해 최선을 다하라고 주문하고 있다. 공병호, 『공병호의 10년 후, 세계』(서울 : 해냄, 2005), 217-222쪽.

340) 공병호, 『앞의 책』, 222쪽.

341) 김현기, 『선택과 집중의 기술』(서울 : 한스미디어, 2007), 263-264쪽.

342) 『앞의 책』, 264쪽.

343) 『앞의 책』, 265쪽.

한다는 것이다. 표현은 다르지만 여기에서 말하는 가슴 뛰는 삶이란 바로 열정으로 충만된 삶인 것이다. 자신의 꿈과 비전 그리고 목표를 향해 내달리는 힘은 바로 이러한 열정에서 비롯되는 것이다. 그리고 불가능을 가능으로 만드는 불타는 도전의식도 바로 이러한 열정에서 비롯되는 것이다.

올바른 선택과 그리고 무서운 집중이 가능하기 위해선 불가능을 가능으로 만드는 불타는 도전의식을 만들어 낼 수 있는 뜨거운 열정이 뒷받침이 되어야 한다. 특히 어느 한 점에 모든 힘을 쏟아 붓는 무서운 집중이 이루어지기 위해선, 어떻게 보면 저돌적이랄 수 있는 뜨거운 열정이 필요로 되는 것이다. 앞 뒤 제대로 재다보면 일을 그르칠 수도 있다. '장고(長考) 끝에 악수(惡手)'라는 말이 있듯이 너무 앞뒤를 재지 말고 필요에 따라서는 뜨거운 열정으로 정면으로 부딪쳐 보는 것도 문제해결의 좋은 실마리를 제공할 수 있는 것이다. 동서고금의 역사를 되돌아보아도 항상 성공과 승리는 높은 꿈과 비전 그리고 목표의식을 가지고 어떻게 보면 무모하리만큼 저돌적인 뜨거운 열정을 가지고 도전한 자들의 몫이었던 것이다.

그리스에서 시작을 하여 중동을 거쳐 인도에 이르는 광대한 영토를 자신의 손아귀에 거머쥔 알렉산더 대왕도 그러한 열정의 화신이었고, 한반도에서부터 헝가리 등 동유럽에 이르기까지 역사상 가장 넓은 영토를 장악했던 칭기즈 칸도 그러한 열정의 사나이였으며, 화전민의 아들로 태어나 변호사를 거쳐 미합중국 대통령으로 당선이 되어 분열되는 미국의 운명을 건져내고 지금도 가장 존경받는 대통령 중 하나로 귀감이 되고 있는 아브라함 링컨도 이러한 열정의 본보기였던 것이다. 또한 셰익스피어에 버금가는 영국문학이 낳은 최고의 대시인으로 널리 알려

344) 강헌구, 『가슴 뛰는 삶』(서울 : 쌤앤파커스, 2009), 16쪽.

진 존 밀턴(John Milton) 역시 1652년에 딸과 아들을 차례대로 잃고 설상가상으로 이혼까지 당하고 그것도 부족하여 44세 되던 해인 1652년에 시력을 완전히 상실당하는 어떻게 보면 자신에게 신의 저주처럼 불어닥친 가혹한 시련 속에서도 결코 굴복하지 않고 1667년 대서사시『실낙원』(失樂園 : Paradise Lost)을 출판해 낼 수 있었던 것은 그가 가진 불굴의 뜨거운 열정이 없었다면 불가능했을 일인 것이다.

한 걸음 더 나아가 존 밀턴 못지않게 자신에게 닥친 불행을 딛고 일어선 루트비히 판 베토벤(Ludwig van Beethoven) 역시 뜨거운 열정의 화신이었다. 그는 음악가로서 가장 중요한 청력을 1796년경부터 서서히 잃어가기 시작하였다. 음악가로서 청력을 잃는다는 것은 치명적인 일이기 때문에 나름대로 고민하고 좌절을 한 흔적이 여럿 눈에 뜨인다. 그 한 예로 그는 1801년에 친구들에게 편지를 보내어 자신의 증상을 설명하고 이로 인해 음악 활동과 사회생활에 어려움을 겪고 있다고 실토를 하기까지 하였다. 여기에서 한 걸음 더 나아가 그는 의사의 조언에 따라 오스트리아의 빈 바로 바깥에 있는 작은 마을인 하일리겐슈타트에서 1802년 4월부터 10월까지 지내며 자신의 증세에 적응하고자 노력하였으며, 여기서 유서를 쓰는데, 이 유서에서 음악 활동을 위하여 계속 살겠노라는 자신의 결심을 담기까지 하였다. 그러나 불행하게도 시간이 지나면서 청력 상실은 더욱 심해졌고 1818년에는 청력을 거의 상실하여 이후 필담(筆談)을 통해서만 의사를 소통할 수 있었다. 웬만한 사람이라면 아마 제풀에 꺾여 넘어갔을 것이다. 그러나 그는 결코 포기하지 않았으며 음악에 대한 뜨거운 열정으로 이러한 위기를 극복해 나갔다. 청력을 상실한 그는 피아노 소리를 조금이라도 감지하기 위하여 피아노 공명판에 막대기를 대고 입에 물어서 그 진동을 턱으로 느끼려는 필사적인 노력까지 하였다. 이러한 노력과정에서도 엿볼 수 있는 것이지만 그의 음악에 대한 사랑과 열정은 결코 식을 줄을 몰랐고, 이러한 뜨거운 열정은 불행을 딛고 다시 힘찬 작곡활동을 계속하여 뛰어난 대작들을 내놓게 하는 원동력이 되었다. 1823년 루돌프대공에게 바친 『장엄미사곡』과 1824년 발표된 합창을 포함한 『제9교향곡』이 인간 승리의 정점을 이루었다. 비록 그의 창작활동이 중기에 비하여 역동적인 힘은 부족하였지만, 보다 깊은 마음의 세계가 표현되어 신비스러울 정도의 감동적인 스타일을 보이고 있었다. 이러한 기적 같은 일은 그가 가진 음악에 대한 뜨거운 열정과 이를 통한 강한 정신력 그리고 그가 가진 집념이 있었기 때문에 가능한 일이었던 것이다.[345]

알렉산더 대왕, 칭기즈 칸, 아브라함 링컨, 존 밀턴 그리고 루트비히 판 베토벤 모두는 야심찬 큰 꿈을 가지고 현실로는 감당하기 어려운 벽을 뜨거운 열정을 가지고 뛰어 넘어 새로운 세계의 주인공이 된 자들이다. 이와 같이 성공한 그들 곁에는 불타는 도전의식으로 승화되는 뜨거운 열정이 함께 있었던 것이다.

345) 이상의 내용은 다음 자료들을 참고하였다. http://100.naver.com/100.nhn?docid=74722 ; http://ko.wikipedia.org/wiki/%EB%B2%A0%ED%86%A0%EB%B2%A4

제7장 운영의 묘를 살리고 생각하는 시간을 습관화하며 경청하라

1. 운영의 묘를 살려라

올바른 선택과 집중을 하기 위해선 상황에 따라 운영의 묘를 살려나가면서 자기 마음속에 가득 들어있는 잡다한 생각들을 털어내는 것이 무엇보다 중요하다. 상황에 맞는 생각을 하고 이에 입각하여 선택을 하고 집중을 해나가는 것은 매우 중요한 일이다. 선택과 집중 역시 환경과 상황으로부터 결코 자유로울 수는 없다. 어떻게 보면 상황과 환경의 산물이며 결과일 수도 있는 것이다. 따라서 상황이나 환경의 변화나 추이를 예의 주시하면서 이에 따른 선택과 집중의 운영을 탄력 있고 신축성 있게 밀고 나가는 것이 현명한 일이다. 사실 이것이 운영의 묘가 효율적인 선택과 집중을 위해서 필요로 되는 이유 중 하나이다.

이곳에서 말해지는 운영의 묘란 선택과 집중을 위해 선택한 사항들을 일종의 운영의 대상으로 삼아 상황에 따라 힘을 실어 확실해 해야 할 부분은 확실히 하고, 선택은 했지만 어쩔 수 없이 활동을 줄일 수밖에 없는 사항들이라면 최소한 현상 유지는 할 수 있을 만큼, 하지만 방치는 되지 않도록 최소한도로 수행해 나가는 것을 의미한다.346) 또한 만약 닥쳐오는 위기에 허덕이거나 도저히 해결 할 수 없는 큰 문제를 만나게 된다면 일단 작은 것부터 차근차근 해결해 보는 것도 운영의 묘란 관점에서 볼 때 슬기로운 접근방법이 아닌가 싶다. 작은 문제를 선택하고, 거기에 집중해서 하나씩 해결해 나가는 것이다.

2. 생각하는 시간을 가져라

다음으로 말을 하기보다는 다른 사람들의 말을 주의 깊게 듣고 생각하는 시간을 많이 가질 필요가 있다. '내가 말하는 시간에는 배울 것이 없다'는 속담이 있다. 다른 사람의 말을 통해 그의 생각을 이해할 수 있고 그가 나에게 던져주는 메시지나 지식과 정보를 알게 되는 것이다. 따라서 많이 듣는 것이 나에게는 더욱 이로울 수 있는 것이다. 따라서 올바른 선택과 집중을 위해서는 어느 한쪽으로 치우쳐지지 않은 정보나 지식을 많이 가지는 것이 중요하다. 그러기 위해서는 주의 깊게 상대방의 말을 듣는 경청이 무엇보다 필요로 되는 것이다. 그리고 이러한 경청이 더 큰 의미를 갖기 위해서는 생각하는 시간을 많이 갖는 것이 좋다고 볼 수 있다. 여러 가지 경우의 수를 상정하고 각 대안이 가져 올 여러 가지 결과를 상정하면서 과연 어떠한 선택이 가장 올바른 것이며 어떻게 집중하는 것 이 가장 좋은지를 가늠할 수 있기 위해선 사전에 생각하고 이를 체계화하는 노력이 필요로 되는 것이다.

황농문은 선택과 집중의 중요성을 강조하면서 올바르고 효율적인 몰입이 이루어지기 위해선 'Work Hard'의 패러다임에서 'Think Hard'의 패러다임으로 일하는 방법 자체를 바꿔야한다고 주장하고 있다.347) 그

346) http://suddentime.egloos.com/1760089

는 자신의 연구경험을 통하여 예전의 'Work Hard'패러다임에서는 평생을 해도 얻을 수 없는 성과를 'Think Hard'패러다임으로 불과 수개월 만에 얻을 수 있다는 점을 분명히 하고 있다.[348]

김현기 역시 선택을 위한 안목을 키우기 위해서는 생각하는 시간을 습관화 할 필요가 있다는 점을 강조하고 있음도 이와 맥을 같이 하는 것으로 이해 할 수 있는 것이다.[349]

매기 잭슨(Maggie Jackson)은 집중력을 분산시키는 문화에 대해 경고를 하고 있다.[350] 그가 보는 것처럼 우리 인간은 선천적으로 주변의 자극에 반응하도록 돼 있으며 우리가 환경 변화에 맞춰 살 수 있는 것도 이런 능력 때문이다. 문제는 우리 주변의 모든 정보 기술들이 우리의 집중력을 겨냥하면서 경쟁하고 있다는 점이다. 새로운 IT 기기들이 속속 도입되면서 오랜 세월 축적돼 온 집중력 분산은 선을 넘어 버렸다.

> 우리는 숨 가쁘게 흘러가는 생활 속에서 마음이나 주의를 한 곳에 집중하기가 쉽지 않다. 가령 회사에서 한 가지 업무에 집중하려 하면 5분마다 전화가 울려 주의를 산만하게 만들고, 예상치 못한 일이 생겨 다른 곳에 마음을 쓰게 되기 마련이다. '아이폰'(iphone)과 '구글폰'(google phone), 그리고 '스마트폰'(smart phone)이 연달아 나오면서 각종 정보를 실시간으로 알려주고 있지만 우리는 정보의 홍수에 휘말려 정작 중요한 것이 무엇인지 놓치게 된다. 중세 시대처럼 지성과 인간성의 암흑기로 들어갈 수도 있다는 이야기다. 아니면 다시 한 번 집중력을 이해하고 훈련하고 강화함으로써 르네상스를 일구어 낼 것인가? 이것이 최종적으로 매기 잭슨이 우리에게 던지고 싶은 질문이다. 평범한 직장인에서 국가의 운명을 결정하는 책무를 맞고 있는 자리에 있는 사람까지 우리는 집중력 분산의 문제를 피할 수 없으며 그로 인해 스트레스와 불만족을 느낄 수밖에 없다.

347) 황농문, 『몰입』(서울 : 랜덤하우스, 2008), 56쪽.
348) 『앞의 책』, 141쪽.
349) 김현기, 『선택과 집중의 기술』(서울 : 한스미디어, 2007), 136-141쪽.
350) 매기 잭슨 지음, 왕수민 옮김, 『집중력의 탄생』(서울 : 다산초당, 2010).

과연 우리는 어떤 선택을 해야 할 것인가? ....집중력은 단순히 이해될 수 있을 뿐 아니라, 형성하고, 강화화고, 훈련할 수 있는 것이다................집중력을 기르는 것, 이것이 절대적인 핵심이다.[351]

이러한 매기 잭슨의 집중력 분산을 야기하는 문화로부터 벗어나기 위해선 황농문의 주장에 귀 기울일 필요가 있다. 황농문은 몰입에 들어가기 전에 준비 할 것들로 첫째, 문제를 설정하라 둘째, 몰입할 수 있는 환경을 확보하라 셋째, 불필요한 외부 정보를 차단하라 넷째, 혼자만의 공간을 선정하라 다섯째, 규칙적이고 땀 흘리는 운동을 해라 여섯째, 단백질 위주의 식사 등을 열거하고 있는데[352] 생각하는 시간을 습관화하라는 것과 연계되는 것으로는 몰입할 수 있는 환경을 확보하라는 것과 불필요한 외부정보를 차단하라는 것 그리고 혼자만의 공간을 선정하라는 것 등을 들 수 있다.

3. 경청하라

다음 텅 빈 마음을 가져야 비로소 우리는 상대방과 대화를 할 준비가 되는 것이다. 그렇게 되면 대화 속에서 진실의 목소리를 듣게 되는 것이다.[353] 이러한 마음 비움이 전제될 때 상대방의 말에 집중을 할 수 있고 이러한 집중이 가능할 때 경청이 가능하게 되는 것이다. 그러나 이러한 사실을 잘 알고 있음에도 불구하고 사실 경청이란 매우 어려운 일이다. 그래서 스티븐 코비(Stephen Covey)도 가장 실천하기 어려운 습관으로 남의 말을 더 많이 듣고 나의 말은 덜 하는 경청을 들고 있는 것이

351) 『앞의 책』.
352) 황농문, 『앞의 책』, 60-65쪽.
353) 조신영·박현찬, 『경청 : 마음을 얻는 지혜』(서울 : 위즈덤하우스, 2007), 65쪽.

다.[354] 사실 경청이 되지 않는다면 상대편의 말과 그것을 통해 전달되는 상대편의 정확한 진의를 파악할 수 없을 뿐만 아니라 경청하지 않는 태도로 인해 상대편은 자기 자신의 뜻을 정확히 전달하지 않을 수도 있고 나아가 자기 자신의 뜻을 스스로 왜곡하여 전달할 수도 있다. 경청은 상대편의 뜻을 정확히 이해하기 위해서도 매우 중요할 뿐만 아니라 상대편으로 하여금 자신의 뜻을 정확히 왜곡 없이 전달하고자 하는 의지를 북돋아준다는 데에서도 매우 의미가 큰 대화의 자세라 볼 수 있다. 듣고자 하는 마음이 있어야 진실이 입을 여는 것이기 때문이다.[355] 물론 경청을 하기 위해서는 정신집중이 무엇보다 필요로 됨은 두말할 필요가 없을 것이다.

지도자가 부하들의 이야기를 경청하려고 하면 두 가지 장점이 생긴다. 우선 상사가 부하의 이야기를 열심히 들어주면 부하는 의욕이 생긴다. 그리고 또한 상사가 기뻐할 만큼 정보를 가져오려고 공부한다. 상사에게 좋은 점은 첫째로 부하에게 존경을 받는다는 것이다. 이와 반대로 부하의 이야기를 무시하거나 부하의 이야기를 도중에 자른 상사를 따르는 부하는 없다. 부하에게 의견을 구하는 상사야말로 존경과 신뢰를 받는다. 두 번째는 자연이 정보가 리더에게 모인다는 것이다. 리더는 앉아서 무엇이 일어나고 있는지 알게 된다는 것이다.[356] 이와 관련되어 도움이 되는 말이 있다. 즉 '말을 하는 순간에는 배움을 얻을 수 없다'는 것이다. 맞는 말이다. 말을 하는 동안에는 자기가 아는 것을 이야기하는 것이므로 새로운 정보나 새로운 지식 또는 지혜를 듣고 얻고 주워 담을 수가 없다. 다른 사람의 말을 주의 깊게 집중을 해서 들을 때에만 이러한 것들이 가능하고 그래서 얻을 수 있는 것이다. 말을 하는 것보다 말

354) 강인선, 『힐러리처럼 일하고 콘디처럼 승리하라』(서울 : 웅진 지식하우스, 2006), 71쪽.
355) 『앞의 책』, 129쪽.
356) 정우일, 『리더와 리더십』(서울 : 박영사, 2006), 105쪽.

을 듣는 것이 왜 중요한지를 잘 표현해주고 있는 말이다.

> 듣고 있으면 내가 이득을 얻고, 말하고 있으면 남이 이득을 얻는다'라는 아라비아 속담과 '말하는 것은 지식의 영역이고, 듣는 것은 지혜의 영역이다'라는 말은 결국 하나의 뜻을 가리키고 있습니다. 경청의 힘을 강조하고 있는 것이죠. 선대 회장님이 저에게 주신 경영의 교훈은 바로 "리더십은 웅변보다 경청에서 나온다"는 것이었습니다.[357]

사실 말은 득보다는 실이 더 많은 것이다. 그래서 많은 성현들이 말을 조심할 것을 강조하고 있는 것이다. 말이 말을 낳고 그리고 이것이 싸움을 낳는다. 말 때문에 말이 많아 세상이 참 시끄럽기도 하다.[358] 옛 시조에 "말하기 좋다 하고 남의 말 말을 것이, 남의 말 내 하면 남도 내 말 하는 것이, 말로써 말이 많으니 말 말음이 조홰라"라는 것이 있다. 말 때문에 상처를 받고, 말 때문에 피를 흘리는 경우가 우리 주변에 너무나 많다. 말을 하는 사람은 별 다른 의미 없이 무심히 던진 한마디가 말을 듣는 사람에게는 돌이킬 수 없는 아픈 생채기를 내고, 뜻 없이 던진 한마디가 비수가 되어 상대편에게 꽂힌다.[359] 그래서 오래된 불경 중 하나인 『숫타니파타』에서는 인간이 이 세상에 태어날 때 그의 입속에 도끼도 함께 태어난다고 한다. 어리석은 자는 악한 말을 함부로 지껄여서 그 도끼로 자신을 찍는다고 한다.[360] 우리 옛말 중에도 '자신의 혀는 자신의 몸을 베는 칼'이라는 것이 있다. 잘못 말을 하여 죽음을 당한 자들이 역사적으로 셀 수 없이 많다는 사실이 이 말의 진실성을 굳게 믿게 만든다. 말은 잘하면 천 냥 빚도 갚을 수 있지만 잘못되어질

357) 조신영·박현찬, 『앞의 책』, 205쪽.
358) 정민, 『죽비소리』(서울 : 마음산책, 2005), 195쪽.
359) 『앞의 책』, 197쪽.
360) 『숫타니파타』중에서 ; 방민준, 『달마가 골프채를 잡은 까닭은』(서울 : 서해문집, 2004), 25쪽에서 재인용.

경우 저주의 화신이 될 수도 있다는 점을 유념할 필요가 있는 것이다. 이렇게 볼 때 말은 화의 근본이며 입은 이러한 화근을 불러들이는 원천일지도 모른다.

> 경계할지어다. 많은 말을 하지 말고, 많은 일을 벌이지 말라. 말이 많으면 실패가 많고, 일이 많으면 해가 많은 법이다. 안락을 반드시 경계하고, 후회 할 일은 하지를 말아라. 무슨 손해가 있겠느냐고 말하지 말라. 그 화가 장차 오래 가리라. 해 될게 무어냐고 말하지도 말아라. 그 화가 길고도 클 것이다. 듣지 못했다고 말하지 말라. 귀신이 사람을 엿보고 있나니. 막 불이 붙기 시작할 때 끄지 않으면 활활 타오를 때야 어찌하리. 졸졸 흐르는 물을 막지 않으면 마침내는 드넓은 강물이 되리라. 실낱같이 이어짐을 끊지 않으면 혹 그물이 될 것이요, 터럭 끝을 뽑아내지 않으면 장차는 도끼를 찾아야 하리. 진실로 능히 삼가는 것이 복의 근원이 된다. 입은 무슨 해가 되는가. 재앙이 들어오는 문인 것이다.[361)]

그렇다고 해서 말을 전혀 하지 말라는 것은 아니다. 앞뒤가려가면서 말을 하라는 것이다. 어떤 상황에서건 침묵이 항상 값진 금은 아니다. 오히려 말을 해야 할 때 침묵하는 것은 그릇 된 일이고 비겁한 일이며 침묵해야 할 때 말을 하는 것도 잘못된 일인 것이다.

> 마땅히 말해야 할 때 침묵하는 것은 잘못이다. 의당 침묵해야 할 자리에서 말하는 것도 잘못이다. 반드시 마땅히 말해야 할 때 말하고, 마땅히 침묵해야 할 때 침묵해야만 군자 일 것이다.[362)]

이러한 맥락에서 보면 말은 엄격히 절제될 필요가 있다. 『숫타니파타』의 가르침 중에도 말의 절제가 낳는 미덕에 대해 강조를 하고 있는 대목이 있다. 이를 소개하면 다음과 같다.

---

361) 허목, 『기언서』(記言序). ; 정민, 『앞의 책』, 188쪽에서 재인용.
362) 신흠, 『어묵편』(語嘿篇). ; 『앞의 책』, 190쪽에서 재인용.

수행자가 진리에 맞는 말을 열심히 하고 있는 것은 스스로 알고 있는 많은 것을 남에게 가르치기 위해서이다. 그러나 알면서도 자기 자신을 절제하고 진리를 이미 알고 있으면서 많은 말을 하지 않는다면, 그는 아주 지혜로운 현자다. 이러한 현자는 지혜의 절정을 체험한 사람이다.[363)]

많은 리더들이 지위가 높아질수록 권위주의 함정에 빠져 남의 이야기를 듣는 것보다는 말하는 것에 더 익숙해지는 경향이 있다. 리더가 부하들의 의견이나 비판 등을 진지하게 경청하고 수용하는 열린 커뮤니케이션 자세가 부족하면 부하직원들이 상사에게 좋은 것만 이야기하고 나쁜 정보는 감추게 되는 커뮤니케이션 왜곡 현상도 발생할 수 있다. 따라서 감동을 주는 리더는 경청하는 자세도 남달라야 한다.[364)]

이렇게 경청을 하려면 앞에서도 이미 언급을 하였지만 자신의 마음을 비워야 한다. 그러나 자신의 마음을 비운다는 것은 여간 어려운 일이 아니다. 자기 자신을 이기지 않고서는 거의 불가능한 일이다. 그래서 자기 자신을 이기는 노력이 우선적으로 요구되는 것이다. 사실 모든 적은 바로 내 마음 안에 있다. 자기 자신을 이기지 못하는 자가 다른 사람을 이길 수 없다. 또한 역으로 자기 자신을 이길 수 있는 사람이면 어느 누구도 이길 수 있다. 결국 열쇠는 자기 자신인 것이다. 그래서 전쟁에서 수천 명의 적과 단신으로 싸워 이긴 사람보다 자신을 이기는 사람, 그 사람이 참으로 으뜸가는 용사라고 이야기를 하는 것이다.[365)]

자기 자신을 이기는데 성공한 사람은 자신의 분수를 알게 된다. 안분지족(安分之足)의 현인(賢人)이 되는 것이다. 이 단계에 오게 되면 마음을 비우게 된다. 맹자(孟子)는 "마음을 기르는 데는 욕심을 적게 갖는 것보다 좋은 것은 없다"고 설파하였다. 마음을 비우면 욕심은 사라지게 된

---

363) 『숫타니파타』중에서 ; 방민준, 『앞의 책』, 29쪽에서 재인용.
364) 김현기, 『앞의 책』, 238쪽.
365) 『법구경』 ; 방민준, 『앞의 책』, 36쪽에서 재인용.

다. 붓다는 “온갖 고뇌에서 벗어나고 싶다면 진실로 지족을 생각할 줄 알아야 한다. 지족을 아는 인간은 지상에 누워 있어도 안락하겠지만 지족을 모르는 인간은 설사 극락에 있다 해도 마음에 만족을 모른다. 지족을 모르는 자는 부유한 재산을 가졌다 해도 실제로는 가난하다. 지족하는 사람은 가진 것이 없다 해도 실제로는 부유하다.”고 설파하였으며 노자(老子) 역시 “만족할 줄 아는 사람이 부자이다”라고 말했다. 이 모든 것이 마음을 비우는 것이 얼마나 중요한 것인가를 강조하는 이야기들인 것이다.366)

마음을 물과 같이 낮추고367) 비우면서 상대편의 말을 경청하는 자세야 말로 마음을 하나로 모으고 집중하는 데 많은 도움을 줄 수 있는 것이다. 경청 그 자체만으로도 상대방은 나에게 호의를 가질 뿐만 아니라 자신이 알고 있는 모든 것을 아낌없이 나에게 주며 나아가 자신의 모든 문제를 속 시원하게 해결할 수 있게 되는 것이다. 그야말로 일거삼득이 되는 것이다. 미국의 경우 심리치료사들은 내방을 한 환자들의 이야기만 잘 들어주는 것으로 해서 병을 고치는 경우도 많다고 한다.

올바른 선택과 집중을 위해서는 상황이나 환경의 변화나 추이를 예의 주시하면서 이에 따른 선택과 집중의 운영을 탄력 있고 신축성 있게 밀고 나가는 한편, 마음을 비워서 새로 채울 것이 들어 올 여백을 만들고, 기존의 생각에 지배를 받지 않도록 하고, 새로 들어온 올바른 생각을 통해 균형 잡힌 사고를 가지게 하여야 한다. 또한 주의 깊게 상대방의 말을 경청하고 생각하는 시간을 많이 가져야 한다.

---

366) 『앞의 책』, 241-242쪽.

367) 물은 아무리 높은 곳에 놓아도 항상 가장 낮은 곳으로 스스로 알아서 찾아 내려간다. 그래서 물은 부드러움의 상징이기도 하지만 강함의 상징도 되며 나아가 겸손의 상징으로도 여겨진다.

제8장 긍정적 사고를 가져라

1. 왜 우리는 긍정적 사고를 가져야 하는가?

효율적인 선택과 집중을 위해 무엇보다 필요한 것은 긍정적 사고(positive thinking)이다. 긍정적인 마인드를 가진다는 것은 매우 중요하다. 왜냐하면 어떤 일을 성사시키는데 있어서 심리적인 자신감이 갖는 의미가 남다르기 때문이다. 자신감을 상실한 접근은 이미 패배를 스스로 자인하며 덤벼드는 무모한 짓거리와 다를 바가 없기 때문이다. 긍정적이어야 마음이 열리고 마음이 열려야 모든 생각과 아이디어를 담아낼 수 있다. 그리고 무엇보다 사회가 우리에게 주입하는 부정적인 믿음에서 자유로워질 수 있다.[368)]

우리는 흔히 컵에 반 정도 물이 들어있는 물 컵을 자주 보게 된다. 평소 부정적인 사람은 이렇게 생각하기가 쉽다. “아니 물이 반 밖에 남아있지 않구나.” 이 말 뜻의 이면에는 물이 얼마 남지 않았다는 걱정과 근심이 배어있다. 그러나 긍정적인 사고를 가지고 있는 사람은 이렇게

368) 스펜서 존슨 지음, 형선호 옮김, 『선택』(서울 : 청림출판, 2008), 178쪽.

생각을 할 것이다. “아니 물이 아직 반이나 남아있구나.” 이 말 뜻의 이면에는 물이 반이나 남아있으니 걱정은 하지 말라는 마음이 배어있다. 똑같은 현상을 목격했으면서도 한 쪽은 그 현상을 비관적으로 보아 걱정하고 근심하는데 반해서 다른 한쪽은 그 반대로 그 현상을 긍정적으로 보아 그 곳에서 나름대로의 희망과 기대를 가지고 보는 것이다.

이와 비슷한 것으로 성공했기 때문에 행복한 것인가 그렇지 않으면 행복하기에 성공하는 것인가에 대한 논란이 있다. 많은 사람들은 성공했기 때문에 행복할 것이고 또는 행복한 것으로 생각을 하고 있다. 높은 벼슬을 얻고 많은 돈을 벌고 속세말로 부귀영화를 누리며 고광대실을 옆에 끼고 살아야 성공한 것으로 보고 이래야 행복하다고 믿는 것이다. 이렇게 생각하는 사람들은 반드시 그가 바라는 방식으로 성공을 해야 행복할 사람들이다. 만약 실패를 했다면 바로 불행해질 사람이다. 행복하기 때문에 성공을 했다고는 생각하지 못할 사람들이다. 이러한 사람들은 애석하게도 긍정적이지 못한 생각을 가지고 있다고 볼 수 있다. 이와 반대로 행복하기에 성공한 것이라고 보는 사람들도 개중에는 많다. 가진 것이 없어도 그리고 높은 벼슬을 가지고 있지 않아도 행복이라고 느끼는 그 자체로 그들은 성공을 했다고 생각하는 사람들이다. 이 사람들은 앞에 살펴 본 사람들보다 더 긍정적인 생각을 가지고 있는 사람들로 볼 수 있다. 이 사람들은 행복 그 자체만으로도 성공이라 생각할 뿐만 아니라 행복하게 사는 것을 성공보다 더 소중하게 생각하는 사람들이다. 김형수는 ‘인생은 성공해서 행복한 것이 아니라 행복하기에 성공한 것이다’라고 주장하고 있는데 이것도 앞의 생각과 맥을 같이 하는 말로 이해할 수 있다.[369)]

그는 또한 ‘행복은 언제나 내 곁에 있다는 생각을 해야 한다’[370)]고

369) 김형수, 『긍정의 생각』(서울 : 함께북스, 2010).
370) 『앞의 책』, 12-17쪽.

주장을 하면서 '불행을 있는 힘껏 껴안아 보라. 행복이란 이렇게 불행을 인정하고 그것을 극복하는 과정에서 생겨난다.'[371]라는 말을 통해 비록 불행스럽다 하더라도 그것을 인정하고 그것을 긍정적으로 극복해 나갈 때 행복은 우리 곁으로 다가온다는 점을 분명히 하고 있다.

같은 물을 마셔도 독사가 마시면 독이 되고 젖소가 마시면 우유가 된다. 이와 같이 똑같은 것을 보고도 사람에 따라 서로 다른 생각과 그 결과를 얻어내는 것이다. 부정적인 사람은 부정의 결과를 긍정적인 사람은 긍정의 결과를 발견하게 되는 것이다.

이와 같이 사람은 자신이 가지고 있는 마음의 정향에 따라 부정적이고 또는 긍정적일 수 있으며 이러한 가치관은 그의 인생을 좌우 할 만큼 중요한 결과를 초래케 만드는 것이다. 우리는 무의식적으로 얼마만큼 받을 수 있다고 믿는 만큼의 결과만 얻게 되는 것이다.[372]

매사를 부정적으로 보고 말해 버리는 사람은 어김없이 그 말대로 된다. "말이 씨가 된다."는 속담이 그대로 적중한다. 이 같은 결과는 다시 부정적 자기 예언의 근거로 사용이 된다. 악순환이 계속 이어지는 것이다. 그러나 같은 자기 예언적 발언이라도 긍정적인 자기 예언은 정반대의 결과를 낳는다. 매사를 긍정적으로 보고 자신에게 좋은 영향을 미칠 것으로 해석하고 그것을 말로 확인을 한다. 아무리 나쁜 상황이 벌어져도 그보다 못한 상황보다는 그래도 낫다는 생각을 하며 상황을 헤쳐 나간다. 일종의 자기 최면을 거는 셈이다. 그러면 그 효과는 반드시 선순환적으로 꼭 나타난다.[373]

따라서 좋은 것에 집중하는 긍정적인 시각과 태도는 삶에 신선한 공기를 불어넣어주고 마침내 성공적인 결과를 가져다준다. 이것이 바로

371) 『앞의 책』, 12-13쪽.
372) 스펜서 존슨 지음, 형선호 옮김, 『앞의 책』, 176쪽.
373) 방민준, 『달마가 골프채를 잡은 까닭은』(서울 : 서해문집, 2004), 124-125쪽.

'긍정의 힘'이며, 론다 번(Rhonda Byrne)이 주장하는 좋은 것은 좋은 것을 나쁜 것은 나쁜 것을 끌어당긴다는 '끌어당김의 법칙'이다.

때로는 세상이 나쁜 것으로 가득해 보이기도 한다. 좋은 것과 나쁜 것이 늘 공존함에도 불구하고 대부분은 이를 간과한 채 세상의 어두운 면에 더 집착한다. 하지만 웨인 다이어(Wayne Dyer)는 "우리가 어떻게 보느냐에 따라 실제로 우리가 무엇을 보느냐가 달라진다."[374]고 주장을 한다. 즉, 세상을 대하는 시각에 따라서 삶이 좋은 쪽으로도, 반대로 나쁜 쪽으로도 흐를 수 있다는 얘기다. 앨버트 아인슈타인(Albert Einstein)도 "이 세상은 두 가지 방법으로 살 수 있다. 기적 같은 건 없다고 믿으며 사는 법, 그리고 모든 것이 기적이라고 생각하며 사는 법."이 있음을 이야기하였다.[375] 이 두 가지 방식 가운데 어떤 것을 선택하느냐는 각자의 마음가짐에 달렸다는 깊은 의미를 내포하고 있는 주장이다.

아무리 불행이 닥치고 고난이 휘몰아친다 해도 이에 굴복하지 않고 헤쳐 나가는 사람이 있는가하면 불행과 고난에 휘말려 헤어 나오지 못하는 사람이 있게 마련이다. 이들의 깊숙한 내면을 잘 살펴보면 바로 이러한 가치관의 차이가 존재함을 알 수 있는 것이다. 긍정적인 마인드를 가지고 있는 사람은 보다 더 희망적으로 사물을 보려고 하는 반면 부정적인 마인드를 가지고 있는 사람은 보다 더 절망적으로 사물을 보려고 하는 것이다.

절망은 죽음에 이르는 병이라고 덴마크의 유명한 철학자인 키르케고르(Søren Aabye Kierkegaard)는 이야기를 하였다. 아무리 현실이 절망스럽고 고통스럽다고 해도 희망이 있다면 이를 이겨나갈 수 있지만 그렇지 않다면 이를 극복해 나가기는 어렵다는 사실을 이러한 표현방식으로 이야기하고 있는 것이다. 사실 아무리 현실이 좋고 요새말로 잘 나간다

---

374) 웨인 다이어 지음, 오현정 옮김, 『행복한 이기주의자』(서울 : 21세기북스, 2006).
375) 마이크 로빈스 지음, 노지양 옮김, 『좋은 것에 집중하라』(서울 : 위즈덤하우스, 2009).

고 해도 미래에 대해 절망적으로 느낀다면 그런 사람은 결코 행복한 사람이 될 수 없는 것이다. 행복을 느끼지 못하고 그래서 불행하다고 느끼는 사람은 살아있어도 결코 산 것이 아닐 것이다. 바로 죽음이라는 의미는 그러한 뜻을 내포하고 있는 것이다.

따라서 행복으로의 길로 나아가기 위해서는 보다 긍정적인 마인드를 가질 필요가 있는 것이다. 존 고든(Jon Gordon)도 당신의 에너지 버스를 긍정 에너지라는 연료로 가득 채우라고 주문하고 있다.[376] 또 이런 말도 있다. "피할 수 없으면 즐겨라." 정말 맞는 말이다. 그것이 정말로 피할 수 없는 일이라면 그것을 즐기는 것이 상책이다. 존 고든도 에너지 버스에 타고 있는 동안 즐기라고 주장을 하고 있다.[377] 그러기위해선 마인드의 변화나 반전이 필요로 된다. 예를 들어 날씨 좋은 주말에 고속도로를 가다가 앞에 일어난 자동차 충돌사고로 차들이 멈추어 서서 오랜 시간동안 고속도로에 갇힌 신세가 되었다고 상정해 보자. 이럴 경우 짜증도 나고 화도 치밀어 오를 것이다. 그렇다고 해서 자동차에 날개가 달려있지 않는 한 이 상황을 피하기는 어려울 것이다. 이럴 경우 짜증을 내고 화를 낸다고 해서 상황이 호전되지는 않을 것이다. 오히려 자신에겐 스트레스만 쌓여 갈 것이고 동행하는 사람이 있다면 그 사람까지 스트레스로 얼룩진 자신의 마음이 전염이 되어 스트레스를 쌓이게 할 것이다. 모두가 지는 게임을 결과적으로 하게 되는 것이다.

통 큰 가슴으로 마음을 바꾸어 먹어 보자. 내가 별 짓을 다 해도 이 상황을 호전시키거나 회피할 수 없는 상황이라고 인식이 되면 오히려 그 반대로 이 시간을 즐겨 보는 것이다. 혼자라면 그 동안 못 들었던 CD에 담겨있는 노래를 정신을 집중해서 열심히 들어본다거나, 차 안에 넣고 다니면서 읽으려고 했지만 읽지 못한 책을 꺼내 이를 읽는 시간으

---

376) 존 고든 지음, 유영만·이수경 옮김, 『에너지 버스』(서울 : 쌤앤파커스, 2007).
377) 『앞의 책』.

로 활용한다든가 하는 것도 좋은 방법이다. 혹시 동행이라도 있다면 그와 그 동안 바쁜 관계로 또 이런 저런 이유로 나누지 못한 이야기를 나눈다든가, 가족이라면 같이 즐거운 게임을 하면서 그 짜증나고 무료한 시간을 보낼 수도 있을 것이다. 결과적으로 이렇게 할 경우 스트레스도 쌓이지 않고 주변의 사람에게도 선의의 피해를 주지 않아 결국 자신에게 득이 되는 결과를 갖게 될 것이다. 결국 서로가 이익을 보는 상생의 기쁨을 즐기게 되는 것이다.

공자는 논어에서 "아는 사람은 좋아하는 사람만 못하고, 좋아하는 사람은 즐기는 사람만 못하다."(知之者 不如好之者, 好之者 不如樂之者)고 하였다.[378] 펀(Fun) 경영으로 유명한 사우스웨스트 항공사가 유머감각을 갖춘 인재들의 재미있는 직장을 추구하는 이유도 바로 여기에 있다. 강인선 역시 자신이 가장 좋아하고 깊이 빠질 수 있는 일을 하라[379]고 조언을 하고 있음도 이와 무관치는 않다.

리사 헤인버그 역시 집중하기 위해서는 일을 즐겁게 하는 것이 무엇보다 중요하다고 강조를 하고 있다. 일을 즐겁게 할 때 집중이 자연스럽게 이루어지고 그렇게 됨으로 해서 생산력도 증강이 된다는 것이다.[380]

> 프로젝트가 중대할수록 재미있게 일하는 것이 중요하다. 사람들은 누구나 회사가 성공하는데 일조하고 싶어 하고, 현재와 미래를 만드는 경험을 즐기면서 우선순위가 높은 일에 참여하고 싶어 한다. 회사가 성장하는 데 한몫을 담당한다는 것은 영광스러운 일이다. 당신은 가장 중요한 일을 즐겁게 하길 바란다. 일이 즐거울 때 사람들은 자신의 재능을 최대한 발휘하게 된다. 사람들이 "난, 내 일을 사랑해"라고 말한다면, 그 일이 매우 의미 있고 즐겁다는 뜻이다.[381]

---

378) 김현기, 『선택과 집중의 기술』(서울 : 한스미디어, 2007), 241쪽.
379) 강인선, 『힐러리처럼 일하고 콘디처럼 승리하라』(서울 : 웅진 지식하우스, 2006), 51쪽.
380) 리사 헤인버그 지음, 박정길 옮김, 『집중 : 성공을 만드는 강력한 힘』(서울 : 마젤란, 2008), 61쪽.
381) 『앞의 책』, 65쪽.

데이브 헴사스(Dave Hemsath)와 레슬리 여키스(Leslie Yerkes)도 즐겁게 일하는 것이 효율성 높고 성공하는 조직을 만드는 것임을 강조하고 있다.

> 효율성 높고 성공하는 조직이 가진 독보적인 장점은 바로 회사에서 즐겁게 일하는 것이라고 생각한다. 직원들의 창의력, 생산성, 사기, 만족도, 기억력과 더불어 비즈니스의 성공을 결정하는 많은 중요한 요소들이 일터에서의 즐거움과 관련 있다는 것을 알 수 있다.[382)]

리사 헤인버그 역시 성공을 만드는 강력한 힘으로 집중을 들면서 이를 얻기 위해서는 일 자체를 즐길 것을 조언하고 있다.[383)] 앞서 말했듯이 존 고든(Jon Gordon) 역시 에너지 버스에 타고 있는 동안 즐기라고 조언을 하면서, 리처드 바크의 말을 인용해서 우리에게 일어나는 모든 일들을 선물로 볼지 저주로 볼지는 모두 우리의 선택이라고 주장하면서, '인생이라는 여행을 어떤 에너지로 꽉 채울지는 전적으로 우리들에게 달려있다.'[384)]고 주장을 하고 있다.

> 단지 그 모든 것들을 '그냥 그런가 보다' 하고 지나칠 건지, 아니면 '왜 내게 그런 일들이 일어난 걸까' 그 까닭을 깊이 생각해보고 그것으로부터 무언가를 배울 건지를 선택하는 건 우리들 각자의 몫이지요. 『갈매기의 꿈』을 쓴 리처드 바크가 그랬던가요? '그 어떤 문젯거리도 당신에게 줄 선물을 함께 들고 오게 마련'이라고. 우리에게 일어나는 모든 일들...., 그걸 선물로 볼지 저주로 볼지는 우리의 선택이랍니다. 자신의 인생도 마찬가지지요. 행복이 넘치는 성공스토리로 만들지, 3류 신파 드라마로 만들지는 사실 스스로가 선택하는 것이지요.[385)]

---

382) Dave Hemsath, David Hemsath, Daniel McCullen, and Leslie Yerkes, *301 Ways to Have Fun at Work*, 1st edition (New York : Berrett-Koehler Publishers, 1997), p.8. ; 데이브 헴사스 지음, 장성철 옮김, 『재미있게 일하는 301가지 방법』(서울 : 물푸레, 2001).

383) 리사 헤인버그 지음, 박정길 옮김, 『앞의 책』, 6쪽.

384) 존 고든 지음, 유영만·이수경 옮김, 『앞의 책』, 51쪽.

385) 『앞의 책』, 24-25쪽.

결국 '모든 것은 마음에 있다'는 불가의 말씀도 바로 이러한 것을 두고 말하는 것이 아닌가 싶다. 모든 것에 감사하고 가능성을 발견하고자 하는 긍정적인 마인드는 나도 살찌우고 주변의 사람들까지 살찌우는 결과를 가져오게 하는 것이다.[386)]

2. 긍정의 사고가 긍정의 결과를 낳는다.

정말로 강렬하게 원하는 마음만 있으면 그것을 실현할 수 있는 힘도 생기는 것이다.[387)] 존 고든도 '인력의 법칙'이란 용어를 빌려 표현을 하듯이 원하는 것에 마음을 집중시키면 그것이 나타난다고 주장을 하고 있다. 마음의 집중도가 결국 원하는 일을 성취시킬 수 있다는 이야기인 것이다.

> "우리가 뭔가에 빠져서 그것에 집중할수록, 그러니까 무언가를 아주 많이 생각하면 할수록, 실제로 그것이 우리 삶에 더 많이 나타나게 되지요. 왜, '어떤 차종을 사야지....' 하고 마음먹으면 거리에 온통 그 차만 있는 것처럼 자꾸 그 모델만 눈에 띄잖아요." .... "생각은 자석과 같기 때문이에요. 우리가 생각을 할 때마다, 생각은 그 생각한 대상을 자석처럼 끌어당긴답니다. 생각을 하면 할수록 그 자력은 더 커지고 강해져요. 우리가 에너지를 쏟는 대상, 주의를 기울이는 대상이 자꾸 더 많이 삶에서 나타나지요. 생각을 통해 내보낸 에너지, 그것이 주파수가 맞는 에너지를 다시 내게로 끌어당기는 거죠."[388)]

존 아사라프도 이러한 인력의 법칙, 다시 말해 '끌어당김의 법칙'에 동의하며 원하는 것에 집중할 때 그 원하는 것을 끌어당겨 얻을 수 있

---

386) 마이크 로빈스는 일상에 밴 감사 습관이 긍정의 삶으로 진입하기 위한 지름길이라고 보고 있다. 마이크 로빈스 지음, 노지양 옮김, 『앞의 책』.
387) 존 고든 지음, 유영만·이수경 옮김, 『앞의 책』, 54쪽.
388) 『앞의 책』, 67-68쪽.

다고 주장을 한다.

> 인간으로서 우리가 할 일은 원하는 대상을 집중하여 생각하고, 그 대상이 어떠해야 하는지 아주 명확하게 정하는 것이다. 그러면 우주에서 가장 커다란 법칙인 끌어당김의 법칙이 발동된다. 당신은 자신이 가장 많이 되고 싶어 하는 존재가 되고, 당신이 가장 많이 생각하는 것을 끌어당긴다.389)

론다 번(Rhonda Byrne) 역시 끌어당김의 법칙에 의해 어떠한 생각에 집중하게 되면 집중을 하고 있는 그 생각이 반응을 한다고 주장하고 있다.

> 당신은 대단한 부자였던 어떤 사람이 돈을 다 날리고도 다시 단기간에 막대한 부를 축적해낸 경우를 보았을 것이다. 바로 이때 그 당사자가 알든 모르든, 그 사람의 마음을 지배하는 생각은 '부를 축적하자'였다. 애초에 부자가 됐을 때도 바로 그 방법을 썼을 터. 그러고 나서 돈을 잃어버리면 어쩌나 하는 두려움이 마음속에 들어오게 되었고, 시간이 흘러 그 두려움이 마음에 가득해졌다. '부'를 생각하는 쪽에서 '손실'을 생각하는 쪽으로 옮겨가서, 결국 실제로 잃어버리고 만 것이다. 하지만 다 잃고 나자 더 이상 잃어버린다는 두려움이 없어지게 되었고, 다시 '부'를 생각하는 쪽으로 기울어졌다. 그들은 그렇게 해서 부를 되찾았다. 끌어당김의 법칙은 당신이 무엇을 생각하든 그 생각에 반응한다.390)

거듭 강조하지만 중요한 점은 사람의 생각이 어떠하냐 하는 것이다. 우리를 힘들게 하는 역경도 마음먹기에 따라선 기회가 될 수 있다. 위기는 위험뿐만 아니라 기회도 동반하고 나타나는 것이다. 그래서 위험과 기회는 동전의 양면처럼 본질 그 자체는 동일한 것인지도 모른다. 이러한 진리를 간과하고 있는 부정적인 마인드에 매몰된 사람들은 위기가 닥쳤을 때 기회를 보지 못하고 위험만 보면서 두려움에 떨고 그래서 일

---

389) 론다 번 지음, 김우열 옮김, 『시크릿』(서울 : (주)살림출판사, 2007), 24-25쪽.
390) 『앞의 책』, 22-23쪽.

을 결국 그르치고 마는 것이다. 어떤 위기든 그것에 굴복하지 않는다면, 우리들에게 보다 더 강인하고 지혜로운 기회를 만들어 준다. 그래서 역경이라는 마음이 생길 때 항상 긍정적이고 플러스적인 사고를 해야만 하는 것이다. 맥아더 장군은 지휘관의 진가가 평가되고 증명되는 것은 역경에 처해있을 때라고 했다. 참된 지휘관은 역경에 처해서도 패배하지 않고, 불리한 처지를 만회하여 다시 도전을 하여, 끝내 승리를 쟁취하는 자라는 것이다.[391]

이런 점에서 미국의 아브라함 링컨(Abraham Lincoln) 대통령의 삶을 다시금 투영해 볼 수 있다. 우리는 막연하게 링컨 대통령이 승승장구하며 미국역사에 위대한 인물로 기록된 것으로 생각하기 쉽다. 그러나 이런 생각과는 달리 링컨의 삶은 역경을 딛고 일어선 도전으로 점철된 것이었으며 이를 통해 승리를 거머쥔 것이었다. 그는 선거에서 9번이나 대참패를 당해 쓴 고배를 마셔야 했으며, 2번의 파산으로 인해 재정적인 고통을 받아야 했다. 그리고 이러한 불운은 이에 그치지 않았으며 그래서 약혼녀의 비극적인 죽음을 현실로 받아들여야 했고, 우울증과 신경쇠약으로 고통 받는 나날을 보내야 했다. 이 모든 것이 48세의 나이로 미국 대통령에 당선되기 전까지 그를 괴롭혔던 숱한 역경들이었다.[392] 그리고 대통령에 당선된 후 1861년에 발발한 남북 전쟁 초기에 리(Robert Edward Lee) 장군의 영도 하에 사기충천한 남군의 연이은 승리와 이에 따른 북군의 패퇴는 그를 여러 면에서 옥죄었다. 그러나 그 많은 시련과 역경에도 불구하고 불굴의 용기와 강인한 정신과 긍정적인 의지로 남북으로 분열돼있던 미국을 하나의 새로운 나라로 탄생을 시키고 역사의 방향을 바꾸어 놓았으며 이러한 그의 도전정신의 성공이 오늘날의 미국을 만든 위대한 힘이 되어 주었던 것이다.

391) 정우일, 『리더와 리더십』(서울 : 박영사, 2006), 107쪽.
392) 존 고든 지음, 유영만·이수경 옮김, 『앞의 책』, 93-94쪽.

이러한 역경에 무릎을 꿇게 되면 결코 성공은 다가오지 않는다. 많은 사람들이 역경에 굴복하여 자신의 꿈을 이루지 못하고 도중하차하는 경우가 많음도 이와 무관치 않은 것이다. 따라서 역경을 뛰어넘을 수 있는 도전정신과 용기 그리고 강한 의지가 있어야 한다. 이러한 것을 존 고든은 긍정의 에너지로 이해를 하고 있다. 이러한 긍정의 에너지를 갉아먹는 것 중 하나는 걱정과 근심이다. 그러나 걱정과 근심은 자기의 상상력으로 만들어 낸 좋지 않은 에너지 뱀파이어이다. 실제 연구결과에 따르면 자기가 걱정하는 근심이 현실로 나타나는 것은 일부에 불과하다고 한다. 오히려 자기가 걱정했던 근심이 일어나지 않을 확률이 일어날 확률보다 더 높다는 것이다.[393] 그러나 지금 이 시간에도 많은 사람들이 자기 자신이 속절없이 확대 재생산한 걱정과 근심으로 인해 자신의 소중한 긍정 에너지를 소진하고 있다.

제2차 걸프전에서 미국 중부군사령부(the United States Central Command)를 이끌면서 이라크와 아프가니스탄의 승리를 이끌어 냈던 토미 프랭크스(Tommy Ray Franks) 대장의 좌우명 중 하나는 지레짐작으로 걱정이나 근심을 하지 말고 앞으로 어떤 일이 일어나는지 냉정하게 지켜보자는 것이다. 그의 이러한 생각은 많은 경우 올바른 처신으로 판명이 났다는 것이 그가 경험을 통해 얻은 결론이다.[394] 미국 합동참모본부의장과 국무장관을 지낸 콜린 파월(Colin Luther Powell)은 지속적인 낙천주의가 에너지를 증가시킨다고 주장을 하였다.[395] 낙천적이지 못하고 걱정과 근심이 지나칠 경우 분명 그것은 에너지 뱀파이어로 소중한 자

393) 조사에 의하면 걱정의 40%는 절대 현실로 일어나지 않는다고 한다. 그리고 걱정의 30%는 이미 일어난 일에 대한 것이며 걱정의 22%는 사소한 고민이라는 것이다. 그리고 걱정의 4%는 우리가 바꿔놓을 수 있는 일에 대한 것이라 한다. 우리 힘으로는 어쩔 도리가 없는 걱정은 4%에 불과하다는 것이다. 그런데도 많은 사람들은 걱정과 근심으로 자신의 귀중한 긍정에너지를 소진하고 있는 것이다.

394) Tommy R. Franks, *American Soldier* (New York : Harper Paperbacks, 2005).

395) 콜린 파월 외, 류진 옮김, 『콜린 파월 자서전』(서울 : 샘터사, 2001). ; 강인선, 『앞의 책』, 178-179쪽에서 재인용.

신의 에너지를 소진시키는 결과를 낳게 될 것이다. 존 고든도 에너지 버스에 타지 않은 사람들에게 에너지를 낭비하지 말고, 당신의 에너지 버스에 당신의 에너지를 갉아먹는 에너지 뱀파이어 탑승 금지 표지판을 붙이라고 주문하는 것도 이와 맥을 같이 하는 것이다.[396)]

이러한 관점에서 볼 때, 해도 후회가 남고 안 해도 후회가 남는다면 차라리 하고나서 하는 후회를 선택하는 것이 낫다. 하고 나서 하는 후회는 반성이 되어서 앞을 보게 하지만 안 하고 나서 하는 후회는 미련이 남게 되어서 뒤를 돌아보게 되기 때문이다. 이와 마찬가지로 자신이 통제할 수 없는 일에 대해 걱정하는 것은 이치에 맞지 않는다. 왜냐하면 걱정해봐야 소용없는 일이기 때문이다. 스스로 통제할 수 있는 일에 대해 걱정하는 것 또한 이치에 맞지 않는다. 왜냐하면 그 일은 스스로 통제할 수 있는 일이어서 이미 걱정할 필요가 없는 것이기 때문이다.

걱정과 근심은 이와 같이 긍정에너지를 갉아먹을 뿐만 아니라 올바른 선택과 집중에 저해가 되는 암초와 같은 존재이다. 이를 효과적으로 제거하는 것이 긍정의 사고를 키우는데 있어 무엇보다 중요한 일이다. 잭 캔필드(Jack Canfield)는 이러한 긍정의 사고로 자신감과 자기 확신을 들고 있다.[397)] 즉 자기 자신에 대한 자신감과 확신이 없이는 결코 긍정의 마인드를 가지기 어렵고 그렇게 되면 행복해질 수 없다는 것이다. 자기 자신에 대한 자신감과 확신이 있으면 걱정과 근심이 나타날 수 없고 설혹 나타난다하더라도 이를 손쉽게 제거할 수 있다는 말이다. 자신감과 확신을 가지고 긍정적이고 희망을 버리지 않는 태도를 가지는 것이야말로 행복한 삶을 누리기 위한 제일의 조건이라는 점을 분명히 하고 있는 것이다.

---

396) 존 고든 지음, 유영만·이수경 옮김, 『앞의 책』.

397) 잭 캔필드(Jack Canfield), 마크 빅터 한센(Mark Victor Hansen) 지음, 김재홍 옮김, 『잭 캔필드의 응원 : 내 마음에 집중하여 나를 응원하는 힘』(서울 : 예문, 2008).

3. 위대성은 타고나는 것이 아니라 상황을 긍정으로 몰아가는데 있다.

사실 많은 사람들이 생각하기로는 역사에 남는 위대한 인물은 태어날 때부터 타고나는 것으로 생각을 하고 있다. 하늘이 낸 사람이기 때문에 개인적인 역량이 출중하여 감히 일반 범부(凡夫)로서는 넘볼 수 없는 그런 사람으로 생각을 하는 것이다. 그래서 많은 사람들이 자신을 낮추어 보고 그래서 쉽게 자신의 뜻을 낮추거나 꺾고 성공에의 길을 스스로 포기를 한다. 그리고 조금이라도 어려움에 부닥치거나 자신의 생각대로 일이 풀리지 않을 경우에 서슴없이 '내가 그렇지 뭐!', '그럴 줄 알았다니까!' 등의 자조적인 말을 많이 한다. 그러나 이러한 자조적이고 심지어 자기비하 적이고 자학적인 말은 성공이나 발전을 위해 도움이 되기는커녕 오히려 걸림돌이 될 뿐이다. 이러한 사람들에게 반드시 주지시켜야 할 점은 결코 위대한 사람은 하늘로부터 무언가를 가지고 태어나는 것이 아니라는 점이다. 위대한 일을 성취해 내는 것은 그의 타고난 천재성 때문이 아니라는 것이다. 그리고 성공을 하는 것은 그가 운이 좋거나 또는 개인적 능력이 출중하거나 좋아서가 결코 아니라는 점이다.

말콤 글래드웰(Malcolm Gladwell)은 '개인적인 특성만으로는 성공을 설명할 수 없다.'는 점을 분명히 하고 있다.[398] 그는 성공한 사람이 어떤 종류의 사람인가를 묻는 것만으로는 충분하지 않다고 생각한다. 그들이 어디에서 왔는가를 알아야만 어떤 사람은 성공하고 어떤 사람은 성공하지 못하는 현상의 이면에 깔린 논리를 밝힐 수 있다고 주장을 한다.

> 생물학자들은 흔히 '생태학'이라는 단어를 통해 구조적인 차원을 설명하곤 한다. 숲에서 가장 키가 큰 상수리나무가 그토록 성장할 수 있었던 이유는 가장

398) 말콤 글래드웰 지음, 노정태 옮김, 『아웃라이어』(서울 : 김영사, 2009), 32쪽.

> 단단한 도토리에서 나왔기 때문만은 아니다. 다른 나무가 햇볕을 가로막지 않았고 토양이 깊고 풍요로우며 토끼가 이빨을 갈기 위해 밑동을 갉아먹지도 않았고 다 크기 전에 벌목꾼이 잘라 내지 않은 덕분에 가장 큰 나무가 된 것이다. 우리는 성공한 사람은 모두 단단한 도토리에서 나왔다고 생각한다. 하지만 그들에게 빛을 준 태양, 뿌리를 내리게 해준 토양, 그리고 운 좋게 피할 수 있었던 토끼와 벌목꾼에 대해서도 충분히 알고 있을까?[399]

그는 우리가 사람들에게 너무 성급하게 실패의 딱지를 붙인다고 비판을 한다. 또한 성공한 사람은 지나치게 추앙하는 반면, 실패한 이들을 가혹하게 내버린다고 꼬집는다. 성공하지 못한 이들에게 불리한 잣대를 들이댔기 때문에 그들이 실패를 한 것이지, 그렇지만 않았다면 얼마든지 성공한 사람이 될 수도 있었다고 주장을 한다.[400] 흔히 열정, 재능, 그리고 노력[401]을 성공의 기본적인 요소라고 하지만 분명 또 다른 뭔가가 있다는 것이 그의 생각이다.

전설적인 컴퓨터 프로그래머인 빌 조이(Bill Joy), 그리고 존 레논(John Ono Lennon) 과 폴 매카트니(James Paul McCartney), 조지 해리슨(George Harrison), 그리고 링고 스타(Ringo Starr)로 구성된 영국의 전설적인 밴드 그룹인 '비틀스'(The Beatles), 더 나아가 마이크로소프트(Microsoft)사의 기적을 일구어낸 빌 게이츠 등 세 가지 증거를 제시하면서 이러한 아웃라이어(outlier)들은 열정, 재능, 그리고 노력 이외에 모두 평범하지 않은 기회를 누렸다고 주장을 한다.[402] 그러면서 이러한 기회가 이들을 성공으로 밀어 올렸다는 것이다.

결코 천재성은 성공의 충분조건이 될지는 모르지만 완전조건이 될

---

399) 『앞의 책』, 33쪽.
400) 『앞의 책』, 47쪽.
401) 신경과학자인 다니엘 레비턴(Daniel Levitin)은 어느 분야에서든 세계 수준의 전문가, 마스터가 되려면 1만 시간의 연습이 필요하다는 연구결과를 내 놓았다. 『앞의 책』, 56쪽.
402) 『앞의 책』, 59-75쪽.

수는 없다는 것이 말콤 글래드웰의 생각이다. 한 소년의 높은 지능지수(IQ)는 수많은 영리한 소년과 만났을 때는 거의 도움이 되지 않는다는 그의 주장이 이러한 생각을 잘 대변해 주고 있다.[403)]

> 일반적으로 지능지수가 높을수록 더 많은 교육을 받고 더 많은 돈을 벌 가능성이 크며, 믿거나 말거나 수명도 더 길다. 하지만 한 가지 빠진 것이 있다. IQ와 성공사이의 상관관계는 일정 수준에서 더 나아가지 못한다. 만약 누군가의 IQ가 120을 넘는다면 그 이상의 IQ 지수는 실제 생활에서의 성공으로 연결되지 않는다는 얘기다. IQ 근본주의자 아서 젠슨(Arthur Jensen)은 1980년에 저술한『지능검사의 편견』에서 이렇게 말하고 있다. "………. 하지만 115를 넘어서면 지능지수는 성공의 척도나 성취의 판단 요소로써 그다지 중요하지 않다………. 일반적인 의미에서의 성공을 판단할 때, 상위레벨의 IQ 지수 차이는 성격이나 인격 같은 요소보다 훨씬 덜 중요한 역할만 수행한다는 의미다."[404)]

이러한 생각에 입각해서 그가 생각하기로는 농구선수는 그저 충분할 만큼 키가 크면 되는 것처럼 지능도 그와 마찬가지라는 것이다. 그는 다른 조건이 비슷하다면 190센티미터보다는 2미터인 편이 낫겠지만 그렇다고 해서 2미터인 선수가 그보다 5센티미터 작은 선수보다 저절로 더 뛰어난 선수가 되는 것은 아니라고 하면서 마이클 조던의 키가 195센티미터인 점을 강조하고 있다.[405)]

말콤 글래드웰이 주장하고자 하는 바를 정리해서 한 마디로 요약한다면 지능과 성취도 사이에는 그 어떠한 상관관계도 없다는 것이다. 즉 성공을 하려면 머리가 좋고 또 개인적인 역량이 뛰어나야 한다는 일반적인 생각이 틀렸다는 것을 지적하고 있는 것이다. 그리고 지능지수처럼 타고나는 능력이 성공의 핵심적인 관건이 될 수 없다는 점도 분명히

403)『앞의 책』, 86쪽.
404)『앞의 책』, 96-97쪽.
405)『앞의 책』, 98쪽.

하고 있는 것이다. 그의 이러한 주장들을 통해 알 수 있는 것이지만 성공은 높은 지능이나 좋은 학벌 그리고 무턱대고 쏟아 붓는 열정 등에 의해서만 결정되는 것이 아니라는 점이다. 자신을 둘러싸고 있는 환경이나 자신이 그 상황에서 가지는 행운이나 기회 등도 성공의 중요 요소가 될 수 있다는 점을 강조하고 있는 것이다. 또한 성공은 무서운 집중력과 반복된 학습의 산물이란 점도 지적하고 있는 것이다.[406] 그는 어느 분야에서건 나름대로 전문가 또는 마이스터(meister)라고 불리기 위해선, 또는 성공의 기회를 만들기 위해선 최소한 1만 시간 이상의 집중적인 노력과 연습이 요구된다는 점을 분명히 하고 있다.[407] 참고적으로 1만 시간이란 하루 3시간 씩, 그리고 1주일에 20시간 씩 모두 10년을 하루도 빠지지 않고 연습을 해야 하는 시간이다.

데론 듀몬 역시 말콤 글래드웰과 같은 주장을 하고 있다. 그는 성공하는데 있어 기적이란 없으며 단지 집중력의 차이일 뿐이라고 강조하고 있는 것이다.[408]

> 결정적인 시기에 선택되는 사람은 대체로 천재가 아니다. 재능 면에서는 다른 사람들보다 뛰어나지 않아도 게으름 피우지 않고 집중하고 노력해서 그 성과를 얻어낸다고 알려진 사람이다. 일에 있어서 기적이란 없다고 알고 있는 사람이다. 그런 사람은 하나의 계획을 포기하지 않고 끝까지 밀고 나가는 것이 기적을 일으키는 유일한 방법이라고 알고 있다. 성공하는 사람과 실패하는 사람의 차이는, 그것뿐이다.[409]

데론 듀몬은 길을 열고, 자기를 조절하고, 원하는 것을 얻고, 모든 일에 성과를 낳고, 내면의 힘을 깨우치고, 의지를 기르고, 정신의 요구를

---

406) 이상훈, 『1만 시간의 법칙』(서울 : 위즈덤하우스 2010).
407) 『앞의 책』.
408) 데론 Q. 듀몬 지음, 황현덕 옮김, 『집중의 법칙』(서울 : 수린재, 2006).
409) 『앞의 책』, 19쪽.

개발하고, 평상심을 유지하고, 나쁜 습관을 없애고, 결과를 조정하고, 용기를 다지고, 부를 키우고, 실천하는 힘을 습득하고, 기억력을 높이고, 꿈을 이루고, 이상을 키우고, 마음의 힘을 강화시키고, 추진력을 이끌어 내고, 진정한 자아를 일깨워 내는 것 등을 집중력으로 해 낼 수 있다고 주장을 한다.410)

그리고 그는 나약한 사람은 상황에 좌우되지만 강인한 사람은 상황을 조절한다고 말한다. 그래서 당신은 정복하는 쪽도, 정복당하는 쪽도 될 수 있다고 주장을 한다. 그는 집중의 법칙을 사용하여 마음속 꿈을 이룰 수 있다고 본다. 그리고 이 법칙은 처음에는 매우 불가능하게 보이는 것도 가능하게 만들어버릴 만큼 힘이 넘친다고 주장을 한다. 그의 주장대로라면 집중을 하면 처음에는 꿈이라고 생각했던 것이 현실이 되는 것이다. 집중의 첫걸음은 자신이 이루고자 하는 것에 대한 마음의 이미지를 그리는 것이다. 그 이미지가 생각의 씨앗이 되고 비슷한 생각을 끌어들인다고 그는 주장을 한다.411)

이명경 역시 데론 듀몬과 같은 생각을 하고 있다. 그는 천재들이 결코 높은 지능을 갖고 있지 않았다고 주장을 한다. 진화론을 주장한 찰스 다윈(Charles Darwin)은 그저 평범한 머리를 가진 아이였고, 파블로 피카소(Pablo Ruiz Picasso)는 우둔하다는 평을 듣는 학업부진아였으며, 앨버트 아인슈타인(Albert Einstein)은 취리히 공과대학 전기공학부 시험에 떨어지기도 했다는 것이다. 이런 그들이 위대한 업적을 남길 수 있었던 것은 높은 지능이 아니라 높은 집중력 때문이었다고 주장을 한다.412) 사실 현재 우리가 호흡하고 있는 세상을 둘러보면 돈, 사회적 지위, 학문적 성취, 사랑 등 그 어떤 것도 집중하고 노력하지 않으면 바라는 만

---

410) 『앞의 책』.
411) 『앞의 책』, 205쪽.
412) 이명경, 『집중력이 내 아이의 인생을 결정한다』(서울 : 랜덤하우스코리아, 2006), 25쪽.

큼 이룰 수 없다[413]는 것이 불변의 진리로 자리 잡은 지 오래되었다.

특히 요즈음에는 높은 지능보다 감성을 더 중시하는 경향이 짙다. 미래학자로 유명한 앨빈 토플러조차 "21세기엔 지식 못지않게 감성도 중시 될 것이다."[414]고 예측을 하고 있다. 다니엘 골먼(Daniel Goleman) 역시 성공과 지능지수와는 깊은 상관관계가 없다고 주장한다. 오히려 그가 생각해낸 감성지능(EI : emotional intelligence)이나 사회성지수(SQ)가 더 높은 상관관계를 가지고 있다고 주장을 한다. 그리고 그는 지속적으로 높은 성과를 내는 일류 리더들은 공통적으로 감성지능이 높다고 주장을 하고 있다. 그에 따르면 약 80% 정도의 감성지능(EI)과 20% 정도의 지적 능력(IQ)이 적절히 조화를 이룰 때 리더는 효과적으로 리더십을 발휘할 수 있다고 주장을 한다.[415]

또한 그는 성공에 이르기 위해서는 감성지능을 극대화하는 것이 무엇보다 중요하다고 주장을 하면서 그는 감성지능이 우리에게 보다 많은 희망을 던져주는 것은 이 지능이 후천적으로 노력 여하에 따라 나아질 수 있다는 점에 있다고 주장을 하는 것이다. 즉 지능지수는 어떤 면에서는 유전적으로 타고 나는 것이지만 그래서 후천적으로 노력을 한다고 해서 개선이 되는 것은 아니지만, 감성지능은 비록 태어날 때는 낮다고 하더라도 후천적인 노력여하에 따라서는 이를 개선시킬 수 있다는 데 희망의 실타래가 있다는 점이다. 그리고 현재의 시대조류는 감성이 지배하는 감성의 시대이기 때문에 감성지능이 앞서는 사람이 성공할 수 있는 시대라고 주장을 한다. 또한 사회성지수도 마찬가지라는 것이다. 이것도 유전적으로 타고나는 것이 아니라 얼마든지 후천적인 노력에 의해 개선을 시킬 수 있으며 이것을 통해 사람들은 성공의 열쇠를 가질 수 있다는 것이다.

413) 박용석, 『재테크의 99%는 실천이다』(서울 : 토네이도, 2006), 9쪽.
414) 김현기, 『선택과 집중의 기술』(서울 : 한스미디어, 2007), 132쪽.
415) 『앞의 책』, 267쪽.

우리가 흔히 하는 말로 '학교의 우등생이 사회의 열등생'이라고 하는데 이것도 이러한 맥락에서 이해를 한다면 충분히 공감이 가는 것이다. 학교에서는 주로 암기위주의 주입식 교육을 시켰기 때문에 지능지수가 높은 학생이 유리할 수 있지만 사회는 암기력만 요구하는 것이 아니라 그 외의 지적 능력이나 사회적 능력을 총체적으로 필요로 하는 것이기 때문에 오히려 감성의 시대에 걸 맞는 감성지능이나 사회성지수가 높은 것이 더 유리할 수 있는 것이다. 사람에게 부드럽게 다가가 감동을 줄 수 있는 능력이나 사람들과 격의 없이 붙임성 있게 잘 어울릴 수 있는 것은 학교에서 가르쳐 줄 수 없는 훌륭한 성공의 도구임에는 틀림이 없기 때문이다.

학벌이 낮다고 해서 또 지능이 떨어진다고 해서 또 타고난 재능이나 역량이 시원찮다고 해서 지레짐작 포기하고 도전을 하지 않는 많은 사람들에게 좋은 경종을 울려줄 수 있는 내용이라 사료가 된다. 모든 것은 자신의 마음속에 있는 것이다. 스스로 나는 할 수 있다는 자신감과 확신을 가지고 어떤 일이건 적극적으로 달려들으면 못할 일이 없다는 점을 마음 깊이 새겨 둘 필요가 있다. 나는 안 될 것이라는 부정적인 생각은 성공의 긍정에너지를 갉아 먹는 것이다. 긍정의 에너지로 충만 된 삶을 영위하기 위해 그리고 성공으로 자신 있게 나아가기 위해 우리의 생각은 분명히 바뀌어져야 할 것이다. 긍정의 힘은 바로 우리가 어떤 원하는 일을 하고자 할 때 힘을 집중시켜 줄 수 있는 것이다.

4. 긍정의 마음은 내 마음먹기에 달려있다.

물론 긍정적인 마음을 가질지 그렇지 않으면 부정적인 마음을 가질지의 선택은 앞에서도 누차 이야기하였듯이 바로 우리 자신의 몫이다.

고타마 붓다는 제자의 질문에 답을 하면서 선택은 바로 자기 자신의 몫임을 분명히 하고 있다.

> 한 제자가 붓다에게 물었습니다. "제 안에는 마치 두 마리 개가 살고 있는 것 같습니다. 한 마리는 매사에 긍정적이고 사랑스러우며 온순한 놈이고, 다른 한 마리는 아주 사납고 성질이 나쁘며 매사에 부정적인 놈입니다. 이 두 마리가 항상 제 안에서 싸우고 있습니다. 어떤 녀석이 이기게 될까요?" 붓다는 생각에 잠긴 듯 잠시 침묵을 지켰습니다. 그러고는 아주 짧은 한 마디를 건넸습니다. "네가 먹이를 주는 놈이다."[416]

베트남의 유명한 스님인 틱낫한(釋一行 : Thích Nhất Hạnh)은 우리가 가지고 있는 마음을 꽃이나 채소 등을 재배하는 밭으로 비유하여 우리에게 깊은 가르침을 주고 있다. 그는 이 밭 안에는 기쁨, 사랑, 즐거움, 희망과 같은 긍정의 씨앗이 있는가 하면 미움, 절망, 좌절, 시기, 두려움 등과 같은 부정의 씨앗이 있다고 한다. 어떤 씨앗에 물을 주어 꽃을 피울지는 자신의 의지에 달렸다고 말한다.[417]

그의 말에 의하면 결국 화란 우리 마음속의 일이므로 그것을 다스리는 것도 우리 마음속의 일이라는 것이다.[418] 자신이 미움, 절망, 좌절, 시기, 두려움과 같은 부정의 씨앗에 물을 주기 시작하면 결국 화를 키우는 결과가 된다는 것이다. 결국 화를 가질 것인가 안 가질 것인가 하는 문제는 자기 자신의 선택에 달려 있다는 것이다.[419]

고타마 붓다나 틱낫한이 이야기 하듯이, 내가 숨을 쉬고 존재하는 이 순간순간은 결코 돌이킬 수 없는 것이며, 그 순간을 온통 불쾌하고 부정적인 에너지로 도배할 것인지, 행복하고 긍정적인 에너지로 가득 채울

416) 존 고든 지음, 유영만·이수경 옮김, 『앞의 책』, 78-79쪽.
417) 틱낫한 지음, 최수민 옮김, 『화』(서울 : 명진출판사, 2002), 5쪽, 13쪽.
418) 『앞의 책』, 11쪽.
419) 이병철, 『역사와 함께하는 인간경영』(울산 : 울산대학교출판부, 2008), 430-431쪽.

것인지는 결국 내가 선택하는 것이다.[420]

이를 좀 더 흥미롭게 이해를 하기 위해 다음과 같은 실례를 들어 설명해 보기로 하자.

캐나다 토론토에는 400미터 높이쯤 되는 CN타워(Canadian National Tower)가 있고 이 꼭대기에는 잘 정비된 그리고 토론토 시내와 인근 바다가 한 눈에 들어오는 탁 트인 전망대가 있다. 이 전망대의 제일 아래층 바닥에는 일부분이긴 하지만 특수 강화유리로 만든 바닥이 있다. 사람들의 담력을 시험하고 이를 통해 재미있는 놀이를 할 수 있도록 하는 배려에서 만든 구조물로 사료가 된다.

그런데 불투명한 바닥에서는 쿵쿵 뛰면서 장난을 치고 다니던 사람들도 막상 이 강화유리위로 올라서 보라고 하면 손사래를 살랑살랑치는 경우가 많다. 그들은 '유리는 깨지는 것.'이라는 고정관념에 사로잡혀있을 뿐만 아니라, 이러한 사고의 연장선상에서 아무리 특수 강화유리라고 해도 혹시 내가 유리위에 올라섰을 때 유리가 깨지면 어떻게 하나하는 부정적인 사고를 가지고 있기 때문에 선뜩 그 유리위로 올라가지 못하는 것이다.

바로 부정의 마음이 그의 행동을 억제시키는 방향으로 지배를 당하고 있는 것이다. 그러나 긍정적인 마인드를 가지고 있는 사람은 그렇지 않다. 오히려 그러한 새로운 도전을 즐긴다. 이러한 사례를 통해 다시 한 번 더 확인을 하는 것이지만, 마음이 그의 행동을 제약하는 것이다.

세계적인 사업가로 성공한 마쓰시타 고노스케(松下幸之助)가 성공의 요인이 무엇이냐는 질문을 받았다고 한다. 이에 대해 그는 "나는 하늘로부터 세 가지를 부여받아 성공했다. 하나는 가난이요, 또 하나는 허약한 체질이요, 마지막 하나는 짧은 학력이다. 가난했기 때문에 절약하면

420) 존 고든 지음, 유영만·이수경 옮김, 『앞의 책』, 11쪽.

서 돈을 벌 수 있었고, 허약했기 때문에 건강에 신경을 썼으며, 못 배웠기 때문에 다른 사람으로부터 배우려고 노력했다."421)고 대답했다한다. 일반적인 사람들이라면 가난과 허약한 몸 그리고 짧은 학력은 하늘로부터의 저주라고 생각을 하였을 것이다. 그러나 그는 그렇게 생각하지 않았다. 가난을 통해 절약을 배웠고 이를 통해 돈을 벌 수 있었고, 허약한 몸 때문에 건강에 신경을 써서 장수를 할 수 있었고, 짧은 학력 때문에 배움을 열망하였고 이를 통해 배움을 가질 수 있었던 것이다. 부정의 마음을 긍정의 마음으로 바꾸고 이를 바탕으로 자기의 역경에 도전을 하면서 그 속에서 새로운 희망을 찾았던 것이다. 이러한 긍정적인 열린 마음이 있었기에 그리고 이를 즐겁게 행동으로 옮기는 실천력이 있었기에 그는 세계적으로 성공한 존경받는 사업가가 되었던 것이다.

사실 사람이 마음속에 고착화된 고정관념을 가지게 되면 그 고정관념의 지배를 받을 수밖에 없게 된다. 그리고 사람이 고정관념을 가지게 되면 사고의 유연성 즉 생각의 자유로움을 갖기 어렵게 된다. 따라서 고정관념으로부터 하루 빨리 탈피를 하는 것이 무엇보다 중요하고 필요하다. 고정관념과 태도만 변화시킬 수 있다면 절반의 성공은 이미 거둔 셈이라는 말이 그래서 의미를 갖게 되는 것이다. 아래에 고정관념에 빠진 사람들이 조금만 생각을 바꾸면 쉽게 풀 수 있는 문제를 풀지 못해 난망해 하는 예를 하나 들어 보았다. 우리에게 많은 시사점을 던져주고 있는 예이다.

옛날에 한 랍비가 죽기 전에 사랑하는 제자 3명을 불러놓고 다음과 같은 유언을 남기고 그만 세상을 떠났습니다. "내가 17마리의 낙타를 너희들에게 줄 터이니 제일 나이 많은 제자가 절반을, 둘째가 3분의 1을 그리고 막내가 9분의 1을 가져라." 스승의 장례를 잘 치르고 한자리에 모인 제자들은 스승의 유언대로 낙

421) 정우일, 『리더와 리더십』(서울 : 박영사, 2006), 107쪽.

타를 나누려고 했습니다. 그런데 며칠 밤을 꼬박 새우면서 씨름을 했지만 도무지 그 답을 알아 낼 수가 없어 제자들은 스승이 너무나 어려운 문제를 냈다는 생각에 오히려 서운한 마음까지 들었습니다. 자 ! 여러분은 어떻게 하시겠습니까? 어떻게 하면 스승의 유언대로 낙타를 나눌 수 있을까요? 우선 명확한 것은 스승이 주신 낙타의 수로는 스승의 유언대로 분배할 수가 없을 것입니다. 이때, 이 광경을 옆에서 지켜보던 한 지혜 있는 사람이 아주 쉽게 문제를 풀어 주었다고 합니다. 그는 이렇게 말했습니다. "내가 낙타 1 마리를 보태주지. 그러면 모두 18 마리가 되네. 제일 나이 많은 제자는 절반을 가지라고 했으니까 9 마리를 갖게. 둘째는 3분의 1을 가지라고 했으니 6 마리를 갖고, 막내는 9분의 1을 가지라고 했으니 2 마리를 갖도록 하게. 그러면 모두 17 마리가 되지 않는가? 따라서 남은 1 마리는 내가 다시 찾아 가겠네......" 422)

한 마리만 더 하면 이렇게 쉽게 해결되는 문제였다. 그런데 고정관념에 빠진 사람들은 낙타 17마리를 유언으로 받은 제자들처럼 기존의 고정관념에 사로잡혀 쉽게 풀 수 있는 문제임에도 불구하고 이를 풀지 못하는 경우를 많이 경험하게 된다. 이러한 예를 보더라도 고정관념을 빨리 떨어뜨리어 내는 것이 무엇보다 중요하다는 점을 알 수 있는 것이다.

이와 유사한 또 다른 예가 있어 이를 소개한다. 어느 대학에서 교수가 칠판에 문제를 적으면서 연구원들에게 말했다. "이 문제는 많은 수학자가 도전했지만 풀지 못한 문제입니다. 한 시간을 줄 테니 이 문제를 풀어보십시오." 교수는 꼭 이 문제를 풀게 하려는 뜻은 아니었다. 그런데 5분 늦게 강의실로 들어온 한 연구원이 칠판에 적힌 문제를 풀기 시작했고, 결국 답을 말했다. 이 지각생이 풀 수 없다는 문제를 풀게 된 이유는 무엇일까? 그것은 강의실에 늦게 들어오는 바람에 '아무도 풀지 못한 문제'라는 교수의 말을 듣지 못한 데 있었다.

이와 같이 생각의 차이가 큰 차이를 만드는 것이다. 결국 성공하고

---

422) 탈무드 "삶과 사랑에 대한 따뜻하고 신비로운 이야기" 중에서.

싶은 사람만이 성공할 수 있고, 1등 하고 싶은 사람만이 1등을 할 수 있는 것이다.[423]

5. 긍정적 마인드를 둘러싼 사례

1) 긍정적 마인드를 갖지 못해 빚어진 비극적 사례

이러한 긍정적인 마인드를 갖지 못함으로써 빚어지는 어려움이나 비극은 우리 주변에 너무나 많이 있다. 여기에서는 사고로 냉동열차에 갇혀 동사한 닉의 사례를 들어보기로 하자.

철도에서 객차나 화차를 연결하거나 분리하며 조절을 하는 조차장에서 일하는 닉이라는 사람이 있었다. 그는 성실하고 인간관계도 좋은 사람이었지만 한 가지 흠이 있었다면 항상 부정적인 생각에 빠져 있었다는 것이다. 언제나 최악의 상황을 상상하면서 두려워했고 언제 불행이 닥쳐올지 모른다며 안절부절 했다.[424]

어느 여름날 저녁, 한 직원의 생일을 축하하기 위해 퇴근시간을 한 시간 앞 당겨 모든 승무원들이 파티 준비를 위해 집으로 갔지만, 닉은 보수를 위해 조차장으로 들어 온 냉동열차 안에 들어갔다가 불의의 사고로 인하여 갇히게 되었다. 냉동열차 안에 갇힌 그는 속수무책이었다. 그리고 자신이 냉동열차 안에 갇혔다고 깨달은 순간 닉은 공포에 사로 잡혔다. 그는 팔과 주먹에 피멍이 들 정도로 문을 두드리고 살려달라고 소리를 질렀지만 동료들은 이미 모두 퇴근한 후였다. 그는 결국 기진맥진하여 바닥에 주저앉았고[425] 추위 아니면 질식으로 죽음이 찾아오기만

423) 이내화, 『다 이룬 것처럼 살아라』(서울 : 좋은책만들기, 2010), 250쪽.
424) 조엘 오스틴 지음, 정성묵 옮김, 『긍정의 힘』(서울 : 두란노, 2006), 88-89쪽.
425) 『앞의 책』, 89쪽.

넋 놓고 기다렸다.

그러다가 자신의 상황을 기록해야겠다는 생각이 들어 셔츠 주머니를 뒤졌더니 펜이 한 자루 있었고 구석에 낡은 마분지 한 장이 보였다. 거의 주체할 수 없을 정도로 몸을 떠는 와중에도 그는 긴박한 상황을 적어 내려갔다. “너무 춥다. 몸이 마비된다. 빨리 나가지 않으면 아마도 이것이 내 마지막 글이 될 것이다.” 그의 말처럼 그 글은 닉의 마지막 자취가 되었다.426)

다음날 출근한 승무원들이 냉동열차의 문을 열었을 때 닉은 구석에 쪼그린 채 죽어 있었다. 의사의 부검결과 동사(凍死)였다. 그런데 경찰조사결과 닉이 갇혀있던 냉동열차는 전원이 켜있지 않았다. 사실 냉동열차는 꽤 오랫동안 고장이 나 있었고 닉이 죽을 때 역시 기능이 정지된 상태였다. 심리적 공황상태에 빠진 닉은 냉동열차가 가동하고 있다고 믿은 나머지 추위를 느끼고 몸이 얼어붙은 것이었다. 스스로 죽음을 기대했던 것이다. 다시 말해서 그의 죽음은 그 자신의 마음에서 비롯된 것이다. 냉동열차 안은 당연히 매우 추운 곳이란 생각이 그를 실제로 그렇게 춥게 몰아갔고 그러한 생각이 결국 그를 죽음에 이르게 만든 것이다. 닉이 두려워했던 일이 현실에서 그대로 나타났던 것이다.

론다 번이 주장하는 ‘끌어당김의 법칙’이 적용이 되었든지, 그렇지 않으면 “인생은 스스로 이루어지는 예언”이라는 옛말이 그에게 그대로 적용이 된 것이다.427) 긍정은 빛을, 부정은 어둠을 끌어당긴다는 말이 피부로 와 닿는 느낌을 갖게 하는 사례로서 마음과 생각은 생과 사를 가를 수 있는 것처럼 우리에게 있어 매우 중요한 의미를 가지게 된다는 것을 다시 한 번 더 환기시켜 주는 내용을 담고 있는 것이다.

---

426) 『앞의 책』, 89-90쪽.
427) 『앞의 책』, 90쪽.

2) 긍정적 마인드를 통해 갖게 된 희망적 사례들

① 조엘 오스틴 모친의 사례

또 다른 실화로는 조엘 오스틴(Joel Osteen)이라는 젊은 목사가 경험한 사례이다.[428] 조엘 오스틴은 매우 신심이 깊은 목사였고 그의 어머니역시 매우 신심이 돈독한 신자였다.

어느 날 오스틴의 어머니는 몸의 이상을 발견하고 신체검사를 한 끝에 자신이 말기 간암환자라는 사실을 알게 된다. 그리고 길어야 몇 주일을 넘기기 어렵다는 전문의의 이야기까지 듣게 된다. 그리고 의사들은 치료를 포기하고 어머니를 집으로 돌려보냈다. 조엘 오스틴은 어머니의 불행에 대해 아픔을 느꼈고 어머니에게 위로의 말을 던졌다. 어머니는 담담하게 그런 오스틴의 위로를 받아들이면서 하느님에 대한 강한 믿음을 나타내시면서 그날부터 기도로 나날을 보내셨다고 한다.

> 어머니 역시 결코 포기하지 않으셨다. 불평과 패배의 말 대신 하나님의 말씀을 마음과 입에 두기로 선택하셨다. 어머니는 믿음으로 충만한 말을 하기 시작하셨다. 건강과 치유를 외치는 어머니의 목소리를 하루 종일 들을 수 있었다. "나는 죽지 않고 살거야. 나는 하나님의 역사하심을 선포할 거야." 어머니는 걸어 다니는 성경이셨다! 언젠가 나는 이렇게 물었다. "어머니, 도대체 어떻게 죽지 않으시겠다는 거예요?" "애야, 나는 주님과 그분의 권능 안에서 누구보다 강하단다." 어머니는 성경을 열심히 뒤지시다가 가장 좋아하는 치유의 말씀을 30-40개 정도 찾아내 종이에 적어 매일 읽고 큰소리로 선포하셨다. 어머니가 하나님의 말씀과 자신의 말을 섞어 사용하시자 놀라운 일이 일어나기 시작했다. 상황이 변하기 시작한 것이다. 조금씩 병세가 호전되기 시작했다.[429]

몇 주일이 지났지만 죽음은 오지 않았고 몸이 호전되고 있음을 감지

428) 『앞의 책』, 150-152쪽.
429) 『앞의 책』, 151-152쪽.

한 조엘 오스틴의 어머니는 다시 병원을 찾았다. 진단결과는 그렇게 온몸으로 퍼졌던 암세포들이 하나도 보이지 않게 되었다는 사실이다.

그의 어머니가 말기 암이라는 진단을 받았을 때 부정적인 사고를 가지고 "나는 이제 죽었구나!" 라고 생각을 하고 생을 포기하고 비관적인 생각을 했다면 그 스트레스로 오히려 병은 더욱 악화되고 결국 죽음에 이르게 했을 지도 모른다. 그러나 그의 어머니는 삶과 죽음을 전지전능하신 하나님께 맡기고 하느님에 대한 믿음과 기도에 몰두하는 긍정적 사고를 가졌기 때문에 이러한 기적이 나타날 수 있었던 것이다. 바로 이것이 조엘 오스틴이 이야기하듯이 긍정적 사고(positive thinking)가 가지는 힘이다.

② 파킨슨병에 걸려 투병중인 마이클 폭스의 사례

한 가지 사례를 더 들어보면 미국 영화배우 마이클 폭스(Michael J. Fox)[430]의 투병 중에 보여 준 감동적이면서도 적극적이고 긍정적인 사고이다. 그는 로버트 저메키스(Robert Zemeckis) 감독의 영화 '백 투 더 퓨처'(Back To The Future) 시리즈에 출연했던 할리우드의 유명한 배우였지만 현재는 파킨슨병(Parkinson's disease)이라는 희귀 질병을 앓고 있다. 그는 한때 잘 나갈 때에는 수많은 팬들을 몰고 다녔고 그가 출연하는 영화와 드라마는 늘 흥행 상 히트를 기록했다. 하지만 이제 그는 몸도 제대로 가누지 못하는 심각한 상태로까지 병의 상태가 악화되어있다. 그리고 이 불치의 병으로 인해 그의 장밋빛 인생 역시 완전히 바뀌어 버렸다. 이러한 극한 상황에 처하게 되면 일반적인 사람이라면 자신의 처지를 비관하거나 분노하고 우울과 비탄에 빠져 삶 자체를 증오하

430) 1998년에 자신이 30세 때부터 파킨슨병 환자였다는 사실을 밝혔으며, 2009년 현재까지 투병 중이다.

거나 포기해버릴지도 모른다. 그러나 놀랍게도 그는 자신에게 주어진 저주에 가까운 혹독한 삶에 대해 남다른 방식으로 접근을 하고 있다. 그는 자신에게 주어진 모든 것에 대해 감사를 할뿐만 아니라, 이러한 진실된 감사를 통해 자신의 삶을 건강하게 관리해 나가고 있다. 그는 진실에 바탕을 둔 감사의 놀라운 힘을 행동으로 증명해 보여주었으며, 동시에 우리가 아무리 불행하고 처참한 상황에 놓여 지더라도 긍정과 감사의 마음을 선택하고 행동할 수 있음을 증명해 주었던 것이다.[431)]

방송을 통한 인터뷰에서 기자는 그가 앓고 있는 파킨슨병에 대해 물었고, 병과 싸우는 것이 얼마나 힘든지 또 병이 인생과 배우 경력에 어떤 영향을 미쳤는지 질문했다. 그는 조금도 머뭇거리지 않고 간단명료하게 대답을 했다. "감사할 따름입니다." 그리고 자신에게 운명처럼 주어진 병이 자신과 다른 사람의 삶에 대해서 얼마나 많은 것을 가르쳐주었는지 말하기 시작했다. 더불어 자신이 가지고 있는 유명세와 인맥, 그리고 물질적 자원들[432)] 덕분에 이 병에 대한 일반인들의 인식을 높이고, 이 병으로 인해 고통 받는 사람들에게 긍정적인 생각의 변화를 가져올 수 있게 되어서 감사하다고 말했다. 그는 또한 잡지 '피플'(People Weekly)의 표지 인물로 나와 "병과 맞서면서 밝은 미래를 볼 것이며, 인생을 절대로 포기하지 않겠다. 앞으로 10년은 문제없다"고 말해 주변을 감동시키기도 하였다.[433)]

그는 일반 범사에 대한 감사와 긍정의 마음을 통해, 자신의 병으로 인한 고통과 불운을 희망과 긍정으로 승화시켰으며, 한 걸음 더 나아가 자신과 처지가 비슷한 자신의 이웃들의 마음과 생각까지 희망과 긍정으로

---

431) 마이크 로빈스 지음, 노지양 옮김, 『앞의 책』.

432) 파킨슨병 연구를 돕기 위해 자신의 이름을 딴 재단(Michael J. Fox Foundation)을 설립하여 기금을 모으는 한편 자서전 『러키 맨』을 출판해 판매 수익금 전액을 희사하기도 했다. 『한국일보』, 2009년 3월 13일.

433) 『한국일보』, 2009년 3월 13일.

채색을 시킨 것이다. 바로 이것이 앞에서도 말했듯이 긍정적 사고가 가지는 진실 된 힘이다.

이상의 몇 가지 사례에서 보아서 알 수 있듯이 우리에게 있어 긍정적 사고는 매우 중요하다고 말할 수 있다. 그리고 이러한 긍정적 사고는 우리가 옳은 일에 정신을 집중하고 몰입하는데 매우 중요한 일을 한다. 부정적인 사고를 가지게 되면 여러 가지 잡된 생각으로 인해 마음의 평정심을 가지기가 어렵고 또한 혼란스런 사고는 현상을 정확히 보고 이해하려는 능력을 떨어뜨린다. 그러나 긍정적인 사고는 마음의 평정심을 가지게 하고 이 바탕위에서 사물이나 현상을 보다 정확하고 올바르게 이해하고 설명할 수 있게 만들어 주는 것이다.

바로 이러한 마음의 평정의 상태는 사물이나 현상에 대한 정신의 집중력을 제고시키는데도 커다란 도움을 주게 된다. 역으로 말하자면 정신의 집중은 바로 이러한 마음의 평정상태에서 가능하다고 볼 수 있는 것이다.

긍정적 사고는 이러한 면에서 집중과 밀접한 관련성을 가지게 되는 것이다. 집중하려면 긍정적 사고가 전제되어야 하는 이유도 바로 여기에 있는 것이다.

6. 미소와 칭찬, 감사하는 마음 그리고 발상의 전환은 긍정적 사고를 불러 온다

1) 웃음과 미소를 생활화 하자

긍정적 사고를 얻는데 있어 많은 어려움이 있는 것은 아니다. 약간의 생활상에 있어서 변화의 노력만 기울인다면 생각보다는 쉽게 긍정적 사고를 습득할 수 있다. 설사 생활이 즐겁지 않더라도 매사를 웃는 모습으로 대해 보려고 노력하는 것 등이 그러한 것이다. 얼굴을 찡그리고 부정으로 일관하면서 현상을 비관하는 사람은 어디서든 환영받기 힘들다. 아무리 힘이 들어도 종일 그늘진 얼굴로 있지 말아야 하는 이유 중 하나이다. 종일 그늘진 얼굴을 대면할 때 많은 사람들은 마치 그 사람에게 죄진 것 같아서 모두들 꺼려하게 된다. 부담스럽고 다가가기 힘든 사람에게 누가 따뜻한 말을 건네겠는가? 이러한 잘못된 생각과 일상에서 하루 빨리 벗어나야 한다. 먼저 그늘진 생각을 버리고 환한 미소를 지어보라. 상대방은 분명히 환한 미소로 응대할 것이다. "웃는 얼굴에 침을 뱉지 못한다."는 옛말이나 "웃는 얼굴이 없는 남자는 상점을 개설해서는 안 된다."는 데일 카네기(Dale Carnegie)의 말도 미소가 갖는 보이지 않는 힘을 일깨워 주는 것이다.

'웃음은 자신을 위한 것이지만 미소는 상대편에 대한 배려'라는 예로부터 전해 내려오는 말도 있다. 웃음은 자기 자신이 스스로 외부나 내부의 자극을 받아 그에 대한 반응으로 나타나는 생리적인 작용이다. 물론 의도적으로 웃음을 지을 수는 있다. 그러나 이러한 웃음은 어딘가 보기에 어색하게 느껴진다. 따라서 자연스런 웃음이 되기 위해선 생리적인 반응의 결과로 나타나야만 한다. 이러한 시각에서 보면 웃음이란 생리적 반응의 소산이기 때문에 나 자신과 깊이 연관이 된다. 그러나 미소는 이와는 다르다. 웃음과는 달리 미소는 생리적인 반응의 결과는 아니다. 의식적으로 상대편에게 호감의 표시나 긍정의 메시지를 전하기 위해 가볍게 그렇지만 절제된 웃음을 흘리는 것이다. 그렇기에 미소는 상대편의 마음을 편하게 해주고 더 나아가서는 즐겁게 해주는 상대방의 배려로 받아들일 수 있는 것이다. 이러한 맥락에서 본다면 적절한 상황에서 시의성에 부합되는 미소를 던져주는 것은 상대방에 대한 이해이며 또한 깊은 관심의 표현이기도 한 것이다. 이러한 따스한 미소가 자연스럽게 이루어지려면 무엇보다 마음속에 긍정의 에너지가 충만이 되어 있어야 한다. 자기 자신 뿐만 아니라 상대방에 대한 긍정의 마음이 충만하지 않고서는 결코 자연스럽고 상대방에게 감동을 전달할 수 있는 미소는 이루어질 수 없는 것이다.

이와 같이 웃음과 미소는 긍정의 마음에 바탕을 두면서 나아가 자신 뿐만 아니라 남까지 행복하게 해주는 소통의 한 수단이다. 사실 남을 행복하게 해주는 것은 나 자신을 행복하게 만드는 방법이기도 하다.[434)] 웃음과 미소를 생활화하기 위해 많은 노력을 기울여야 할 뿐만 아니라 이러한 것이 자연스럽게 표출되어 모두가 즐거움으로 충만된 삶을 살아갈 수 있도록 다듬어 나가야 할 것이다. '한 번 웃으면 한 번 더 젊어지고 한 번 화내면 한 번 더 늙어진다.'(一笑一少 一怒一老)는 옛말[435)]의 참된 의미를 되새기면서 웃음과 미소가 생활화되도록 항상 긍정적 마음을 가지도록 노력을 하고, 나아가 이를 꾸밈없이 진솔하게 실행하기 위한 노력에 조금도 부족함이 있어서는 안 될 것이다.

또한 이러한 웃음과 미소가 더욱 의미를 갖기 위해선 상대편이 이러한 웃음과 미소의 의미를 가감 없이 진솔되게 받아들일 수 있게끔 상대편의 마음을 어루만지며 상호교감의 정서를 가질 수 있도록 하여야 한다. 이를 위한 가장 좋은 방법은 상대편과의 스킨십과 진실하면서도 상대편을 이해하려고 하는 따뜻한 대화다. 상대편과 눈을 마주치고 손을 잡고서 웃음과 미소를 머금은 자세로 이야기를 나누는 시간을 늘려나간

---

434) 강인선, 『앞의 책』, 69쪽.

435) 사실 이 말은 현대 의학적 관점에서 보아도 맞는 말이라고 볼 수 있다. 사람이 즐거움에 충만 되어 웃음을 갖게 되면 몸 안에서 내인성 모르핀과 같은 진통효과를 가지며 호르몬과 같은 활동을 하는 물질인 엔도르핀(endorphin)이나 도파민(dopamine) 같은 좋은 물질들이 만들어져서 우리의 몸과 마음을 강하고 즐겁게 만들어 주고, 이에 한 걸음 더 나아가 혈액 내 백혈구의 일종으로 인간 골수에서 생성되어 암세포를 직접 파괴하는 면역세포인 자연살상세포(natural killer cell : NK cell)를 증가시켜 우리 몸의 면역체계를 강화시켜 준다는 것이다. 이러한 작용으로 인해 우리의 몸과 마음의 노화는 지연되고, 암과 같은 치명적 질환을 예방하고 치료하며, 나아가 더 젊어지게 되는 것이다.

다면 어떠한 소통의 어려움도 해소될 수 있을 것이다.436) 그리고 이러한 소통의 어려움의 해소는 바로 자신감과 긍정의 마음을 더욱 높여나가는데 도움을 줄 것이다.

2) 칭찬과 감사하는 마음을 일상화 하자

긍정의 마음을 갖기 위해서는 상대편에게 칭찬의 말을 건네 보는 노력도 필요하다. '가는 말이 고와야 오는 말이 곱다.'는 옛말이 있듯이 칭찬은 또 다른 칭찬을 낳는다. '칭찬은 고래도 춤추게 한다.'는 캔 브랜차드(Ken Blanchard)의 말437)처럼 칭찬과 같은 긍정의 말은 다른 어느 말보다 커다란 힘을 가지고 있음을 잘 보여준다. 그리고 칭찬이 어렵거나 분위기 상 어울리지 않는다고 판단이 될 때는 경청을 하는 것도 좋은 방법이다. 조용히 스스로 더 많은 질문을 던지고 다른 사람들의 이야기를 더 많이 듣는 것이다.438) 그래서 경청은 '마음의 소리'로 상대와 소통하는 것이다. 경청은 상대방을 인격적으로 존중을 한다는 분명한 메시지를 전달해 줄 뿐만 아니라 상대방의 진의를 파악하는데도 많은 도움을 준다. 상대의 말에 진심으로 귀 기울이는 것이야 말로 상대에 대한 최고의 배려이기 때문이다. 그리고 자신의 어설픈 생각을 드러내지 않게 하는데도 매우 유용한 수단이 된다. 또한 경청은 상대방과의 우호적 관계를 조성해내고 상생을 하는데 있어 주술사적인 기적을 만들어내는 경우도 의외로 많다. 서로에게 귀 기울이는 것은 모두를 살리는 창조적 공존의 길이기 때문이다. 이와 같이 자신의 말을 아끼고 상대방의 말에 귀 기울여 듣는 것은 사람의 마음을 얻는 지혜로 볼 수 있다.

---

436) 이명경, 『앞의 책』, 91쪽.

437) Ken Blanchard, Thad Lacinak, Chuck Tompkins, and Jim Ballard, *Whale Done! : The Power of Positive Relationships* (New York : The Free Press, 2002).

438) 스펜서 존슨 지음, 형선호 옮김, 『앞의 책』, 198쪽.

이런 의미에서 경청이 가지는 힘과 그 의미를 무시할 수 없는 것이다.

일반적으로 사람들은 심리적인 불안상태에서는 절대로 집중력이 높아질 수 없다고 한다. 그래서 그런지 야단과 체벌을 많이 받고 자란 아이들은 집중을 잘할 수 없다. 따라서 집중을 못한다고 야단치는 부모의 행동이 있을 경우 아이의 집중력은 떨어지고 만다. 이러한 일반적인 심리를 역 이용하여 집중 잘하는 아이를 만들려면 아이가 조금 부족하고 느리더라도 여유 있게 기다리면서 아이의 장점과 적성을 찾아 칭찬을 해주어야 한다. 또한 아이 스스로 결정해서 주도적으로 행동할 기회를 자주 제공하고 이를 성공적으로 수행했을 때 칭찬을 해 줌으로써 이들 스스로 자신감과 성취감을 경험하도록 하는 것도 집중력 향상에 도움이 된다.[439] 이를 한마디로 표현하자면 칭찬을 적절하게 상황에 맞게 구사할 경우 놀라운 집중력의 증대를 경험할 수 있게 되는 것이다.

미국의 성공한 최고관리자(CEO) 중 한 분인 잭 웰치는 어렸을 때 또래들과 비교를 해 보았을 때 말을 많이 더듬었다고 한다. 또래 친구들에게 이로 인해 조롱의 대상이 되었고 결국 담임선생님까지 더 이상 학교에서 가르치기가 어려운 학생이란 판단을 하게 되었다. 그러나 잭 웰치의 모친은 결코 이러한 진단을 받아들이지 않았다. 모친은 말을 더듬는 잭 웰치를 야단치지 않고 오히려 "네가 말을 더듬는 것은 너의 머리가 너무 좋아서 말이 미쳐 너의 생각의 속도를 따라가지 못하기 때문이야."라는 말로 격려를 하였다. 그리고 웰치가 스스로 자신감과 긍정적인 마인드를 가질 수 있도록 지도하고 배려해 나갔다. 잭 웰치는 이러한 모친의 칭찬과 격려에 힘입어 미국에서 가장 성공한 최고관리자 중 한 분이 된 것이다. 만약 잭 웰치의 모친이 일반 예사 부모들과 같이 이러한 사실을 부끄럽게 여기고 자신의 체면을 깎아버린 아들을 야단치고

---

439) 이명경, 『앞의 책』, 113쪽.

몰아세웠다면 그 아들은 더욱 심리적으로 불안하고 자신감을 잃어 방황을 하였을 것이고 결코 오늘과 같은 잭 웰치가 되지는 못했을 것이다. 그러한 극적인 상황에서도 결코 체념하지 않고 자식에 대한 굳은 믿음을 가지고 자식의 올바른 면을 긍정적으로 보고 이를 칭찬하고 격려함으로써 자식을 올바르게 성장시킨 잭 웰치의 모친은 분명코 칭찬이 가져다주는 힘과 긍정의 힘을 알고 이해한 사람일 것이다.

칭찬 못지않게 중요한 것 중 하나가 감사하는 마음이다. 또한 감사하는 마음이 일상화된다면 칭찬은 저절로 나오게 되어있다. 칭찬과 감사하는 마음은 어떻게 보면 동전의 양면처럼 하나일 수 있다. 사물을 대하는 긍정의 마음을 가지기 위해서는 무엇보다 모든 것에 대해 진실 되게 감사하는 마음을 가지는 것이 중요하다. 그러나 우리의 현실을 되돌아보면 얼마나 많은 사람들이 감사하는 마음에 굶주려있는지 알 수 있다. 이러한 현실을 성녀 테레사 수녀도 직시하고 "이 세상에는 빵에 굶주린 사람보다 사랑과 감사에 굶주린 사람들이 더 많다."고 말을 한바 있다.[440]

마이크 로빈스 역시 이러한 현실을 직시하고 누구나 감사와 인정을 받고 싶어 하지만, 부정적인 사고에 갇혀 나쁜 측면에 집중하는 경향이 있다고 주장을 하였다.[441] 그는 많은 사람들이 비교와 경쟁이라는 관점에서 다른 사람과 나를 연관 지으면서 비판적으로 비교하는 것은 해롭고 부정적이어서 서로의 마음에 상처를 주고 있다고 하면서, 이럴 경우 누군가는 반드시 이겨야 하고 누군가는 반드시 져야 하기 때문에 이는 자연스럽게 부정적인 역학관계를 낳아 감사하기 어려운 상황을 만든다고 주장을 하였다.[442]

440) 마이크 로빈스 지음, 노지양 옮김, 『앞의 책』, 192쪽.
441) 『앞의 책』.
442) 『앞의 책』, 47쪽.

그는 이러한 부정적인 사고에 갇히지 않기 위해서는 '늘 감사하기', '긍정적인 생각과 감정 갖기', '긍정적인 말 사용하기', '다른 사람 인정하기', '스스로에게 감사하기' 등 감사의 5가지 원칙을 지켜나가야 한다고 말하고, 이러한 원칙이 제대로 지켜지기 위해서는 무엇보다 이러한 원칙들이 행동으로 옮겨져야 한다는 점을 강조하고 있다.443) 늘 감사해야 하고 타인을 인정해야 하며 나 자신을 존중해야 한다고 생각하고 말하는 것에서 그친다면, 우리의 삶이나 우리가 맺는 관계에 어떤 변화도 일어나지 않기 때문이다.444) 그리고 우리가 삶에 긍정적인 변화를 만들기 위해서 무엇을 해야 하는지를 깨닫는 것은 아주 좋은 첫걸음이 되지만 그 내용이 실제 행동으로 나타날 때에만 효과가 있기 때문이기도 하다. 이런 면에서 볼 때 마이크 로빈스의 지행합일(知行合一)은 나름대로 의미를 가진다고 평가할 수 있는 것이다.

다른 사람의 장점을 보고 칭찬하는데 인색하거나, 세상이 우리에게 제공하는 많은 혜택에 감사하는 데 있어 인색한 것은 분명히 잘못된 것이다. 칭찬이나 감사보다 험담, 불평, 냉소 등을 더 즐기는데 이것 역시 분명 잘못된 것이다. 사실 험담, 불평, 냉소 등은 우리 삶에 아무런 도움이 되지 않는다. 이런 생각부터 없애는 것이 우리가 인생을 살아가는데 있어 올바른 선택을 하고 이에 집중하는데 많은 도움을 줄 수 있는 것이다. 지나가는 말처럼 들리는 "범사에 감사하라."는 말이 가지는 의미를 잘 새겨들어야하는 이유도 여기에 있다 하겠다.

3) 발상의 전환을 통해 긍정의 마인드를 키우자

새로운 일을 시작할 때 부정적인 의견만 내놓고 남에게도 그런 것을

---

443) 『앞의 책』.
444) 『앞의 책』, 266쪽.

강요하는 사람이야말로 피해야 할 사람들이다. 의외로 안 된다는 타령의 주인공이 누구인가 살펴보면 90% 이상이 가까운 사람들인 경우가 많으며 대부분 이들에 의해 제동이 걸린다. 자신이 책임지지도 못하면서 안 된다는 의식을 퍼뜨리는 사람은 날카로운 흉기나 마찬가지다.445) 이렇게 보는 이유는 부정적 바이러스의 전염력이 매우 빠르고 심각하며 그래서 이것이 사람들에게 끼치는 부정적 해악도 매우 크기 때문이다.

김정하는 긍정적 마인드를 갖기 위해서는 발상의 전환, 특히 역발상이 매우 중요하다는 점을 시사하고 있다. 그의 시각에 따르자면, 암도 못 걸리는 사람이 오히려 더 불행하다는 생각은 암에 걸린 사람들을 불행의 늪에서 건져줄 수 있는 긍정적 사고의 발현으로 볼 수 있기 때문이라는 것이다.

> 암은 밖에서 침입한 병원균에 의한 것이 아니라, 사람 몸 안의 세포가 스스로 '변이'를 일으켜 발생한다. 일종의 습관성 질환이라는 것인데 오랜 기간 지속된 잘못된 식습관이나 생활습관이 암을 만든다. 그래서 나는 암을 무조건 미워하지만은 않기로 했다. 암 세포는 나에게 '그간 잘못되었던 생활습관을 당장 개혁하고 고치라!'는 절실한 메시지를 전해주었기 때문이다. 세상에 암에 걸린 사람보다 더 불행한 사람은 '암도 못 걸리는 사람'일 것이다. 그들은 경고 없이 곧바로 죽음을 맞을 수 있다. 기업이나 조직도 마찬가지다. 크고 작은 경고음에 귀를 기울이면 미리미리 큰 화를 면할 수 있지만, 작은 문제점을 쉽게 지나쳐버리는 구태에 젖어 있다가는 언제 큰 화를 당할지 모르는 일이다.446)

테네시 윌리엄스는 "행운은 스스로 운이 좋다고 믿을 때 찾아온다."고 말하였다. 그렇게 될 것이라고 믿는 긍정적 마음이 바로 자신의 믿음을 현실화 시켜 주는 것이기 때문이다. 이것 역시 긍정적 사고의 중요성

445) 김정하, 『슬로 석세스』(서울 : 이코북, 2006).
446) 『앞의 책』, 78쪽.

을 강조한 말로 이해할 수 있다. 실제로 좋은 관계는 저절로 만들어지는 것이 아니라 스스로 선택하는 것이다. 행복한 사람은 불행을 멀리하고 행복한 것을 선택하는 사람이다. 세상은 선한 것과 악한 것이 함께 있고, 좋은 것과 나쁜 것이 섞여 있다. 그 주어진 운명과 환경에서 좋은 것과 아름다운 것을 선택하는 것은 바로 자기 자신에게 달려 있는 것이다.447) 오늘의 나는 어제의 내가 한 선택의 결과라고 볼 수 있다.

토마스 홉스(Thomas Hobbes)는 "인생은 험하고 잔인하고 짧다."라고 말했다.448) 그러기에 우리는 더욱 올바른 선택을 해야 하고, 선택되어진 것에 집중을 해야만 하는 것이다. 베이브 자하리스는 자신의 성공의 비결에 대해 다음과 같이 말했다. "내 성공의 공식은 간단하다. 그것은 연습과 집중 그리고 또 더 많은 연습과 집중이다." 이러한 맥락에서 본다면 귀중한 시간을 사소한 걱정거리로 소모하는 것은 어리석기 짝이 없는 일이다.

리사 헤인버그는 현명한 선택은 좋은 습관과 훈련의 산물이라고 보고 있다. 또한 집중을 가능케 하는 것도 역시 연습이라고 보고 있다. 확실한 결과를 가져올 방법들을 연습함으로써 집중력을 개선할 수 있다.449)

이러한 좋은 사례로 한국이 낳은 세계적인 발레리나 강수진을 들 수 있다. 그녀는 한국인 최초로 독일 슈투트가르트 수석 발레리나로 활약을 하면서 높은 명성을 쌓고 있다. 그녀의 이러한 높은 명성은 바로 그녀가 연습벌레였다는 것에서 시작이 된다. 그녀는 12세에 발레를 시작하였다. 통상적으로 발레는 재능을 보이는 서너 살 나이에서부터 배움이 시작이 된다. 늦은 나이에 발레를 시작한 그녀는 어린 유아시절부터 발레를 시작한 동료 발레리나들의 뛰어난 실력을 따라잡기가 매우 어렵

---

447) 김홍식, 『우리에게 가장 소중한 것은』(서울 : 새론북스, 2009).
448) 수지 웰치 지음, 배유정 옮김, 『텐-텐-텐』(서울 : 북하우스, 2009), 305쪽.
449) 리사 헤인버그 지음, 박정길 옮김, 『집중 : 성공을 만드는 강력한 힘』(서울 : 마젤란, 2008), 29쪽.

다는 사실을 냉정하게 직시하였다. 사실 동료 발레리나들과 비교해 볼 때 발레의 핵심 역량인 기본기나 기교, 체력 모든 것이 뒤져있었던 것이다. 이러한 상황에서 그녀가 선택할 수 있는 대안은 하나뿐이었다. 하루에 19시간을 강행하는 연습뿐이었다. 이런 각고의 과정에서 그녀가 써버린 토슈즈만 1,000켤레가 넘었다. 이런 뼈를 깎는 노력이 그녀로 하여금 독일 슈투트가르트 수석 발레리나로 활약할 수 있는 영예를 허락케 해 준 것이다.[450]

얼마 전 그녀의 맨발이 사진으로 찍혀 나온 적이 있다. 사진 속에 있는 그 맨발은 감히 한 여성의 발이라고 말하기조차 어려울 정도로 일그러지고 어긋나 있었다. 관절마다 뼈가 비정상적으로 불거지거나 튀어나와 있어서 발의 형상이라 말하기조차 어려운 모양새를 하고 있었다. 토슈즈 1,000켤레가 닳아 없어지도록 모질게 연습에 몰두한 발의 정직한 모습이었던 것이다. 이러한 피나는 노력이 오늘의 그녀를 만들어 낸 것이다. 다니엘 레비틴(Daniel Levitin)은 어느 분야에서든 세계 수준의 전문가, 마스터가 되려면 1만 시간의 연습이 필요하다는 연구결과를 내놓은바 있다.[451] 1만 시간은 대략 하루 세 시간, 일주일에 스무 시간씩 10년간 연습한 것과 같다. 그녀는 이를 상회하는 피나는 연습으로 집중력을 개선하고 그를 통해 지고의 경지에 도달한 것이다. 말콤 글래드웰(Malcolm Gladwell)이 이야기 하듯이 '최고 중의 최고는 그냥 열심히 하는 게 아니라 훨씬, 훨씬 더 열심히 함'[452]으로써 얻어지는 영예의 월계관인 것이다.

보통 '기회가 온다.'라고 이야기를 하지만 기회는 오는 것이 아니다. 기회는 지나가는 것이다. 기회는 지나가기 때문에 준비한 사람만이 잡

450) 김현기, 『선택과 집중의 기술』(서울 : 한스미디어, 2007), 109쪽.
451) 말콤 글래드웰, 『앞의 책』, 56쪽. ; 이상훈, 『1만 시간의 법칙』(서울 : 위즈덤하우스, 2010).
452) 말콤 글래드웰, 『앞의 책』, 56쪽.

을 수 있다. 그러기에 꿈과 비전을 가진 사람, 열정과 지혜를 가진 긍정적인 사람은 기회를 잡기 위해 항상 준비가 되어있는 것이다. 그리고 긍정적인 사고의 소유자들은 모두 실패를 결코 두려워하지 않는다. 그들은 실패를 두려워해서는 안 되는 이유로 "네가 넘어지지 않고선 어떻게 일어서는 법을 깨우칠 수 있겠느냐?"는 적극적 사고를 가지고 있기 때문이다. 그리고 실패를 성공으로 탈바꿈시킬 수 있는 발상의 역 전환이 가능한 사람들이기 때문이다.

> 무턱대고 실수를 두려워만 할 것은 아니다. 실수는 내게 뜻하지 않은 기회를 제공한다. 역사상의 수많은 발견과 발명들은 실수의 산물인 경우가 많다. ..... 실수를 발전의 기회로 만드는 사람이 있고, 실수를 곧바로 자포자기의 나락으로 끌고 가는 사람이 있다. 길을 잘못 들어 절망적으로 헤매 돈 사람만이 바른 길이 얼마나 고마운 줄 알게 된다. 처음부터 탄탄대로로만 걸어가면 순조롭기야 하겠지만 큰 발전은 기대 할 수 없다. 역경이 순경(順境)이요, 순경이 역경이다. 젊어서 과거에 급제하여 높은 벼슬에 오르는 것은 하나의 큰 불행이라고 한 옛사람의 말도 있다.[453]

어려운 일이라고 생각을 해서 회피하거나 안 될 일이라고 지레짐작을 하고 포기하는 수동적이고 피동적인 사고로는 어떤 일도 실행하기 어렵고 실행을 안 한 일이 성취될 리 역시 만무한 것이다. 그런 의미에서 실패를 두려워하지 않는 적극적 사고 그리고 긍정적인 사고는 모든 성공의 바탕이 될 수 있는 것이다. 사실 실패란 성공을 하는데 있어 약간의 노력이 부족했음을 의미하는 것이지 영원한 좌절을 의미하는 것은 아니다. 그 약간의 노력을 보완하였을 때 그렇게 얻고 싶은 성공은 우리에게 미소 짓고 다가올 수밖에 없는 것이다. 요즈음 유행하고 있는 말인 '2% 부족한 당신'이라는 말이 어떻게 보면 성공의 열쇠가 될 수도 있는

453) 정민, 『죽비소리』(서울 : 마음산책, 2005), 81쪽.

것이다.

이러한 맥락에서 볼 때 정작 무서운 것은, 그리고 우리가 경계를 하여야 할 것은 실패가 아니라 실패가 두려워 어떤 일도 하지 않고 핑계나 자기 합리화의 너스레만 피우는 일이다. 또 그것보다 더 두렵고, 경계를 하여야 할 것은 작은 성공에 매료되어 성공에 이르게 한 그 방식을 답습하려고 하는 어리석은 작태이다. 눈앞의 성공에 현혹되어 변화에 둔감해지는 것이다. 성공이란 새로운 현실과 그에 따른 새로운 문제를 만들어내기 때문에, 성공을 달성하기까지 한 기업이나 인간을 끌어올렸던 방식은 성공하는 순간 새로운 현실에는 더 이상 맞지 않는 구식이 된다는 사실을 잊어서는 안 된다. 따라서 과거에 자신을 성공시킨 방법을 성공 한 후에도 계속 사용하는 것은 자살행위를 자초하는 일이나 마찬가지이다.[454] 그러나 많은 사람들은 성공에 마취가 된 나머지 자기를 성공으로 이끈 그 방식을 고집하고 고수하려고 한다. 피터 드러커는 이러한 현상을 '성공의 법칙은 반드시 배반 한다'[455]는 명제를 통해 간단명료하게 일깨워주고 있는 것이다.

지난 성공에 매료되어 그것을 계속하려는 유혹에 넘어 갈 경우 새로운 선택과 집중의 시기를 놓치는 결과를 낳게 되는 것이다. 실 예로는 미국 포드사의 'T형' 자동차이다. 소비자들을 좀 더 다양한 색상과 차종을 원했지만 검은색 단일을 고집해 소비자들의 요구를 무시한 결과 GM에게 1위 자리를 내주어야 했다. 또 다른 예로는 디지털 시대에 들어서면서 그 변화에 적절하게 대응하지 못해 위기를 겪은 코닥사를 들 수 있다.[456]

이러한 어리석음을 되풀이 하지 않기 위해서는 실패를 실패로 보지

---

454) 강인선, 『앞의 책』, 189쪽.
455) 『앞의 책』, 189쪽.
456) 김현기, 『앞의 책』, 47-48쪽.

않고, 나아가 실패를 두려워하지 않으면서, 실패를 성공을 위한 디딤돌로 볼 수 있을 뿐만 아니라, 한 발 더 나아가 작은 성공에 만족하지 않고 성공을 새로운 도약의 발판으로 삼으려는 발상의 역 전환을 통해 긍정의 마인드를 살찌워 나가는 일이다. 강인선도 '잘되고 싶다는 막연한 희망보다는 차라리 실패해도 좋다는 각오로 무장하라'고 주장을 하는 것도 이와 맥을 같이 하는 말이다.[457] 또한 우리에게 더 많은 것을 가르쳐주는 것은 성공보다는 실패라는 옛말도 이와 맥을 같이 하는 말이다.

데일 카네기는 실수를 혹은 실패를 인정하고 받아들일 때 더 큰 기쁨을 얻을 수 있다는 점을 강조한다.

> 바보들은 자신의 실수를 변호하려 한다. 대부분의 바보들이 정말로 그렇다. 하지만 실수를 인정하면 고결함과 기쁨을 느끼게 되어 돋보이는 존재가 된다. 예를 들면, 로버트 에드워드 리 장군의 일화는 역사상 가장 아름다운 일 중 하나다. 그는 게티즈버그 전투의 실패를 오로지 자신의 책임으로 돌렸다.[458]

앞에서도 약간 언급이 되었지만 긍정적 사고와 떼려고해도 뗄 수 없는 것이 바로 발상의 전환이다. 미국의 자동차 왕 헨리 포드(Henry Ford)는 그의 자서전에서 "인생은 머무름이 아니라, 흘러가는 것이다."라고 말하였다. 흘러가는 것이 인생인 이상 어느 한 곳에 고착되거나 정체되어져선 안 된다. 사고의 유연성이 필요로 되는 이유도 바로 여기에 있다. 가능한 생각을 바꾸어 긍정적이고 적극적인 사고로 나 자신을 바꾸어 나가야 한다. 물이 반 정도 담긴 컵을 보고 긍정적이고 적극적인 사람은 "아! 아직도 물이 반이 남아있구나!"하는데 반해 부정적이고 소극

---

457) 강인선은 힐러리 클린턴과 콘돌리자 라이스의 삶에서 얻은 핵심 포인트를 세 가지로 정리를 하고 있다. 첫째, 행복과 성공에 대한 나의 기준을 만들 것과 둘째, 성공하고 싶거든 어려운 일을 선택하고 셋째, 잘되고 싶다는 막연한 희망보다는 차라리 실패해도 좋다는 각오로 무장하라고 점이다. 강인선, 『앞의 책』, 7쪽.

458) 리사 헤인버그 지음, 박정길 옮김, 『앞의 책』, 143쪽에서 재인용.

적인 사람은 "아! 물이 반밖에 남아있지를 않구나!"하고 탄식을 한다. 현상에 대한 이해가 이와 같이 보고 듣고 생각하는 사람에 따라 달라질 수 있다. 따라서 어느 한 곳에 고착되거나 정체되어진 생각은 바뀌어져야 한다. 두말할 필요도 없이 긍정적이고 적극적으로 바뀐 사고가 우리의 삶을 더욱 풍요롭게 할 것임은 재론의 여지가 없다.

더글러스 맥아더(Douglas MacArthur) 장군은 지휘관의 진가가 평가되고 증명되는 것은 역경에 처해 있을 때라고 했다. 참된 지휘관은 역경에 처해서도 패배하지 않고, 불리한 처지를 만회하여 다시 도전하여 끝내 승리를 쟁취하는 자라는 것이다.[459] 발상의 전환을 낳는 적극적이고 긍정적인 시각에서 보면 역경은 기회가 될 수 있는 것이다.

이런 맥락에서 발상의 전환을 통한 적극적이고 긍정적인 시각과 연관된 몇 가지 이야기를 소개하고자 한다. 하나는 일본의 대표적인 사업가인 마쓰시타 고노스케(松下幸之助)와 연관된 일화이고 다른 것들은 애꾸눈 임금 이야기, 자물쇠에 얽힌 이야기, 그리고 채무자의 부채에 얽힌 이야기 등이다.

① 마쓰시타 고노스케의 긍정적인 발상의 전환

사업가로 대성을 한 마쓰시타 고노스케의 긍정적인 역발상은 아주 압권이다. 그에게 이렇게 크게 사업에서 성공을 할 수 있게 한 요인이 무엇이냐는 질문을 하였을 때 그는 서슴없이 대답하기를 "나는 하늘로부터 세 가지를 부여받아 성공했다. 하나는 가난이요, 또 하나는 허약한 체질이요, 마지막 하나는 짧은 학력이다. 가난했기 때문에 절약하면서 돈을 벌 수 있었고, 허약했기 때문에 건강에 신경을 썼으며, 못 배웠기 때문에 다른 사람으로부터 배우려고 노력했다."는 것이다.[460] 일반적인

459) 정우일, 『앞의 책』, 107쪽.
460) 『앞의 책』, 107쪽.

사람들이 이러한 불우한 환경 속에서 태어났다면 아마 대부분 자신의 처지를 비관하고 저주를 하였을 것이다. 그리고 자신의 불운과 실패를 당연한 것으로 합리화하기에 바빴을 것이다. 사실 가난하고 건강하지 못하고 배우지도 못했다면 냉엄한 현실에서 생존하기는 매우 어려운 일이다. 그러나 마쓰시타 고노스케는 이러한 불우한 환경을 자신의 성공과 발전을 위한 환경으로 뒤바꾸어 놓은 것이다. 바로 그가 이룩한 성공의 이면에는 고노스케의 긍정적이고 적극적인 역발상, 다른 말로 하자면 발상을 바꾸어 보는 사고 전환의 철학이 존재했던 것이다.

마쓰시타 고노스케의 일화가 담긴 사례에서 보았듯이 자기 합리화나 현상에 안주하지 말고 새로운 것을 찾아 떠나는 도전정신 역시 바로 발상의 전환에서 비롯된다. 분명 도전정신은 우리의 삶을 더욱 풍요롭고 번영되게 해준다. 스펜서 존슨(Spencer Johnson)은 이러한 사고의 전환, 발상의 전환을 『누가 내 치즈를 옮겼나?』(Who Moved My Cheese?)[461] 에서 스니프(Sniff)와 스커리(Scurry)라는 작은 생쥐와 꼬마 인간 햄(Hem)과 허(Haw)를 투영한 예화를 통해 아주 쉽게 들려주고 있다.

스펜서 존슨이 상정하고 있는 치즈의 의미는 좋은 직업, 인간관계, 재물, 건강 혹은 영적인 평화와 같은 것들을 상징하고 있다. 이러한 치즈가 가득 든 치즈창고(Cheese Station C)에서 무엇 하나 부러운 것이 없이 살던 스니프, 스커리, 햄과 허는 갑자기 치즈가 하나도 없는 변화 된 상황에 놓이고 각각의 생각에 따라 각기 다른 방법으로 강요된 냉엄한 변화에 대처해나가게 된다. 스니프, 스커리, 햄과 허는 치즈를 찾아 나선 복잡하고 어려운 미로 속에서 두려움을 느끼지만 발상의 전환을 통해 새로운 것을 찾아 떠나는 도전 정신으로 모험의 즐거움을 느끼면서

---

461) Spencer Johnson, *Who Moved My Cheese? : An Amazing Way to Deal with Change In Your Work and In Your Life* (New York : G. P. Putnam's Sons Publishers, 1998). ; 스펜서 존슨 지음, 이영진 옮김, 『누가 내 치즈를 옮겼을까』(서울 : 진명출판사, 2008).

이를 극복해 간다. 결국 그들은 비로소 치즈를 얻는데, 이는 예상치 못했던 변화를 맞이한 그들이 도전정신을 통해 그 변화에 맞서 성공을 쟁취하는 것을 의미한다.

마쓰시타 고노스케 역시 스니프, 스커리, 햄 그리고 허와 같이 예상치 못한 변화에 자포자기(自暴自棄) 하지 않고 불리한 여건을 감내하며 새로운 삶을 위해 발상의 전환을 하고 이를 통해 두려움을 극복하고 도전을 하고 이러한 도전을 통해 세상 사람들이 부러워하는 성공을 쟁취하게 되는 것이다.

② 애꾸눈 임금 이야기에 얽힌 발상의 전환

'애꾸눈 임금님 이야기'도 이러한 사고의 전환과 발상의 전환에 대한 좋은 예화로 받아들여지고 있다. 내용을 살펴보면 젊은 시절 나라를 위해 적과 싸우다 한쪽 눈을 잃은 임금께서 나이가 들어 자신의 존재를 남기기 위해 초상화를 그려 놓으려는 생각을 하였다 한다. 그래서 임금은 시종들에게 명하여 전국에서 제일 능하다는 화가를 불러오게 하여 자신의 초상화를 그리게 하였다. 이 화가는 사실 그대로 임금의 얼굴을 그렸고 이를 본 임금은 대노를 하였다. 자신의 애꾸눈이 너무 흉측하게 그려졌다는 것이 그 이유였다. 결국 그 화가는 임금의 노여움을 사서 죽음을 당하였다.

다시 임금은 시종들에게 명하여 다른 화가를 찾게 하였고 시종들은 임금의 명에 따라 새로운 화가를 불러와 임금의 초상화를 그리게 하였다. 첫 번째 와서 비극적인 최후를 마친 화가의 이야기를 전해들은 두 번째 화가는 임금의 초상화를 그리면서 임금의 애꾸눈을 그려 넣지 않고 두 눈이 말짱한 잘 생긴 임금의 얼굴을 그려 넣었다. 이를 본 임금은 대노하면서 "이 놈이 나를 업신여기고 나를 능멸하고 있다."고 하면서 분노를 사기지 못하였다. 결국 두 번째 불려온 화가 역시 죽음을 맞이할 수밖에 없었다.

다시 임금은 시종들에게 명하여 세 번째 화가를 불러오도록 하였다. 세 번째 부름을 받은 화가는 첫 번째, 두 번째 화가의 비극적인 죽음을 잘 알고 있는지라 많은 생각을 하게 되었다. 그는 애꾼 눈을 사실대로 그릴 경우 흉하게 그렸다는 이유로 첫 번째 화가처럼 죽임을 당할 것이 확실하다고 생각을 했고 사실과 다르게 그렸을 경우 임금을 속이고 능멸했다는 이유로 두 번째 화가처럼 죽임을 당할 것이 확실하다고 생각을 했다. 그래서 그는 고민 끝에 임금의 초상화를 그렸다. 그가 그린 임금의 초상화는 애꾸눈이 아닌 정상적인 눈이 달린 임금의 옆얼굴을 그린 것이었다.

우리는 생각을 달리해서 초상화를 그림으로써 세 번째 화가와 같이 궁지를 벗어 날 수 있을 것이다. 꼭 정상적인 눈을 가진 임금의 옆얼굴만 그릴 필요가 있겠는가? 잠을 자고 있는 임금을 그려도 될 것이고, 머리카락이 흘러내려 애꾸눈을 가리고 있는 모습을 그릴 수도 있을 것이고, 예쁜 공주를 가슴에 안고 있는 임금을 그려 공주의 얼굴로 임금의 애꾸눈을 가릴 수도 있을 것이며, 한쪽 눈을 찡그리고 활을 쏘는 임금을 그릴 수 도 있을 것이다. 또한 적에게 눈을 잃기 전에 적과 용감히 싸우는 젊은 시절의 임금을 그릴 수도 있을 것이다.

이와 같이 사람의 생각은 무궁무진(無窮無盡) 할 뿐만 아니라 생각의 차이로 인해 죽음을 당할 수도 있고 살아날 수도 있다는 것을 알 수 있다. 생각을 달리하면 꽉 막혀 문제해결의 출구를 발견할 수 없었던 문제들도 해결의 실마리를 찾을 수 있다는 것이 이 애꾸눈 임금 이야기가 우리에게 던져 주는 값진 교훈이며 왜 긍정의 마음을 가져야 하는 지에 대한 이유이기도 하다.

③ 자물쇠에 얽힌 발상의 전환

자물쇠에 얽힌 이야기도 이와 관련된 좋은 시사점을 던져준다. 옛날에 어떤 어머니가 자물쇠로 문을 잠그고 있었다 한다. 옆에 서 있던 어린 아들이 말했다. "나쁜 사람이 들어올까 봐 그렇게 잠그는 거지요." 이 어린 아들의 생각과 마찬가지로 많은 사람들이 자물쇠를 잠그는 것은 나쁜 사람들이 들어와 귀한 물건들을 훔쳐 갈 것을 염려해 예방적인 차원에서 하는 것으로 여기고 있다. 이것이 일반적이고 보편적인 생각이다. 그러나 어머니는 "아니란다. 정직한 사람을 위해서 잠그는 거란다. 문이 열려 있으면 정직한 사람이라도 유혹을 받을 수 있기 때문이지."라고 대답을 하였다 한다. 생각의 차이가 그대로 드러나는 좋은 예화이다.

이 어린 아들을 비롯해 일반 사람들은 자물쇠를 잠그는 일은 나쁜 사람으로부터 피해를 안 보려고 하는 것으로 생각을 했지만 정작 이 어머니는 정직한 사람을 위해 하는 것으로 정반대의 생각을 했던 것이다. 이와 같이 생각은 뒤집어보면 또 다른 세계가 보이는 것이다. 발상의 전환과 사고의 전환이 왜 중요한지를 이를 통해 우리는 통감할 수 있는 것이다.

④ 채무자의 부채에 얽힌 발상의 전환

친구에게 많은 돈을 빌린 사람이 있었다. 마침내 친구의 빚 독촉이 시작되었다. 내일 아침까지는 어떤 일이 있어도 갚아야만 했다. 그런데 그의 주머니에는 한 푼도 없었다. 그는 걱정이 되어 잠을 이루지 못했다. 침대에서 뒤척거리다가 방 안을 서성거리기도 했다. 그 모습을 보며 아내가 물었다. "여보, 대체 왜 그러세요? 무슨 근심이 있으세요?" "내일 빌린 돈을 갚아야 하는데, 한 푼도 없으니 어찌해야 할지 모르겠소."

"당신도 참 딱하시구려. 그렇다면 오늘밤 정작 잠을 못 이루고 서성거려야 할 사람은 그 친구잖아요."

대부분의 사람은 빌린 돈을 갚지 못함만을 걱정한다. 그러나 실제로는 돈을 빌려 준 사람은 돈을 빌린 사람보다 더 많은 걱정과 고민을 한다. 어렵사리 벌어 모은 돈을 잃지나 않을까 하는 걱정과 근심으로 날을 새는 경우도 비일비재하다. 그래서 '돈을 빌려줄 때는 앉아서 주고, 빌려 준 돈을 받을 때는 서서 받는다.'는 옛말이 나온 것 같다. 그만큼 빌려준 돈을 되돌려 받는 것은 실제 현실에서 어려운 일이다. 그래서 자신이 아는 사람을 위해 큰돈에 대해 보증을 서거나 많은 돈을 빌려주는 것 보다는 적당한 액수의 돈을 그냥 주는 것이 더 지혜로운 행동이라는 말이 나옴도 이와 무관치는 않을 것이다. 따라서 돈을 빌린 사람보다 빌려 준 사람의 애간장이 더 탄다고 보는 것이 맞다. 예화에서 보았듯이 이렇게 생각을 바꾸면 또 다른 세계가 보이는 것이다.

⑤ 굶주린 여우에 얽힌 발상의 전환

옛날에 여우 한 마리가 포도밭 주위를 맴돌며 어떻게든 안으로 들어가려고 골똘히 궁리하고 있었다. 울타리가 너무 촘촘하기 때문에 드나들기가 곤란했던 것이다. 결국 여우는 사흘 동안 단식을 해서 몸의 살을 빼고는 울타리 사이를 비집고 들어갔다. 포도밭에 들어간 여우는 포도를 마음껏 먹었다. 그런 다음 포도밭에서 나오려 했으나 배가 불러 울타리 사이로 빠져나올 수가 없었다. 여우는 할 수 없이 또다시 사흘을 단식했다. 배가 홀쭉해지도록 살을 뺀 후 여우는 포도밭을 빠져나왔다. 여우는 혼자 중얼거렸다. "들어갈 때나 나올 때나 결국 배고픈 건 마찬가지로군."462)

---

462) 『탈무드』중에서

결국 생각의 차이인 것이다. 포도밭에 들어가기 전과 나온 후 배고프다는 결과는 같을지 모르지만 단식을 통해 몸을 홀쭉하게 하려는 생각과 불가능 할 것으로 지레짐작 포기하는 경우의 차이는 분명히 존재한다. 전자는 분명히 포도를 먹지만 후자는 먹지 못한다는 사실이다.

제9장 선택을 위해 정직하고 집중을 위해 마음을 비우고 한 점에 힘을 모으라

1990년대 초 닌텐도(Nintendo)의 게임시장 점유율은 61퍼센트에 달했다. 그러나 2000년대 중반에 들어서서는 그 점유율이 22퍼센트까지 하락을 하였다. 이렇게 급락을 한 중요한 이유 중 하나는 시장의 변화를 읽지 못했다는 것이었다. 즉 게임 시장의 소비자들의 구성과 기호가 변화하고 있음을 간파하지 못했던 것이다. 시장 점유율의 급격한 하락을 맛보고 난 다음에야 이러한 위기를 알아차린 닌텐도는 시장의 변화를 읽는데 주력을 하고 이에 대응하는 나름대로의 전략구상에 몰두를 하였다. 그래서 그들이 내놓은 대응전략 중 대표적인 것들로는 소비자 입장에 서서 그들의 기호를 맞추고 보다 편하게 접근을 해서 게임을 즐길 수 있도록 하기 위한 온라인을 통한 다양한 게임프로그램을 제공 하는 한편, 소비자 구성의 변화를 읽고 여성과 노인층을 목표로 하여 이들을 집중 공략을 하고 나선 것이다.[463)]

닌텐도는 이와 같이 게임시장의 변화를 읽고 이에 대처하기 위해 기존의 방식을 버리고 새로운 대안을 선택하고 이에 집중하는 방식을 취

463) Steven Devijver, *A Strategy of Constant Change* (endesha.com, 2009), p.2.

한 결과, 최근에 들어 44%의 시장 점유율을 기록하여 잃었던 시장 점유율을 만회하고 있다. 변화를 정확히 읽고 이에 적응할 수 있는 방안을 정확하고 올바르게 선택을 한 후 이에 집중을 한 결과라고 평가할 수 있는 것이다.

닌텐도라는 기업과 마찬가지로 한 개인이 인생을 살아가는데 있어서도 선택과 집중은 피할 수 없는 일 중 하나이다. 시간은 결코 우리를 기다려 주지 않는다. 그리고 물리적 자원도 무한정 우리에게 자비를 베풀지는 않는다. 따라서 애당초 풀 수 없는 문제에 자원을 낭비하지 말고 문제를 새롭게 규정하거나 해결 가능한 다른 문제를 만들어 대체함으로써 현실을 재구성하는 것이 무엇보다 중요하다.[464] 이러기 위해서는 무엇보다 자신의 마음속에 꽉 들어차있는 선입견이나 편견 또는 자신의 아집 등을 깨끗이 비워내야 할 것이다. 이것이 제대로 이루어지지 않는다면 문제를 새롭게 규정하거나 해결 가능한 다른 문제를 만들어 대체함으로써 현실을 재구성하는 일은 불가능해 질 것이다. 그런 다음 비록 자신이 발견한 사실이 불편한 것이라 해도 그것이 옳은 것이라면 선택할 수 있는 용기가 필요로 되는 것이다. 그리고 그것을 해결하기 위해 모든 가용한 힘과 자원을 한군데로 모을 수 있는 집중의 힘을 발휘해야 할 것이다.

이러한 관점으로 닌텐도 사례에서 우리가 배운 교훈은 시장의 변화를 아무런 편견 없이 냉정하게 관찰할 수 있어야 한다는 것이다. 그렇게 하여야만 변화 속에 숨은 사실을 발견할 수 있기 때문이다. 객관적인 변화의 사실을 알아냄으로써 우리는 이에 대한 적절한 처방을 내릴 수 있는 것이다. 마치 의사들이 환자가 병이라는 문제를 안고 찾아왔을 때 먼저 병명을 찾아내기 위해 객관적인 진단을 하는 것과 같은 것이다.

464) 정우일, 『리더와 리더십』(서울 : 박영사, 2006), 115쪽.

올바른 진단을 통해 어떤 병이라는 병명을 찾을 수 있을 때 이에 상응한 적절한 처방이 강구될 수 있는 것이다. 만약 진단이 잘못되었다면 적절한 처방은 기대하기 어려울 것이다. 의사가 병원에 온 환자와 인간적인 관계로 복잡하게 얽혀있어서 이로 인해 조금이라도 객관성을 잃게 되거나 냉정심이 흔들리게 된다면 결코 제대로 된 진단결과가 나올 수는 없을 것이다. 의사는 올바른 진단을 내리기 위해 그와의 모든 관계를 끊고 마음을 비운상태에서 정직한 진단에 임하여야 하는 것이다.

이와 같이 시장의 변화가 수반하는 객관적인 사실들을 올바르게 선택을 하기 위해선 무엇보다 마음을 비워야 하고 또한 좀 더 현실에 대해 정직해져야 한다. 비록 그것이 불편한 진실이라 해도 그것이 사실이라면 받아들이고 선택할 수 있는 용기가 필요한 것이다. 그리고 일단 이러한 사실이 객관적으로 옳다고 받아들여지면 개인이건 조직이건 자신이 가용할 수 있는 모든 자원을 동원하여 이러한 사실에 입각한 문제해결의 처방전을 제시하는데 총력을 기울여 나가는 집중의 노력이 필요로 되는 것이다. 앞서 살펴보았던 닌텐도의 사례는 이러한 접근이 얼마나 회사의 사활을 결정짓는데 중요하면서 필요한 것이었던가 하는 것을 잘 보여주고 있는 것이다.

1. 올바른 선택을 하기 위해선 정직하고 진실해야 한다

사회적 선택이 제대로 이루어지기 위해선 사회적 지도자들의 올바른 의식에 기인한 선택이 이루어져야 하겠지만 그것보다 더욱 중요한 것은 사회 전체 구성원의 의식이 올바르게 새워져서 이에 기인된 올바른 선택이 선행이 되어져야 한다는 점이다.

"미국사회의 구성원인 우리가 착각에 빠졌던 겁니다. 공직자의 모습은 우리의 모습이 반영된 것입니다. 우리는 사회의 구성원이고 공직자로 선출된 이들은 그저 우리를 대변하는 사람들일 뿐이에요. 그러니까 모든 구성원이 더 나은 결정을 하는 법을 배워야 하는 게 아닐까요? 구성원들이 모두 더 나은 결정을 할 수 있다면 우리 사회가 큰 대가를 치르지 않을 수 있을 테니까요. 우리가 지도자보다 먼저 변해야 합니다."[465)]

그리고 올바른 선택을 하기 위해선 정직하고 진실해야 한다는 점을 스팬서 존슨은 강조하고 있으며[466)] 잭 웰치(Jack Welch) 역시 기쁠 때나 슬플 때나 솔직하고 정직해야 한다고 주장을 한다. 이 세상에 어느 누구이든 나쁜 소식을 전하는 악역을 맡고 싶은 사람은 아마 아무도 없을 것이다. 아무리 회사의 사장이라고 해도 "다음 달에 직원의 반을 해고하겠다"는 말을 하기는 정말 어렵다. 그럼에도 불구하고 솔직하게 말해주어야 한다는 것이 잭 웰치의 주장이다.[467)] '진실만큼 강력한 힘을 가지는 것이 없다'는 만고불변의 진리가 담긴 생각을 그 역시 가지고 있음이 분명하다.

이러한 생각을 가지고 이를 실천한 유명인으로 한 사람을 더 들라고 한다면 미국의 대통령에 4번이나 당선된 프랭클린 루즈벨트(Franklin Delano Roosevelt)를 손으로 꼽을 수 있다. 그 역시 '정직이 최상의 정책'이라고 주장을 하였다. 이러한 그의 철학과 이의 실천이 일반 사람이라면 1번도 당선되기 어려운 대통령직을 4번이나 당선되게 만드는 원동력이 된 것이 아닐까 추론해 볼 수도 있는 것이다. 그가 이렇게 주장을 한 이유는 정부의 정책에 대한 대 국민 신뢰성을 확보하기 어렵게 될

465) 스펜서 존슨 지음, 형선호 옮김, 『선택』(서울 : 청림출판, 2008), 141쪽.
466) 『앞의 책』, 141-146쪽.
467) 잭 웰치 지음, 이동현 옮김, 『잭 웰치, 끝없는 도전과 용기』(서울 : 청림출판, 2001). ; 강인선, 『힐러리처럼 일하고 콘디처럼 승리하라』(서울 : 웅진 지식하우스, 2006), 232쪽에서 재인용.

경우 정부의 어떠한 새로운 영이나 정책도 의미를 가지지 못하게 된다는 점을 이미 간파하고 있었기 때문이다. 정부의 거짓으로 인한 불신이 심화 될 경우 정부권위와 존재조차 위협받게 될 수도 있다. 따라서 정부의 정책이 신뢰를 받을 수 있도록 노력을 하여야 한다. 특히 정부의 신뢰와 깊은 관련을 가지는 민감한 문제인 부동산정책, 교육정책, 양극화 해소 정책 등을 포함 한 서민경제 활성 화 정책, 그리고 기업 친화적 정책 등이 제대로 취지에 맞도록 이루어져서 신뢰를 얻어 낼 수 있어야 한다.

손호중과 최원호는 정부신뢰에 영향을 미치는 요인들로 정부능력, 공정성, 투명성, 참여, 정부 PR, 근면성[468] 그리고 책임감[469] 등을 들고 있다. 그리고 정부능력의 세부 요인으로 정부의 전문성, 효율성, 일처리의 적절성과 성과 등을 들고 있다. 그리고 공정성은 정직성, 청렴성, 진실성 등이다. 물론 투명성과도 깊은 연계를 가진다. 그리고 분배의 공정성을 의미한다. 그리고 참여는 개방성, 대응성 등이며 친밀성은 이념적 동질성, PR, 홍보 및 교육 등이다.[470]

손호중과 최원호도 지적하였듯이 무엇보다 정부가 국민으로부터 신뢰를 받기 위해선 정부능력을 인정받아야 하며, 이를 가능케 하기 위해선 정부의 전문성, 효율성, 일처리의 적절성과 높은 성과 그리고 책임성 등을 국민에게 검증을 받을 수 있어야 할 것이다. 문제해결능력이 낮은 전문성은 공무원으로 하여금 책임성의 약화와 함께 업무에 대한 프로의식을 상실시켜 자신의 일과 의무를 평가절하 시키는 결과를 낳는다.[471]

---

468) 한영환, "유교문화와 동아시아의 발전체제", 『중앙행정논집』, 13(2), 1999. ; 손호중·채원호, "정부신뢰의 영향요인에 관한 연구 : 부안군 원전수거물처리장 입지사례를 중심으로", 『한국행정학보』, 39(3), 2005, 96쪽에서 재인용.

469) Daniel McAllister, "Affect-Based and Cognition-Based Trust as Foundation for Interpersonal Cooperation in Organization", *Academy of Management Journal*, Vol.38., 1995) ; 손호중·채원호, "앞의 논문", 96쪽에서 재인용.

470) "앞의 논문", 92-96쪽.

또한 질 낮은 행정서비스를 제공하여 국민을 실망시키는 결과를 초래하고 이로 인한 저항을 불러일으킨다. 또 이를 접한 공직자들 역시 위축이 되어 도전정신이나 창의성 등을 상실케 되고 결국 도덕적 해이라는 잘못된 은신처로 숨어들으려는 어리석음에 빠지게 된다.

만약 이러한 도덕적 해이가 공무원들 사이에 만연하게 될 경우 이를 완화하거나 해소시키기 위해서는 무엇보다 먼저 공평무사하고 정직하며 엄정한 인사관리제도를 구축하여 운영해 나가는 것도 하나의 방법이 될 수 있을 것이다. 거짓 없는 정직한 인사관리제도가 제대로 작동하지 않고서는 책임감 있는 업무추진을 공무원들로부터 기대할 수 없기 때문이다. 법에 따른 철저한 능력위주의 인사평가는 공무원들로 하여금 업무의 긍정적 요인에 대한 유인을 확보시켜 조직과 조직원 모두 무사안일 적 분위기 확산에 빠지는 것을 막아줄 수 있을 것이다.[472]

또한 우리 사회에 커다란 화두가 되고 있는 양극화의 문제를 해결하는데도 정부의 정직한 선택이 우선되어야 할 것이다. 대중영합주의(populism)에 빠지거나 과거의 정경유착 또는 관경유착의 향수에 도취되어 어느 한 쪽으로 경도되는 정직하지 못한 정책을 펼칠 경우 바로 국민적 저항에 직면하게 될 것이기 때문이다.

양극화문제를 완화하거나 해결하기 위해 종전까지는 정부가 있는 자들에게 세금이라는 형식을 통해 돈을 거두어다가 불우한 자들에게 나누어지는 시혜적 분배정책을 펼쳐 왔다. 온정주의(paternalism)[473]적 사고

---

471) Joseph N. Cayer, *Public Personnel Administration* (Wadsworth Publishing Company, 2004), 70-71쪽. ; 강제상·최준호·임성범, "공공조직 부패통제 전략에 관한 연구", 『한국정책학회보』, 17(1), 2008, 180쪽에서 재인용.

472) 강제상·김상묵·김종래·강창민, "계약직 공무원의 직무태도에 관한 연구 : 일반직 등 비계약직 공무원과의 비교를 중심으로", 『한국행정학보』, 37(2), 2003, 31-34쪽. ; 강제상·최준호·임성범, "앞의 논문", 180쪽에서 재인용.

473) 드워킨(Gerald Dworkin)에 따르면, 온정주의는 "어떤 사람의 행위의 자유에 대한 간섭이 전적으로 간섭당하는 당사자의 복지, 행복, 필요, 이해, 관심, 가치관과 관련되어 있다는 이유로 정당화되는 그런 식의 간섭"을 의미한다. Gerald Dworkin, *Paternalism,*

가 지배하던 시대의 분배논리였다. 그러나 이러한 분배정책으로는 이들의 근본적인 가난을 구제할 수는 없는 일이었다. 그들은 더욱 더 종속적이 되었고 피폐해져갔으며 그럴수록 그들은 더욱 더 많은 것을 요구했다. 그릇된 분배정책으로 사회적 긴장은 고조될 수밖에 없었고 이로 인한 사회적 비용은 치솟을 수밖에 없었다.

이러한 한계를 간파한 현대 정부는 이들에게 시혜적 차원에서 무상으로 무작정 돈을 주는 방식에서 탈피를 하여 일을 할 수 있는 능력이 있는 자들에게 일자리를 주선해 주는 방식을 통해 빈곤의 그늘에서 그들 스스로 걸어 나오도록 하는 방법을 사용하고 있다. 일자리를 통해 소득도 얻고, 또 일의 성취감에서 오는 기쁨을 갖게 하고, 거지근성을 타파해줌으로 해서 종속적 심리상태를 벗어나게 해주고, 더불어 일을 통한 생산적 활동을 통해 전체 사회를 유익하고 건강하게 해주게 되는 일거양득 이상의 매우 현명한 정책적 선택인 것이다. 유태인의 지혜에서 나오는 '물고기를 잡아서 주는 것이 아니라 물고기를 잡는 방법을 가르치는 것'과 같은 이치인 것이다.

이러한 올바른 그리고 정직한 정책이 정부를 위시한 공공부문에 자리매김을 할 수 있을 때 정부에 대한 신뢰도도 상승을 하고 이로 인해 정부의 정통성과 생산성, 효율성 등도 증대되게 되는 것이다. 정말로 정직이 최상의 정책이라는 말이 실감나게 피부로 와 느껴지게 되는 것이다.

그러나 아직 우리 사회는 이러한 정직하고 올바른 선택과 연관 지어 볼 때 반성을 해야 할 것들이 많이 남아있다고 볼 수 있다. 프랜시스 후쿠야마(Francis Fukuyama)도 한국사회를 문화적 차원에서 신뢰가 낮은 사회로 규정하고, 한국사회에 만연한 불신은 사회적 비효율성의 원인이

Morality and the Law, in P. A. Wasserstro (ed.) (Wadsworth, 1971), pp.107-126 ; Gerald Dworkin, "Paternalism", in *The Monist : An International Quarterly Journal of General Philosophical Inquiry*, Vol.56 (1972), p.65 ; 김항규, 『행정철학』(서울 : 대영문화사, 2004), 106-107쪽에서 재인용.

되고 있음을 지적하였는데[474] 이것도 이와 무관치 않은 것으로 사료가 된다.

오경민과 박홍식은 정부가 집사직(stewardship)으로서의 역할을 다 할 것을 강조하고[475] 만약 정부가 집사직을 넘는 행위를 하여 국민과 시민에게 피해를 주게 된다면 이는 신탁적 신뢰(fiduciary trust)[476]의 기반을 상실하여 정부 불신을 자초하게 된다는 점을 분명히 하고 있다.

지금까지 공공부문에서의 정직을 통한 올바른 선택의 당위성과 효율성에 대해 언급을 하였지만 민간부문도 이에 예외적일 수는 없다. 실제로 민간부문에서 2003년에 터진 이탈리아 파르마르트(PARMALAT)사의 분식회계 부정 사건도 경영진의 도덕적 해이와 위선을 잘 보여주는 좋은 사례이며, 세계적인 에너지회사인 엔론 사(Enron Corporation)의 파산의 원인도 앞에 소개된 파르마르트 사의 분식회계 부정 사건과 같은 회계부정사건이었다는 점도 좋은 사례가 될 수 있는 것이다. 파산 직전까지 엔론 사의 재무제표는 100% 완벽한 상태임을 자랑했지만 그 모든 게 허위로 작성된 것이라는 사실이 파산 후에 밝혀졌다.[477] 이 엔론 사 스캔들로 인해 직접 이 회사의 회계부정에 관여했던 세계에서 다섯 손가락 안에 들었던 전문회계법인인 '아더 앤더슨'(Arthur Andersen) 사도 동반 와해가 되어버렸다.[478] 이 사건을 통해 통감할 수 있는 것은 엔론 사와 아더 앤더슨 사의 최고경영자를 비롯한 기업 관리자들의 정직하지 못함과 도덕적 해이로 인해 회사의 명망에 금을 가게하고 이것이 결국 파산이라는 최악의 상황을 맞게 만들어버렸다는 것이다.

---

474) Francis Fukuyama, *Trust : The Social Virtues and The Creation of Prosperity* (New York : Free Press, 1995). ; 손호중·채원호, "앞의 논문", 88쪽에서 재인용.

475) 오경민·박홍식, "정부신뢰 수준의 측정과 비교에 관한 연구", 『한국정책학회보』, 3, 2002. ; 손호중·채원호, "앞의 논문", 89쪽에서 재인용.

476) "앞의 논문", 89쪽.

477) 『앞의 책』, 111쪽.

478) http://en.wikipedia.org/wiki/Enron_scandal

이러한 최고경영자를 위시한 기업 관리자들의 정직하지 못한 기업경영과 이들의 도덕적 해이에 의해 파산이 되거나 명예를 더럽힌 회사들로는 데니스 코즐로스키(Dennis Kozlowski) 의 타이코 사 분식회계[479) 스캔들(Tyco Scandal), 그리고 임클론(ImClone) 사 주식 내부자 거래 관련으로 최고경영자(CEO) 자리에서 낙마한 마사 스튜어트(Martha Helen Stewart) 등을 들 수 있다. 그리고 덧붙여 월드컴(WorldCom) 역시 분식회계와 같은 회계부정사건으로 파산을 하였다.

이러한 공공부문과 민간부문사례들을 통해 분명히 하여야 할 점은 공공부문이건 민간부문이건 정직이 신뢰를 낳는다는 점과 인간사에서 신뢰 없이는 어떠한 일도 성사시킬 수 없다는 점과 정직이 올바른 선택을 위한 가장 중요한 자산 중에 하나라는 점을 명심해야 한다는 점이다.

2. 집중하기 위해서는 마음을 비워라.

집중하기 위해서는 마음속에 꽉 들어찬 복잡한 것들을 비워버려야 한다. 이러한 복잡한 것들은 하나의 마음으로 집중하려는 것에 걸림돌이 될 뿐만 아니라 새로운 집중의 마음을 받아들일 공간을 이미 메우고 있기 때문에 반드시 집중을 이루기 위해서는 비워져야 하는 것이다. 경험상으로 느끼고 있는 일이지만 여러 가지 번뇌 그리고 걱정과 근심으로 마음이 어지럽게 차있을 때는 집중이 잘 되지를 않는다. 또한 복잡한 이러한 것들로 인해 새로운 마음이나 생각들이 마음속에 들어가지를 않는 것을 경험했을 것이다. 그래서 집중을 가능하게 하기 위해선 마음속에 가득찬 복잡한 것들을 미련 없이 깨끗이 비워야 하는 것이다. 마음을 비

479) B. 조셉 화이트 지음, 김정한 옮김, 『파충류처럼 냉정하고 포유류처럼 긍정하라』(서울 : 홍익출판사, 2007), 75쪽.

우는 것이 효율적인 선택과 집중을 위해서 필요로 되는 이유 인 것이다. 또한 잡다한 생각들이 머릿속에 꽉 차있는 이상 올바른 선택과 집중은 불가능하기 때문이다. 그리고 마음을 비우면 새로 채울 것이 들어 올 여백이 생기며, 기존의 생각에 지배를 받지 않아도 되는 것이다. 또한 새로 들어온 올바른 생각을 통해 보다 균형 잡힌 사고를 가지게 됨으로 해서 어느 한쪽으로 치우치는 생각을 안 할 수도 있게 되는 것이다.

스펜서 존슨 역시 올바른 선택과 집중이 이루어지기 위해선 마음을 비우는 것이 매우 중요함을 강조하고 있다. 자신에게 도움이 되지 않는 것을 포기하면 더 자유롭게 더 나은 것을 찾을 수 있다고 주장하는 것이 바로 이점을 잘 지적하고 있는 것이다. 그는 옛날 중국 사람들은 이런 사실을 잘 알고 있었다고 하면서 중국에서 전래되는 격언을 한 마디 인용하고 있다. '뜨거운 차를 마시려면 먼저 잔을 비워야 한다.' 좋지 못한 결정대신 그 만큼의 공간을 비워두어야 그 곳에 더 나은 결정을 채워 넣을 수 있다는 뜻이 담긴 말로 풀이가 되는 것이다.[480)]

이런 의미를 담고 있는 말로 "너의 손에 쥐고 있는 것을 놓아라. 그래야 네가 원하는 새로운 것을 얻을 수 있다." 또는 "한꺼번에 누리려 하지 마라. 지금 가졌던 것마저 잃게 된다. 다 가지려 들지 마라. 손에 든 것을 놓아야 새것을 쥘 수 있는 법이다."[481)] 등이 있다. 우리가 어릴 때 흔히 듣던 동화 중에도 이러한 교훈을 잘 보여주는 것이 있다.

어느 마을에 강아지 한 마리가 있었는데 이 강아지가 매우 욕심이 많았다고 한다. 그러던 어느 날 이 강아지가 먹음직한 생선 한 토막을 얻게 되었다 한다. 이 강아지는 기쁜 마음으로 이 생선토막을 입으로 물고 자신의 집으로 되돌아가는 도중에 외나무다리를 건너게 되었다고 한다. 강아지가 외나무다리를 건너다보니 물 위로 다른 강아지가 자기 것보다

---

480) 스펜서 존슨 지음, 형선호 옮김, 『앞의 책』, 21쪽.
481) 정민, 『죽비소리』(서울 : 마음산책, 2005), 67쪽.

더 먹음직스런 생선 토막을 입에 물고 자신을 쳐다보고 있는 것이 아닌가. 이 강아지는 다른 강아지의 생선토막까지 욕심이 생겨 그것을 빼앗으려고 험하게 짖었고 그 결과 강아지는 자신의 입에 문 생선토막마저 잃게 되었다.

이 강아지는 한꺼번에 두 개를 챙기려 했고 그 결과 자신이 지금 가졌던 것마저 잃게 된 것이다. 인간이라고 해서 크게 다를 바가 없다. 많은 사람들이 이러한 우행(愚行)을 반복하고 있다. 작은 것을 탐하다가 보다 큰 것을 잃는 소탐대실(小貪大失)이란 말도 이와 맥을 같이 한다. 따라서 마음을 비우는 것이 무엇보다 중요하다. 역설적으로 들릴 줄 모르지만 그래야 더 많은 것을 얻을 수 있다.

『파한집』(破閑集)에서 이인로(李仁老) 역시 이러한 이치를 잘 설파해내고 있다. "천지는 만물에 있어 좋은 것만 다 가질 수는 없게 하였다. 때문에 뿔 있는 놈은 이빨이 없고, 날개가 있으면 다리가 두 개뿐이다. 이름난 꽃은 열매가 없고, 채색 구름은 쉬 흩어진다. 사람에 이르러서도 또한 그러하다. 기특한 재주와 빼어난 기예로 뛰어나게 되면 공명이 떠나가 함께 하지 않는 이치가 그러하다."[482]고 설파를 하였는데 이것 역시 모든 것을 다 가질 수 없으며 새로운 것을 얻기 위해서는 내 손에 든 것을 내려놓아야 함을 가르치고 있는 말로써 이러한 비움이 없이는 올바른 선택을 하기도 어렵고 또 한 곳으로 집중을 하기도 어렵다는 뜻을 분명히 천명하고 있음을 알 수 있는 것이다.

이것과 연관하여 지식을 비워야 지혜를 채울 수 있다는 좋은 일화가 있어 소개를 한다.

> 일본에 한 선사가 있었다. 어느 날 대학교수가 이 선사를 찾아와 선에 대해 물었다. 선사는 그에게 차를 대접하겠다고 했다. 선사가 찻잔에 차를 따르기 시작했다. 그런데 찻잔에 차가 철철 넘치는데도 선사는 차를 계속 따랐다. 차가

---

482) 이인로(李仁老), 『파한집』(破閑集) ; 『앞의 책』, 66쪽에서 재인용.

넘쳐흐르는 것을 보다 못해 교수가 말했다. "선사님, 차가 넘쳐흐릅니다." 이에 선사는 교수를 쳐다보며 말했다. "그대는 자신의 아상(我相)이 이처럼 넘쳐흐르니 먼저 아상의 잔부터 비우시오. 그렇지 않으면 내 어찌 그대에게 선의 차를 따를 수 있으리오." 넘치는 찻잔처럼 자신이 만든 생각과 논리, 선입견으로 가득 차 있는 한 선의 진면목을 받아들일 수 없다는 깊은 뜻이 담겨진 선문답이다. 대학교수는 이에 충격을 받고 새로운 깨달음의 세계에 다가가기 위해 정진했다고 한다.[483)]

조신영도 이러한 맥락에서 남의 말을 제대로 들으려면 먼저 자신의 마음을 비워야 한다는 것을 이야기하고 있다.

노인은 식어버린 찻물이 반쯤 차 있는 잔을 내밀었다. 이토벤이 받아들자 노인은 차를 따르려 했다. 이토벤이 망설였다. "이보시게, 내가 주는 물맛을 보려면 먼저 자기 잔을 비워야 하지 않겠나? 이미 가지고 있는 고정된 생각을 버리시게나. 이 잔이 쓸모가 있는 이유는 뭔가? 그것은 잔이 비워져 있기 때문일걸세. 기억하시게. 남의 말을 들으려면 먼저 자신의 마음을 비워야 한다는 것을. 그것이 세상의 도리요, 자연의 이치라네."[484)]

로타르 J. 자이베르트 등이 제시하는 비워져야 할 것들로는 오래된 여행 팸플릿, 일주일 이상 묵은 신문, 연도가 안 맞는 메모장, 해묵은 크리스마스카드, 3년도 더 된 국내지도나 앞으로 2년 안에 가보지 않을 나라의 지도, 한 번도 해먹지 않을 요리법을 적은 쪽지 등이다.[485)] 다분히 일상적이고 사소한 것들을 비유로 들었지만 그가 주장하고자 하는바는 한 마디로 핵심적인 곳에 집중을 하는데 걸림돌이 되는 복잡하고 잡다한 것을 모두 없애버리라는 것이다. 그러나 우리는 숨 가쁘게 흘러가는

---

483) 방민준, 『달마가 골프채를 잡은 까닭은』(서울 : 서해문집, 2004), 159쪽.
484) 조신영·박현찬, 『경청 : 마음을 얻는 지혜』(서울 : 위즈덤하우스, 2007), 126쪽.
485) 로타르 J. 자이베르트, 베르너 티키 퀴스텐마허 지음, 유혜자 옮김, 『단순하게 살아라』(서울 : 김영사, 2002).

생활 속에서 마음이나 주의를 한 곳에 집중하기가 그리 쉽지 않다는 사실을 경험을 통해 잘 알고 있다. 가령 회사에서 한 가지 업무에 집중하려 하면 전화기가 울려 주의를 산만하게 만들고, 예상치 못한 일이 생겨 다른 곳에 마음을 쓰게 되기 마련이다. 정보통신사회에 걸 맞는 아이폰(iPhone)과 구글폰(Google Phone) 등 첨단 스마트폰(smart phone)이 연달아 출시되어 나오면서 각종 정보를 실시간으로 알려주고 있지만 정작 우리는 정보의 홍수에 휘말려 정작 중요한 것이 무엇인지 놓치게 된다.[486)]

이러한 세태를 바라보면서 매기 잭슨은 첨단 기술의 세계와 정보화사회 그리고 기계화된 세상에서 사라지는 집중력을 부활시키기 위해서 중요한 것은 정보의 저장보다 정보를 재구성하는 일, 그리고 자기 조절력과 명상 등을 통한 집중력 훈련이 가져다 줄 놀라운 힘을 이해하고, 강화하고, 가르칠 수 있는 집중력이라고 주장을 하고 있는 것이다.[487)]

리사 헤인버그 역시 이러한 다이내믹한 동적 사회에서 생존하기 위해서는 가능성이 희박하거나 중요하지 않은 일을 잘 구별하여 그런 일에 에너지를 낭비하지 말고 그런 일들은 단호히 버리는 것도 필요하다고 주장을 한다.[488)]

> 2005년 여름, 애플(Apple)은 인기 제품인 아이 팟 미니(ipod Mini) 뮤직 플레이어를 단종시키고 기능을 더 강화한 아이팟 나노(ipod Nano)를 출시했다. 아이팟 미니는 여전히 잘 팔리고 있었지만, 다른 세 가지 모델(아이팟, 아이팟 셔플, 아이팟 나노)에 더 초점을 맞추기 위해 단종시키는 것이 적절한 조처라고 판단했던 것이다. 같은 시기에 애플은 아이팟의 스페셜 유투(special U2) 버전도 단종 시켰다.[489)]

486) http://www.kyobobook.co.kr/product/detailViewKor.laf?ejkGb=KOR&mallGb=KOR&barcode=9788963701158&orderClick=LAG#abs

487) 매기 잭슨 지음, 왕수민 옮김, 『집중력의 탄생 : 현대인의 지성을 회복하기 위한 강력한 로드맵』(서울 : 다산초당, 2010).

488) 리사 헤인버그 지음, 박정길 옮김, 『집중 : 성공을 만드는 강력한 힘』(서울 : 마젤란, 2008), 227쪽.

489) 『앞의 책』, 208쪽.

이안 샌더스(Ian Sanders) 역시 집중을 하기 위해서는 외부세계와 연결되어진 모든 플러그들을 뽑아버려야 한다고 주장을 한다. 그리고 이러한 외부와의 단절을 통해 자신에게 보다 진실해 질 수 있는 시간을 가져야 한다고 주장을 한다. 이러한 진실의 시간에 집중할 때 보다 나은 행복과 성공을 얻어낼 수 있다는 것이다.

> 현대사회에서 정해진 사무 공간은 사라졌다. 우리는 어디서나 일할 수 있으며, 실제로 어디서나 일을 한다. 모든 것이 컴퓨터나 휴대전화 같은 첨단기기 덕분이다. 하지만 가끔은 우리를 외부세계와 연결해주는 그런 플러그들을 모두 뽑아버려야 할 때도 있다. 저글러(Juggler)로 살아가는 데는, 이따금 플러그를 모두 뽑아서 외부와의 연결고리를 완전히 차단할 수 있어야 한다는 것 역시 매우 중요하다. …… 당신은 어떻게든 플러그를 뽑은 채 지내는 시간을 확보해야 한다. 스위치를 모두 끄고, 외부와 연결된 문을 모두 닫고, 자신에게 진실해지는 시간을 가져야 한다.[490]

여기에 그치지 않고 이안 샌더스는 '어떻게 하면 모든 걸 다 잘할까?'라는 질문을 던지고 그 해답으로 온갖 노하우를 저글링(juggling)해야 한다고 주장한다. 그가 주장하는 여러 것들 중에 눈에 띄는 것이 바로 '선택하고 집중하라'는 것이다.[491] 그는 모든 것으로부터 단절된 상황에서, 다른 말로 표현하자면 모든 복잡다기한 것들을 버리고 비운 상황에서 선택과 집중이 제대로 그리고 올바르게 이루어지며 이러한 선택과 집중이 이루어질 때 모든 것을 다 잘 할 수 있고 기대했던 결과를 얻어낼 수 있다고 주장을 하고 있다.

로타르 J. 자이베르트 등이 주장을 하듯이 집중적으로 일을 했던 대표적인 사람으로 보나파르트 나폴레옹(Napoleon Bonaparte)과 레오나르

---

490) 이안 샌더스 지음, 구승준 옮김, 『저글링』(서울 : 한문화, 2010), 3부.
491) 『앞의 책』, 3부.

도 다빈치(Leonardo di ser Piero da Vinci)를 들 수 있다. 이들 중 한 사람은 자신이 가진 집중력으로 유럽을 석권하고 거대한 제국을 세웠으며 다른 한 사람은 자신의 집중력을 활용하여 역사에 남을 예술품과 과학적 발명품 등을 만들어냈다. 이들에게 공통점이 있다면 이들 모두 집중적으로 일할 수 있는 방법을 나름대로 터득하고 있었다는 것이다. 보나파르트 나폴레옹은 밤중에 잠을 얼마 자지 않고 낮에 조금씩 분산해서 잠을 잤으며 레오나르도 다빈치 또한 밤을 꼬박 새우고 네 시간마다 15분씩 낮잠을 잤다 한다. 이들은 자신이 만들고 자신이 실천한 이러한 규칙에 따라 잠을 자고 일을 함으로써 다른 어떤 사람들보다 더욱 능률적으로 일을 할 수 있었다는 것이다.[492] 이들은 이렇게 함으로써 모든 잡념으로부터 해방이 되었고 이로 인해 일에 보다 몰입할 수 있었던 것이다. 잠의 부족함도 마음의 비움을 넘어 설 수 없었고 마음의 비움이 무서운 일의 집중력을 가져다 줄 수 있었던 것이다.

물론 업무에 집중하기 위해서는 먼저 충분한 휴식을 통해 충만한 에너지를 갖추고 일터의 사람들과 대화를 통해 의견을 조율해 업무의 효율성을 높여 나가야 한다는 리사 헤인버그(Lisa Haneberg)의 주장처럼 적절한 휴식은 일의 집중에도 도움이 된다. 그리고 이러한 휴식은 마음을 정리하고 마음을 비우는데도 도움이 된다. 그리고 더 중요한 일과 덜 중요한 일을 구분해 더 중요한 일에 집중함으로써 성공에 한걸음 더 빨리 다가가라고 주장을 하고 있는데 이것 역시 마음의 비움이 전제가 되어야 하는 것이다. 대개 덜 중요한 일일수록 마음이 끌리는 일이고 중요한 일일수록 마음이 꺼려지는 일들이 많다. 그래서 많은 사람들이 중요한 일보다는 마음에 끌리는 사소한 일에 빠져서 큰일을 그르치게 되는 경우가 많다. 따라서 마음을 비우고 일의 중요함과 그렇지 않음을

492) 로타르 J. 자이베르트, 베르너 티키 퀴스텐마허 지음, 유혜자 옮김, 『앞의 책』.

객관적으로 잘 따져서 중요한 일에 우선권을 두어 이에 집중을 해야 하는 것이다. 옛말에 '경중완급(輕重緩急)을 따져 일을 조리 있게 해나가야 한다.'는 말이 있는데 이것도 이와 맥을 같이 하는 말이다.

스티븐 코비도 성공하는 사람들의 일곱 가지 습관을 이야기 하면서 그 중 하나인 '중요한 것부터 먼저 하라'는 조언을 잊지 않았다.493) 앞서 말했듯이 사실 사람들은 자신이 좋아하는 일, 즐겁게 할 수 있는 일, 마음이 끌리는 일 등은 자연스럽게 손길을 주는 반면, 부담스러운 일, 하기 싫은 일, 어려운 일, 노력을 해도 별로 표시가 나지 않는 일들은 꺼려한다. 그런데 대부분 이런 일들이 중요한 일일 경우가 많다. 그래서 스티븐 코비는 '장래의 더 큰 기쁨을 위해 오늘의 기쁨을 미룰 수 있도록 훈련하라'고 말하고 있는 것이다. 자신이 좋아하는 일, 즐겁게 할 수 있는 일, 마음이 끌리는 일 등은 부담스러운 일, 하기 싫은 일, 힘들고 어려운 일, 노력을 해도 별로 표시가 나지 않는 일 등과 비교를 해 볼 때 장래를 위해 더 도움이 되는 일이 아닌 것이 일반적으로 경험하는 바이다. 비록 하기 싫은 일이지만 그것이 장래에 더 도움이 되는 중요한 일이라면 장래의 보다 더 큰 기쁨을 위해 오늘의 기쁨을 잠시 미룰 수 있어야 하며 이를 위한 습관을 키우기 위해 훈련을 하라는 것이 그가 던지는 핵심적 메시지인 것이다. 이러한 선호의 차이를 가지지 않기 위해선 마음을 비우는 것이 무엇 보다 중요하며 이러한 마음의 비움 상태에서 어떤 일이 정말로 이 상황에서 가장 중요한 것인가를 객관적이고 냉정하게 판단을 하여 그 일에 집중을 해나가는 것이 대의를 이루어나가는데 커다란 도움이 되는 것이다.

브라이언 트레이시(Brian Tracy) 역시 성공하기 위해서는 그 차갑고 미끈미끈한 개구리를 꿀꺽꿀꺽 잘 삼킬 줄 아는 것이 최고의 비결이라

---

493) 스티븐 코비 지음, 김경섭 옮김, 『성공하는 사람들의 8번째 습관』(서울 : 김영사, 2005). ; 스티븐 코비 지음, 김경섭 옮김, 『소중한 것을 먼저하라』(서울 : 김영사,2002).

고 주장을 하였다. 그리고 개구리를 잘 먹는 방법으로 아침 일찍 먹어야 효과가 좋고, 개구리가 여러 마리 있을 때는 그 중에서 가장 흉측하고 커다란 놈부터 잡아먹어야 한다는 것이다.[494] 사실 하루 일을 시작하면서 바로 그리고 흉측하면서 커다란 개구리를 먹는다는 것은 그렇게 마음에 썩 내키는 일은 아닐 것이다.

여기서 비유적인 표현으로 묘사 된 개구리란 우리가 해야 할 가장 중요한 일이거나 또는 가장 어렵고 하기 싫은 일을 의미한다. 브라이언 트레이시가 우리에게 던지는 메시지는 아침 일찍 일을 시작하면서 흉측하면서 커다란 개구리를 먹는 것이 마음에 썩 내키지는 않지만 그것이 반드시 오늘 해야 할 중요한 일이라면 자진해서 먼저 그 개구리를 꿀꺽 삼키도록 하라는 것이다. 꼭 해야 할 일은 절대 미루지 말고 짧은 시간 내에 해치우라는 뜻을 담고 있는 비유적 표현인 것이다. 비록 하기 싫어도 그것이 중요한 일이라면 '오늘 할 일을 내일로 미루지 말라'는 속담과도 같이 지금 바로 그 일에 착수하는 것이 현명한 처사일 것 같다.

그리고 리사 헤인버그는 무엇보다 중요한 것은 대화가 가지는 참 된 의미를 이해하고 이를 적절하게 활용할 줄 알아야 하며, 거절하지 못해 너무 많은 일을 하게 되는 멀티태스킹이 바람직하지 않음을 강조하고 집중과 업무 공유의 적절한 분배를 강조하고 있다. 업무의 적절한 분배가 전제가 되어야 집중의 효능이 더욱 높아질 수 있다는 것이다.

> 에너지를 갖추기 위해 너무 많은 스트레스는 피하고 동료, 상사, 부하들과 함께 커뮤니케이션을 통해 즐거운 업무환경을 만드는 것과 동시에 적당한 긴장감도 얻는 것이다. 특히 원만한 커뮤니케이션을 위해서는 사람들과 친밀도를 평소에 강화시켜 놓는 것이 무엇보다 중요하다. 또한 길어지는 미팅, 쓸데없는 회의

494) 브라이언 트레이시 지음, 이옥용 옮김, 『개구리를 먹어라』(서울 : 북앳북스, 2007). ; 강인선, 『힐러리처럼 일하고 콘디처럼 승리하라』(서울 : 웅진 지식하우스, 2006), 108-109쪽에서 재인용.

등을 효율적으로 줄이기 위해서도 충분한 대화와 짧은 미팅 등을 적극 활용할 것을 권장한다. 한편 거절하지 못해 너무 많은 일을 하게 되는 멀티태스킹이 바람직하지 않음을 강조하고 집중과 업무 공유의 적절한 분배를 강조한다.[495]

스사키 야스히코 역시 성공의 당락은 얼마나 집중하느냐에 달려 있다고 주장을 한다. 그래서 성공하기 위해서는 집중력을 방해하는 요소들을 제거하라고 주문을 한다. 실패에 대한 걱정과 불안감, 자신감 부족, 일에 대한 무관심, 그리고 약한 체력 등을 집중력을 방해하고 일의 능률을 떨어뜨리는 요소들로 꼽고 있다.[496] 이러한 요소들을 비우고 긴장을 풀고 느긋 하라는 것이 그가 던지는 중심적 메시지이다. 이러기 위해서는 머릿속의 여러 잡념과 불안을 없애야 한다. 그리고 위축되기 쉬운 자신감을 회복해야 한다. 이렇게 할 수 있다면 하기 싫은 일에도 집중할 수 있다는 것이 그의 생각이다. 일의 능률을 떨어뜨리는 요소들을 머릿속에서 그리고 마음속에서 비우고 목표를 향해 집중력을 모으고, 동시에 여러 가지 일을 해내며, 일상생활에 집중력을 높여나가기 위해 노력할 경우 새롭게 얻은 집중력으로 당신의 인생이 달라진다고 주장을 하고 있는 것이다.[497]

사실 역사적으로 성공한 사람과 실패한 사람을 살펴보면 성공하는 사람과 실패하는 사람의 차이는 그리 대단한 것이 아니다. 무엇에 집중하고 있느냐에 따라 결과는 달라진다. 마음이 편안하면 그리고 마음이 비워져 있으면 무엇에든 쉽게 집중할 수 있고 삶이 정리되는 것을 경험할 수 있다. 또 집중력이 있으면 다른 사람의 이야기를 귀 기울여 들을 수 있으며, 그러면 인간관계가 좋아지고, 학습 효율, 일의 능률도 올라

495) 리사 헤인버그 지음, 박정길 옮김, 『앞의 책』, 6쪽.
496) 스사키 야스히코 지음, 민성원 옮김, 『성과 없이 바쁘기 만한 당신을 위한 실천 집중력』(서울 : 황금나침반, 2005).
497) 『앞의 책』.

간다. 이렇게 모든 것에서 바람직한 결과를 얻다 보면 자신감도 저절로 따라오는 것이다.[498)]

이명경의 주장에 따르자면 집중력은 주어진 시간 내에 과제를 완성하는 능력이며 선택적으로 반응하는 능력이며 자기통제능력이다.[499)] 집중력이 좋으면 남보다 먼저 주어진 시간 내에 과제나 임무를 완성할 수 있으며 자신이 하고 있는 과제나 임무를 다른 것에 마음을 잃지 않고 수행해 나갈 수 있으며 비록 놀고 싶더라도 미래의 보다 나은 가치 실현을 위해 참고 과제나 임무를 수행해 나갈 수 있는 것이다.

집중력을 통해 얻게 되는 가장 소중한 것은 자기 자신과 주변 환경에 대한 믿음을 갖고 자신 있고 당당하게 살아나가는 것이다. 좋아하고 잘하는 것을 하면서 주변사람들과 행복한 관계를 만들면서 살아가는데 꼭 필요한 것이 집중력이기 때문이다.[500)] 이렇게 소중한 집중력을 위해 마음속 깊이 자리 잡고 있는 모든 복잡한 것들을 비워내는데 진력을 다하여야 할 것이다.

3. 집중하기 위해서는 힘을 한 점에 모아야 한다.

리사 헤인버그는 매 순간순간 인체 조직의 주변 부위를 손상시키지 않고 병든 조직만을 제거하는 레이저 광선처럼 어떤 한 점에 집중하는 습관을 들인다면, 그 습관은 떨어지는 물방울이 결국 큰 바위를 뚫는 것처럼 우리 인생과 비즈니스에서 큰 성과를 보여줄 것이라고 주장을 한다.[501)] 다시 말해 집중에는 우리가 원하는 것들을 마침내 손에 거머

498) 『앞의 책』.
499) 이명경, 『집중력이 내 아이의 인생을 결정한다』(서울 : 랜덤하우스코리아, 2006).
500) 『앞의 책』, 230쪽.
501) 리사 헤인버그 지음, 박정길 옮김, 『앞의 책』, 228쪽.

쥐게 할 수 있는 힘이 있다는 것이다.

크리스 주크(Chris Zook) 역시 기업이 수익을 올리면서 지속적으로 성장하기 위해서는 핵심에 집중[502]해야 한다고 주장한다. 그리고 성장하고 싶다면 강력한 핵심 사업을 창출해야 한다고 주장을 한다. 그는 실증적인 자료를 제시하면서 성공하는 기업은 놀랍게도 1개, 혹은 많아야 2개의 핵심 사업에서 주도적인 위치를 차지하고 있었다고 주장한다. 이들은 이를 기반으로 본래의 핵심을 새로운 고객, 경로, 제품, 또는 응용 분야로 확장함으로써 그것을 강화시키는 동시에 단계적으로 인접 영역으로 진출했다고 한다. 게리 하멜 역시 "기업 안에 잠든 거인을 일깨워라. 기술이건 자산이건 핵심역량을 선택하고 남들보다 월등하도록 장기간 집중하라."고 주장을 하였는데 이것도 앞의 주장과 맥을 같이 하는 것이다.[503]

핵심에 집중하기 위해 크리스 주크가 주장하고 있는 구체적 지침의 첫째는 우선 원래의 시장에서 시장 지배력을 구축하고 이를 통해 핵심 사업 또는 그것이 속한 분야에서 영향력을 갖도록 하라는 것이다. 둘째 지침은, 핵심 사업의 논리적인 연장선상에서, 그리고 핵심 사업을 다시 강화해주는 전제하에 인접 영역으로 확대해 나가라는 것이다. 이때 알렉산더 대왕과 같은 잘못을 저질러서는 안 된다는 점을 분명히 하고 있다. 그는 알렉산더 대왕이 엄청난 힘과 전략을 가지고 광대한 영토들을 정복해 나갔지만 이것들을 제대로 활용하고 공고히 하지 못한 무능력을 노정시켰다고 비판을 하고 있다. 그래서 그의 제국은 그가 죽은 후 단 몇 년 만에 와해되었고 정복했던 영토들은 다시 떨어져 나가게 되었다

502) 여기에서 핵심(core)이란, 현재 회사의 본질을 규정하고 있고 회사의 장래 모습과 거기까지의 성장 과정을 결정하는 일련의 제품, 무형자산, 고객, 유통망, 지역적 기반을 말한다. 크리스 주크 지음, 이근·김용열·진태홍·최경규 외 옮김, 『핵심에 집중하라』(서울 : 청림출판, 2002).

503) 김현기, 『선택과 집중의 기술』(서울 : 한스미디어, 2007), 16쪽.

고 설명하고 있는 것이다.

> 그는 모든 전투에서 승리해가며 4년도 안 되어-이는 최단 기록이다-4,000마일에 이르는 영역을 차지하는 왕국을 구축했다. 하지만 그는 '지속적인' 가치를 창출했는가? 그가 죽은 후 단 몇 년 만에, 그의 제국은 와해되었고 정복했던 영토들은 떨어져 나갔다. 알렉산더의 문제는 초기 자원이 불충분했다거나 실행을 제대로 하지 못한 것이 아니었다. 장기적인 전략의 부재와 근동에서 네팔에 이르기까지 단기간에 획득한 엄청난 자원을 제대로 활용하고 공고히 하지 못한 무능력이 문제였다. 사실, 이 지역은 마케도니아라는 그의 핵심지역으로부터 너무 멀리 떨어져 있어 통치 자원을 분산시킬 수 밖에 없었고, 제대로 통치하는 것이 처음부터 어려운 일이었다.[504)]

물론, 그가 이러한 주장을 통해 한 가지 사업만을 끝까지 고집하라는 경직적 지침을 내리는 것은 아니며, 산업 환경의 변화에 따라 핵심 사업을 이전하거나 재정의 할 필요가 있음을 강조하고 있는 것이다. 한 우물을 파지 않고 문어발식 확장을 하고 있는 우리나라 대기업들이 더 신중하게 귀 기울여야 할 대목인 듯싶다.[505)]

짐 콜린스는 "기업이 진정으로 성공하지 못하는 결정적인 이유는 단 하나의 치명적인 단점, 그저 좋은 것에 머물기 때문이다. 그저 좋은 것은 단지 좋은 것에 불과하다. 진정한 성공이란 좋은 것 이상의 더 큰 무엇, 위대한 것이어야 하는데, 특히 단지 좋은 것이 아니라 잘 하는 것에 집중한다."고 주장을 하였다.[506)] 한국기업들은 그저 좋다는 판단만 서면 물불 안 가리고 달려드는 경향이 있다. 그러나 그러한 접근방법은

---

504) 크리스 주크 지음, 이근·김용열·진태홍·최경규 외 옮김, 『앞의 책』, 101쪽.

505) 『앞의 책』, 240-246쪽.

506) Jim Collins, *Good to Great : Why Some Companies Make the Leap and Others Don't* (New York : Harper Collins Publishers Inc., 2001). ; 짐 콜린스 지음, 이무열 옮김, 『좋은 기업을 넘어, 위대한 기업으로』(서울 : 김영사, 2002). ; 김현기, 『앞의 책』, 59-60쪽에서 재인용.

화를 불러올 수 있는 것이다. 단지 그저 좋은 것은 성공의 걸림돌일지 모른다. 진정한 성공을 이루기 위해서는 좋은 것 이상의 더 큰 무엇, 위대한 것에 초점이 맞추어져야 하는 것이다. 한 우물을 파고 문어발식 확장을 경계해야 하는 이유가 여기에 있는 것이다.

한 우물을 파지 않고 곁눈질을 하여 문어발식으로 사업을 다각화하는데 대해 경종을 울리는 많은 주장들이 있다. 그 중 대표적인 것으로 마이클 포터의 다각화가 기업의 성과에 미치는 영향에 대한 분석결과를 들 수 있다. 그는 1950년부터 1986년까지 미국 33개 대기업의 다각화 역사를 분석한 결과, 새로운 산업 분야에서 인수했던 기업의 반 이상을 다시 매각했으며, 완전히 새로운 분야의 기업을 인수한 경우 그 비율은 60퍼센트가 넘었고 비관련 인수 기업들의 평균 매각 비율은 더 높아서 거의 75퍼센트에 이르는 음울한 기록을 가지고 있음을 발견하였던 것이다.[507]

또한 1980년대 기업의 재 집중[508] 현상이 미치는 영향을 분석한 콘스탄티노스 마르키데스(Constantinos Markides)는 1960년대보다 1980년대에 더 많은 기업들이 재 집중 결정을 내렸다는 것을 발견했다.[509] 또한 그는 다각화를 통한 분산을 줄이는 것이 회사의 시장 가치를 창출한다는 것을 발견했다. 재 집중을 발표하는 날 회사의 주가가 평균 2퍼센트 상승하는 것으로 분석되었던 것이다.[510] 이러한 분석결과들은 집중을 외면하고 다각화나 분산을 꾀하는 전략이 얼마나 위험스런 것인가 하는 것을 잘 보여주고 있다. 성공하려면 자신이 가진 강점을 파악하고

---

507) 크리스 주크·제임스 앨런 지음, 이근·김용열·진태홍·최경규 외 옮김, 『앞의 책』, 60쪽.
508) 콘스탄티노스 마르키데스는 핵심사업에 집중하기 위해, 다른 말로 하자면 다각화를 막기 위해 사업 영역을 축소하는 것을 재집중으로 정의하였다. 『앞의 책』, 59쪽.
509) 1960년대에는 미국 기업들의 상위 1퍼센트만이 재집중을 결정했고, 25퍼센트는 다각화를 한 반면, 1980년대에는 미국 기업들의 상위 20퍼센트 이상이 재집중을 실행했고 8퍼센트 만이 다각화했다. 『앞의 책』, 60쪽.
510) 『앞의 책』, 60쪽.

이에 집중하면서 상대편의 약점을 최대한 이용하는 것이 정석이라는 사실을 다시 보여준 연구결과로 이해할 수 있을 것이다.

손자병법을 쓴 손무의 가르침도 크게 이와 다르지는 않다. 손무가 손자병법에서 제시한 '지피지기백전백승'(知彼知己百戰百勝)은 상대편이 갖추고 있는 강점과 약점을 잘 알고, 또 자신의 능력과 한계를 충분히 알고 난 후에 자신의 강점인 능력을 잘 활용하여 상대방의 약점을 추궁하는 전략을 채택하면 어떠한 싸움에서건 승리할 수 있다는 것을 의미한다.[511)]

이런 점을 이미 잘 알고 있는지 마커스 버킹엄(Marcus Buckingham) 역시 성공하고 싶다면 약점이 아닌 강점에 집중해야 한다고 강조한다. 약점을 보완하기 위해 들이는 시간과 노력을 최소화하고, 이를 강점을 극대화하는데 기울인다면 큰 성과를 올리며 자신의 경쟁력을 높일 수 있다고 이야기 한다. 그리고 강점을 발휘할 수 있는 6가지 방법을 제시함으로써 성공에 이르기 위해서는 어떻게 해야 하는지 알려준다. 이러한 6가지 방법은 신화를 깨라, 명확히 하라, 강점을 살려라, 약점은 최소화하라, 강점과 약점을 공유하라, 그리고 강점을 습관으로 만들어라 등이다.[512)]

목표를 명료하게 정하고 이에 집중을 하라고 하는 것도 바로 이러한 맥락과 연계되는 것이다. 하나의 목표에 집중 할 때 보다 많은 것을 얻을 수 있다. 두 마리의 토끼를 쫓다가 한 마리도 잡지 못하고 두 마리 토끼를 다 놓치는 경우가 비일 비재하다. 이러한 사례에서 얻는 교훈은 절대로 과욕을 가지지 말고 하나에 충실 하라는 것이다. 역사와 신화가 버무려진 신화적 인물인 윌리엄 텔(William Tell)이나 로빈 후드(Robin Hood)와 같은 화살 쏘기의 귀재들이라 해도 여러 개의 과녁을 동시에 모두 맞히기란 쉬운 일이 아닐 것이다.

모토 아키오[513)]나 발터 시몬[514)]도 목표에 집중할 것을 강조하고 있

511) 김현기, 『앞의 책』, 40-41쪽.
512) 마커스 버킹엄 지음, 한근태 옮김, 『강점에 집중하라』(서울 : 21세기북스, 2009).

다. 존 고든(Jon Gordon) 역시 목표를 갖고 에너지 버스를 운전하라고 주장을 하고 있다.[515] 하나의 목표에 집중할 때 얻을 수 있는 에너지는 굉장하다. 차력사가 자기 손보다 훨씬 단단한 돌을 깨고, 태권도 검은 띠 보유자가 단단한 나무판을 손으로 가르고, 프로 골퍼가 섬세하고 정확한 롱 퍼트를 성공시키고, 핵심 역량에 집중한 기업이 세계의 기업으로 우뚝 서는 기적은 바로 이러한 목표 집중의 결과라 해도 과언이 아닐 것이다.

리사 헤인버그는 한 점에 힘을 모으듯 집중하기 위해서 필요한 열 가지 실행 지침을 제시했다.[516] 참고가 될 것 같아 간단히 소개하면 다음과 같다. 첫 번째, 레이저 광선 같은 집중의 힘을 알고 느끼라는 것이다. 두 번째, 사람들과 친밀해지라는 것이다. 집중은 혼자보다 마음에 맞는 동료들과 함께 할 때 더 즐거우며, 대화를 통해 서로의 생각과 관심을 하나로 합칠 때 집중력은 더 커진다는 것이다. 세 번째, 일을 즐기라는 것이다. 네 번째, 휴식으로 충전하라는 것이다. 스트레스와 정신적인 피로는 집중하는 능력을 앗아감[517]으로 이를 피하기 위해서는 일정시간 충분한 휴식이 무엇보다 필요로 하다는 것이다. 다섯 번째, 회의를 집중하는 시간으로 바꾸라는 것이다. 결코 회의를 위한 회의가 되어서는 안 된다는 것이다. 여섯 번째, 자신이 생각하기에 지루한 일이라 생각되면, 일 자체를 자신이 도전할만한 과제로 바꿔야 한다는 것이다. 일곱 번째, 회의 대신 허들을 사용하라는 것이다. 허들은 작은 그룹 단위로 이루어지는 짧으면서도 활기 있는 대화를 말한다. 이와 같은 허들은 업무 속도

513) 히라모토 아키오 지음, 정유선 옮김, 『최단기 목표에 집중하라』(서울 : 리더&리더, 2009).
514) 발터 시몬 지음, 이미옥 옮김, 『목표에 집중하라』(서울 : 흐름출판, 2004).
515) 존 고든 지음, 유영만·이수경 옮김, 『에너지 버스』(서울 : 쌤앤파커스, 2007).
516) 리사 헤인버그 지음, 박정길 옮김, 『앞의 책』.
517) 리사 헤인버그는 극도의 스트레스가 집중력과 생산력의 저하를 초래한다고 주장을 하면서 이를 해소하려면 적절한 휴식이 필요하다고 주장을 한다. 『앞의 책』, 79쪽.

를 늦추지 않으면서도 명확성과 집중력 향상을 위해 쓸 수 있는 매우 유용한 도구라는 것이다. 여덟 번째, 멀티태스킹을 멈추고 '청킹'을 시작하라는 것이다. 멀티태스킹은 집중력, 에너지, 그리고 생산성을 갉아먹기 때문이다. 따라서 동시에 여러 가지 일을 처리하기보다 특정업무를 특정시간에 나눠 몰입하는 청킹을 사용하는 것이 좋다는 것이다. 아홉 번째, 필요한 것은 최소한 한 개 정도 중요한 일을 정하고 그 일만큼은 그날 꼭 성취하는 습관을 들이도록 스스로를 훈련하라는 것이다. 열 번째, 지금 하는 일을 덮고 자신이 집중할 수 있는 일을 찾아 새롭게 시작하라는 것이다.

선택과 집중의 리더십

제10장 책을 마무리하면서

한 생애 사는 동안에 우리는 수없이 많은 선택의 갈림길에서 다양한 갈등을 겪는다. 하나의 선택을 함으로써 얻는 결과를 미리 예측하고 가늠하여 올바른 선택을 하기란 생각처럼 쉽지만은 않다. 살다 보면 분명히 옳지 못한 선택임을 알면서도 선택해야 하고 가지 말아야 할 길임을 알면서도 어쩔 수 없이 가야 할 경우도 있다. 또한 이와 같이 부득불 가지 말아야 할 길을 가게 되더라도 그 여정에서 겪는 아픔과 시행착오를 통해 우리는 많은 지혜와 깨달음을 얻도록 노력을 한다. 선택 앞에 자유로운 우리 삶이긴 하지만 선택에 따르는 모든 부담과 책임은 선택을 한 우리의 몫이다. 따라서 항상 올바른 선택을 할 수 있도록 마음을 비우고 욕심을 버리며 겸허히 세상을 바라볼 수 있는 지혜롭고 현명한 마음의 눈을 가지면 좋겠다.

우리가 평범하게 일상에서 가지는 바람직한 선택에 대한 마음가짐이거나 또는 글로벌 경쟁의 살벌한 생존의 장에서 기업이나 국가가 가지게 되는 이러한 바람을 조금이나마 실현가능토록 하기 위한 노력을 이곳에서 경주해 보려고 하였다. 다른 말로 좀 더 쉽게 표현을 하자면 선택과 집중이 가지는 전략적 가치 그리고 선택과 집중이 가능하도록 하는 방법과 마음가짐에 대해 나름대로의 의견을 개진한 것이다. 그리고 앞서 살펴 본 성공적이거나 실패의 쓴 맛을 본 선택과 집중의 사례들을 면밀하게 분석하고 여기에서 얻을 수 있는 교훈들을 중심으로 하여 어떻게 하면 올바르고 바람직하며 효율적인 선택과 집중을 할 수 있을 것인가에 대한 처방을 모색해 본 것이다.

현실적인 세계에서 완벽한 만족을 원하는 사람은 항상 2퍼센트의 부족으로 고통을 받게 된다. 어떤 방법을 써도 완벽한 만족이란 얻을 수 없는 것이기 때문이다. 이런 면에서 보면 기대 수준을 약간 낮추더라도 자기 자신의 주관적 마음에 따라 어느 선에서 만족을 하는 그런 선택을 하는 사람이 더 행복한 삶을 사는 것인지도 모른다. 또한 아무리 좋은 기회를 선택한다 해도 그 기회를 선택했다는 것만으로 꼭 성공이 보장되지 않는다는 점 역시 유념해야 할 점이다. 좋은 기회 못지않게 개인이나 기업이나 국가가 지닌 강점과 능력도 상당 부분 상대적이어서 어떻게 그 강점을 극대화 할 수 있도록 집중하느냐가 더 중요할 수도 있는 것이다. 따라서 이러한 모든 한계점을 인정하고 올바른 선택과 집중을 할 수 있도록 노력하는 것이 어떻게 보면 보다 현실적으로 만족을 극대화하는 방편일수도 있을 것이다.

우리는 일반적으로 선택의 결과가 일시적일 거라고 생각하는 경향이 매우 짙은 점을 부인하기 어렵다. 그러나 사실은 선택의 결과가 일시적이지 않다는데 문제의 소지가 있다. 사실 우리의 삶은 우리가 순간순간 내리는 선택과 관련 된 결정에 의해 이루어지고 있다. 선택과 관련 된 결정이 그다지 중요하지 않다고 생각을 할지모르지만 우리가 내리는 결정은 마치 도미노(dominoes) 같다는 것을 알아야 한다. 하나의 결정이 다음 결정에 영향을 미친다는 것이다. 그리고 이러한 영향은 우리가 생각하는 것 이상으로 크다는 점이다. 하나의 잘못된 결정이나 선택이 결국 큰일을 망치게 할 수도 있다는 이야기이다. 선택에 신중하고 선택과 관련하여 많은 생각을 해야 하는 이유가 바로 여기에 있는 것이다.

올바른 선택과 집중을 하기 위해 잊어서는 안 되는 것들을 이곳에서 제시를 하였다. 여기에서 제시된 여러 제안들은 우리가 올바른 선택과 집중을 해나가는데 있어 좋은 길잡이가 되어줄 것으로 생각이 된다. 이를 이해의 편의를 위해 정리하면 다음과 같다.

우선 올바른 선택과 집중을 하기 위해서는 원칙을 지키고 올바른 시스템을 가져야 한다. 올바른 원칙이 있다면 선택은 보다 용이할 뿐만 아니라 제대로 된 선택을 할 수 있게 된다. 그리고 제대로 된 선택이 될 경우 집중은 보다 더 자연스럽게 이루어질 수 있다. 원칙에 부합됨으로써 선택의 명분을 가지게 되는 것이고 명분이 존재하기에 집중에 대한 정당성도 더욱 높아질 수 있는 것이다. 다음으로 원칙을 올바르게 지탱해 줄 수 있는 올바른 시스템이 필요로 된다. 인간의 변덕이나 한계를 보완해 줄 수 있는 것이 바로 시스템이다. 그래서 많은 사람들이 조직은 사람에 의해 굴러가게 하지 말고 시스템으로 작동할 수 있도록 해야 한다고 말을 하는 것이다. 시스템이 제대로 갖추어져 있다면 비록 시스템 내의 사람이 부족한 점이 있다하더라도 시스템이 이를 보완하여 굴러가기 때문에 커다란 문제가 발생할 소지는 그만치 작아지는 것이다. 올바른 시스템을 만들고 필요에 따라 선택을 하며 일단 선택된 시스템에 집중하는 자세는 문제해결에 이르는 가장 빠른 길이라는 사실을 명심해야 할 것이다.

다음 이러한 원칙과 시스템에 몰입하여 이것이 가진 본질적 목적을 달성해 내고야 말겠다는 뜨거운 열정이 같이 자리를 하여야 한다는 점이다. 이러한 뜨거운 열정이 없다면 원칙과 시스템의 존재는 더 큰 의미를 가질 수 없을 것이다. 원칙을 시스템을 통해 구현하려는 강한 열의와 집념이 부재하다면 아무리 좋은 원칙이 있고 시스템이 있다고 해도 본래의 궁극적 목적을 달성할 수 없을 것이기 때문이다.

이와 더불어 올바른 선택과 집중을 하기 위해선 상황이나 환경의 변화나 추이를 예의 주시하면서 이에 따른 선택과 집중의 운영을 탄력 있고 신축성 있게 밀고 나가는 것이 현명한 일이다. 그리고 이에 덧붙여 말을 하기보다는 다른 사람들의 말을 주의 깊게 듣고 이에 입각하여 생각하는 시간을 많이 가질 필요가 있다. 올바른 선택과 집중을 위해서는 어느 한쪽으로 치우쳐지지 않은 정보나 지식을 많이 가지는 것이 중요하다. 그러기 위해서는 주의 깊게 상대방의 말을 듣는 경청이 무엇보다 필요로 되는 것이다. 그리고 이러한 경청이 더 큰 의미를 갖기 위해서는 생각하는 시간을 많이 갖는 것이 좋다고 볼 수 있다. 여러 가지 경우의 수를 상정하고 각 대안이 가져 올 여러 가지 결과를 상정하면서 과연 어떠한 선택이 가장 올바른 것이며 어떻게 집중하는 것이 가장 좋은지를 가늠할 수 있기 위해선 사전에 생각하고 이를 체계화하는 노력이 필요로 되는 것이다.

더불어 효율적인 선택과 집중을 위해 무엇보다 필요한 것은 긍정적 사고이다. 긍정적이어야 마음이 열리고 마음이 열려야 모든 생각과 아이디어를 담아낼 수 있는 것이다. 그리고 무엇보다 사회가 우리에게 주입하는 부정적인 믿음에서 자유로워질 수 있는 것이다. 긍정의 사고가 긍정의 결과를 낳는다는 믿음을 굳게 가져야 한다. 거듭 강조하지만 중요한 점은 사람의 생각이 어떠하냐 하는 것이다. 우리를 힘들게 하는 역경도 마음먹기에 따라선 기회가 될 수 있다. 이러한 진리를 간과하거나 또는 애써 외면하려고 하는 부정적 마인드에 매몰된 사람들은 위기가 닥쳤을 때 기회를 보지 못하고 위험만 보면서 두려움에 떨고 그래서 일을 결국 그르치고 마는 것이다. 어떤 위기든 그것에 굴복하지 않는다면, 우리들에게 보다 더 강인하고 지혜로운 기회를 만들어 준다. 그래서 긍정에너지를 갉아먹을 뿐만 아니라 올바른 선택과 집중에 저해가 되는 암초와 같은 존재인 부정이라는 마음이 생길 때 항상 긍정적이고 플러스 적인 사고를 해야만 하는 것이다.

그리고 긍정의 마음을 키워 나가기 위해서는 남을 크게 보고 자신을 작게 보는 그릇된 생각으로부터 자유로워져야 한다. 위대성은 타고나는 것이 아니라 상황을 긍정으로 몰아가는데 있다. 모든 것은 자신의 마음 속에 있는 것이다. 스스로 나는 할 수 있다는 자신감과 확신을 가지고 어떤 일이건 적극적으로 달려들으면 못할 일이 없다는 점을 마음 깊이 새겨 둘 필요가 있다. 나는 안 될 것이라는 부정적인 생각은 성공의 긍정에너지를 갉아 먹는 것이다. 긍정의 에너지로 충만 된 삶을 영위하기 위해 그리고 성공으로 자신 있게 나아가기 위해 우리의 생각은 부정의 마음에서 긍정의 마음으로 분명히 바뀌어져야 할 것이다.

사실 긍정의 마음을 먹는 것이 그렇게 어려운 것만은 아니다. 그것은 앞서 말했듯이 어떻게 보면 자기 마음먹기에 달려있는 것이다. 바로 우리 자신의 몫인 것이다. 긍정의 마음은 웃음과 미소를 생활화하는 것만으로도 쉽게 얻어 들일 수 있다. 또한 웃음과 미소를 통해 긍정의 마음을 상대방에게도 손쉽게 전달시킬 수도 있는 것이다. 웃음과 미소 바이러스의 전파력은 이와 같이 가공적이다. 단지 사람들은 그 위력을 과소평가하거나 그 위력을 부정하고 있는 것일 뿐이다. 먼저 그늘진 생각을 버리고 환한 미소를 지어보라. 상대방은 분명히 환한 미소로 응대할 것이다. 웃음과 미소는 긍정의 마음에 바탕을 두면서 나아가 자신뿐만 아니라 남까지 행복하게 해주는 소통의 한 수단이다.

또한 우리의 일상생활에서 자연스럽게 이루어지는 칭찬과 감사하는 마음 역시 긍정의 마음을 갖게 하는데 매우 유용한 수단이 된다. 감사하는 마음이 일상화된다면 칭찬은 저절로 나오게 되어있다. 칭찬과 감사하는 마음은 어떻게 보면 동전의 양면처럼 하나일 수 있다. 사물을 대하는 긍정의 마음을 가지기 위해서는 무엇보다 모든 것에 대해 진실 되게 감사하는 마음을 가지는 것이 중요하다. 이런 생각은 우리가 인생을 살아가는데 있어 올바른 선택을 하고 이에 집중하는데 많은 도움을 줄 수 있는 것이다. 또한 진실 되게 감사하는 마음은 실패를 실패로 보지 않게 해주고, 나아가 실패를 두려워하지 않게 해주면서, 실패를 성공을 위한 디딤돌로 볼 수 있게 해 준다. 그리고 한 발 더 나아가 작은 성공에 만족하지 않고 성공을 새로운 도약의 발판으로 삼으려는 발상의 역 전환을 통해 긍정의 마인드를 살찌워 나가게 도와주기도 한다.

다음 올바른 선택을 하기 위해선 정직하고 진실해야 한다. 공공부문이건 민간부문이건 정직이 신뢰를 낳는다는 점과 인간사에서 신뢰 없이는 어떠한 일도 성사시킬 수 없다는 점과 정직이 올바른 선택을 위한 가장 중요한 자산 중에 하나라는 점을 명심해야 한다는 점이다.

그리고 이와 더불어 집중하기 위해서는 마음속에 꽉 들어찬 복잡한 것들을 미련 없이 비워버려야 한다. 이러한 복잡한 것들은 하나의 마음으로 집중하려는 것에 걸림돌이 될 뿐만 아니라, 새로운 집중의 마음을 받아들일 공간을 이미 메우고 있기 때문에 반드시 집중을 이루기 위해서는 비워져야 하는 것이다. 마음이 편안하면 그리고 마음이 비워져 있으면 무엇에든 쉽게 집중할 수 있고 삶이 정리되는 것을 경험할 수 있다. 또 집중력이 있으면 다른 사람의 이야기를 귀 기울여 들을 수 있으며, 그러면 인간관계도 좋아지고, 학습 효율, 일의 능률도 올라간다. 이렇게 모든 것에서 바람직한 결과를 얻다 보면 자신감도 저절로 따라오는 것이다. 이렇게 소중한 집중력을 위해 마음속 깊이 자리 잡고 있는 모든 복잡한 것들을 비워내는데 진력을 다하여야 할 것이다.

마지막으로 집중하기 위해서는 온 힘을 한 점에 모아야 한다. 목표를 명료하게 정하고 이에 집중을 하라고 하는 것도 바로 이러한 맥락과 연계되는 것이다. 하나의 목표에 집중할 때 보다 많은 것을 얻을 수 있다.

두 마리의 토끼를 쫓다가 한 마리도 잡지 못하고 두 마리 토끼를 다 놓치는 경우가 비일 비재하다. 이러한 사례에서 얻는 교훈은 절대로 과욕을 가지지 말고 하나에 충실 하라는 것이다. 온 힘을 한 점에 모을 때 나오는 에너지는 엄청나다. 그 엄청난 에너지가 목표를 성취하는데 원동력이 되는 것이다. 힘을 분산하지 말아야 하는 이유도 바로 여기에 있다.

올바른 선택과 집중에 대한 나름대로의 생각을 피력하여 보았다. 여기에서 무엇보다 중요한 것은 이러한 생각들을 내 것으로 소화를 시키고 실천해 나가려는 의지이다. 만약 머리로만 이러한 생각들을 이해하고 몸으로 실천해 나가지 않는다면 아무런 소용이 없는 것이다. 선택과 집중은 바로 실천을 전제로 하는 인간의 몸짓인 것이다.

참고문헌

제1장

김현기. (2007). 『선택과 집중의 기술』, 서울 : 한스미디어.
김형섭. (2007). 『단 한 줄의 승리학』, 서울 : 밀리언 하우스.
리처드 탈러·캐스 선스타인 지음, 안진환 옮김. (2009). 『넛지』, 서울 : 리더스북.
수지 웰치 지음, 배유정 옮김. (2009). 『텐-텐-텐 : 인생이 달라지는 선택의 법칙』, 서울 : 북하우스.
스펜서 존슨 지음, 이영진 옮김. (2008). 『누가 내 치즈를 옮겼을까?』, 서울 : 진명출판사.

제2장

강인선. (2006). 『힐러리처럼 일하고 콘디처럼 승리하라』, 서울 : 웅진 지식하우스.
김승희. (2009). "선택의 순간, 10-10-10 법칙", 『행복한 동행』 9월호.
다치바나 아키라 지음, 김소영 옮김. (2009). 『골목에서 찾아낸 행동경제학』, 서울 : 살림 Biz.
도모노 노리오 지음, 이명희 옮김. (2007). 『행동 경제학 : 경제를 움직이는 인간 심리의 모든 것』, 서울 : 지형.
도요타 에이지 지음, 박정태 옮김. (2004). 『도요타 에이지의 결단』, 서울 : 굿모닝북스.
로버트 그린 지음, 안진환·이수경 옮김. (2009). 『권력의 법칙』, 서울 : 웅진 지식하우스.
리처드 탈러·캐스 선스타인 지음, 안진환 옮김. (2009). 『넛지』, 서울 : 리더스북.
매기 잭슨 지음, 왕수민 옮김. (2010). 『집중력의 탄생』, 서울 : 다산초당.
마이클 모부신 지음, 김정주 옮김. (2010). 『왜 똑똑한 사람이 어리석은 결정을 내릴까 : 의사결정에 관한 행동경제학의 놀라운 진실』, 서울 : 청림출판.
맨큐(N. Gregory Mankiw) 지음, 김경환·김종석 옮김. (2007). 『맨큐의 경제학』, 서울 : 교보문고.
모리야 히로시 지음, 박연정 옮김. (2002). 『성공하는 리더를 위한 중국 고전 12편』, 서울 : 예문.
미하이 칙센트미하이 지음, 이희재 옮김. (1999). 『몰입의 즐거움 : Finding flow』, 서울 : 해냄출판사.
박통희·김동환. (1992). "딜레마와 형식주의", 『한국행정학보』, 제25권 제4호.
비키 쿤켈 지음, 박혜원 옮김. (2009). 『본능의 경제학 : 본능 속에 숨겨진 인간 행동과 경제학의 비밀』, 서울 : 사이.

소영진. (1999). “딜레마 발생의 사회적 조건 : 위천공단 설치를 둘러싼 지역갈등을 중심으로”, 『한국행정학보』, 제33권 제1호 봄호
수지웰치 지음, 배유정 옮김. (2009). 『텐-텐-텐 : 인생이 달라지는 선택의 법칙』, 서울 : 북하우스.
스펜서 존슨 지음, 형선호 옮김. (2003 & 2007). 『선물』, 서울 : 랜덤하우스.
스펜서 존슨 지음, 형선호 옮김. (2005). 『선택』, 서울 : 청림출판.
이상률. (2005). 『경제학의 유혹』, 서울 : 네모북스.
이안 샌더스 지음, 구승준 옮김. (2010). 『저글링』, 서울 : 한문화.
이준구. (2009). 『36.5℃ 인간의 경제학』, 서울 : 랜덤하우스코리아.
이준구·이창용. (2006). 『경제학원론』, 제3판, 서울 : 법문사.
전유문. (2006). 『금융지식이 미래의 부를 결정한다』, 서울 : 원앤원 북스.
전종섭 지음, 윤재풍·정회남 옮김. (2001). 『행정철학』, 서울 : 대영문화사.
정갑영. (2009). 『데메테르의 지혜로운 선택』, 서울 : 삼성경제연구소.
카를 폰 클라우제비츠 지음, 정토웅 옮김. (2008). 『전쟁론』, 서울 : 지만지고전천줄.
카알 폰 클라우제비츠 지음, 김만수 옮김. (2006). 『전쟁론 1』, 서울 : 갈무리.
팀 하포드 지음, 김명철 옮김. (2006). 『경제학 콘서트』, 서울 : 웅진 지식하우스.
피터 우벨 지음, 김태훈 옮김. (2009). 『욕망의 경제학 : 인간은 왜 이성적인 경제활동을 할 수 없는가』, 서울 : 김영사.
하노 벡 지음, 안성철 옮김. (2009). 『충동의 경제학 : 우리는 왜 어처구니 없는 경제적 선택을 하는가』, 서울 : 비즈니스맵.
황농문. (2008). 『몰입』, 서울 : 랜덤하우스.
혼다 켄 지음, 홍찬선 옮김. (2004). 『부자가 되려면 부자에게 점심을 사라』, 서울 : 더난출판.
『조선일보』, 2008년 6월 29일

Calabresi, Guido and Philip Bobbitt. (1978). *Tragic Choice*, New York : W.W. Norton.
Clausewitz, Carl von. translated by J. J. Graham. (2008). *On War : A Modern Military Classic*, Wilder Publications.
Clausewitz, Carl von. translated by J. J. Graham. (2007). *On War*, bnpublishing.com.
Fleishman, Joel L. and Bruce L. Payne. (1980). *Ethical Dilemmas and the Education of Policy Makers*, New York : The Hastings Center.
Gortner, Harold F. (1991). *Ethics for Public Managers*, New York : Greenwood Press.
Harmon, Michael M. and Richard T. Mayer. (1986). *Organization Theory for Public Administration*, Boston, Mass. : Little, Brown.
Hauptman, Robert. (1988). *Ethical Challenges in Librarianship*, Phoenix : Oryx Press.
Lancaster, F. W. (1991). *Ethics and the Librarian*, Champaign-Urbana, Illinois :

University of Illinois.

Leazes, Francis and Sherry Campanelli. (1996). "My Sister's Keeper," In Lynn Pasquerella, Alfred G. Killilea, and Michael Vocino (eds.), *Ethical Dilemmas in Public Administration*, Westport, Conn. : Praeger.

Lewis, Carol W. and Bayard L. Catron. (1996). "Professional Standards and Ethics," In James L. Perry (ed.), *Handbook of Public Administration*, 2nd ed., San Francisco, CA : Jossey-Bass Publishers.

Mintz, Anne P. (1990). *Information Ethics : Concerns for Librarianship and the Information Industry*, London : McFarland.

Rittel, Horst W. and Melvin Webber. (1973). "Dilemmas in a General Theory of Planning," *Policy Sciences*, Vol.4.

Simon, Herbert A. (1945 & 1976). *Administrative Behavior*, New York : The Free Press.

Smith, William A. (2001). "Ethics and the Social Marketer : A Framework for Practitioners," in Alan R. Andreasen (ed.), *Ethics in Social Marketing*, Washington, D.C. : Georgetown University Press.

The Hornby Dictionary. (1973).

Vocino, Michael and Gerry Tyler. (1996). "The Library and The F.B.I. : Ethical Decision Making Under Pressure," In Lynn Pasquerella, Alfred G. Killilea, and Michael Vocino (eds.), *Ethical Dilemmas in Public Administration*, Westport, Conn. : Praeger.

White, Herbert S. (1992). *Ethical Dilemmas in Libraries : A Collection of Case Studies*, New York : G. K. Hall.

제3장

권영찬. (1967). "기획에 관한 몇 가지 사(史)적 고찰", 『한국행정학보』, 제1권.

김대욱 · 이승종. (2008). "정부신뢰의 참여에 대한 효과", 『한국사회와 행정연구』, 18(4).

김항규. (2004). 『행정철학』, 서울 : 대영문화사.

루스 웨스트하이머 · 스티븐 캐플란 지음, 김대웅 옮김. (2005). 『간통에서 동성애까지 권력자들을 둘러싼 스캔들의 역사』, 서울 : 이마고.

빌 게이츠 지음, 안진환 옮김. (2006). 『빌게이츠 @ 생각의 속도』, 서울 : 청림출판.

서문기. (2001). "한국사회의 정부신뢰구조", 『한국사회학』, 35(5).

손호중 · 채원호. (2005). "정부신뢰의 영향요인에 관한 연구 : 부안군 원전수거물처리장 입지사례를 중심으로", 『한국행정학보』, 39(3).

신영길. (2010). "한강의 기적, 경제개발시대의 비화(8)", 『한국법정』, 4월 16일.

양동주. (1997). 『한 권으로 보는 20세기 대사건 79장면』, 서울 : 가람기획.

이내화. (2010). 『다 이룬 것처럼 살아라』, 서울 : 좋은책만들기.

이재철. (2007). "정치문화와 투표행위 : 5·31지방선거에 나타난 인지적, 정서적, 평가적 정향과 투표참여", 『한국과 국제정치』, 23(2).

이준구 · 이창용. (2006). 『경제학원론』, 제3판, 서울 : 법문사.

장수찬. (2002). "한국사회에 나타난 악순환의 사이클 : 결사체 참여, 사회자본, 그리고 정부신뢰", 『한국정치학회보』, 36(1).

정철현. (2003). 『행정이론의 발전 : 베버에서 오스본까지』, 서울 : 다산출판사.

폴 케네디 지음, 변도은 외 옮김. (1993). 『21세기 준비』, 서울 : 한국경제신문사.

『디지털타임스』, 2003년 10월 20일.

『조선일보』, 2003년 12월 24일.

Citrin, J. (1974). "Comment : The Political Relevance of Political Trust", *American Political Science Review*, 68(3).

Cox, Michaelene. (2003). "When Trust Matters : Explaining Differences in Voter Turnout", *Journal of Common Market Studies*, 41(4).

Dworkin, Gerald. (1972). "Paternalism", in *The Monist : An International Quarterly Journal of General Philosophical Inquiry*, Vol.56.

Dworkin, Gerald. (1971). *Paternalism, Morality and the Law*, in P. A. Wasserstro (ed.), Wadsworth.

Fukuyama, Francis. (1995). *Trust : The Social Virtues and The Creation of Prosperity*, New York : Free Press.

Hayek, Friedrich A. (1944). *The Road to Serfdom*, Sydney : Dymock's Book Arcade.

Kasse, Max. (1999). "Interpersonal Trust, Political Trust and Non-institutional Political Participation in Western Europe", *West European Politics*, 22(3).

Kennedy, Paul. (1993). *Preparing for the Twenty-first Century*, New York : Random House, Inc.

Mangum, Maurice. (2003). "Psychological Involvement and Black Voter Turnout"", *Political Research Quarterly*, 56(1).

Mises, Ludwig Von. (1962). *Planning for Freedom, and Other Essays and Addresses*, 2nd ed., South Holland, Ill. : Libertarian Press.

Person, Harlow S. (1945). "Planned Execution : The Issue of Scientific Management", *Advanced Management*, Vol.10, (December).

Rosecrance, Richard. (1986). *The Rise of the Trading State : Commerce and Conquest in the Modern World*, New York : Basic Books, Inc., Publishers.

Thurow, Lester C. (1993). *Head to Head : The Coming Economic Battle Among Japan, Europe, and America*, New York : Warner Books ; Inc.

Timpone, Richard J. (1998). "Structure, Behavior, and Voter Turnout in the United States", *American Political Science Review*, 92(1).

Wallerstein, Immanuel Maurice. (2004). *World-Systems Analysis : An Introduction*, Duke University Press.

Wallerstein, Immanuel Maurice. (1981). *The Modern World-System I : Capitalist Agriculture and the Origins of the European World-Economy in the Sixteenth Century* (Studies in Social Discontinuity), Student Edition, New York : Academic Press.

Wallerstein, Immanuel Maurice. (1980). *The Modern World-System II : Capitalist Agriculture and the Origins of the European World-Economy in the Sixteenth Century* (Studies in Social Discontinuity), Student Edition, New York : Academic Press.

제4장

강상구. (2006). 『1년만 미쳐라』, 서울 : 좋은책만들기.

강준만. (1950). 『한국현대사산책』, 대편 1권.

공병호. (2005). 『공병호의 10년 후, 세계』, 서울 : 해냄.

김현기. (2007). 『선택과 집중의 기술』, 서울 : 한스미디어.

김혜경. (2010). "지금, 틈 좀 있으세요?", 『행복한 동행』, 3월 호.

남정옥. (2010). "국군의 방어계획", 『조선일보』, 3월 17일.

『문예춘추』. (2007). 1월호, 일본판.

래리 보시디, 램 차란 지음, 김광수 옮김. (2004). 『실행에 집중하라』, 서울 : 21세기북스

렁청진 편저, 장연 옮김. (2003). 『지전(智典) 1 : 춘추전국시대 편』, 서울 : 김영사.

렁청진 편저, 장연 옮김. (2003). 『지전(智典) 2 : 전한·후한 편』, 서울 : 김영사.

로버트 그린 지음, 안진환·이수경 옮김. (2007). 『전쟁의 기술』, 서울 : 웅진 지식하우스.

메리 버핏 · 데이비드 클라크 지음, 김상우 옮김. (2010). 『워렌 버핏의 재무제표 활용법』, 서울 : 부크홀릭.

B. 조셉 화이트 지음, 김정한 옮김. (2007). 『파충류처럼 냉정하고 포유류처럼 긍정하라』, 서울 : 홍익출판사.

스티븐 앰브로스 외 지음, 로버트 카울리 엮음, 이종인 옮김. (2003). 『만약에 : 제1권 군사역사편』, 서울 : 세종연구원.

야마다 아키오 지음, 김현희 옮김. (2007). 『야마다 사장, 샐러리맨의 천국을 만들다』, 서울 : 21세기북스.

양영조. (2010). "북한군 최대 미스터리… 서울 점령 후 3일간 공세 멈춰", 『조선일보』, 3월 24일.

윤영수. (2005).『불패의 리더 이순신, 그는 어떻게 이겼을까』, 서울 : (주)웅진씽크빅.
이나모리 가즈오 지음, 김형철 옮김. (2004).『소호카의 꿈』, 서울 : 선암사.
이내화. (2010).『다 이룬 것처럼 살아라』, 서울 : 좋은책만들기.
이철한. (2009).『1년만 확실히 미쳐라』, 서울 : 포스트인하우스.
전쟁기념사업회. (1992).『한국전쟁사』, 1권, 서울 : 행림출판.
정민. (2005).『죽비소리』, 서울 : 마음산책.
정우일. (2006).『리더와 리더십』, 서울 : 박영사.
정일화. (1990). "40년 만에 다시 풀어보는 6 · 25의 수수께끼 : 4",『한국일보』, 6월 20일.
존 고든 지음, 유영만 · 이수경 옮김. (2007).『에너지 버스』, 서울 : 쌤앤파커스.
최용호. (2010) "초기 전투 남북의 성공과 실패",『조선일보』, 3월 23일.
혼다 소이치로 지음, 이수진 옮김. (2006).『좋아하는 일에 미쳐라 : 혼다 꿈의 이력서』, 서울 : 부표.
황농문. (2008).『몰입』, 서울 : 랜덤하우스.
『조선일보』, 2007년 3월 9일.
『조선일보』, 2009년 3월 30일.
『조선일보』, 2009년 3월 5일.
『한겨레』, 2006년 6월 27일.

Appleman, Roy E. (1960). *South to the Naktong, North to the Yalu*, Office of the Chief of Military History, US Army.
Blair, Clay. (2003). *The Forgotten War : America in Korea, 1950-1953*, Annapolis, MD : Naval Institute Press.

제5장

강인선. (2006).『힐러리처럼 일하고 콘디처럼 승리하라』, 서울 : 웅진 지식하우스.
김현기. (2007).『선택과 집중의 기술』, 서울 : 한스미디어.
배리 슈워츠 지음, 형선호 옮김. (2004).『선택의 패러독스』, 서울 : 웅진닷컴.
스펜서 존슨 지음. (2008).『선택』, 서울 : 청림출판.
존 하몬드 외 지음, 전기정 외 옮김. (2001).『스마트 초이스』, 서울 : 21세기북스.
크리스 주크 지음, 이근 · 김용열 · 진태홍 · 최경규 외 옮김. (2002).『핵심에 집중하라』, 서울 : 청림출판.

Barney, J. (1991). "Firm Resource and Sustained Competitive Advantage", *Journal of Management*.
Ray, James Authur. (1999). *The Science of Success : How to Attract Prosperity and*

Create Harmonic Wealth Through Proven Principles, New York : Wooden.

제6장

강헌구. (2009). 『가슴 뛰는 삶』, 서울 : 쌤앤파커스.
공병호. (2005). 『공병호의 10년 후, 세계』, 서울 : 해냄.
김현기. (2007). 『선택과 집중의 기술』, 서울 : 한스미디어.
스펜서 존슨 지음, 형선호 옮김. (2008). 『선택』, 서울 : 청림출판.
스펜서 존슨 지음, 이지현 옮김. (2008). 『어린이를 위한 선택』, 서울 : 청림아이.
존 고든 지음, 유영만·이수경 옮김. (2007). 『에너지 버스』, 서울 : 쌤앤파커스.

제7장

김현기. (2007). 『선택과 집중의 기술』, 서울 : 한스미디어.
매기 잭슨 지음, 왕수민 옮김. (2010). 『집중력의 탄생 : 현대인의 지성을 회복하기 위한 강력한 로드맵』, 서울 : 다산초당.
방민준. (2004). 『달마가 골프채를 잡은 까닭은』, 서울 : 서해문집.
정민. (2005). 『죽비소리』, 서울 : 마음산책.
정우일. (2006). 『리더와 리더십』, 서울 : 박영사.
조신영·박현찬. (2007). 『경청 : 마음을 얻는 지혜』, 서울 : 위즈덤하우스.
황농문. (2008). 『몰입』, 서울 : 랜덤하우스.

제8장

강인선. (2006). 『힐러리처럼 일하고 콘디처럼 승리하라』, 서울 : 웅진 지식하우스.
김정하. (2006). 『슬로 석세스』, 서울 : 이코북.
김현기. (2007). 『선택과 집중의 기술』, 서울 : 한스미디어.
김형수. (2010). 『긍정의 생각』, 서울 : 함께북스.
김홍식. (2009). 『우리에게 가장 소중한 것은』, 서울 : 새론북스.
데론 Q. 듀몬 지음, 황현덕 옮김. (2006). 『집중의 법칙』, 서울 : 수린재.
데이브 헴사스 지음, 장성철 옮김. (2001). 『재미있게 일하는 301가지 방법』, 서울 : 물푸레.
론다 번 지음, 김우열 옮김. (2007). 『시크릿』, 서울 : (주)살림출판사.
리사 헤인버그 지음, 박정길 옮김. (2008). 『집중 : 성공을 만드는 강력한 힘』, 서울 : 마젤란.
마이크 로빈스 지음, 노지양 옮김. (2009). 『좋은 것에 집중하라』, 서울 : 위즈덤하우스.

말콤 글래드웰 지음, 노정태 옮김. (2009). 『아웃라이어』, 서울 : 김영사.
박용석. (2006). 『재테크의 99%는 실천이다』, 서울 : 토네이도.
방민준. (2004). 『달마가 골프채를 잡은 까닭은』, 서울 : 서해문집.
수지 웰치 지음, 배유정 옮김. (2009). 『텐-텐-텐』, 서울 : 북하우스.
스펜서 존슨 지음, 형선호 옮김. (2008). 『선택』, 서울 : 청림출판.
스펜서 존슨 지음, 이영진 옮김. (2008). 『누가 내 치즈를 옮겼을까』, 서울 : 진명출판사.
웨인 다이어 지음, 오현정 옮김. (2006). 『행복한 이기주의자』, 서울 : 21세기북스.
이내화. (2010). 『다 이룬 것처럼 살아라』, 서울 : 좋은책만들기.
이명경. (2006). 『집중력이 내 아이의 인생을 결정한다』, 서울 : 랜덤하우스코리아.
이병철. (2008). 『역사와 함께하는 인간경영』, 울산 : 울산대학교출판부.
이상훈. (2010). 『1만 시간의 법칙』, 서울 : 위즈덤하우스.
잭 캔필드(Jack Canfield), 마크 빅터 한센(Mark Victor Hansen) 지음, 김재홍 옮김. (2008). 『잭 캔필드의 응원 : 내 마음에 집중하여 나를 응원하는 힘』, 서울 : 예문.
정민. (2005). 『죽비소리』, 서울 : 마음산책.
정우일. (2006). 『리더와 리더십』, 서울 : 박영사.
조엘 오스틴 지음, 정성묵 옮김. (2006). 『긍정의 힘』, 서울 : 두란노.
존 고든 지음, 유영만·이수경 옮김. (2007). 『에너지 버스』, 서울 : 쌤앤파커스.
콜린 파월 외, 류진 옮김. (2001). 『콜린 파월 자서전』, 서울 : 샘터사.
틱낫한 지음, 최수민 옮김. (2002). 『화』, 서울 : 명진출판사.
『한국일보』, 2009년 3월 13일.

Blanchard, Ken, Thad Lacinak, Chuck Tompkins, and Jim Ballard. (2002). *Whale Done! : The Power of Positive Relationships,* New York : The Free Press.
Franks, Tommy R. (2005). *American Soldier*, New York : Harper Paperbacks.
Hemsath, Dave, David Hemsath, Daniel McCullen, and Leslie Yerkes. (1997). *301 Ways to Have Fun at Work*, 1st edition, New York : Berrett-Koehler Publishers.
Johnson, Spencer. (1998). *Who Moved My Cheese? : An Amazing Way to Deal with Change In Your Work and In Your Life*, New York : G. P. Putnam's Sons Publishers.

제9장

강인선. (2006). 『힐러리처럼 일하고 콘디처럼 승리하라』, 서울 : 웅진 지식하우스.
강제상·김상묵·김종래·강창민. (2003). "계약직 공무원의 직무태도에 관한 연구 : 일반직 등 비계약직 공무원과의 비교를 중심으로", 『한국행정학보』, 37(2).

강제상 · 최준호 · 임성범. (2008). “공공조직 부패통제 전략에 관한 연구”, 『한국정책학회보』, 17(1).
김항규. (2004). 『행정철학』, 서울 : 대영문화사.
김현기. (2007). 『선택과 집중의 기술』, 서울 : 한스미디어.
로타르 J. 자이베르트, 베르너 티키 퀴스텐마허 지음, 유혜자 옮김. (2002). 『단순하게 살아라』, 서울 : 김영사.
리사 헤인버그 지음, 박정길 옮김. (2008). 『집중 : 성공을 만드는 강력한 힘』, 서울 : 마젤란.
마커스 버킹엄 지음, 한근태 옮김. (2009). 『강점에 집중하라』, 서울 : 21세기북스.
매기 잭슨 지음, 왕수민 옮김. (2010). 『집중력의 탄생 : 현대인의 지성을 회복하기 위한 강력한 로드맵』, 서울 : 다산초당.
발터 시몬 지음, 이미옥 옮김. (2004). 『목표에 집중하라』, 서울 : 흐름출판.
방민준. (2004). 『달마가 골프채를 잡은 까닭은』, 서울 : 서해문집.
브라이언 트레이시 지음, 이옥용 옮김. (2007). 『개구리를 먹어라』, 서울 : 북앳북스.
B. 조셉 화이트 지음, 김정한 옮김. (2007). 『파충류처럼 냉정하고 포유류처럼 긍정하라』, 서울 : 홍익출판사.
손호중 · 채원호. (2005). “정부신뢰의 영향요인에 관한 연구 : 부안군 원전수거물처리장 입지사례를 중심으로”, 『한국행정학보』, 39(3).
스사키 야스히코 지음, 민성원 옮김. (2005). 『성과 없이 바쁘기 만한 당신을 위한 실천 집중력』, 서울 : 황금나침반.
스티븐 코비 지음, 김경섭 옮김. (2005). 『성공하는 사람들의 8번째 습관』, 서울 : 김영사.
스티븐 코비 지음, 김경섭 옮김. (2002). 『소중한 것을 먼저하라』, 서울 : 김영사.
스펜서 존슨 지음, 형선호 옮김. (2008). 『선택』, 서울 : 청림출판.
오경민 · 박흥식. (2002). “정부신뢰 수준의 측정과 비교에 관한 연구”, 『한국정책학회보』, 3.
이명경. (2006). 『집중력이 내 아이의 인생을 결정한다』, 서울 : 랜덤하우스코리아.
이안 샌더스 지음, 구승준 옮김. (2010). 『저글링』, 서울 : 한문화.
잭 웰치 지음, 이동현 옮김. (2001). 『잭 웰치, 끝없는 도전과 용기』, 서울 : 청림출판.
정민. (2005). 『죽비소리』, 서울 : 마음산책.
정우일. (2006). 『리더와 리더십』, 서울 : 박영사.
조신영 · 박현찬. (2007). 『경청 : 마음을 얻는 지혜』, 서울 : 위즈덤하우스.
존 고든 지음, 유영만 · 이수경 옮김. (2007). 『에너지 버스』, 서울 : 쌤앤파커스.
짐 콜린스 지음, 이무열 옮김. (2002). 『좋은 기업을 넘어, 위대한 기업으로』, 서울 : 김영사.
크리스 주크 지음, 이근 · 김용열 · 진태홍 · 최경규 외 옮김. (2002). 『핵심에 집중하라』, 서울 : 청림출판.
한영환. (1999). “유교문화와 동아시아의 발전체제”, 『중앙행정논집』, 13(2).
히라모토 아키오 지음, 정유선 옮김. (2009). 『최단기 목표에 집중하라』, 서울 : 리더&리더.

Cayer, Joseph N. (2004). *Public Personnel Administration*, Wadsworth Publishing Company.

Collins, Jim. (2001). *Good to Great : Why Some Companies Make the Leap and Others Don't*, New York : JimCollins Harper Publishers Inc.

Devijver, Steven. (2009). *A Strategy of Constant Change*, endesha.com.

Dworkin, Gerald. (1972). "Paternalism", in *The Monist : An International Quarterly Journal of General Philosophical Inquiry*, Vol.56.

Dworkin, Gerald. (1971). *Paternalism, Morality and the Law*, in P. A. Wasserstro (ed.), Wadsworth.

Fukuyama, Francis. (1995). *Trust : The Social Virtues and The Creation of Prosperity*, New York : Free Press.

McAllister, Daniel. (1995). "Affect-Based and Cognition-Based Trust as Foundation for Interpersonal Cooperation in Organization", *Academy of Management Journal*, Vol.38.

이름찾기

내용찾기